외식프랜차이즈 사업론

저자 소개

김영갑

- 한양사이버대학교 호텔조리외식경영학과 교수
- 한양사이버대학교 대학원 외식프랜차이즈MBA 주임교수
- 사단법인 일자리창출진흥원 원장
- 소상공인시장진흥공단 2016년 가상창업체험서비스 시범사업 자문교수
- (사)한국프랜차이즈협회 한국프랜차이즈대상 심사위원
- 한국직업능력개발원 민간자격 공인 조사연구 위원
- 고용노동부 직업능력개발훈련 사업 심사평가 위원
- 농림축산식품부 외식산업경기전망지수 산출 자문교수
- 글로벌 외식 및 한식산업 조사 자문위원
- 전남 광주 우수외식업지구 경영컨설팅 자문위원
- 외식프랜차이즈 매거진 칼럼리스트(월간 호텔&레스토랑, 창업&프랜차이즈, 식품저널)

[저서]
실전 주방관리론(2022), 카페창업론(2021), 외식사업창업론(2021), 주방관리론(2018), 외식사업 마케팅(2017), 외식서비스경영론(2014), 창업성공을 위한 상권분석론(2014), 외식메뉴관리론(2011), 미스터리 쇼핑(2011), 외식마케팅(2009) 등 다수

[논문]
상권분석 방법론을 이용한 외식창업 사례연구(2015), 국내 주요 상권정보시스템의 개요 및 비교(2015), 외식프랜차이즈 기업의 경영이념에 관한 연구(2015), 외식업체의 미스터리 쇼핑을 위한 평가척도 개발(2014), 레스토랑에서 소비자가 지각하는 가격인지차원의 타당성 검증(2014) 등 다수

[블로그/페이스북(문의, 관련정보, 보고서 양식 등)]
- 김영갑 교수의 상권분석, 외식마케팅, 프랜차이즈경영 http://blog.naver.com/webkim
- 페이스북 https://www.facebook.com/webkim2

외식프랜차이즈 사업론

초판 발행 2022년 8월 30일

지은이 김영갑
펴낸이 류원식
펴낸곳 교문사

편집팀장 김경수 | **책임진행** 심승화 | **디자인** 신나리 | **본문편집** 우은영

주소 10881, 경기도 파주시 문발로 116
대표전화 031-955-6111 | **팩스** 031-955-0955
홈페이지 www.gyomoon.com | **이메일** genie@gyomoon.com
등록번호 1968.10.28. 제406-2006-000035호

ISBN 978-89-363-2393-6(93320)
정가 29,000원

성공적인 외식프랜차이즈 기업이 되기 위해

경영자와 기획자가 알아야 할 모든 것 !

RESTAURANT FRANCHISING

외식프랜차이즈 사업론

김영갑 지음

교문사

머리말

외식산업이 발전할수록 외식프랜차이즈 기업으로 성공을 꿈꾸는 경영자가 증가하고 있다.

우리나라에서 신규 프랜차이즈로 등록하는 브랜드 수는 매월 100개가 넘는다. 1년이면 최소 1,200개의 새로운 브랜드가 생겨난다는 의미이다. 가정에서 먹기보다 외식으로 식사를 해결하는 사람이 갈수록 늘어나는 것을 고려하면, 외식프랜차이즈 가맹본부와 가맹사업자의 증가 추세는 지속될 것으로 예상할 수 있다.

실제로 세계 최고의 프랜차이즈 선진국이라고 할 수 있는 미국의 사례를 보면 우리나라의 외식프랜차이즈 산업이 얼마나 유망한지 그리고 발전가능성이 큰 지를 파악하는 것은 어렵지 않다. 이러한 희망 속에서 외식사업에 진출하고 하나 둘 음식업 점포의 성공을 경험한 유능한 창업자라면 외식프랜차이즈 사업에 대한 열망은 커질 수밖에 없다.

외식산업이 발전하고 창업자를 지원하는 시스템이 발전하면서 누구나 외식프랜차이즈 사업을 시작할 수 있는 여건이 성숙되었다. 다만 장기적으로 살아남고 지속적으로 발전해서 누구나 꿈꾸는 일류 브랜드가 되는 건 쉽지 않다. 실제로 성공확률은 매우 낮다. 외식프랜차이즈 기업으로 성공하기 위한 근본 경쟁력에 해당하는 콘셉트 기획과 개발 역량이 취약한 브랜드가 너무 많기 때문이다.

건축에서 화려한 외장재를 선택하고 꾸밈을 잘하는 것보다 지반의 성질을 분석하여 기반을 다지고, 뼈대를 세우는 기초공사가 중요한 것처럼 외식프랜차이즈 브랜드와 조직 개발 그리고 운영에서 콘셉트 개발이 중요하다. 경제상황과 소비 트렌드가 변하는 리스크가 증가할 때 든든히 버틸 수 있어야 한다.

외식프랜차이즈의 콘셉트가 훌륭하다고 무조건 성공할 수 있을까? 잘 만들어진 콘셉트를 지지해줄 수 있는 프랜차이즈 시스템 개발이 뒷받침되어야 한다. 시스템이 잘 구축되어야 프랜차이즈 본부는 물론, 가맹점이 오래 생존할 수 있다. 즉 프랜차이즈 시스템은 잘 만들어진 건물의 가치를 올리고, 안정적으로 관리하는 체계라고 할 수 있다.

이 책은 오래 가는 성공적인 외식프랜차이즈 기업이 되기 위해 경영자와 기획자가 알아야 할 내용을 담고 있다. 외식프랜차이즈 가맹본부 구축과 경영에 대한 지식과 현장에서 즉시 활용할 수 있는 실무능력을 갖출 수 있도록 '학습목표, 내용, 요약, 주관식 연습문제' 순으로 구성하였다. 또한, 대학교와 외식 및 프랜차이즈 관련 교육기관에서 가맹본부를 위한 교육교재로 활용이 가능하도록 전체적인 흐름을 다음과 같이 집필하였다.

- 1부 외식프랜차이즈의 이해 : 1장 외식프랜차이즈의 개요, 2장 외식프랜차이즈의 역사와 현황, 3장 외식프랜차이즈 적합성 이해
- 2부 외식프랜차이즈 콘셉트 개발 : 4장 외식프랜차이즈 콘셉트 이해, 5장 외식프랜차이즈 목표고객 선정, 6장 외식프랜차이즈 콘셉트 개발, 7장 모델점포의 구축과 운영, 8장 사업타당성 분석을 통한 투자 규모와 콘셉트의 확정
- 3부 외식프랜차이즈 본부 구축 : 9장 외식프랜차이즈 본부 구성, 10장 외식프랜차이즈 시스템 구축, 11장 외식프랜차이즈 본부 구축 실제

이 책을 올바르게 활용하는 방법은 '1장 외식프랜차이즈의 개요'부터 '11장 외식프랜차이즈 본부 구축 실제'까지 순서대로 읽고 현장에 적용하는 것이다. 다만, 외식프랜차이즈 경영에 대한 개론적인 공부를 한 독자라면, 1장과 2장을 제외하고 3장부터 학습해도 무방하다.

마지막으로 바쁜 일정 속에서 많은 관심과 노력을 기울여 주신 교문사 류원식 사장님을 비롯한 임직원 여러분께 진심으로 감사드린다.

한양사이버대학교 사이버2관에서 저자

차 례

5 외식프랜차이즈 목표고객 선정

6 외식프랜차이즈 콘셉트 개발

7 모델점포의 구축과 운영

8 사업타당성 분석을 통한 투자 규모와 콘셉트의 확정

3부

외식프랜차이즈 본부 구축

9 외식프랜차이즈 본부 구성

10 외식프랜차이즈 시스템 구축

11 외식프랜차이즈 본부 구축 실제

1부

외식프랜차이즈의 이해

RESTAURANT FRANCHISE
BUSINESS THEORY

1장

외식프랜차이즈의 개요

1. 프랜차이즈의 정의
2. 프랜차이즈의 특성
3. 프랜차이즈의 유형
4. 프랜차이즈의 장단점
5. 프랜차이즈 산업의 경제적 효과

학습목표

1. 프랜차이즈가 무엇을 의미하는지 설명한다.

2. 프랜차이즈의 특성과 다양한 유형을 설명한다.

3. 프랜차이즈 시스템의 장단점을 설명한다.

4. 프랜차이즈 산업의 경제적 효과를 설명한다.

1 프랜차이즈의 정의

1) 프랜차이즈의 어원 및 기원

프랜차이즈(Franchise)라는 단어는 '노예 상태로부터의 자유(free from servitude)'라는 프랑스의 고어(古語)에서 유래하였다. 본래 프랜차이즈는 고대 로마시대에 가톨릭 교회가 시민들에게 세금을 걷은 후, 수수료를 본인의 몫으로 받을 수 있는 권한을 지닌 세금징수관인 푸블리카니(publicani)에서 유래한 것으로 추정한다(Khan, 1999).

좀 더 구체적으로 프랜차이즈의 기원을 탐구해 보면, 정치적 행위에 의한 기원과 비즈니스 행위에 의한 기원으로 나눠 볼 수 있다. 정치적 기원으로는 중세시대 교회와 봉건영주제에서 세금을 징수하고 시장운영권을 판매하던 관행에서 찾아볼 수 있으며, 비즈니스 행위에 의한 기원으로는 19세기 중반 독일의 맥주 제조자가 여관에서 맥주를 판매할 수 있도록 한 계약에서 그 유래를 발견할 수 있다. 이후 프랜차이즈 제도는 18세기 중엽 영국에서 시작된 산업혁명과 함께 급격하게 발전하였고, 이어서 미국의 싱거재봉기회사(Singer Sewing Machine)가 충성스런 판매상 시스템을 도입한 것이 근대 최초의 프랜차이즈 시스템 활용 사례로 알려져 있다. 이후 미국의 다양한 산업분야와 많은 국가에서 프랜차이즈 시스템을 활용하게 되었다.

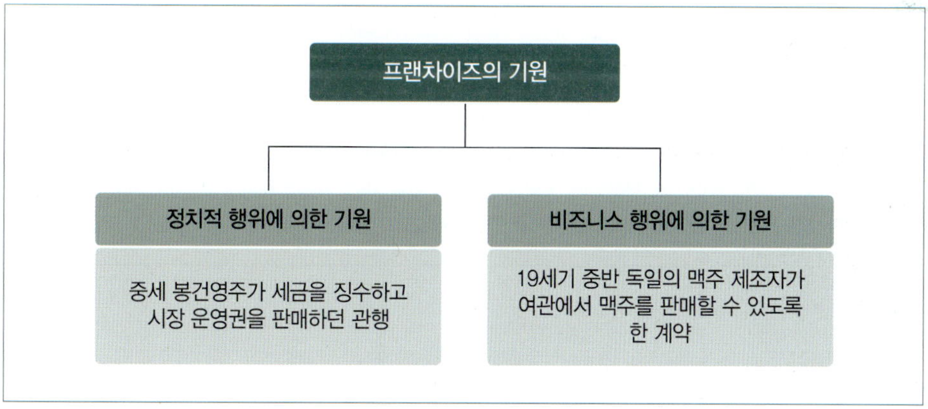

그림 1-1 프랜차이즈의 기원

2) 프랜차이즈의 정의

일반적으로 프랜차이즈는 허가 관계를 통해 비즈니스를 확장하기 위한 목적으로 상품 또는 서비스를 유통하는 방법을 의미한다. 프랜차이즈와 관련한 법규와 협회 등에서 정의한 프랜차이즈의 정의를 살펴보면 〈표 1-1〉과 같다.

표 1-1 프랜차이즈의 정의

구분	내용
가맹사업거래의 공정화에 관한 법률 제2조	가맹본부가 가맹점사업자로 하여금 자기의 상표·서비스표·상호·간판 그 밖의 영업표지를 사용하여 일정한 품질 기준에 따라 상품(원재료 및 부재료 포함) 또는 용역을 판매하도록 함과 아울러 이에 따른 경영 및 영업활동 등에 대한 지원·교육과 통제를 하며, 가맹점사업자는 영업표지의 사용과 경영 및 영업활동 등에 대한 지원·교육의 대가로 가맹본부에 가맹금을 지급하는 계속적인 거래관계
국제프랜차이즈협회 (IFA)	프랜차이즈란 가맹본부와 가맹점사업자 사이의 계약관계이고, 프랜차이즈 본사는 노하우와 훈련 등의 업무에 관하여 계속적으로 이익을 제공하고 또는 이를 유지할 의무를 지며, 가맹점사업자는 프랜차이즈 본사의 소유 또는 관리하에 있는 공통의 상표 및 기준에 따라 영업을 하며 프랜차이즈 사업에 대하여 자신의 자본을 실질적으로 출자하는 것
한국프랜차이즈협회 (KFA)	가맹본부가 프랜차이즈를 구매한 사람에게 프랜차이즈 회사의 이름, 상호, 영업방법 등을 제공하여 상품과 서비스를 시장에 판매하거나 기타 영업을 할 수 있는 권리를 부여하며 영업에 관하여 일정한 통제, 지원을 하고 이러한 포괄적 관계에 따라 일정한 대가를 수수하는 계속적 채권관계
미국 연방거래위원회-연방거래위원회 규칙 436.2조6160항	프랜차이즈는 상업적 관계를 뜻한다…… 특정 사람이 다른 사람에게 제품이나 자재, 또는 서비스와 같은 것을 제공 또는 판매, 유통하는 것이다. ……제품, 자재, 서비스는 (1)등록상표, 서비스마크, 상호, 광고 또는 기타 상업적 심벌에 의해 구분된다. ……또는 (2)사용되는 등록상표, 서비스마크, 상호, 광고 또는 기타 상업적 심벌을 사용한 특정 이름으로 가맹점을 운영할 때 직간접적으로 요구되고 권고되는 규정된 품질기준을 충족해야 한다(스콧 A. 셰인, 2011).
일본프랜차이즈협회 (JFA)	프랜차이즈란 프랜차이저가 프랜차이지와 계약하고 자기 상표, 서비스, 마크, 거래, 이름, 기타 영업의 상징이 되는 표식 및 경영노하우를 가지고 동일한 이미지 아래 상품의 판매, 기타 사업을 하는 권리를 부여하고, 한편 프랜차이지는 그 대신 일정한 대가를 지불하고 사업에 필요한 자금을 투입하여 프랜차이저의 지도 및 지원 아래 사업을 하는 것(타미야 마사히로, 2008)
일본 공정거래위원회 '프랜차이즈 시스템에 관한 독점금지법상의 지침' (2002.4.24)	일반적으로 가맹본부가 가맹점사업자에 대하여 특정 상표, 상호 등을 사용하는 권리를 부여함과 동시에 가맹점사업자의 물품판매, 서비스 제공, 그 밖의 사업·경영에 대하여 통일적인 방법으로 통제, 지도, 원조를 행하고, 이에 대한 대가로 가맹점사업자가 가맹본부에게 금전을 지불하는 사업형태

이러한 프랜차이즈에 대한 다양한 정의 중에서 공통적인 내용을 정리하면 프랜차이즈란 '1) 가맹본부(프랜차이저)와 가맹점사업자(프랜차이지) 간의 법적 계약 관계를 의미

하고, 2) 가맹본부는 상표나 상호 등의 사용권과 영업권, 사업노하우 등을 제공하여 가맹점사업자의 성공을 위한 경영지도 등을 제공할 의무가 있으며, 3) 가맹점사업자는 가맹본부의 제공사항에 대한 일정한 대가를 지급할 의무가 있다. 또한, 4) 가맹본부와 가맹점사업자는 각각의 독립된 사업체로 사업에 있어서는 동일한 이미지로 운영되어야 한다라고 이해하면 된다. 이상의 내용을 좀 더 세부적으로 정리하면 〈그림 1-2〉와 같다.

1. 상업조직 간 관계의 특별한 법적 형태임
2. 가맹본부와 가맹사업자 사이의 계약관계임
3. 가맹본부와 가맹사업자는 각각 권리와 의무를 가짐
4. 가맹본부는 자신이 개발하여 성공한 사업상의 권리를 가맹점사업자에게 부여하고 가맹점사업자는 그 대가로 가맹금, 로얄티 등의 수수료(Fee)를 지불해야 함
5. 가맹본부는 가맹점사업자가 사업을 성공할 수 있도록 계속적인 교육과 지원을 해야 함
6. 가맹본부와 가맹점사업자는 각각의 독립된 사업체이지만 사업에 있어서는 동일한 이미지로 운영되어야 함

그림 1-2 **프랜차이즈의 정의**

3) 프랜차이즈 관련 법과 용어의 정의

국내에서 프랜차이즈와 관련하여 최초로 제정되어 공표된 법률은 '가맹사업거래의 공정화에 관한 법률'이다. 약칭으로는 '가맹사업법'이라고 불리는 이 법은 2002년 5월 13일 법률 제6704호로 제정되어 2002년 11월 1일 시행되었다.

'가맹사업거래의 공정화에 관한 법률'은 하위법으로 시행령과 시행규칙이 있으며, 관계법령으로는 〈그림 1-3〉과 같이 '대규모유통업에서의 거래 공정화에 관한 법률, 소비

상하위법

- 법률 가맹사업거래의 공정화에 관한 법률 [시행 2016.9.30.] [법률 제14135호, 2016.3.29., 일부개정]
  - 시행령 가맹사업거래의 공정화에 관한 법률 시행령 [시행 2016.9.30.] [대통령령 제27528호, 2016.9.29., 일부개정]
    - 행정규칙
      - 예규 가맹본부가맹점사업자간 공정거래 및 상생협력 협약 절차지원 등에 관한 기준 [시행 2015.12.17.] [예규 제238호, 2015.12.17., 일부개정]
      - 고시 가맹거래사 자격제도의 운영에 관한 규정 [시행 2016.9.30.] [고시 제2016-13호, 2016.9.30., 일부개정]
      - 고시 가맹사업거래 정보공개서 표준양식에 관한 고시 [시행 2016.9.30.] [고시 제2016-12호, 2016.9.30., 일부개정]
      - 고시 가맹사업법 위반사업자에 대한 과징금 부과기준에 관한 고시 [시행 2014.6.26.] [고시 제2014-9호, 2014.6.26., 제정]
      - 고시 정보공개서 등록, 등록 거부 및 공개 등에 관한 업무의 위탁기관 지정 [시행 2015.10.23.] [고시 제2015-15호, 2015.10.23., 일부개정]
  - 행정규칙
    - 예규 가맹본부가맹점사업자간 공정거래 및 상생협력 협약 절차지원 등에 관한 기준 [시행 2015.12.17.] [예규 제238호, 2015.12.17., 일부개정]
    - 예규 공정거래위원회로부터 시정명령을 받은 사실의 공표에 관한 운영지침 [시행 2015.1.1.] [예규 제206호, 2015.1.1., 일부개정]
    - 예규 과징금 환급업무 처리기준 [시행 2015.8.21.] [예규 제227호, 2015.8.6., 폐지제정]
    - 예규 대중소기업간 공정거래협약 이행평가 등에 관한 기준(유통분야) [시행 2016.2.1.] [예규 제246호, 2016.2.1., 일부개정]
    - 예규 독점규제 및 공정거래에 관한 법률 등의 위반행위의 고발에 관한 공정거래위원회의 지침 [시행 2015.8.21.] [예규 제224호, 2015.8.6., 폐지제정]

관계법령

- 법률 대규모유통업에서의 거래 공정화에 관한 법률 [시행 2016.9.30.] [법률 제14136호, 2016.3.29., 일부개정]
- 법률 소비자기본법 [시행 2016.9.30.] [법률 제14139호, 2016.3.29., 일부개정]
- 법률 제조물 책임법 [시행 2013.5.22.] [법률 제11813호, 2013.5.22., 일부개정]
- 법률 표시·광고의 공정화에 관한 법률 [시행 2014.4.29.] [법률 제12380호, 2014.1.28., 일부개정]

그림 1-3 가맹사업거래의 공정화에 관한 법률 상하위법과 관계법령

자료 : 국가법령정보센터 홈페이지(www.law.go.kr)

자기본법, 제조물 책임법, 표시·광고의 공정화에 관한 법률'이 있다.

가맹사업법의 목적은 "가맹사업의 공정한 거래질서를 확립하고 가맹본부와 가맹점사업자가 대등한 지위에서 상호보완적으로 균형 있게 발전하도록 함으로써 소비자 복지의 증진과 국민경제의 건전한 발전에 이바지하는 것"이다.

이상과 같이 프랜차이즈 관련 법률이 제정됨에 따라 국내에서의 프랜차이즈 관련 용어의 정의가 명확해지는 계기가 되었으며, 법 제2조(정의)의 내용은 다음과 같다.

가맹사업거래의 공정화에 관한 법률

제2조(정의) 이 법에서 사용하는 용어의 정의는 다음과 같다. 〈개정 2007. 8. 3., 2013. 8. 13., 2020. 12. 29., 2021. 5. 18.〉

1. "가맹사업"이라 함은 가맹본부가 가맹점사업자로 하여금 자기의 상표·서비스표·상호·간판 그 밖의 영업표지(이하 "영업표지"라 한다)를 사용하여 일정한 품질기준이나 영업방식에 따라 상품(원재료 및 부재료를 포함한다. 이하 같다) 또는 용역을 판매하도록 함과 아울러 이에 따른 경영 및 영업활동 등에 대한 지원·교육과 통제를 하며, 가맹점사업자는 영업표지의 사용과 경영 및 영업활동 등에 대한 지원·교육의 대가로 가맹본부에 가맹금을 지급하는 계속적인 거래관계를 말한다.
2. "가맹본부"라 함은 가맹사업과 관련하여 가맹점사업자에게 가맹점운영권을 부여하는 사업자를 말한다.
3. "가맹점사업자"라 함은 가맹사업과 관련하여 가맹본부로부터 가맹점운영권을 부여받은 사업자를 말한다.
4. "가맹희망자"란 가맹계약을 체결하기 위하여 가맹본부나 가맹지역본부와 상담하거나 협의하는 자를 말한다.
5. "가맹점운영권"이란 가맹점사업자가 가맹본부의 가맹사업과 관련하여 가맹점을 운영할 수 있는 계약상의 권리를 말한다.
6. "가맹금"이란 명칭이나 지급형태가 어떻든 간에 다음 각 목의 어느 하나에 해당하는 대가를 말한다. 다만, 가맹본부에 귀속되지 아니하는 것으로서 대통령령으로 정하는 대가를 제외한다.
   가. 가입비·입회비·가맹비·교육비 또는 계약금 등 가맹점사업자가 영업표지의 사용허락 등 가맹점운영권이나 영업활동에 대한 지원·교육 등을 받기 위하여 가맹본부에 지급하는 대가
   나. 가맹점사업자가 가맹본부로부터 공급받는 상품의 대금 등에 관한 채무액이나 손해배상액의 지급을 담보하기 위하여 가맹본부에 지급하는 대가
   다. 가맹점사업자가 가맹점운영권을 부여받을 당시에 가맹사업을 착수하기 위하여 가맹본부로부터 공급받는 정착물·설비·상품의 가격 또는 부동산의 임차료 명목으로 가맹본부에 지급하는 대가
   라. 가맹점사업자가 가맹본부와의 계약에 의하여 허락받은 영업표지의 사용과 영업활동 등에 관한 지원·교육, 그 밖의 사항에 대하여 가맹본부에 정기적으로 또는 비정기적으로 지급하는 대가로서 대통령령으로 정하는 것
   마. 그 밖에 가맹희망자나 가맹점사업자가 가맹점운영권을 취득하거나 유지하기 위하여 가맹본부에 지급하는 모든 대가
7. "가맹지역본부"라 함은 가맹본부와의 계약에 의하여 일정한 지역 안에서 가맹점사업자의 모집, 상품 또는 용역의 품질유지, 가맹점사업자에 대한 경영 및 영업활동의 지원·교육·통제 등 가맹본부의 업무의 전부 또는 일부를 대행하는 사업자를 말한다.
8. "가맹중개인"이라 함은 가맹본부 또는 가맹지역본부로부터 가맹점사업자를 모집하거나 가맹계

약을 준비 또는 체결하는 업무를 위탁받은 자를 말한다.

9. "가맹계약서"라 함은 가맹사업의 구체적 내용과 조건 등에 있어 가맹본부 또는 가맹점사업자(이하 "가맹사업당사자"라 한다)의 권리와 의무에 관한 사항(특수한 거래조건이나 유의사항이 있는 경우에는 이를 포함한다)을 기재한 문서를 말한다.

10. "정보공개서"란 다음 각 목에 관하여 대통령령으로 정하는 사항을 수록한 문서를 말한다.
  가. 가맹본부의 일반 현황
  나. 가맹본부의 가맹사업 현황(가맹점사업자의 매출에 관한 사항을 포함한다)
  다. 가맹본부와 그 임원(「독점규제 및 공정거래에 관한 법률」 제2조제6호에 따른 임원을 말한다. 이하 같다)이 다음의 어느 하나에 해당하는 경우에는 해당 사실
    1) 이 법, 「독점규제 및 공정거래에 관한 법률」 또는 「약관의 규제에 관한 법률」을 위반한 경우
    2) 사기·횡령·배임 등 타인의 재산을 영득하거나 편취하는 죄에 관련된 민사소송에서 패소의 확정판결을 받았거나 민사상 화해를 한 경우
    3) 사기·횡령·배임 등 타인의 재산을 영득하거나 편취하는 죄를 범하여 형을 선고받은 경우
  라. 가맹점사업자의 부담
  마. 영업활동에 관한 조건과 제한
  바. 가맹사업의 영업 개시에 관한 상세한 절차와 소요기간
  사. 가맹본부의 경영 및 영업활동 등에 대한 지원과 교육·훈련에 대한 설명
  아. 가맹본부의 직영점(가맹본부의 책임과 계산하에 직접 운영하는 점포를 말한다. 이하 같다) 현황(직영점의 운영기간 및 매출에 관한 사항을 포함한다)

11. "점포환경개선"이란 가맹점 점포의 기존 시설, 장비, 인테리어 등을 새로운 디자인이나 품질의 것으로 교체하거나 신규로 설치하는 것을 말한다. 이 경우 점포의 확장 또는 이전을 수반하거나 수반하지 아니하는 경우를 모두 포함한다.

12. "영업지역"이란 가맹점사업자가 가맹계약에 따라 상품 또는 용역을 판매하는 지역을 말한다.

자료 : 국가법령정보센터 홈페이지(www.law.go.kr)

이상의 내용에 따르면, 프랜차이즈(franchise)는 가맹사업, 프랜차이저(franchiser)는 가맹본부, 프랜차이지(franchisee)는 가맹점사업자로 이해할 수 있다. 앞으로 본서에는 가맹사업법에서 정의한 한글 표현을 위주로 사용하지만 독자의 이해를 돕기 위하여 기존의 문헌에서 사용하는 영어 표현을 함께 사용한다. 즉 프랜차이즈, 프랜차이즈 시스템, 외식업체, 점포 등의 단어가 문맥에 따라서 사용될 수 있다.

그리고 가맹사업거래의 공정화에 관한 법률(이하 가맹사업법)에 의거 가맹사업의 주

그림 1-4 공정거래위원회 가맹사업거래 홈페이지(franchise.ftc.go.kr)

무부서는 '공정거래위원회'이다. 공정거래위원회는 법률에 의해 위임된 가맹사업의 전반적인 업무를 위하여 〈그림 1-4〉와 같이 홈페이지를 운영하고 있다.

공정거래위원회는 가맹사업거래 홈페이지에서 가맹사업법에서 정의하는 가맹사업을 좀 더 구체적으로 정의하고 있는데, 세부적인 내용은 〈표 1-2〉와 같다. 따라서 향후 가맹사업법을 준수해야 하는 가맹사업인지를 판단할 때는 〈표 1-2〉에서 제시하는 5가지 요건이 모두 충족되고 있는지 여부를 파악하면 된다. 만약 5가지 요건 중에서 1가지라도 충족이 되지 않는 경우는 가맹사업에 해당하지 않는다고 볼 수 있다.

이어서 공정거래위원회의 가맹사업거래 홈페이지에서는 가맹사업에 해당하지 않는 사례도 구체적으로 제시함으로써 법률 해석의 문제로 인한 불이익을 최소화시키고 있다. 즉 〈표 1-2〉과 같이 각각의 요건 중 하나라도 만족하지 않는 경우에는 가맹사업에 해당하지 않는 경우로 볼 수 있다. 단, 〈표 1-3〉의 예시는 일반적인 상황을 가정한 것

표 1-2 가맹사업거래에 해당하는 5가지 요건

조건	내용
① 가맹본부가 가맹점사업자에게 영업표지 사용을 허락	영업표지의 상표 등록 여부와 관계없이 제3자가 독립적으로 인식할 수 있을 정도면 가능
② 가맹점사업자는 일정한 품질기준이나 영업방식에 따라 상품 또는 용역을 판매	가맹본부가 가맹점사업자의 주된 사업과 무관한 상품 등만 공급하는 경우에는 가맹사업이 아님
③ 가맹본부는 경영 및 영업활동 등에 대한 지원, 교육, 통제를 수행	가맹본부의 영업방침을 따르지 않는 경우 아무런 불이익이 없다면 가맹사업이 아님
④ 영업표지 사용 및 경영·영업활동 등에 대한 지원·교육에 대가로 가맹금 지급	가맹본부가 가맹점사업자에게 도매가격 이상으로 물품을 공급하는 경우도 가맹금 지급에 해당
⑤ 계속적인 거래관계	일시적 지원만 하는 경우는 가맹사업이 아님

자료 : 공정거래위원회 가맹사업거래 홈페이지(franchise.ftc.go.kr)

표 1-3 가맹사업거래에 해당하는 않는 경우

조건	내용
①번 요건을 만족하지 않는 경우	– 가맹점사업자가 자신의 상호만을 사용하는 경우 – 외관상 가맹본부의 상호(영업표지)를 사용하는 것으로 보기 어렵고 가맹본부가 공급한 상품 등에서만 간접적으로 사용하는 경우
②번 요건을 만족하지 않는 경우	– 가맹점사업자의 주된 사업과 무관한 상품 등만 공급하는 경우 (예 : 편의점을 운영하는 가맹점에 신용카드 결제 서비스를 제공)
③번 요건을 만족하지 않는 경우	– 일정한 영업방식을 준수하도록 하지 않고 단순히 상품만 제공하는 경우 (예 : 학원에 교재만 공급하고 교습에 필요한 기준 등은 개별 학원이 마음대로 결정) – 가맹점사업자가 가맹본부의 경쟁사를 포함한 다른 사업자의 물품을 모두 취급하는 경우 – 가맹본부의 영업방침이 있더라도 이를 지키지 않은 가맹점사업자에 대한 제재를 가하지 않는 경우
④번 요건을 만족하지 않는 경우	– 가맹본부가 다른 대가 없이 보증금만 받는 경우
⑤번 요건을 만족하지 않는 경우	– 가맹점사업자의 개설에 필요한 서비스를 제공하고 향후의 영업에 대해서는 별도의 지원이나 통제를 하지 않는 경우

자료 : 공정거래위원회 가맹사업거래 홈페이지(franchise.ftc.go.kr)

으로 가맹사업법 적용대상이 되는지 여부를 정확하게 알고 싶은 경우에는 공정거래위원회 가맹거래과(1670-0007)로 문의하는 것이 안전하다.

앞으로 가맹사업과 관련된 학습을 진행하며 의문사항이 생기는 경우와 행정처리를 위하여 필요한 사항은 반드시 가맹사업법과 공정거래위원회 가맹사업거래 홈페이지를 먼저 확인하는 것이 좋다.

2 프랜차이즈의 특성

프랜차이즈는 기본적으로 가맹본부와 가맹점사업자의 상호 의무를 전제로 하는 법에 의거한 계약관계이다. 따라서 법률에 의거한 '계약관계, 독립된 사업자, 효과적 사업 확장과 낮은 리스크, 3S(simplification, specialization, standardization)'와 같은 기본적인 특성이 존재하는데, 이를 좀더 면밀하게 살펴보면 다음과 같다.

- **계약관계 :** 가맹본부가 미리 정한 계약내용을 동의하는 자(가맹점사업자)와의 계약으로 성립하는 부합계약[1]이다.
- **독립된 사업자 :** 자본을 달리하는 독립된 사업자가 상호 협력하여 동일 자본기업과 유사한 경영효과를 달성할 수 있다.
- **효과적 사업 확장과 낮은 리스크 :** 가맹본부는 직접투자를 하지 않고 사업 확장을 할 수 있으며, 가맹점사업자는 검증된 사업시스템을 활용하여 리스크를 줄일 수 있다.
- **단순화, 표준화, 전문화 :** 프랜차이즈는 주로 단일의 제품과 서비스를 표준화하여 다수의 입지에서 규모의 경제를 통해 경쟁력을 확보할 수 있도록 설계되어야 한다.

1 부합계약(附合契約): 계약 당사자의 한쪽이 계약 내용을 미리 결정하여 다른 한쪽은 계약 내용을 결정할 자유가 없는 계약

또한 프랜차이즈란 '프랜차이즈 시스템'이라는 용어로 쓰이기도 한다. 따라서 '특정한 목적 달성을 위하여 서로 작동하는 집합이나 조직'을 의미하는 시스템의 개념을 대입하면, 프랜차이즈의 특성을 다음과 같이 정리할 수 있다.

독립된 사업자가 양자간의 이윤 추구를 위하여 특정한 계약을 맺고 가맹본부가 계약에 근거한 상품과 서비스(상호와 로고, 상품이나 서비스), 다양한 경영 노하우(마케팅 능력, 운영관리 매뉴얼, 사업과 관련된 지식, 그 외 정보 등등)를 제공하고 가맹점사업자는 그에 상응하는 대가(가맹비, 로열티 등)를 지불하는 상호적이며 유기적으로 결합된 집합체로 이해할 수 있다.

지금까지 다루었던 프랜차이즈 특성과 관련된 모든 내용을 축약하여 도식화하면 〈그림 1-5〉와 같다.

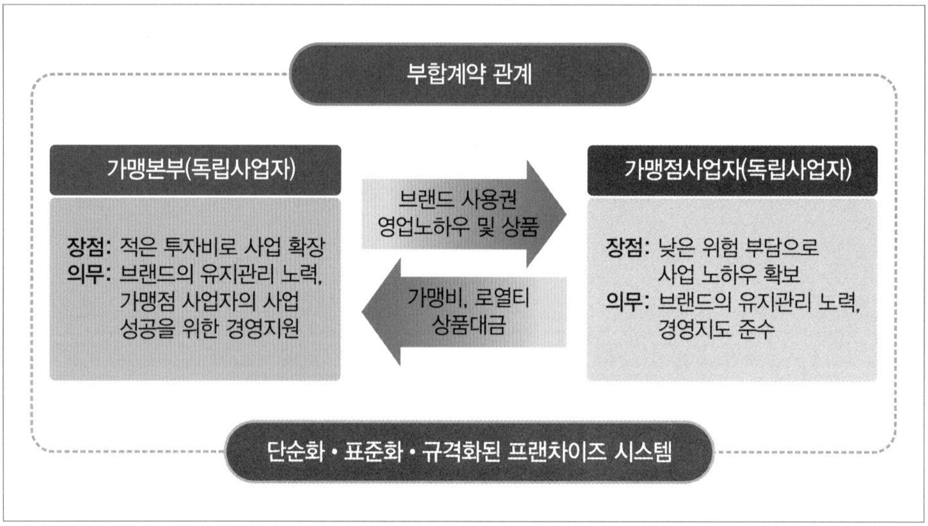

그림 1-5 **프랜차이즈의 특성**

3 프랜차이즈의 유형

프랜차이즈의 유형은 가맹본부가 제공하는 상품과 서비스 등에 따라 '상품유통 프랜차이즈'와 '사업형태 프랜차이즈'로 나눌 수 있는데, 그 분류와 의미는 〈표 1-4〉와 같다.

상품유통 프랜차이즈는 국내의 경우 프랜차이즈가 도입되던 초기에 성행하였으며, 가장 대표적인 사례로 코카콜라를 들 수 있다. 최근에는 사업형태 프랜차이즈가 대부분을 차지하고 있으며, 그 중에서도 직영점만을 운영하는 레귤러 체인과 프랜차이즈 체인의 운영방식에 가장 많은 관심이 집중되고 있다. 대표적인 사례로 레귤러 체인은 스타벅스와 커피빈을 들 수 있고, 프랜차이즈 체인은 교촌치킨, 미스터피자 등이 있다. 다만 레귤러 체인과 프랜차이즈 체인을 적절하게 결합한 형태도 활발히 적용되고 있는데, 직영점과 가맹점을 함께 운영하는 맥도날드가 대표적인 사례이다.

표 1-4 가맹본부가 제공하는 상품 및 서비스에 따른 프랜차이즈 유형

<table>
<tr><th>구분</th><th colspan="3">내용</th></tr>
<tr><td rowspan="2">상품유통 프랜차이즈</td><td colspan="3">생산기업이 자사 제품 유통을 위한 판매 대리인을 임명하고 판매를 위하여 지원함(프랜차이즈 사업모델의 원형)</td></tr>
<tr><td colspan="3">예 : 자동차 대리점, 코카콜라 보틀링</td></tr>
<tr><td rowspan="6">사업형태 프랜차이즈 (Business Format Franchise)</td><td rowspan="6">상표와 상품, 운영방식 등의 사업형태 전반을 패키지 형태로 제공 (가장 일반화된 프랜차이즈 사업 모델)</td><td rowspan="2">직영점 (Regular Chain)</td><td>프랜차이즈 본부가 직접 운영, 브랜드 이미지, 품질관리에 효과적이나 운영비가 많이 듦</td></tr>
<tr><td>예 : 스타벅스, 커피빈</td></tr>
<tr><td rowspan="2">프랜차이즈 체인 (Franchise Chain)</td><td>가맹점주가 본사의 관리 하에 운영하여 서로 리스크와 비용을 최소화하나 품질관리가 어려움</td></tr>
<tr><td>예 : 본죽, 교촌치킨, 이디야 커피</td></tr>
<tr><td rowspan="2">자율 체인 (Voluntary Chain)</td><td>독립된 다수의 점포가 경영의 독립성은 유지하면서 구매, 물류 등을 공동으로 추진하는 수평적 관계의 경영방식.</td></tr>
<tr><td>예 : 나들가게</td></tr>
<tr><td rowspan="2">전환 프랜차이즈</td><td colspan="3">독립사업자를 가맹점사업자로 전환시키는 형태</td></tr>
<tr><td colspan="3">예 : 센추리 21(부동산), 온누리 약국, 베니키아 호텔 등</td></tr>
</table>

그림 1-6 다양한 매장 유형으로 전 세계에 진출한 SPAR

자료 : SPAR 홈페이지(www.spar-international.com)

자율 체인 또는 볼런터리 체인은 1920년대에 미국에서 시작되어 발전한 프랜차이즈 유형이다. 개인 소매상들이 도매업자와의 협력을 통해 매입·광고·설비 등을 공동으로 하여 대규모 자본과의 경쟁, 대규모 점포가 지니는 경제적 이익을 얻을 수 있다는 장점이 있다. 보통 소매업 영역에서 개설되는데, 외국에서는 국제소매인연합(International Grocers Alliance)이 설립한 세계 최대의 볼런터리 체인인 IGA Store와 1932년 네덜란드에서 설립되어 유럽과 아프리카, 아시아 등 36개국(2013년 기준)으로 진출한 소매유통 브랜드인 SPAR 등이 있다. SPAR는 편의점과 슈퍼마켓, 하이퍼마켓 등 다양한 매장 포맷을 갖추고 공격적 마케팅으로 여타 유통 브랜드와의 경쟁에서 시장 점유율을 높이기 위한 노력을 기울이고 있다.

국내의 볼런터리 체인 브랜드의 예시는 포장이사업체 70여 개가 만든 'KGB', 한국슈퍼마켓협동조합연합회 소속 1천여 개 점포가 만든 '코사마트' 등이 있고, 앞에서 언급한 IGA Store가 우리나라에는 'IGA MART(아이지에이 마트)'라는 상호로 편의점 위주의 점포를 확대해 나가고 있다.

전환 프랜차이즈는 기존에 운영되고 있는 독립 사업자를 가맹점사업자로 전환시키는 특성 때문에 전환 프랜차이즈만 진행하는 곳은 흔치 않고 신규 프랜차이즈 개설을 동시에 진행한다. 전환 프랜차이즈의 경우 부동산, 약국, 호텔 부문에서는 적용하여 성공한 사례가 있지만 외식업 분야에서 성공적인 사례는 찾아보기 힘들다. 다만, 소규모 투

그림 1-7 IGA MART의 편의점 매장의 전경

자료 : 한국아이지에이 홈페이지(www.igakorea.com)

자로 기존 사업의 경쟁력을 높이려는 독립 사업자를 대상으로 전환 프랜차이즈 영업에 전념하는 외식업 프랜차이즈 브랜드는 다수 존재하고 있다. 전환 프랜차이즈의 대표적

그림 1-8 온누리약국 매장의 전경

자료 : 온누리약국체인 홈페이지(www.onnuri.co.kr)

표 1-5 가맹점 운영 및 개설 권한 부여 기준에 따른 프랜차이즈 유형

구분	내용
단일 프랜차이즈	가맹본부가 가맹 희망자에게 일정 지역에서 가맹점을 개설할 권리를 부여(가맹본사-가맹점사업자 간 계약)
	예 : 일반적 국내 프랜차이즈 브랜드
마스터 프랜차이즈	가맹본부가 가맹점 개설과 운영의 권한을 제3자에게 부여하는 계약(마스터 프랜차이즈 계약)을 체결하면, 마스터 프랜차이지가 가맹 희망자에게 가맹점 개설 권한을 부여(가맹본부-마스터 프랜차이지-서브 프랜차이지 간 계약)
	예 : 다국적 프랜차이즈 기업(교촌치킨, 잠바주스, 맥도날드, 버거킹 등)

인 사례로는 부동산 분야의 센추리 21, 의료 분야의 온누리 약국, 숙박업 분야의 베니키아 호텔 등이 있다.

가맹본부가 제공하는 상품과 서비스에 따른 프랜차이즈 유형 이외에도 가맹점 운영과 개설의 권한을 부여하는 방식에 따라 프랜차이즈 유형을 구분하기도 하는데, '단일 프랜차이즈'와 '마스터 프랜차이즈'가 그것이다.

단일 프랜차이즈는 가장 일반적인 형태의 가맹계약으로 가맹본부가 가맹점 개설을 희망하는 자에게 일정지역에서 가맹점을 개설 할 권리를 부여하는 것이다. 반면에 마스터 프랜차이즈는 주로 해외지역에서 가맹사업을 원하는 사업자에게 일정지역에서의 가맹점 개설과 운영권한을 포괄적으로 부여하는 형태의 프랜차이즈 계약을 의미한다. 국내 브랜드인 교촌 에프앤비가 일본 레드플래닛푸드사와 일본 지역의 마스터프랜차이즈 계약을 맺은 것이나 SPC 그룹이 미국의 잠바주스와 국내 마스터프랜차이즈 계약을 맺은 것 등이 그 사례이다.

이외에도 프랜차이즈 유형은 체인, 대리점, 라이선스 등의 개념이 혼용되고 있어 명확하게 구분하기는 쉽지 않다. 이러한 현상은 산업의 현황과 연구에 장애요인으로 작용하므로 명확하고 통일된 법적 정의가 필요하다.

다만 산업이 지속적으로 발전하면서 다양한 시스템이 개발되고 혼용된다는 측면에서 실무차원에서의 개념정립과 적용이 우선되어야 할 것이다.

4 프랜차이즈의 장단점

프랜차이즈는 기업의 성장과 혁신을 위한 시스템 중 가장 효율적인 모델로 각광을 받고 있다. 하지만 모든 업종이 프랜차이즈 시스템을 적용하는 것이 좋다고 볼 수는 없다. 과거에는 무조건 기업의 확장을 위하여 프랜차이즈 시스템을 도입하는 것이 유리하다는 인식이 많았으나, 최근에는 오히려 독립 브랜드를 유지하는 것이 사업 확장과 유지에 유리하다는 인식이 확산되고 있다.

따라서, 프랜차이즈 시스템을 적용하고자 하는 기업은 프랜차이즈 시스템의 장단점을 고려하여 자사의 업종이 프랜차이즈 시스템을 적용하는 데 적합한지를 면밀히 검토해야 한다.

1) 가맹본부 측면의 장점

(1) 사업 확장과 규모의 경제 실현의 용이성

가맹본부 입장에서 프랜차이즈는 큰 비용과 시간을 들이지 않아도 자사의 콘셉트와 사업모델, 제품의 유통경로를 효율적으로 확장할 수 있다는 장점을 가지고 있다. 프랜차이즈 시스템은 가맹점사업자가 판매 경로의 비용 일부를 분담하기 때문에 가맹본부는 투자에 대한 위험요소를 줄이면서 사업을 확장하기에 용이하다. 또한 가맹점사업자가 많아질수록 해당 프랜차이즈 브랜드의 인지도가 높아지기 때문에 마케팅 비용 등을 낮출 수 있다.

예를 들면 하나의 점포로 운영되던 브랜드가 다수의 점포로 확장되면 소비자의 시야에 노출될 가능성과 빈도가 높아져서 브랜드 인지도를 높이는 데 유리하다. 광고비를 부담하더라도 분담에 따른 절감효과를 볼 수 있다. 그리고 프랜차이즈 시스템은 가맹본부 입장에서 운영에 필요한 다양한 제품과 서비스를 구매할 때 구매력의 증가로 인해 비용절감 효과가 커진다. 즉 1회 100개를 구매하던 원재료를 가맹점의 확대로 1회 1,000개를 구매한다면, 구매단가에 대한 협상력이 증가하고 수량할인에 따라 실질적인 구입가격도 낮아질 게 확실하다.

(2) 노하우 확보를 통한 가맹본부와 가맹점주의 상생

급속하게 발전하는 사회경제적 환경 속에서 개인 독립 사업자가 환경변화와 소비자의 구매 트렌드를 인식하고 대책을 세워 생존하기란 쉬운 일이 아니다. 가맹본부는 가맹점 사업자로부터 확보하는 가맹비와 로열티 등을 활용해 환경변화를 감지하고 분석하기 위한 시장조사와 정보수집을 담당하여 시장의 변화에 신속하게 대응할 수 있으며, 여러 매장을 운영 및 지도한 경영 노하우를 축적하여 효율적 운영을 도모할 수 있는 능력을 가지고 있어 가맹점을 지원할 수 있다. 반대로 가맹본부는 가맹점과의 원활한 교류를 통해 시장조사나 분석자료 등으로 드러나지 않는 현지의 정보를 수집할 수 있어 신속하게 트렌드를 예측하고, 의사결정에 도움을 받을 수 있다.

(3) 가맹점주의 기여

가맹점사업자, 즉 가맹점주는 프랜차이즈 시스템을 만드는 데 기여할 수 있다. 대형 프랜차이즈 기업들은 가맹점사업자가 근본적인 부분에까지 매우 가치 있는 제안을 할 수 있다는 것을 알고 있다. 점주는 매일매일 점포운영에 직접적으로 관여하여 각각의 기능을 숙지하기 때문에 자신들이 직면한 문제에 대해 좋은 해결책을 제시하기도 하고, 좋은 아이디어에 대한 의견으로 어떤 계획에 대한 재무적 타당성 검증에 도움을 주기도 한다.

그림 1-9 맥도날드 캐릭터 로날드 맥도날드

자료 : @Ronaldmcdonald on Instagram

최고의 가맹본부는 가맹점사업자의 창의성과 숙련도를 프랜차이즈 시스템을 성공으로 이끄는 엄청난 자산으로 이해한다. 가맹점사업자에게 얻는 많은 아이디어를 신중하게 테스트하고 적용한다면 가맹본부에게는 평생 스타메뉴 노릇을 할 수 있는 아이템들이 되기도 한다. 맥도날드의 간판메뉴로 알려진 맥도날드의 빅맥, 휘시버거, 에그 맥머핀 등은 물론, 맥도날드의 캐릭터로 알려진 로널드 맥도날드 캐릭터(〈그림 1-9〉 참조) 또한 어린이 시장을 개척하기 위한 가맹사업자가 만들어낸 것으로 알려져 있다. 요컨대 가맹본부는 가맹점사업자를 통하여 시장정보와 소비자의 니즈를 파악함으로써 브랜드 가치를 높이는 데 큰 도움을 얻을 수 있다.

(4) 동기 부여와 협력

가맹점사업자는 가맹본부 입장에서 사업 성공에 엄청난 관심을 가진 의욕이 넘치는 직영점 매니저와 같은 사람이라고 할 수 있다. 지금까지의 프랜차이즈 역사를 되짚어 볼 때, 가맹점사업자의 자기주도성과 동기 부여는 많은 프랜차이즈를 성공으로 이끄는 데 주요한 역할을 해왔다. 또한 가맹본부 뒤의 가맹점사업자의 응집된 동기 부여와 협력은 사업과 규제의 다양한 영역에서 추가적 영향력을 발휘하기도 한다. 그러나 이러한 관계는 매우 조심스럽게 다루어져야 하는 부분이다.

몇몇 기업은 가맹본부와 가맹점사업자 간의 아이디어를 교류하는 포럼을 개최하는 전국 단위의 가맹점사업자 자문단(또는 가맹점사업자단체, 이하 자문위원회)을 구성하고 있다. 자문위원회는 견제와 균형의 시스템을 만들어 가맹본부가 프랜차이즈 시스템과 가맹점에 대해 적절한 관심을 유지하고 발전시키도록 도와준다. 다만 일방의 이익에만 치우친 의사결정을 하는 경우 부정적인 효과가 나타날 수 있으므로 상호이익을 위한 최적의 의사결정이 가능할 때 가맹본부와 가맹점사업자의 소통은 프랜차이즈 기업의 건전성에 긍정적 효과를 가져온다.

2) 가맹본부 측면의 단점

앞서 살펴본 바와 같이 프랜차이즈 시스템에서 가맹본부가 얻는 장점은 매우 다양하다. 하지만 장점만이 존재하는 것은 아니다. 가맹본부가 프랜차이즈 시스템을 도입하게 됨으로써 부딪히게 되는 단점도 많다. 대부분의 단점은 가맹본부와 가맹점사업자 사이의 관계에서 발생하는데, 세부적인 내용은 다음과 같다.

(1) 사업 운영의 자율성 제약

프랜차이즈 시스템을 도입함에 따라 가맹본부는 사업운영의 자유에 많은 제약을 받게 된다. 이는 가맹본부 입장에서 프랜차이즈 시스템에 따른 큰 단점 중 하나이다. 가맹본부는 정책이나 절차를 변경하고자 할 때 모든 점포를 직접적으로 통제할 수 없다. 또한 프랜차이즈 시스템의 성장과 발전을 위해 준비한 정책이나 절차가 역으로 가맹점사업자가 제기하는 법적 문제나 소송으로 인해 지연되거나 도입이 어려워질 수도 있다. 가맹본부는 프랜차이즈 시스템을 운영하는 노하우를 보유하고 있어 장기적 관점에서는 가맹본부와 가맹점사업자 모두에게 긍정적인 결과를 가져올 수 있는 변화를 제안하는 경우가 일반적이나, 가맹점사업자 자문위원회는 이해관계에 따라서 가맹본부의 프랜차이즈 시스템 변경이나 개선 등을 저지하는 강력한 이익집단이 될 수도 있다. 가맹점사업자의 시간과 노력, 자금을 투자하며 특정 요소를 변경하고 적용하는 것은 가맹점사업자의 협력 없이는 어렵게 된다. 즉 제품이나 서비스 또는 프로세스를 수정하려는 가맹본부에게는 단점이 될 수 있다.

보통 가맹본부는 장기적인 투자를 원하는 데 비해, 가맹점사업자는 신속한 투자 대비 수익을 얻고 싶어할 때 문제가 발생할 수 있다. 최근 비협조적인 가맹점사업자가 가맹본부의 입장에서 지속적인 운영의 어려움의 근원이 될 수 있다는 결론에 도달한 몇몇 가맹본부들은 이러한 어려움을 극복하기 위해 직영점만을 운영하려는 경우도 있다. 물론 이러한 경우 직영점 운영의 사업타당성에 대한 충분한 검토가 있어야 한다.

(2) 가맹점주의 재정적 상황에 따른 위협

일반적으로 가맹본부와 가맹점사업자는 독립된 사업자이다. 따라서, 가맹본부의 관리하에 있지 않은 가맹점사업자의 재무상태가 프랜차이즈 시스템에 영향을 미치기도 한다. 특히 동일 브랜드로 다수의 가맹점을 운영하는 가맹점사업자의 경우, 개인적인 재무상황에 따라서 운영 중인 점포는 물론이고 가맹본부의 수익성에 나쁜 영향을 미치는 경우가 발생할 수 있다. 예를 들면 가맹점사업자의 파산으로 인하여 가맹점도 파산하게 되는 경우, 가맹본부의 브랜드 평판에 나쁜 영향을 미칠 수 있다. 또한 가맹점사업자는 자신의 투자를 다각화하고, 자산을 분산하여 점포에 나쁜 영향을 줄 가능성도 있다는 점에 유의해야 한다.

(3) 가맹점 모집과 선정, 유지의 문제

가맹본부의 입장에서 가맹점사업자는 일종의 동업자로서 매우 중요한 위치를 차지하게 된다. 마치 평생의 반려자를 찾는 것과 같다고 할 수 있다. 따라서 가맹점사업자를 모집하고, 선정하는 것은 매우 신중해야 한다. 가맹본부는 가맹점사업자 선정에 있어 상당한 주의를 기울여야 한다. 가맹을 원하는 모든 사람에게 가맹점 개점을 허락하는 실수를 범해서는 곤란하다. 가맹본부는 이상적인 가맹점사업자의 기준을 만들고 이에 적합한 사업자를 선정하기 위해 노력해야 한다.

프랜차이즈 시스템은 자칫 프랜차이즈의 운영보다는 좋은 절세 방법을 찾는 몇몇 투자자들에게 매력적으로 보이는 경우가 있다. 아직 국내에서는 절세방법으로 프랜차이즈 제도가 활용되는 수준은 아니지만, 이처럼 부정적인 동기는 가맹본부에 나쁜 영향을 미칠 수 있다는 점에서 유의해야 한다. 가맹점사업자를 희망하는 지원자는 시간, 업무, 책임과 프랜차이즈를 하는 데 감수해야 하는 위험요소들을 제대로 인지하지 못할 수 있다. 만일 이런 지원자들이 프랜차이즈 계약을 맺고 점주가 될 경우 가맹본부 입장에서 매우 힘든 문제에 부딪힐 수 있다. 가맹계약은 가맹본부와 가맹점사업자를 묶어주는 장기 계약이다. 한번 계약을 맺으면 쉽게 계약해지를 할 수 없기 때문이다. 몇몇 가맹점사업자는 초기 투자비용을 회수하면, 점포 운영의 단조로움과 어려움으로 인하여 흥미를 잃어버릴 수 있다. 흥미를 잃은 가맹점사업자는 프랜차이즈 브랜드 평판에 나쁜 영향을 미칠 가능성이 높아진다. 따라서 가맹점사업자 선정은 좋은 직원을 선발하는 것과 비슷해서 뽑기도 어렵고, 좋은 가맹점사업자를 유지하는 것 또한 어렵다는 점을 기억해야 한다.

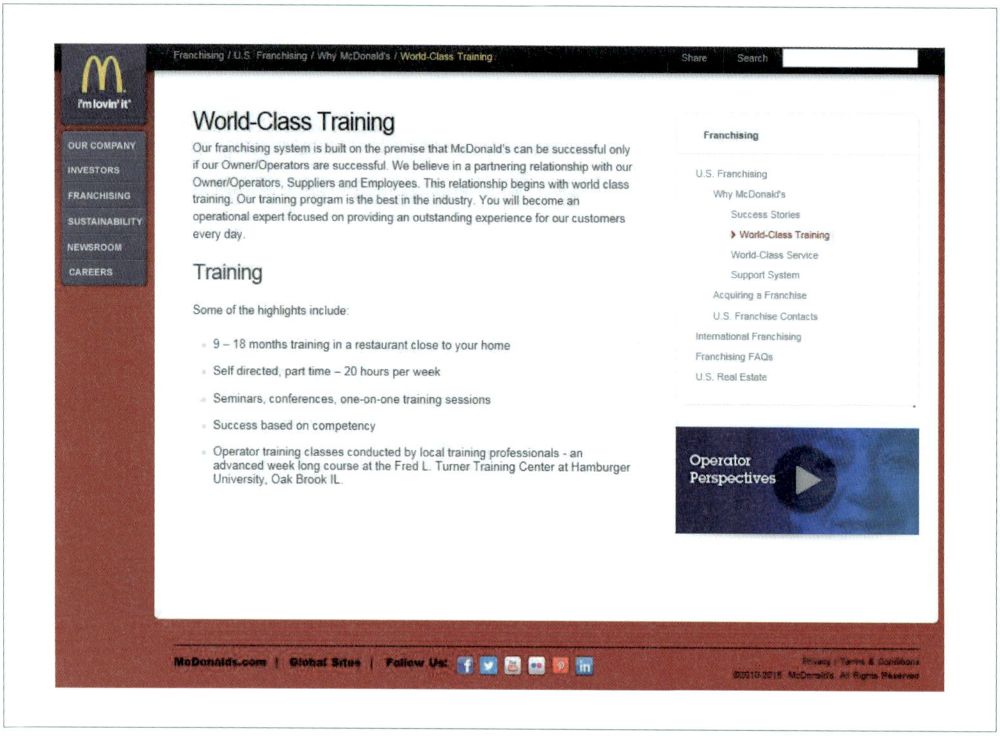

그림 1-10 맥도날드의 미국 프랜차이즈 시스템의 교육 내용

자료 : 미국 맥도날드 홈페이지(www.aboutmcdonalds.com)

특히 우리나라의 경우 장기적 안목보다는 유행하는 업종으로 빠르게 개발된 프랜차이즈 시스템이 늘어나다 보니 해당 업종의 유행이 지나기 전에 가맹점사업자를 모집하려는 가맹본부 간의 경쟁이 치열하다. 결국 적합한 가맹점사업자를 선발하는 과정 없이 자격 미달의 지원자에게 가맹점 운영을 맡기는 경우가 많다. 이 점은 가맹점의 제품과 서비스 품질을 저하시키는 주요한 원인 중 하나가 되고 있다.

세계적인 프랜차이즈 브랜드인 맥도날드의 경우 가맹점주를 모집하는 과정에서 인터뷰와 장기간의 교육을 통해 이러한 단점을 극복하고 있다. 맥도날드는 예비 가맹점사업자를 위한 종합적인 교육 시스템을 제공한다. 맥도날드 가맹점 사업의 지원자는 9개월 동안 '시프트 운영(Shift Management)'과 '시스템 경영(System Management)', '레스토랑 운영(Restaurant Management)' 등의 프로그램을 진행한다. 이같은 교육 프로그램은 결과적으로 매장 운영을 위한 핵심 노하우는 물론이고 최고의 가맹점사업자를 선발하고 육성하는 데 기여하고 있다.

(4) 커뮤니케이션

가맹본부와 가맹점사업자 간의 문제는 대부분 양측의 커뮤니케이션 부재에서 발생한다. 일반적 문제 중 하나는 품질 표준에 대해 오해하거나 이를 추론하는 데서 발생한다.

가맹점사업자는 그 표준을 유지하기 위해 사용하는 방법이나 가맹본부가 시행하는 점검 절차들에 대해 고마워하지 않는 경우가 많다. 가맹점사업자는 자신이 독자적으로 실행하는 방법에 몰두하거나, 가맹본부의 프로세스를 받아들이지 않기도 한다. 가맹점사업자는 자신이 가맹본부 직원보다 더 능력 있고 검증돼 있다고 생각한다. 협력 부족의 결과로 가맹점사업자는 계약서 상의 개념과 내용 그리고 추가적인 문구에 대해 잘못 해석하기도 한다. 가맹본부의 해당지역 슈퍼바이저와 가맹점사업자 사이의 성격 차이로 인해 문제가 발생하기도 한다.

어떤 가맹점사업자는 로열티의 근거가 되는 총매출액을 속이거나 부정확하게 보고하기도 한다. 가맹점사업자의 비협조적 태도는 계약서에 근거한 관리 감독이 필요하고, 때로는 사업에 악영향을 끼칠 수 있는 장기간의 법적 분쟁을 통해 계약관계를 정리해야 하는 상황에 직면하기도 한다.

3) 가맹점사업자 측면의 장점

(1) 검증된 사업 콘셉트의 활용

프랜차이즈는 가맹점사업자가 가맹본부의 확정된 사업 콘셉트를 구매하는 법적 관계이다. 오랜 기간 동안 시장에서 검증을 받은 가맹본부의 상품이나 서비스는 독특하고 성공 가능성이 높다고 볼 수 있다. 만일 선택한 브랜드가 안정적으로 운영되었다면 소비자들은 이미 브랜드를 인지하고 있을 것이며, 해당 상품이나 서비스에 대한 평판도 잘 구축되어 있다고 예상할 수 있다. 이는 새로 사업을 시작하는 가맹점사업자의 재무적 불확실성을 줄여준다. 무엇보다도 빠르게 변화하고 경쟁이 치열한 시장에서 사업 콘셉트와 수익성을 보장 받을 수 있다는 것은 가맹점사업자에게 큰 혜택이 아닐 수 없다. 따라서 예비창업자가 독립 창업이 아닌 프랜차이즈 창업을 선택하는 가장 큰 이유는 바로 검증된 사업 콘셉트를 활용할 수 있다는 사실때문이다.

(2) 가맹본부의 다양한 지원

성공한 가맹본부의 가맹점사업자가 된다는 것이 무조건 성공을 보장하지는 않지만 사업성이 검증된 가맹본부를 선택하기만 한다면, 성공을 위한 방법을 지원받을 수 있다는 사실은 믿을 수 있다. 성공한 가맹본부는 상권·입지 선정과 인테리어, 물류지원, 장비 선정, 프로세스, 교육·훈련, 광고와 촉진 등을 포함한 마케팅 등 주요한 영역에 대한 지원, 운영 중에 직면하는 다양한 문제에 대한 지속적 지원 등이 충분히 이루어진다. 우수한 가맹본부에는 비숙련자도 새로운 영역의 사업에 진입하여 어려움 없이 사업을 경영할 수 있도록 하는 총체적인 시스템이 갖추어져 있다.

(3) 표준 및 품질 관리

상품과 서비스를 제공하는 데 있어 표준과 품질을 지키는 것은 가맹점사업자의 핵심적인 의무이며 성공을 위한 필요조건이다. 예를 들면, 교촌치킨은 최고의 상품품질을 유지하기 위하여 '24시간 숙성, 주문 후 조리시작, 24~25컷, 기름산도 2.0 이하, 브러싱 소스 작업'과 같은 기준을 제시하고 모든 가맹점이 이를 준수하도록 지도하고 있다. 이러한 표준에 대한 상호적 협력과 효과적 관리는 상품과 서비스의 일관성을 유지하기 위한 핵심적인 요소이다. 또한 이러한 일관성은 브랜드 이미지 구축과 유지, 수익사업의 유지, 직원의 사기 유지, 기업의 성장과 발전에 핵심적인 요소라고 할 수 있다. 그리고 표준이 잘 유지 및 관리된다면 가맹본부와 가맹점사업자, 가맹점사업자와 가맹점 직원 간의 팀워크가 강화된다.

그림 1-11 교촌치킨의 표준·품질 사례

자료 : 교촌치킨 홈페이지(www.kyochon.com)

(4) 위험의 최소화와 효율적 운영 지원

어떤 사업이든 위험요인을 가지고 있다. 프랜차이즈 시스템은 이러한 위험요인을 줄이는 데 기여한다. 프랜차이즈는 이미 타당성이 검증된 사업 모델을 적용하는 것이기 때문에 처음 사업을 시작하는 것에 비해 위험을 최소화할 수 있는 장점을 가지고 있다. 또한 우량한 가맹본부의 경우 창업이나 운영자금에 대하여 우대금리 수준의 대출을 지원하기도 한다.

또한 일반적으로 프랜차이즈는 독립창업에 비해 비교적 적은 운영자금을 필요로 한다. 예를 들어 독립 음식점의 경우는 식재료 재고관리나 원가관리의 노하우를 확보하기 위해 시간과 노력이 오랜기간 소요되지만 프랜차이즈는 가맹본부의 노하우를 전수받아 불필요한 재고나 폐기되는 분량을 최소화할 수 있다. 또한 동선 설계나 생산성 향상을 위한 노하우 등도 효과적으로 지원받을 수 있다.

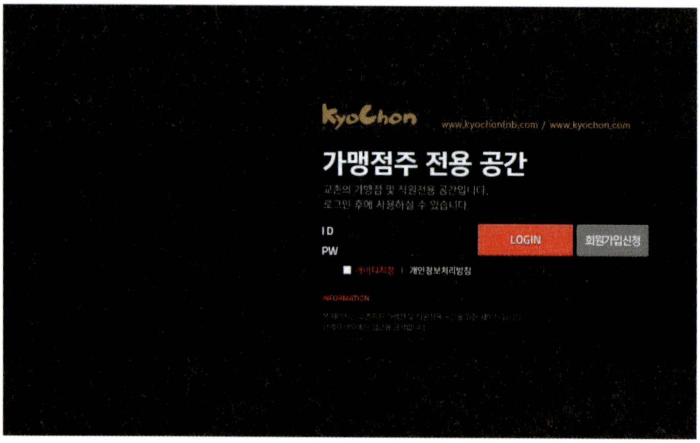

그림 1-12 교촌치킨의 가맹점주 전용 공간

자료 : 교촌치킨 홈페이지(www.kyochon.com)

그림 1-13 도미노 피자의 신메뉴 사례

자료 : 도미노피자 홈페이지(www.dominos.co.kr)

(5) 타 가맹점의 정보 공유

자신의 점포와 다른 가맹점과의 비교평가는 또 다른 발전의 기회가 되기도 한다. 가맹점사업자는 가맹본부를 통해 다른 가맹점의 성공 사례 등의 정보를 제공받을 수 있다.

(6) 제품개발의 이점

가맹본부는 지속적으로 제품 개발에 대한 관심을 가지고 있으며 연구개발을 진행한다. 연구개발의 노력은 가맹점사업자에게 공유된다. 연구개발 영역은 제품이나 서비스 모두를 포함할 수 있으며 독립점포에서는 오랜 기간이 소요되고 비용도 많이 필요하므로 체계화하기 어려운 영역이다. 하지만 프랜차이즈는 가맹점사업자들의 현장 노하우와 의견수렴을 바탕으로 가맹본부가 전문성을 가지고 지속적인 신상품 개발과 개선을 하고 있다. 예를 들면, 프랜차이즈 업종 중 경쟁이 가장 치열한 피자와 치킨의 경우는 매월 또는 매 분기마다 신메뉴를 출시하고 이벤트를 실시하므로 제품개발 능력이 프랜차이즈 브랜드의 경쟁력이라고 할 수 있다.

(7) 광고와 프로모션

가맹본부의 구매력 상승의 장점은 광고와 프로모션의 영역에서도 잘 나타난다. 가맹점 사업자가 로열티나 광고비로 지출한 비교적 적은 비용은 대단위의 광고와 프로모션에 효과적으로 활용될 수 있다.

그림 1-14 맥도날드 동영상 광고

자료 : 맥도날드 코리아 유튜브 채널(www.youtube.com/mcdonaldkorea)

4) 가맹점사업자 측면의 단점

(1) 기대에 미치지 못함

가맹점사업자는 사업에 착수하기 전에 가맹사업에 대해 기대하는 부분이 있나. 가맹본부는 때때로 비현실적인 비전을 보여주면서 가맹희망자를 현혹시키는 경우가 있다. 또한 가맹계약서 조항들이 종종 보는 관점에 따라서 다르게 해석되어 잘못된 기대를 품게 되기도 한다. 이 모든 것은 향후 가맹점사업자의 불만족으로 연결되어 가맹본부를 비난하는 상황을 유발할 수 있다.

(2) 자율적 운영의 제한

프랜차이즈 경영의 장점에도 불구하고 프랜차이즈는 브랜드의 표준과 소비자의 기대를 충족시키기 위해서 또는 관리의 편의를 위하여 다양한 측면에 규정과 제한을 두고 있다. 가맹계약에서는 영업지역에 대한 제한이나 가망고객에 대한 제한을 명시하기도 한다. 지역적 권한은 공정하게 분배되지 않으면 영업지역이 겹쳐 가맹점사업자의 사업 발전을 방해할 수 있기 때문이다. 또한 가맹점사업자는 자신의 영업 지역의 고객을 대상으로 판매할 수 있는 창의적 메뉴나 서비스에 대한 아이디어가 있어도 본사의 규제로 인해 실행할 수 없는 경우가 많다.

(3) 광고와 프로모션의 실무/실행

통합적인 광고와 프로모션은 프랜차이즈의 장점이기도 하지만 때로는 단점이 되기도 한다. 가맹점사업자는 자기 지역에서는 영향력이 미미한 광고를 집행하는 데에도 불구하고 가맹본부에 광고비용을 지불해야 할 수도 있기 때문이다. 다시 말하면 가맹점사업자는 다른 가맹점사업자를 모집하는 데 광고비를 지출하는 것일 수도 있다. 이와 비슷하게 가맹본사가 기획하고 운영하는 프로모션 방식은 가맹점의 현실과는 동떨어져 있는 경우도 종종 발생한다. 예를 들어 쿠폰을 발행하거나, 할인된 가격으로 제품을 판매하는 것은 특정 가맹점에서는 불필요한 경우도 있고, 게다가 할인 상품이 과다하게 판매될 경우 가맹점에게는 부담으로 작용할 수 있다.

(4) 가맹본부가 제공하는 서비스와 가맹비, 로열티 문제

가맹점사업자는 가맹본부에 여러 제품과 서비스에 대한 비용을 지불하는데, 본사가 제공하는 물품이나 서비스의 품질이 그 비용에 미치지 못한다면 재정적 손실이 커진다.

또한 이런 경험을 한 가맹점사업자는 투자대비 효용을 고려하여 가맹비와 로열티가 부당하다고 생각하기 쉽다. 가맹점사업자의 입장에서 어렵게 달성한 매출의 수익 일부를 본사에 나눠준다는 일은 꽤 고통스러운 일이다. 가맹비와 로열티는 가맹점사업자의 투자수익에 불리하게 작용하며, 가맹본부와 가맹점사업자 간의 관계에서 늘 문제가 발생할 수 있는 부분이다. 즉 처음 가맹점사업자가 되어 이익을 볼 때는 모든 것에 만족하지만 시간이 지남에 따라 가맹본부가 제공하는 혜택보다는 가맹본부에 납부하는 비용이 더 크게 인식되면서 가맹점사업자는 불만을 토로하게 된다.

(5) 지나친 의존

프랜차이즈 시스템에서 가맹점사업자는 운영, 위기상황, 가격결정 전략이나 프로모션 등에 있어 가맹본부의 조언에 지나치게 의존하게 된다. 게다가 상호 의견을 조율하다 보면 자칫 의사결정 절차가 느려짐으로 인해 가맹점사업자와 가맹본부 모두 불필요한 비용부담이 발생할 수도 있다. 가맹점사업자는 자신의 지역상황과 연계된 부분에서는 가맹본사보다 더 적합한 판단을 할 수 있다는 점을 기억하고 가맹본부에만 의존하는 습성에 유의해야 한다.

(6) 단조로움과 도전의 부족

어느 정도 기간이 지나면 가맹점사업자는 사업이 단조롭다고 느낄 것이다. 특히 진취적인 기질을 지닌 가맹점사업자에게 진보를 위한 기회가 주어지지 않는다면 프랜차이즈 시스템은 너무 틀에 박혀있고 도전할 것이나 창의적인 것이 별로 없다고 생각할 수 있다. 이런 생각을 하는 가맹점사업자는 경쟁 프랜차이즈나 다른 사업에 투자 등으로 사업을 다각화하기도 한다.

(7) 가맹계약 종료, 갱신, 양도 문제

가맹계약 종료는 가맹본부에 의지하여 자본, 시간, 그리고 생계를 걸었던 가맹점사업자에게 매우 중요한 부분이다. 가맹계약을 종료하거나 갱신 또는 다른 창업 희망자에게 가맹점을 양도하는 절차는 가맹본부와 가맹점사업자 간의 관계에서 늘 어려운 부분이기도 하다.

(8) 운명 공동체로 묶여 있는 본사와 가맹점

가맹점의 성공은 다른 가맹점의 운영태도나 성과에 달려 있기도 하다. 어떤 가맹점의 품질과 서비스가 표준에 적합하지 않다면 전체 가맹점이 부정적 영향을 받기도 한다. 예를 들어 한 가맹점에서 식중독이나 사회적 물의를 일으키는 등의 문제가 발생할 경우 고객은 특정 가맹점이 아닌 해당 프랜차이즈 전체를 욕하거나 불매운동을 벌이기도 한다.

비슷한 예로 가맹본사의 성과 또한 가맹점에 영향을 미치기도 하는데, 가맹본사의

표 1-6 프랜차이즈 시스템의 장단점

구분	가맹본사	가맹점사업자
장점	– 사업 확장 용이성 – 시스템 개발 및 노하우 확보 용이성 – 빠른 창업 속도와 점포 확장성 – 다점포화에 따른 브랜드 인지도 상승 및 규모의 경제 실현 – 가맹점사업자를 통한 노하우 확보 – 공동광고를 통한 비용절감 – 점포 운영인력 관리의 부담 경감 – 지역환경에 적합한 전략과 혁신 도입 – 변동비 중심 경영으로 안정성 증대 – 위험회피가 가능하고 높은 투자수익률	– 검증된 시스템에 의한 리스크 감소 – 소액자본으로 표준화된 사업 전개 – 본사지원에 따른 경영상 애로 감소 – 타 가맹점의 정보 공유 – 공동광고 및 판촉으로 인지도 상승 – 제품개발과 품질관리 등의 지원으로 판매에 전념할 수 있음
단점	– 시스템 구축을 위한 초기 비용 과다 – 지속적인 지원에 따른 비용 증가 – 본부와 가맹점간의 목표 갈등(매출극대화 vs. 이익극대화) – 가맹점 통제의 어려움 – 무임승차와 같은 거래비용의 발생 – 직접투자 대비 낮은 수익률 – 이미지의 통일성 저해가능성 – 혁신과 변화의 어려움 – 상권크기에 대한 갈등 – 지적 재산의 손실 가능성 – 가맹점의 투자 부족	– 지속적인 로열티 지불로 인한 비용 부담 – 본사와의 갈등 가능성 증가 – 개인화된 차별성 추구 불가 – 낮은 수익성과 지속적 투자 – 불량 점주나 본사로 인한 위험 상존 – 가맹계약과 관련한 분쟁 가능성

자료 : 김영갑(2011), 스콧 A. 셰인(2011), 타미야 마사히로(2008)

부실한 성과는 해당 점포의 성과와 상관 없이 소비자에게 '부실한 가맹점'으로 인식시키기도 한다. 또한 해당 산업분야에서 발간하는 프랜차이즈 순위는 개별 가맹점의 매출 하락으로 직결되기도 한다.

이 외에도 가맹본사와 가맹점사업자가 느끼는 장단점은 〈표 1-6〉과 같이 정리할 수 있다.

5 프랜차이즈 산업의 경제적 효과

프랜차이즈는 가맹본부의 혁신적 아이디어, 우수한 아이템과 가맹점사업자의 소자본이 결합하여 만드는 창업 시스템이다. 상호 보완적으로 이루어지는 창업과 경영에 의해 프랜차이즈 산업은 서비스 업종 다양화와 품질 향상에 기여하게 되며, 자영업자의 경쟁력을 향상시킬 수 있는 서민밀착형 산업으로 자리잡고 있다(제17차 국가경쟁력강화위원회, 2009).

1) 서비스산업 활성화

(1) 내수 경제 구조 개편

프랜차이즈 시스템은 소자본 창업을 용이하게 하고 표준화된 서비스 품질관리를 통해 소비자의 편의와 신뢰도를 높이는 역할을 한다. 또한 프랜차이즈에 기반한 내수 시장 확대는 현재 대기업 주도의 제조업 및 수출 주도형 국내 경제 구조를 개선하는 데 큰 역할을 할 수 있다.

(2) 고용창출

프랜차이즈 기업이 만들어지면 평균적으로 가맹본부에서 46명의 고용이 발생하고, 가맹점의 창업이 이어지면서 가맹점이 평균 371명을 고용하게 됨으로써 총 417명의 고용을 창출한다고 보고 있다. 미국의 경우 프랜차이즈 산업의 총 생산이 2조 3,068달러로 전 산업의 총생산 중 11.4%를 차지하며, 고용은 약 2,097만 명으로 총 고용의 15.3%를 담당할 정도의 영향력을 가지고 있다.

(3) 서비스 시장 고도화 및 지역경제 활성화

프랜차이즈는 차별화 및 고도화된 서비스 개발과 관리 등이 가능하기 때문에 높은 품질의 서비스를 개발하여 서비스업의 품질 향상에 기여하게 된다. 특히 일반화된 서비스를 다수 점포로 복제할 수 있는 특성 때문에 수도권이 아닌 지방경제 활성화에도 도움을 줄 수 있다. 실제로 가맹본부 평균 70.6%의 가맹점이 서울 외 지역에 개설되고 있는 것을 볼 수 있다.

2) 자영업자 경쟁력 향상에 기여

우리나라는 자영업자 비중이 OECD 평균의 약 2배이며, 창업 대비 폐업률은 약 80%에 달한다. 프랜차이즈 시스템은 경험과 자본이 부족한 영세 자영업자를 지원할 수 있는 다양한 경영 노하우를 프랜차이즈 패키지로 제공하여 자영업자의 역량과 자원의 한계를 돌파할 수 있도록 돕고 있다.

또한 규모의 경제를 달성하여 경쟁력 있는 사업이 가능하도록 도울 수 있다. 실제로 (사)한국프랜차이즈산업협회의 연구에 의하면, 일반점포와 프랜차이즈 점포의 창업률과 폐업률을 비교한 결과 창업률은 프랜차이즈 점포가 일반점포보다 높았고, 폐업률은 일반점포가 프랜차이즈 점포보다 더 높은 것으로 나타나 프랜차이즈 시스템이 자영업자의 생존 가능성을 올리는 데 유효한 것으로 나타났다.

3) 유관산업의 발달

프랜차이즈 산업의 성장은 관련 산업의 성장으로도 이어진다. 예를 들어 외식프랜차이즈의 경우 농수산물 생산과 가공, 유통업 또한 주방설비와 기물, 인테리어와 익스테리어 관련 업종과 관계가 깊고, 데이터의 관리와 가공, 분석을 위한 IT산업이나 관련 업종의 전문가 양성을 위한 교육업의 발전으로도 이어진다. 따라서 프랜차이즈 산업의 발달은 유관산업 전체와 국가 경제 발전에 직간접적으로 영향을 준다.

4) 해외 시장 진출

특히 내수 시장의 한계를 느낀 프랜차이즈 기업은 해외의 신시장을 개척하는 일에 힘을 쏟고 있다.

우수한 프랜차이즈 기업의 해외 시장 진출은 프랜차이즈 시스템의 판매와 인력, 시설 장비와 원부재료 등의 수출로 이어질 뿐만 아니라 한류 확산을 통한 국가 이미지 제고에도 긍정적 역할을 할 수 있다.

요약

❶ 프랜차이즈란 독립된 사업자가 양자간의 이윤 추구를 위하여 특정한 계약을 맺어 가맹본부가 계약에 근거한 상품과 서비스경영 노하우 등을 제공하고 가맹점은 그에 상응하는 대가를 지불하는 상호적이며 유기적으로 결합한 집합체이다.

❷ 프랜차이즈는 기본적으로 상호 의무를 전제로 하는 법적인 계약관계로 가맹본부는 직접투자를 하지 않고 사업 확장을 할 수 있으며, 가맹점사업자는 검증된 사업시스템을 활용하여 창업할 수 있다는 장점을 갖는다.

❸ 프랜차이즈의 유형은 가맹본사가 제공하는 상품과 용역에 따라 가맹점 운영과 개설의 권한을 부여하는 기준에 따라 분류할 수 있으며 체인, 대리점, 라이선스 등의 개념이 혼용되고 있다.

❹ 프랜차이즈 시스템은 가맹본사 측면으로는 사업 확장과 규모의 경제 실현 등의 장점을 가지며 가맹점사업자 측면에서는 사업성이 검증된 사업모델이나 아이템에 투자할 수 있다는 등의 장점이 있다. 그러나 가맹본사는 가맹점의 상품과 서비스의 품질을 유지하기 위하여 많은 노력을 기울여야 한다는 단점을 가지며 가맹점은 운영의 자율성이 떨어지고, 로열티 등의 비용 요소가 부담이 되는 등의 단점을 갖는다.

❺ 프랜차이즈는 서비스 산업 활성화 및 고도화에 기여하며 고용창출과 자영업자의 경쟁력 향상에 이바지하는 등 내수 경제에 긍정적 영향을 준다. 또한 경제기반의 수도권 편중을 완화시키고 프랜차이즈 산업과 관련한 유관산업, 파생산업의 발달에도 기여한다. 마지막으로 우수한 프랜차이즈 시스템은 해외시장 진출을 통해 외화 유입과 국위선양에도 이바지할 수 있다.

연습문제

1 본서에서 다양하게 제시된 프랜차이즈(가맹사업)의 정의를 기준으로 외식업 프랜차이즈의 정의를 새롭게 정리해 본다.

2 프랜차이즈(가맹사업)의 기본적인 특성을 도식화한 후, 현재 국내의 가맹사업거래의 공정화에 관한 법률이 이 특성에 부합하는지 한 가지씩 논의해 본다.

3 가맹본부와 가맹점사업자를 기준으로 프랜차이즈 시스템의 장단점을 정리한 표를 이용하여 자신이 관심이 있는 프랜차이즈 브랜드를 평가해 본다.

4 프랜차이즈의 다양한 유형별로 국내 프랜차이즈 브랜드를 10개 이상 제시해 본다. 만약 특정 유형에 해당하는 브랜드가 소수에 불과하다면 그 이유를 생각해 보고, 프랜차이즈 산업 발전을 위해 어떤 변화가 필요한지 제시해 본다.

5 프랜차이즈 산업이 경제에 미치는 영향을 미국, 일본과 비교 후 향후 국내 프랜차이즈 산업의 발전방안을 제시해 본다.

2장

프랜차이즈의 역사와 현황

학습목표

1. 미국과 일본 프랜차이즈의 역사를 설명한다.
2. 미국과 일본 프랜차이즈의 영향을 받은 우리나라의 프랜차이즈 역사를 설명한다.
3. 국내 프랜차이즈 산업의 현황을 설명한다.
4. 국내 프랜차이즈 산업의 문제점과 개선방안을 설명한다.

1 프랜차이즈의 역사

1) 미국 프랜차이즈의 역사

세계 프랜차이즈의 역사는 미국 프랜차이즈의 역사와 맥을 같이 한다고 보아도 과언이 아니다. 현대적 프랜차이즈 시스템이 미국에서 시작되었으며, 전세계적으로 괄목할 만한 성장을 이룬 유수한 프랜차이즈 브랜드들이 미국에서 시작되어 전 세계로 퍼져나갔기 때문이다. 미국 프랜차이즈 역사를 시대별로 구분하여 살펴본다.

(1) 1900년대 전후

1851년 싱거 재봉틀사는 새로 개발한 재봉틀을 판매하기 위하여 대면 판매와 교육의 필요성을 느꼈으며 영업사원을 고용할 수 있는 충분한 예산이 없었기 때문에 각 지역별 판매 사원을 모집하였다. 그리고 이들에게 가맹비를 받고 제품 판매의 권한을 준 후, 제품이 판매되면 일정 수수료를 지급하는 세계 최초의 프랜차이즈 모델을 개발하였다.

THE SINGER MACHINE, AUGUST 12, 1851.
Earliest model filed in Patent Office. Reproduced from the SCIENTIFIC AMERICAN of November 1, 1851.

그림 2-1 1851년 지역별 영업소에 공급된 첫번째 싱거 재봉틀

자료 : 위키피디아(www.wikipedia.org)

1890년대 코카콜라는 콜라 원액을 제조하여 지역의 개별 사업자에게 판매하고 개별 사업자는 원액을 탄산수와 혼합하여 병에 담는 이른바 보틀링(Bottling)과 유통 판매로 성장하였다. 1894년 미시시피(Mississippi)주의 사업자인 조셉 비덴한(Joseph Biedenharn)은 미시시피 내에서 코카콜라의 수요가 꾸준히 증가하는 것을 보고, 코카콜라 컴퍼니로부터 코카콜라 원액을 대량 사들여 미시시피 주 내에서 독점적으로 판매하게 되었고, 코카콜라의 소유자 아사 캔들러는 이를 정례화하여 '보틀링 시스템(Bottling System)'을 만들었다. 보틀링 시스템은 지역별로 보틀러(Bottler, 병 제조업자)

와 계약을 하고 해당 지역 코카콜라 독점권을 부여한다. 보틀러는 코카콜라로부터 원액을 공급 받아 병에 원액을 넣어 판매하는 구조이다.

그림 2-2 보틀링 시스템을 도입한 코카콜라 사례

자료 : 한국 코카콜라 홈페이지(www.coca-cola.kr)

이후 1900년대 초 제너럴 모터스와 포드 자동차는 직접 대리점을 개설하지 않고 자사의 이름으로 자동차를 판매할 수 있도록 하는 판매상 프랜차이즈를 시작하였다. 자동차의 보급과 함께 자동차 관련 산업인 자동차 수리점과 주유소 프랜차이즈가 성장하였다. 이외에도 소매업과 서비스업 프랜차이즈가 등장하기 시작했는데, 최초의 소매업 프랜차이즈라 할 수 있는 벤 프랭클린 스토어(Ben Franklin Store)[2]가 1920년에 개업했고 최초의 패스트푸드 프랜차이즈인 A&W 루트비어(A&W Root Beer)가 1924년에, 최초의 식당 프랜차이즈인 하워드 존슨(Howard Johnson)이 1935년에 시작되었다. 또한 최초의 서비스 프랜차이즈인 아서 머레이 댄스 스튜디오(Arthur Murray Dance Studios)가 1938년에 설립되었다.

(2) 1900년대 중반

1950-60년대에 이르러 미국의 프랜차이즈 산업은 텔레비전 광고의 증가와 전국적 고속도로망 확충으로 눈부신 발전을 하게 된다. 텔레비전 광고는 전국적으로 브랜드가 알려지게끔 하여 전국적 체인 브랜드가 성장할 수 있게 도움을 주었다. 또한 고속도로 확충은 소비자들이 전국 곳곳을 여행하게 하는데 결정적 역할을 했으며, 이는 어디서든 동일한 품질의 제품과 서비스를 제공해야 하는 프랜차이즈 시스템 개발의 필요를 자극했다.

이런 배경에서 맥도날드 형제가 만든 드라이브 인 레스토랑(Drive-in Restaurant: 차에서

---

2 벤 프랭클린은 가장 호황을 누렸던 때에 미국 전역에 2,500개의 점포가 존재했으며, 월마트의 창립자인 샘 월튼 또한 벤 프랭클린 점주로 유통업을 시작했다.

그림 2-3 맥도날드의 역사

자료 : 한국맥도날드 홈페이지(www.mcdonalds.co.kr)

내리지 않고 메뉴를 주문할 수 있도록 만든 레스토랑)이 기폭제 역할을 하게 된다. 1955년 레이 크록(Ray Kroc)이라는 밀크쉐이크 세일즈맨이 맥도날드에 투자하고 사업을 확장하면서 레스토랑 프랜차이즈 산업의 전설로 추앙받는 맥도날드의 프랜차이즈 사업화가 시작되었다. 한국 맥도날드 홈페이지에 제시된 레이 크록의 이야기는 이런 과정을 잘 보여준다.

레이 크록 이야기

맥도날드의 역사는 1954년 레이 크록(Ray Kroc)이 캘리포니아에 있는 한 햄버거 가게를 방문하면서부터 시작되었습니다. 밀크쉐이크 기계 판매원으로 근무하던 크록은 맥도날드 형제가 운영하던 햄버거 가게에서 주문을 받았고 그들에게 감탄했습니다. 메뉴는 간단하고 저렴하지만 햄버거의 품질과 맛은 최고였습니다.

크록은 맥도날드 형제에게 미국 전역에 걸쳐 맥도날드 매장을 개장하는 비전을 제시하며 프랜차이즈 사업을 제안했습니다. 1955년에 크록은 일리노이주의 데스플레인스(Des Plaines)에 맥도날드의 첫 정식 프랜차이즈 매장을 오픈했습니다. 이후 큰 성공을 거두어 불과 5년 만에 점포 수는 200개가 되었습니다.

크록은 언제 어디에서나 변함없이 좋은 품질의 음식을 제공하고 완벽한 서비스를 동일하게 제공한다는 경영철학을 추구했습니다. 이를 위해 크록은 프랜차이즈 파트너와 공급 업체와의 수평적인 관계를 통해 동반 성장이 이루어져야 한다는 신념으로 이들에게 '맥도날드를 위해 일하는 것'이 아닌, '맥도날드와 함께 본인들을 위해 일하는 것'이라는 비전을 전달했습니다. 크록은 '사업은 혼자 하는 것이 아니라(by yourself), 본인을 위해 하는 것(for yourself)이다' 라는 유명한 슬로건을 남긴 바 있습니다. 크록의 신념은 프랜차이즈 파트너, 공급업체가 의자의 세 다리와 같은 역할을 해야만 맥도날드가 튼튼하게 바로설 수 있다는 의미의 '세 다리 의자(The Three-Legged Stool)' 철학을 바탕으로 하고 있습니다. 이것이 맥도날드가 오늘날의 프랜차이즈 표본이 되고, 60년 가까이 전세계에서 최대 규모의 프랜차이즈 기업으로 성장하게 된 비결입니다.

1984년 1월, 81세의 나이로 사망하기 직전까지 크록은 맥도날드를 위해 헌신했습니다. 그는 새 가맹점이 문을 열 때마다 영업 첫날의 판매 보고서를 받아 철저히 검토했으며, 맥도날드의 당시 신임 경영진이 어떻게 회사를 이끌어가는지 늘 관심을 갖고 지켜보았습니다.

레이 크록의 진정한 공로는 수평적이고 모두의 성장을 꾀하는 새로운 사업구조와 그 시스템을 창조한 것입니다. 그는 타고난 리더로서 탁월한 능력을 발휘하여, 프랜차이즈 기업과 공급업체, 그리고 직원 모두의 성장을 꾀하는 새로운 사업 구조를 창조했으며, 선진적인 기업 문화 정착에 기여한 것으로 평가받고 있습니다.

자료 : 한국 맥도날드 홈페이지(www.mcdonalds.co.kr)

같은 시기에 KFC, 버거킹, 던킨 도너츠, 데어리 퀸, 인터내셔널 하우스 오브 팬케이크(IHOP: International House Of Pancakes) 등의 유명 프랜차이즈가 시작되었다. 또한 이 시기에는 프랜차이즈 사업 모델이 부동산과 호텔산업 및 드라이 클리닝, 직업알선, 회계사무소 등 다양한 업종으로 확대되기 시작했다.

미국에서 프랜차이즈 산업의 폭발적인 성장세가 이어지면서 이를 악용하는 일도 증가하기 시작했다. 가장 빈번하게 나타난 것은 가맹본부가 프랜차이즈 시스템을 갖추고 가맹점사업자를 모집한 후 가맹비를 챙겨 도주하는 일이었다. 무려 100개 이상의 프랜차이즈 본부가 부도가 나는 일이 벌어지자 자연스럽게 정부의 규제 필요성이 대두되었다.

1975년 미 연방거래위원회(FTC, 우리나라의 공정거래위원회와 같은 역할을 하는 기관)는 프랜차이즈 사기 조사를 시작했으며, 북미안전청은 가맹본부의 프랜차이즈 사업의 내용을 투명하게 공개하기 위한 표준 형식인 정보공개서(UFOCS)의 가이드라인을 제시하였다. 이후 1979년 공개요구서와 프랜차이즈 판매에 관한 사업규정이 제정되며 프랜차이즈와 관련한 피해가 감소하고 건전한 프랜차이즈 본부가 성장하는 계기가 되었다.

(3) 2000년대 이후

현재 미국의 전체 소매업 중 40%가 프랜차이즈 시스템으로 운영되고 있다고 한다. 2012년 세계 100대 프랜차이즈로 선정된 기업 중 85%가 미국에서 시작된 기업으로 나타났다. 2009년 기준 소매업 전체 매출의 30%에 달하는 5천억 달러가 프랜차이즈에 의한 매출로 조사되었으며, 지금도 성장세를 이어가고 있다. 2020년부터 2021년까지 코로나19로 인한 경기침체가 진정되면서 2022년부터 프랜차이즈 산업 성장이 다시 탄력을 받기 시작했다. 모든 프랜차이즈 부문에서 성장세를 보이는 2022년부터 프랜차이즈 가맹본부와 가맹점 모두에게 새로운 기회의 해가 될 것이다.

미국의 경우 프랜차이즈 산업은 2021년 대비 2022년 경제의 다른 부문과는 비교할 수 없는 수준으로 일자리를 창출하고 경제적 성과를 거두었다. 프랜차이즈의 총생산량

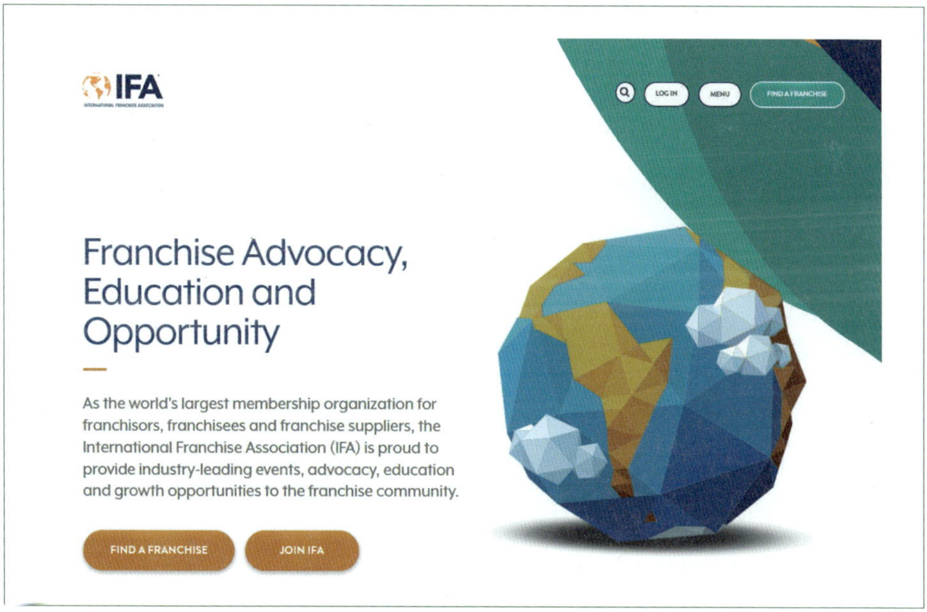

그림 2-4 미국 프랜차이즈 협회 홈페이지(www.franchise.org)

은 2020년에 비해 16.3% 증가한 약 7,880억 달러에 이르렀고, 660,000개 이상의 일자리를 창출하였다.

(4) 미국 프랜차이즈 협회(IFA, International Franchise Association)

1960년 A.L. Tunick 1대 협회장을 시작으로 미국 프랜차이즈 협회는 프랜차이즈의 보호, 확장, 촉진을 비전으로 지금에 이르고 있다. 미국 프랜차이즈 협회는 프랜차이즈 대학을 비롯한 온라인 교육은 물론이고 회원사의 발전에 필요한 다양하고 심도 있는 교육 프로그램을 개발, 보급하고 있으며, 회원사간의 커뮤니티 활성화, 프랜차이즈 저변 확대를 위한 컨벤션에도 많은 노력을 기울임으로써 미국 프랜차이즈 산업 발전에 기여하고 있다.

2) 일본 프랜차이즈의 역사

일본 프랜차이즈의 시작은 1964년 자생 프랜차이즈 브랜드로 시작한 청소 서비스인 다스킨과 후지야 베이커리의 등장으로 볼 수 있으며, 1964년 도쿄 올림픽 전후 해외 브랜드가 일본으로 진출하며 프랜차이즈 산업의 역사가 본격적으로 시작되었다. 70년대에는 KFC, 맥도날드, 웬디스 등 미국 외식프랜차이즈가 일본에 진출하였으며, 일본 자생 패스트푸드 브랜드인 롯데리아가 1972년에 창업하는 등 70년대는 패스트푸드의 급성장과 더불어 외식산업의 양적, 질적 팽창이 극대화된 시기였다.

1980년대는 업체간 과다 경쟁으로 조정기를 거치며 부실한 기업은 도태되고 새로운 업종과 업태가 등장하게 되었는데, 도시락, 초밥, 햄버거 등의 테이크아웃이 빠르게 보급된 것도 이때부터였다. 또한 스카이락이나 로얄 등의 외식 전문 그룹이 탄생하며 전문적이고 과학적 경영방식을 도입하면서 POS 시스템을 활용하고, 운영 방식의 자동화 등의 기술적 약진이 시작되었다.

일본은 1990년대의 버블경제 붕괴로 일본 전후(戰後) 최대 불황이 시작되어 소비심리가 매우 위축되며 외식산업도 위기를 맞이하게 되었다. 특히 고가 메뉴 위주로 운영되

그림 2-5 일본 최초로 청소 서비스 프랜차이즈 시스템을 도입한 다스킨

자료 : 다스킨 홈페이지(www.duskin.co.jp)

던 패밀리 레스토랑은 가격파괴, 중저가 메뉴 개발을 통해 고객 유치에 힘썼으며, 한정된 자원으로 운영 효율을 극대화하기 위하여 일정 가격으로 제한된 시간에 다양한 음식을 제공하는 뷔페식 등 다양한 방식을 도입하기 시작했다. 1990년대는 식품 가공과 유통의 새로운 기술을 도입하여 센트럴 키친 시스템이나 쿡칠 시스템(cook & chilled system) 등으로 식자재 유통의 품질과 효율성을 향상시키며 외식산업 성숙의 기반을 마련해 나갔다. 이러한 노력을 통해 외식산업은 불황에도 불구하고 연 평균 10% 이상의 성장률을 기록하여 2000년대 후반까지 GNP 성장률의 7배에 달하는 성장세를 지속하였다.

그러나 일본의 프랜차이즈 산업은 2011년 3월 11일에 발생한 동일본 대지진의 여파로 갑작스런 침체기를 맞이하였다. 원전 폐쇄에 대한 전국민의 여론으로 대체 발전시스템을 구축하며 국가적 절전 방침이 하달되어 저녁 영업이 어려워졌고, 방사능 안전에

그림 2-6 **일본 프랜차이즈 협회 홈페이지(www.jfa-fc.or.jp)**

대한 우려로 일본 내, 특히 후쿠시마와 도쿄 인근에서 생산된 식품에 대한 불신은 외식 산업에 치명타로 작용했다.

이후 지진 피해를 빠르게 복구한 소매업에서는 대형 편의점 출점, 외식업에서는 테이크아웃 스시와 도시락 업체의 성장, 서비스업종에서는 저출산 고령화에 맞춘 간병 프랜차이즈화 등으로 프랜차이즈 산업 전반이 성장세로 돌아섰다.

일본의 프랜차이즈 산업 발전을 위해 노력하는 대표적인 단체로 사단법인 일본 프랜차이즈 체인 협회(Japan Franchise Association=JFA)가 있다. 해당 협회는 1972년 통상산업성(현 경제산업성)의 인가를 받아 프랜차이즈 시스템의 건전한 발전을 목적으로 설립되었으며, 회원은 프랜차이즈 사업을 운영하는 일본의 대표적인 프랜차이저 및 프랜차이즈 사업에 관심을 갖고 본 협회의 취지에 찬성하는 개인 및 기관으로 구성되어 있다.

일본 프랜차이즈 협회는 프랜차이즈 시스템에 대한 교육 훈련, 조사 연구, 규범 제정, 홍보, 상담 등 다각적인 활동을 지속적으로 펼치고 있으며, 시대의 변화에 대응하여 새로운 제품 서비스 노하우 개발은 물론이고 창업 제고, 고용 창출, 지역 공헌 활동 등에서도 괄목할만한 노력을 기울이고 있다. 특히 프랜차이즈 경영 학사와 같은 특화된 교육을 통한 전문가 양성이 주목할 만하다.

3) 한국 프랜차이즈의 역사

한국의 프랜차이즈는 1979년 일본 롯데리아를 통해 선진화된 시스템을 기반으로 한 기업형 프랜차이즈가 도입됐으며, 이후 1980년대 국민 소득 증가, 생활방식의 서구화, 아시안게임과 서울 올림픽 개최에 따라 해외 프랜차이즈의 한국 상륙과 국내 자생 브랜드 창업이 이루어졌다.

1980년대에 시작된 주요 프랜차이즈 브랜드로는 맥도날드, KFC, 버거킹, 피자헛, 파리바게뜨, 놀부. 투다리, 신라명과, 배스킨라빈스, 크라운 베이커리 등이다. 80년대에 도입된 주요 프랜차이즈는 90년대에 들어서며 한국 외식산업의 발전을 주도했으며, 그 중심에는 외국계 패밀리 레스토랑이 있었다. 1991년 T.G.I.프라이데이스를 시작으로 시즐러, 스카이락, 베니건스 등이 앞다투어 상륙하며 외식산업의 대형화, 고급화를 주도해 나갔으며, 국내로 진출한 외국계 프랜차이즈 브랜드들의 선진화된 운영 시스템을 적용하여 국내프랜차이즈들도 시스템을 갖춰가는 외식산업의 성숙기에 접어들었다.

그러나 1997년 IMF 금융위기로 소비심리가 위축되며 한국의 외식산업은 한 번의 위기를 맞게 되는데, 폭발적으로 증가한 명예퇴직자들이 외식창업 시장에 유입되어 비교적 큰 기술 없이 창업이 가능하다고 여겨진 외식프랜차이즈 기업은 오히려 새로운 기회를 맞이했다. 90년대에 시작된 주요 프랜차이즈는 도미노피자, 원할머니 보쌈, 교촌치킨, 한솥도시락, 던킨도너츠, BBQ치킨 등이 있다.

2000년대에 들어서 소자본 외식 창업 수요가 시장 상황을 주도해 갔으며, 소자본과 큰 기술 없이 창업이 가능한 아이템 중심의 창업이 유행했다. 이에 대한 반작용으로 부실 프랜차이즈 본사가 난립하고, me-too 아이템의 범람으로 외식산업의 품질 저하와 기업 윤리 문제가 제기되었다. 피해 사례 접수가 잇따르자 2002년 '가맹사업거래의 공정화에 관한 법률'이 제정되었으며, 분쟁조정협의회가 설치되었다.

그림 2-7 **한국프랜차이즈산업협회 홈페이지(www.ikfa.or.kr)**

우리나라는 프랜차이즈의 역사가 미국이나 일본에 비하여 짧은 편이다. 하지만 1998년 한국프랜차이즈협회 창립 총회 및 창립 발기인 대회를 시작으로 산업계가 일치단결하여 지속적인 발전을 추구하고 있다. 특히 한국프랜차이즈산업협회는 미국 서부지회 개설, 회원사의 해외진출 지원 활동 및 사이트 개설 등을 통해 국내 프랜차이즈 산업 발전은 물론이고 해외로의 진출 확대를 위해 노력하고 있다.

지금까지 살펴본 미국, 일본, 한국의 프랜차이즈 역사를 정리하면 〈표 2-1〉과 같다. 3국의 프랜차이즈 역사를 한눈에 비교하면 국가간의 차이와 시사점을 얻는 데 도움이 될 것이다. 특히 우리나라 프랜차이즈의 미래를 예측하고 성공전략을 수립하기 위하여 미국과 일본의 프랜차이즈 역사는 많은 참고가 될 수 있다는 점에서 의미가 있다.

표 2-1 한눈에 보는 한국, 미국, 일본의 프랜차이즈 연표

	미국	일본	한국
1800년대 후반	1851년 남북전쟁 당시 싱어 재봉틀 회사가 판매상 시스템을 조직한 데서 유래		
	1890년 코카콜라가 개별사업자에게 콜라 생산권을 프랜차이즈화하기 시작		
1910년대	포드와 제너럴모터스 자동차 판매를 위한 프랜차이즈 시작		
1920년대	석유회사들이 개인 판매점을 가맹점으로 바꾸도록 하는 전환프랜차이즈(conversion franchising) 성행		
	1920년 벤 프랭클린 스토어 오픈		
	1924년 A&W 루트 비어 설립		
1930년대	1935년 하워드 존슨 설립		
	1938년 아서 머레이 댄스 스튜디오 설립		
1950년대	맥도날드 프랜차이즈 시작		
1960년대	테이스티-프리즈, KFC, 맥도널드, 버거킹, 피자헛 등의 거대한 프랜차이즈 유행(TV광고와 전국적 고속도로 건설)	1963년 후지야와 다스킨을 시초로 프랜차이즈 시스템 도입 1960년대 후반 백양사(세탁), 야마다우동, 아트커피 등 등장	
1970년대	1960년대 프랜차이즈 성장에 따른 사회적 문제 발생으로 프랜차이즈 규제 시작	다국적 외식브랜드 상륙 및 식품과 서비스업에 프랜차이즈 시스템 확산	1975년 림스치킨, 1979년 커피전문점 난다랑, 롯데리아(일본에서 상륙) 등 등장
1975년	연방거래위원회 프랜차이즈 사기 조사, 북미안전청 정보공개서 가이드라인 초안 제시		
1979년	연방거래위원회(FTC) 프랜차이즈 관련 규정 제정으로 법적 환경 구축		
1980년대	규제에도 불구하고 1980-1986년 사이에 사업형태 프랜차이즈 본사의 수가 51,000개까지 증가하며 미국 경제의 기여도가 폭발적으로 성장	일본 공정거래위원회 독점금지법상의 관점에서 프랜차이즈 사업의 현황, 문제점 등 에 대하여 실태 조사 후 '프랜차이즈 시스템에 관한 독점금지법상의 지침' 공표	외국계 프랜차이즈 브랜드 상륙 1984년 KFC, 1985년 피자헛, 1988년 맥도날드, 1986년 파리바게트 설립

(계속)

	미국	일본	한국
1990년대	약 55만 개의 프랜차이즈 가맹점이 연간 8천억 달러의 매출 달성	여성의 사회진출이 활발해 짐에 따라 미용, 중식, 가정청소, 컴퓨터 서비스업이 인기	1990년 도미노피자, 던킨도너츠, T.G.I. 프라이데이즈 등 상륙
		신업태 확대 위한 벤처기업형 프랜차이즈 본부 확산	원할머니 보쌈, 교촌치킨, 한솥도시락, 던킨도너츠, BBQ치킨 등 설립
현재	현재 약 8분마다 프랜차이즈 가맹점이 1개씩 창업 프랜차이즈 산업의 세계 1위로 1조 달러 시장 형성	일본 공정거래위원회 '프랜차이즈 시스템에 관한 독점금지법상의 지침' 정보공개사항을 추가·보충하는 등의 개정	2002년 가맹사업거래의 공정화에 관한 법률 제정으로 가맹사업 규제 시작
		일본의 공정거래위원회가 프랜차이즈에 대한 최초의 법적 조치	2008년 가맹사업거래의 공정화에 관한 법률 개정으로 정보공개서 등록
		편의점 '(주)세븐일레븐·제팬'에 대하여 불공정한 거래방법의 우월적인 지위의 남용에 해당한다고 하여 시정조치명령	2009년 국가경쟁력 강화 위원회 프랜차이즈 산업 활성화 방안 제고
		21조 엔 시장을 형성한 프랜차이즈 산업 규모 세계 2위로 성장	중소기업 적합업종 선정으로 대기업을 비롯한 중견 프랜차이즈 기업의 규제 시작

도입기 성장기 성숙기(규제기) 현재

2 국내 프랜차이즈 현황

1) 국내 프랜차이즈 산업 현황

국내 프랜차이즈 산업규모에 대한 통계는 다양한 기관에서 연도별로 발표된 바 있지만 가장 신뢰도가 높다고 판단되는 2020년 통계청 조사를 기준으로 보면 가맹점 매출액 기준으로 약 74조 원에 이르는 것으로 볼 수 있다.

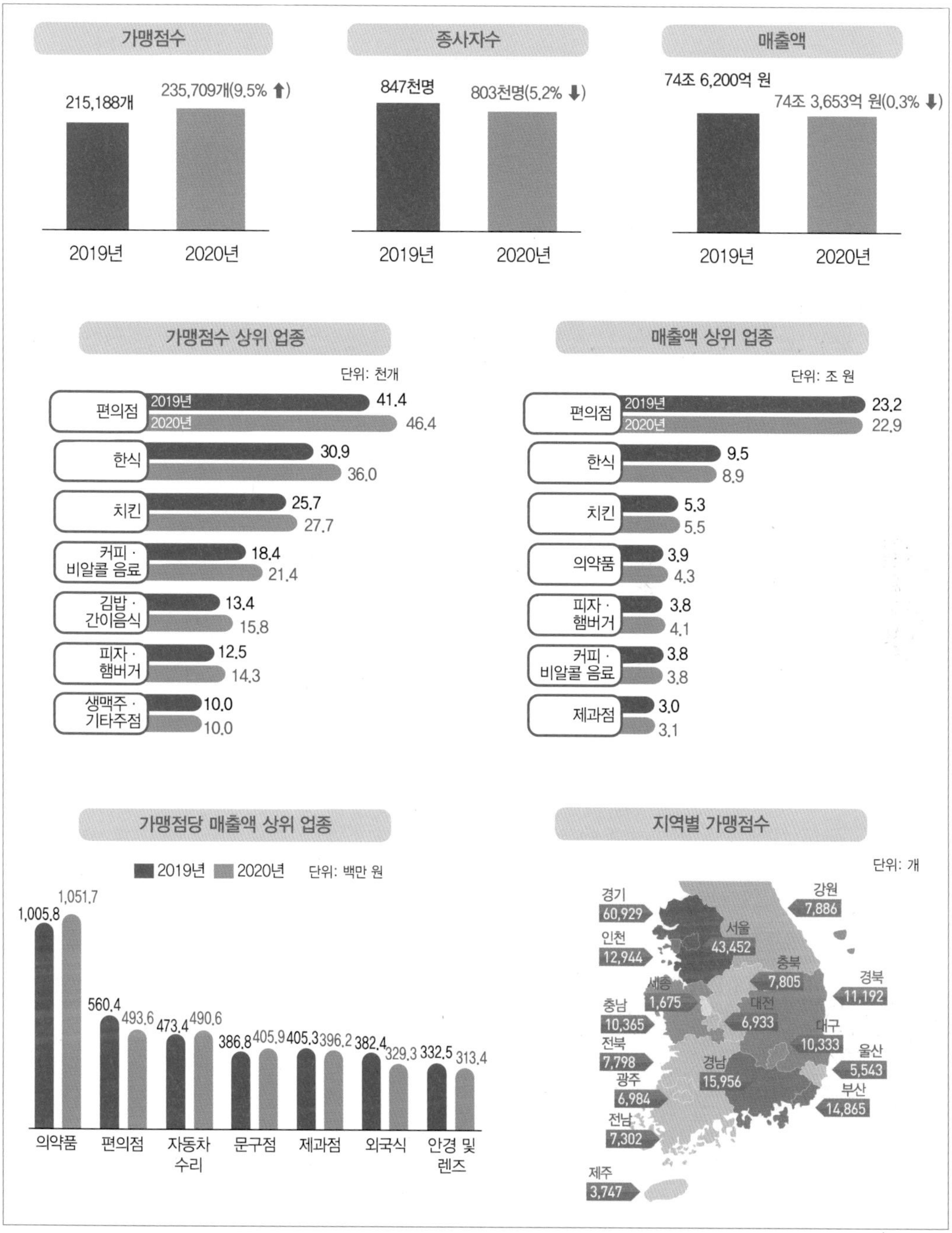

그림 2-8 2020년 프랜차이즈(가맹점)조사 결과

자료 : 통계청 홈페이지(2022)

공정거래위원회 가맹사업거래 홈페이지 통계에 따르면, 국내 프랜차이즈 가맹본부 수는 5,738개, 가맹점 수는 256,490개(통계청 조사 235,709개), 직영점 수는 15,743개로 나타났다. 업종을 기준으로 보면 가맹본부와 가맹점의 경우 외식업이 가장 비중이 높고, 직영점의 수는 소매업 비중이 가장 높은 것을 알 수 있다.

표 2-2 국내 프랜차이즈 산업 동향

업종	가맹본부		브랜드		가맹점		직영점수	
	수	비율	수	비율	수	비율	수	비율
전체	5,738	100.0%	7,203	100.0%	256,490	100.0%	15,743	100.0%
외식	4,275	74.5%	5,505	76.4%	127,968	49.9%	6,232	39.6%
도소매	332	5.8%	349	4.8%	57,206	22.3%	7,028	44.6%
서비스	1,131	19.7%	1,349	18.7%	71,316	27.8%	2,483	15.8%

자료 : 공정거래위원회 가맹사업거래 홈페이지(2020년 기준)

2) 국내 프랜차이즈 가맹점 수

2020년 기준으로 국내 프랜차이즈 가맹점 수는 23만 6천개로 전년에 비해 9.5%(2.1만개) 증가하였다. 상위 3대 업종을 보면, 편의점(4.6만 개, 19.7%), 한식(3.6만 개, 15.3%), 치킨(2.8만 개, 11.7%)이며, 전체의 46.7%를 차지하고 있다. 전년과 비교하면 김밥·간이음식(2.5천개, 18.5%), 한식(5.1천개, 16.5%), 커피·비알콜음료(3천개, 16.4%) 등 대부분의 음식업 및 편의점(5천개, 12.0%)에서 증가하였다.

표 2-3 업종별 가맹점수 현황 (단위: 개, %)

업 종 별		2019	2020		전년대비 증감	
				구성비		증감률
전체 업종		215,188	235,709	100.0	20,521	9.5
주요 업종	편의점	41,394	46,371	19.7	4,977	12.0
	문구점	1,675	1,674	0.7	−1	−0.1
	의약품	3,836	4,099	1.7	263	6.9
	안경·렌즈	3,169	3,255	1.4	86	2.7
	한식	30,927	36,022	15.3	5,095	16.5
	외국식	7,476	8,361	3.5	885	11.8
	제과점	7,390	7,774	3.3	384	5.2
	피자·햄버거	12,468	14,324	6.1	1,856	14.9
	치킨	25,687	27,667	11.7	1,980	7.7
	김밥·간이음식	13,371	15,840	6.7	2,469	18.5
	생맥주·기타주점	9,965	10,031	4.3	66	0.7
	커피·비알콜음료	18,350	21,360	9.1	3,010	16.4
	자동차 수리	7,044	5,500	2.3	−1,544	−21.9
	두발미용	3,933	4,129	1.8	196	5.0
	가정용 세탁	4,832	4,701	2.0	−131	−2.7
	기타	23,671	24,601	10.4	930	3.9

자료 : 통계청 프랜차이즈 조사(2020)

3) 국내 프랜차이즈 가맹점 종사자 수

2020년 기준으로 국내 프랜차이즈 가맹점의 종사자 수는 80만 3천명으로 전년대비 5.2%(4.4만 명) 감소하였다. 상위 3대 업종은 편의점(19만 명, 23.7%), 한식(11.4만 명, 14.2%), 커피·비알콜음료(7.8만 명, 9.7%)이며, 전체의 47.6%를 차지하였다. 전년대비로는 한식(11.9천명, 9.4%), 피자·햄버거(4.6천명, 7.6%), 커피·비알콜음료(3.6천명, 4.4%) 등 음식업에서 감소하였다.

표 2-4 업종별 가맹점 종사자수 현황

(단위: 명, %)

업종별		2019	2020		전년대비 증감	
				구성비		증감률
전체 업종		**846,832**	**802,501**	**100.0**	**-44,331**	**-5.2**
주요업종	편의점	192,616	190,364	23.7	-2,252	-1.2
	문구점	4,412	4,379	0.5	-33	-0.7
	의약품	12,862	12,952	1.6	90	0.7
	안경·렌즈	8,985	8,563	1.1	-422	-4.7
	한식	126,022	114,161	14.2	-11,861	-9.4
	외국식	39,233	37,031	4.6	-2,202	-5.6
	제과점	34,267	33,560	4.2	-707	-2.1
	피자·햄버거	60,572	55,941	7.0	-4,631	-7.6
	치킨	66,854	63,331	7.9	-3,523	-5.3
	김밥·간이음식	46,342	45,513	5.7	-829	-1.8
	생맥주·기타주점	28,272	25,391	3.2	-2,881	-10.2
	커피·비알콜음료	81,303	77,695	9.7	-3,608	-4.4
	자동차 수리	29,349	22,057	2.7	-7,292	-24.8
	두발미용	21,339	19,656	2.4	-1,683	-7.9
	가정용 세탁	9,113	7,031	0.9	-2,082	-22.8
	기타	85,295	84,876	10.6	-419	-0.5

자료 : 통계청 프랜차이즈 조사(2020)

4) 국내 프랜차이즈 가맹점 매출액

2020년 국내 프랜차이즈 가맹점 매출액은 74조 4천억 원으로 전년대비 0.3%(2천6백억 원) 감소하였다. 매출액 상위 3대 업종은 편의점(22.9조 원, 30.8%), 한식(8.9조 원, 12.0%), 치킨(5.5조 원, 7.4%)이며, 전체의 50.2%를 차지하였다. 전년대비 의약품(4,530억 원, 11.7%), 김밥·간이음식(2,370억 원, 8.4%), 피자·햄버거(2,980억 원, 7.9%) 등은 증가하였고, 생맥주·기타주점(2,770억 원, 15.4%), 한식(5,070억 원, 5.4%), 외국식(1,050억 원, 3.7%) 등은 감소하였다.

표 2-5 국내 프랜차이즈 업종별 매출액 현황 (단위: 십억 원, %)

업종별		2019	2020		전년대비 증감	
				구성비		증감률
전체 업종		**74,620**	**74,365**	**100.0**	**-255**	**-0.3**
주요 업종	편의점	23,198	22,888	30.8	-310	-1.3
	문구점	648	679	0.9	32	4.9
	의약품	3,858	4,311	5.8	453	11.7
	안경·렌즈	1,054	1,020	1.4	-34	-3.2
	한식	9,456	8,949	12.0	-507	-5.4
	외국식	2,859	2,754	3.7	-105	-3.7
	제과점	2,995	3,080	4.1	85	2.8
	피자·햄버거	3,787	4,085	5.5	298	7.9
	치킨	5,288	5,493	7.4	206	3.9
	김밥·간이음식	2,813	3,049	4.1	237	8.4
	생맥주·기타주점	1,806	1,529	2.1	-277	-15.4
	커피·비알콜음료	3,845	3,817	5.1	-28	-0.7
	자동차 수리	3,335	2,698	3.6	-636	-19.1
	두발미용	1,052	1,022	1.4	-30	-2.9
	가정용 세탁	517	430	0.6	-87	-16.9
	기타	8,109	8,561	11.5	451	5.6

자료 : 통계청 프랜차이즈 조사(2020)

5) 국내 프랜차이즈 가맹점 종사자 1인당 매출액

2020년 국내 프랜차이즈 가맹점의 종사자 1인당 매출액은 9,270만 원으로 전년에 비해 5.2%(460만 원) 증가하였다. 업종별로는 피자·햄버거(16.8%), 의약품(10.9%), 김밥·간이음식(10.4%) 등은 전년에 비해 증가하고, 생맥주·기타주점(5.8%) 등은 감소하였다.

특히 주목해야 할 점은 종사자 1인당 매출액 상위 업종과 하위 업종이다. 종사자 1인당 매출액이 높은 업종은 의약품(3억 3,280만 원), 문구점(1억 5,520만 원), 자동차수리(1억 2,230만 원) 등이 있고, 종사자 1인당 매출액이 낮은 업종은 커피·비알콜음료(4,910만 원),

표 2-6 업종별 종사자 1인당 매출액 현황

(단위: 백만 원, %)

업종별		2019	2020	전년대비 증감	증감률
전체 업종		88.1	92.7	4.6	5.2
주요업종	편의점	120.4	120.2	–0.2	–0.2
	문구점	146.8	155.2	8.4	5.7
	의약품	300.0	332.8	32.8	10.9
	안경·렌즈	117.3	119.1	1.8	1.5
	한식	75.0	78.4	3.4	4.5
	외국식	72.9	74.4	1.5	2.1
	제과점	87.4	91.8	4.4	5.0
	피자·햄버거	62.5	73.0	10.5	16.8
	치킨	79.1	86.7	7.6	9.6
	김밥·간이음식	60.7	67.0	6.3	10.4
	생맥주·기타주점	63.9	60.2	–3.7	–5.8
	커피·비알콜음료	47.3	49.1	1.8	3.8
	자동차 수리	113.6	122.3	8.7	7.7
	두발미용	49.3	52.0	2.7	5.5
	가정용 세탁	56.7	61.1	4.4	7.8
	기타	95.1	100.9	5.8	6.1

자료 : 통계청 프랜차이즈 조사(2020)

두발미용(5,200만 원), 생맥주·기타주점(6,020만 원) 등이 있다.

6) 국내 프랜차이즈 가맹점당 매출액

2020년 국내 프랜차이즈 가맹점당 매출액은 3억 1,550만 원으로 전년에 비해 9.0%(3,130 만 원) 감소하였다. 문구점(4.9%), 의약품(4.6%), 자동차수리(3.6%) 등은 전년에 비해 증가한 반면, 그 외 업종은 모두 가맹점당 매출액 감소하였다. 특히, 한식(18.7%), 생맥주·기타주점(15.9%), 커피·비알콜음료(14.7%) 등 외식업종의 감소세가 컸다.

표 2-7 주요 업종별 가맹점당 매출액 현황

(단위: 백만 원, %)

업종별		2019	2020	전년대비 증감	증감률
전체 업종		**346.8**	**315.5**	**-31.3**	**-9.0**
주요 업종	편의점	560.4	493.6	-66.8	-11.9
	문구점	386.8	405.9	19.1	4.9
	의약품	1,005.8	1,051.7	45.9	4.6
	안경·렌즈	332.5	313.4	-19.1	-5.7
	한식	305.7	248.4	-57.3	-18.7
	외국식	382.4	329.3	-53.1	-13.9
	제과점	405.3	396.2	-9.1	-2.2
	피자·햄버거	303.7	285.2	-18.5	-6.1
	치킨	205.9	198.6	-7.3	-3.5
	김밥·간이음식	210.4	192.5	-17.9	-8.5
	생맥주·기타주점	181.3	152.4	-28.9	-15.9
	커피·비알콜음료	209.5	178.7	-30.8	-14.7
	자동차 수리	473.4	490.6	17.2	3.6
	두발미용	267.6	247.5	-20.1	-7.5
	가정용 세탁	107.0	91.4	-15.6	-14.6
	기타	342.6	348.0	5.4	1.6

자료 : 통계청 프랜차이즈 조사(2020)

가맹점당 매출액 상위 업종은 의약품(10억 5,170만 원), 편의점(4억 9,360만 원), 자동차 수리(4억 9,060만 원) 등이 있고, 가맹점당 매출액 하위 업종은 가정용세탁(9,140만 원), 생맥주·기타주점(1억 5,240만 원), 커피·비알콜음료(1억 7,870만 원) 등이다.

7) 국내 프랜차이즈 가맹점 지역별 현황

2020년 국내 프랜차이즈 가맹점 수는 경기도가 6.1만 개(25.8%)로 가장 많다. 지역별 가맹점수는 경기(6.1만 개), 서울(4.3만 개), 경남(1.6만 개), 부산(1.5만 개) 순으로 많으며,

수도권이 전체의 49.8%를 차지한다. 인구 만 명당 가맹점수는 제주(55.9개), 강원(51.9개), 울산(48.6개) 등이 많고, 전남(41.5개), 경북(42.1개) 등은 적다.

참고로 지역별 종사자 수는 경기(21.7만 명), 서울(17.0만 명), 부산(5.1만 명), 인천(4.7만 명), 경남(4.6만 명) 순으로 많고, 지역별 매출액은 경기(21조 원), 서울(15.6조 원), 인천(4.4조 원), 부산(4.3조 원), 경남(4.2조 원) 순으로 많다.

표 2-8 지역별 프랜차이즈 가맹점 주요지표 (단위: 개, 명, 십억 원, 만 명, %)

시도별		가맹점수	구성비	종사자수	매출액	추계인구	인구만명당 가맹점수
전 체		**235,709**	**100.0**	**802,501**	**74,365**	**5,178**	**45.5**
수도권		117,325	49.8	433,925	40,878	2,596	45.2
비수도권		118,384	50.2	368,576	33,487	2,582	45.8
	서울	43,452	18.4	170,248	15,598	960	45.3
	부산	14,865	6.3	50,934	4,290	334	44.5
	대구	10,333	4.4	32,457	2,786	242	42.7
	인천	12,944	5.5	46,535	4,385	295	43.9
	광주	6,984	3.0	23,204	2,112	149	46.9
	대전	6,933	2.9	23,534	2,022	150	46.2
	울산	5,543	2.4	16,571	1,540	114	48.6
	세종	1,675	0.7	5,439	493	35	47.9
	경기	60,929	25.8	217,142	20,894	1,341	45.4
	강원	7,886	3.3	23,804	2,404	152	51.9
	충북	7,805	3.3	23,280	2,168	163	47.9
	충남	10,365	4.4	31,743	3,060	220	47.1
	전북	7,798	3.3	24,387	2,129	179	43.6
	전남	7,302	3.1	21,780	2,057	176	41.5
	경북	11,192	4.7	32,314	3,047	266	42.1
	경남	15,956	6.8	46,316	4,180	335	47.6
	제주	3,747	1.6	12,813	1,199	67	55.9

자료 : 통계청 프랜차이즈 조사(2020)

3 국내 프랜차이즈 산업의 문제

프랜차이즈 산업이 가장 먼저 발전한 나라는 미국이며 일본은 우리보다 약 12년 앞서는 역사를 가지고 있다. 따라서 아직 국내 프랜차이즈 산업은 발전단계에 있다고 볼 수 있으며, 그에 따라 나타나고 있는 문제점을 살펴보기로 한다.

1) 외식업 비중의 쏠림 현상

전체 가맹본부 중 외식업종이 차지하는 비중을 살펴보면, 미국 42%, 일본 20% 수준인데 반하여, 우리나라는 66%로 타업종에 비하여 외식업이 과도한 비중을 차지하고 있다.

외식업은 유행에 민감한 아이템 위주로 프랜차이즈 브랜드가 개설되는 경우가 많은데 다수의 가맹본부가 이를 따라 me-too 브랜드를 설립하여 가맹점주를 모집했다가 경쟁력이 확보되지 못해 조기 폐업되는 사례가 빈번하게 발생하고 있다.

반면 미국에서 프랜차이즈 분야는 폭넓은 분야로 확장되고 있으며 외식업보다는 새로운 부가가치를 창출해 내는 시니어, 어린이, 반려동물을 대상으로 하는 서비스, 파티 비즈니스, 피트니스 등의 서비스 프랜차이즈 분야가 유망할 것으로 보고 있다(Entrepreneur). 아울러 일본에서도 대기업의 외식산업 진출로 직영사업이 대형화되면서 보통 소자본, 소규모로 시작되어 중소 프랜차이즈 본부는 축소되고, 100엔샵, 건강관리 등 서비스업종 프랜차이즈가 늘어나고 있는 것으로 나타났다.

2) 비중이 큰 영세 가맹본부

프랜차이즈 시장규모는 연간 매출액 기준으로 볼 때 일본이 우리나라의 2배 이상이고, 미국은 10배 이상 큰 것으로 나타나고 있다. 이에 반해 가맹본부의 수는 우리나라가 가장 많다는 것을 알 수 있다. 이것을 중소 가맹본부가 시장을 조금씩 점유하고 있음을 뜻한다.

브랜드별 프랜차이즈 시장의 총 자본과 자산 보유 현황을 보면 1억 원 미만의 자본과 자산을 보유한 곳이 가장 많은 수로 나타나고 있어 가맹본부의 대부분이 영세한 규모로 운영되고 있음을 나타낸다.

한국의 가맹본부의 평균 업력은 약 5년으로 나타나고 있다. 이 수치는 평균 15년 이상, 20년, 30년 이상의 업력을 가진 기업이 산업을 이끌어가는 미국이나 일본에 비해 짧은 편이다. 또한 직원 수가 1명 미만인 프랜차이즈 브랜드가 27%, 1명 이상 5명 미만의 직원을 확보한 소규모 브랜드가 28.7%로 과반수 이상을 차지하고 있다.

3) 시장 성장세 둔화

프랜차이즈 산업의 규모는 성장하고 있는 것으로 보이나 본부별 가맹점 수는 줄고 있으며 가맹본부의 존속기간도 짧아지고 있고, 신규 개점 속도는 둔화되며, 폐점 수는 증가 추세에 있는 것으로 판단된다. 또한, 점포당 직원 수는 1명 내외로 가맹점의 규모가 영세한 것으로 나타나 가맹점 간, 가맹본부 간 경쟁은 심화되는 상황이 초래될 것이라 예상할 수 있다. 이렇게 가맹점과 가맹본부의 부실성이 지속될 경우 산업의 성장세를 낙관적으로만 예측하기가 쉽지 않을 것으로 보인다.

프랜차이즈 산업 선진국의 산업발전 현황을 비교해 보면, 국내 프랜차이즈 산업이 안정적으로 발전하기 위해서는 가맹본부가 장기 지향성을 가지고 기업과 가맹점의 장기 사업을 위한 상생방안들을 모색하는 것에서 시작되어야 한다. 이는 곧 초기 개설 수익에 초점을 맞춰 로열티와 교육비 등을 최소화하고 개점 후 품질관리 등에 소홀해져 브랜드 수명주기를 단축시키는 일을 멈추는 일과 프랜차이즈 패키지가 필요하다는 것은 가맹점주의 만족도를 높이고 이를 통해 계약 종료 후 재계약이 이루어지는 전략을 의미한다. 또한, 산업의 전반적 규모를 키우기 위해서 부가가치가 높은 창의적인 업종 개발에 정부 및 관련기관의 적극적인 지원과 투자가 이루어져야 한다.

요약

1 프랜차이즈의 역사는 1900년대 전후 미국에서 시작되었으며, 1900년대 중반 맥도날드의 등장과 함께 폭발적으로 성장했다. 이후 1960년대 일본에 프랜차이즈 시스템이 도입된 후 1980년대 전후로 한국으로 도입됐다. 한국은 1997년 IMF금융 위기로 퇴직자들을 통해 프랜차이즈 산업이 성장하기 시작했으며, 미국과 일본의 산업 비중에 미루어 짐작할 때 한국의 프랜차이즈 산업의 성장세는 앞으로도 당분간 지속될 것으로 보인다.

2 국내 프랜차이즈 산업 규모는 2002년 41.7조 원, 2008년 77조 원, 2010년에는 114조 원으로 지속적 성장세를 보이고 있다. 특히 제빵, 커피 프랜차이즈, 편의점 프랜차이즈 등의 폭발적 성장에 힘입어 2002~2010년 기간 중 연 평균 13.4%의 성장세를 기록했다.

3 국내 프랜차이즈 산업은 전체 가맹본부 중 외식업 비중이 66%를 상회해 미국, 일본에 비해 높은 비중을 차지하고 있다. 또한 사업 모델과 콘셉트의 충분한 검증 없이 가맹사업을 시작해 충분히 사업을 성장시키지 못하고 조기 폐업하는 영세한 가맹본부의 수도 많아 산업 전반의 건전성을 해치는 위험요소로 자리잡고 있다.

4 국내 프랜차이즈 산업이 안정적으로 발전하기 위해서는 가맹본부가 장기 지향성을 가지고 기업과 가맹점의 장기 사업운영을 위한 방안들을 모색하는 것에서 시작되어야 한다.

연습문제

1 미국과 일본 프랜차이즈의 역사를 비교 정리한 후, 발전과정의 유사성과 차이점을 정리해 본다.

2 국내 프랜차이즈 산업 현황 통계가 산출되는 출처를 모두 찾고 각각의 통계자료의 특징과 활용방안을 제시해 본다.

3 미국과 일본의 프랜차이즈 현황을 토대로 국내 프랜차이즈 산업의 역사를 평가한 후, 문제점을 제시하고 향후 개선 방안을 제시해 본다.

4 정기적으로 프랜차이즈 산업 실태조사가 이루어지고 있다. 가장 최근의 조사내용을 확인한 후, 정리해 본다.

3장

외식프랜차이즈 적합성 이해

1. 외식프랜차이즈 적합성
2. 외식프랜차이즈 시스템 구축 절차

학습목표

1. 외식프랜차이즈 시스템을 도입할 수 있는 기본 요건에 대해 이해하고 외식프랜차이즈 적합성을 설명한다.
2. 외식프랜차이즈 적합성의 판단 기준을 이해하고 설명한다.
3. 외식프랜차이즈 시스템 구축 절차를 이해하고 설명한다.

1 외식프랜차이즈 적합성

외식프랜차이즈 시스템은 가맹본부에게는 효과적으로 사업을 확장할 수 있도록 해 주며, 가맹점사업자에게는 사업 착수의 위험을 줄여줄 수 있다는 장점이 있지만 모든 사업 분야에서 외식프랜차이즈 시스템이 효과적으로 작용할 수 있는 것은 아니다. 예를 들면, 독립 브랜드의 외식업체를 외식프랜차이즈 사업으로 전환하게 되면 브랜드 인지도 상승에 따른 사업 확장이 빠를 수 있고, 규모의 경제가 실현되어 가격경쟁력을 확보하는 등의 많은 장점을 가지게 된다. 다만 외식프랜차이즈 사업화가 무조건 장점만 있는 것은 아니다. 초기에 시스템을 구축해야 하는 비용 부담과 가맹점 통제의 어려움, 가맹사업 유지를 위한 지속적인 비용 부담 증가 등 많은 어려움이 따르기도 한다. 특히 다점포화 됨에 따라 기존의 희소성이 줄어들고 상품과 서비스의 품질관리도 어려워지면서 소비자로부터 외면받을 가능성도 높아진다. 즉 기존의 활성화된 점포를 프랜차이즈화하는 것보다 독립점포로 유지하는 것이 훨씬 유리한 경우도 있다.

장점

- 빠른 사업 확장이 가능함 (재무자원과 인적자원 획득에 용이)
- 전국적인 브랜드 인지도 상승
- 규모의 경제 실현으로 가격경쟁력 증대
- 고정비의 최소화로 안정적 수익성 확보(낮은 리스크, 높은 수익성의 비즈니스 모델)
- 직원고용에 따른 역선택 방지 (매장운영자를 선정하는 효과적 방법)

단점

- 초기 시스템구축 비용 과다
- 브랜드 정체성 저해
- 목표갈등 및 가맹점 통제의 어려움
- 지속적인 지원으로 비용 증가

그림 3-1 외식프랜차이즈 사업화에 따른 장단점

따라서 기존의 독립적인 사업에서 외식프랜차이즈 사업화를 시도하려면 먼저 외식프랜차이즈 사업화에 따른 장단점을 면밀히 검토하고 이어서 외식프랜차이즈 시스템을 적용했을 때 효과적이고 효율적인 성장이 가능할지에 대한 '외식프랜차이즈의 전제 조건'과 '적합성'에 대한 검토가 필요하다.

1) 외식프랜차이즈의 전제 조건

(1) 상표권을 확보한 등록상표

가맹본부는 해당 사업의 정체성을 하나로 인식할 수 있게 하는 상표와 로고, 상징물, 서비스마크 등에 대해 반드시 상표권 등록을 마친 후 상표권에 대해 침해 받지 않도록 관리 해야 한다. 만일 상표 등록 절차가 완료되지 않아 상표권 분쟁이 생길 경우 상표 출원중인 상태일 때 개발한 다양한 디자인물, 콘텐츠를 폐기해야 할 수도 있고 최악의 상황에서는 해당 상표로 개설하여 운영 중인 매장의 상표와 관련된 모든 것을 교체해야 하는 경우도 발생한다.

예를 들어 '더본코리아'가 운영 중인 커피전문점인 '빽다방'은 초기에 스타벅스를 패러디하여 '원조벅스'라는 상호와 스타벅스와 유사한 로고를 개발하여 오픈한 후, 상표권 문제로 이듬해에 엔제리너스와 유사한 로고로 변경하였다가 다시 한 번 로고 리뉴

그림 3-2 빽다방의 로고 변천사

자료 : 빽다방 홈페이지(www.paikdabang.com)

얼을 진행하였다(〈그림 3-2〉 참조).

또한, 온라인 마케팅의 영향력이 확대됨에 따라 홈페이지 도메인과 주요 SNS인 페이스북과 인스타그램 등의 계정 선점 또한 상표등록만큼이나 중요한 전략적 과제가 되고 있다.

(2) 차별화되고 경쟁력 있는 제품 및 서비스

외식프랜차이즈 사업화를 위해 기업은 차별화되고 경쟁력 있는 제품 및 서비스를 보유해야 한다. 시장에 이미 출시되어 있는 유사 상품 및 서비스와 구별되어 강점으로 인식될 수 있는 상품의 성능과 디자인, 유통망, 매장 운영 노하우나 판매기술, 브랜드 인지도 등의 차별화 요소를 구축하고 있는 경우에 창업을 희망하는 가맹점주는 물론, 최종 소비자에게 가맹본부 브랜드가 치열한 경쟁에서 선택 받을 수 있다.

(3) 수익성이 검증된 표준화 가능한 사업 모델

외식프랜차이즈 본부는 본격적 외식프랜차이즈 시스템 구축에 앞서 직영점 또는 모델점을 운영하여 운영 노하우를 확보하고 실제 수익성을 검증해야 한다. 또한 매장을 운영하며 기획단계에서 예측한 소비자의 반응 등에 대해 확인하고 성공적인 시장진출을 위한 장단기적 계획을 함께 준비할 수 있어야 한다.

모델점을 운영하며 반드시 확인해야 할 것 중 하나는 이 사업모델이 표준화되어 단기적 교육을 통해 동일한 품질의 제품과 서비스로 유통이 가능한 지에 대한 검증이다. 표준화된 매뉴얼을 통해 교육과 전수가 어려운 사업모델은 외식프랜차이즈 사업에 적합하지 않다. 또한, 가맹사업을 시작한 후에도 직영점은 계속적으로 운영해서 새로운 신제품의 출시와 다양한 마케팅을 실행하고 운영 실무에 대한 다양한 변화를 예측하고, 미리 준비할 수 있어야 한다.

(4) 체계적이며 효과적인 교육 시스템

모델점을 운영하며 축적된 노하우는 점포 운영 매뉴얼과 교육 매뉴얼을 구축하여 명문화, 구체화 시키는 것이 필요하다. 지속적으로 보완하여 체계화시켜 점주와 가맹점 직원 교육에서 효과적으로 전달될 수 있도록 프로그램으로 구축되어야 한다. 가맹점사업자 교육은 해당 외식프랜차이즈의 핵심을 전달하여 가맹점자업자로 하여금 우리 브랜드의 대표 역할을 하게끔 교육하는 것으로, 형식적 교육이 되어서는 안 된다. 또한 가맹점사업자의 교육수준과 배경 등을 고려하여 효과적으로 전달되고, 실제로 활용될 수 있도록 준비하여야 한다.

일부 가맹본부의 경우 가맹점 오픈 전 교육 이외의 교육 시스템을 마련하지 않는 경우들이 있는데, 오픈 시 교육은 가맹점 운영 시에 많은 부분 망각되기 쉽기 때문에, 가맹점 오픈 후 품질유지를 위해 다양한 방법의 교육 시스템을 개발하고, 실행해야 한다.

서브웨이는 온디맨드 콘텐츠와 시험, 강의 등을 포함한 온라인 교육 시스템인 'The University of Subway(서브웨이 대학교)'를 개발하였으며, 이를 이미 110개국 4,400개 이상의 서브웨이 매장의 54만 명의 점주와 매장 직원들에게 성공적으로 공개한 바 있다.

이와 유사하게 파리바게트는 매장 직원과 가맹점주를 위한 교육 어플리케이션을 개발하여 효율적이고 지속적으로 교육을 진행할 수 있도록 할 뿐만 아니라, 가맹점주 계정에는 제품 유통기한과 파트타이머 등을 관리할 수 있는 기능이 추가되어 자칫 소홀하기 쉬운 품질관리와 직원 관리 등이 가능하게 하였다.

그림 3-3 서브웨이의 온라인 교육 프로그램 The University of Subway

자료 : Hotschedules 홈페이지(www.hotschedules.com)

그림 3-4 **파리바게트의 직원과 가맹점주를 위한 교육 어플리케이션 파리바게트 배움터**

자료 : 구글 플레이 스토어(play.google.com/apps)

2) 프랜차이즈 적합성

앞에서 살펴본 외식프랜차이즈 시스템의 전제조건은 매우 기본적인 내용들을 다루었는데, 이제 자사의 상품이나 서비스가 외식프랜차이즈에 적합한지를 좀 더 면밀하게 검토해 보는 작업을 외식프랜차이즈 적합성 점검을 통해 확인해 보자.

프랜차이즈 산업의 선두주자인 미국의 경우 80개 이상의 업종에서 다양한 조직형태로 프랜차이즈가 활성화되어 있다. 다만, 프랜차이즈는 모든 산업에 보편화된 것은 아니고 일부 산업에 집중되어 있음을 알 수 있다(10대 산업군에 56%가 집중 〈표 3-1〉 참조).

미국의 가맹본부 현황을 나타내는 〈표 3-1〉에 따르면, 패스트푸드 업종에서 프랜차이즈 비율은 15.2%이며, 일반 레스토랑의 경우 프랜차이즈 비율이 7.0%에 불과함을 알 수 있다. 즉 외식업종이 타 업종에 비하여 프랜차이즈 비율이 높기는 하지만, 10% 내외에 불과함을 고려할 때 모든 외식사업체가 성장을 위한 방안으로 프랜차이즈를 시도할

표 3-1 **미국의 가맹본부 현황**

업종	동종업계의 프랜차이즈 비율(%)	프랜차이즈업계 내 비율(%)
패스트푸드	15.2	26.8
레스토랑	7.0	3.8
자동차 제품	6.2	5.5
건물관리 및 청소	5.4	8.2
건축 및 리모델링	4.9	1.5
특수제품 소매	3.8	2.0
특수 식품	3.8	2.0
헬스 및 피트니스	3.3	3.5
유아교육	3.2	0.7
숙박임대업	3.1	5.9

자료 : 스콧 A. 셰인(2011). p.27

필요는 없다는 것을 보여준다.

3) 외식프랜차이즈에 적합한 업종의 특성

기존의 독립적으로 경영하던 사업을 외식프랜차이즈 사업화 하기 위해서는 업종이 외식프랜차이즈에 적합한지를 판단해 보아야 한다. 일반적으로 외식프랜차이즈 사업화에 적합한 업종의 특징을 정리하면 다음과 같다.

첫째, 생산과 유통이 지리적 한계를 가져서 소규모 생산과 유통이 필요한 업종이어야 한다. 지리적 한계가 있어야 한다는 것은 소비자가 멀리까지 가지 않고 가까이에서 구매하는 것이 유리하다고 생각할 수 있는 소규모 생산이 유리한 업종이라는 의미이다. 예를 들면, 치킨전문점에서 판매하는 상품은 가까운 곳의 가맹점에서 구매하는 것이나 멀리 있는 가맹점에서 구매하는 것이나 큰 차이를 느낄 수 없기 때문에 가까운 가맹점에서 구매하게 된다.

둘째, 브랜드 가치 창출과 원재료 구입 등에서 규모의 경제 실현이 가능한 업종이어야 한다. 가맹점들이 모두 동일한 재료를 이용하기 때문에 가맹점의 수가 늘어날수록 가맹본부는 더 낮은 가격으로 재료를 구매할 수 있는 규모의 경제 실현이 가능하다. 따라서, 이와 같이 규모의 경제를 실현할 수 있는 업종은 외식프랜차이즈 가맹점이 독립 점포에 비하여 가격 측면에서 유리할 수 있다. 다만 가맹본부의 마진으로 인하여 실제 시장가격에 비하여 재료비용이 높아진다면 규모의 경제는 실현되지 못한다.

셋째, 서비스를 제공하는데 고정된 물리적 매장이 필요한 업종이어야 한다. 안정적인 가맹사업은 온라인 공간보다는 오프라인 매장을 갖추어야 할 때 효과적이다. 물론 온라인 사업이나 무점포 사업을 외식프랜차이즈화하는 사례도 최근 증가하고 있지만 아직까지 대부분의 성공한 외식프랜차이즈 기업은 물리적 매장을 기반으로 하고 있다.

넷째, 지역정보가 매출에 미치는 영향과 지역운영 재량권이 중요한 업종일수록 독립사업보다 가맹사업에 유리하다. 지역정보와 특성보다는 국내의 전반적인 정보력에 의해 높은 성과를 낼 수 있다면 가맹사업은 큰 의미를 갖지 못한다. 전국을 대상으로 한 온라인 판매가 훨씬 효과적이기 때문이다. 가능한 지역의 특성을 가장 잘 알고 대응할 수 있는 개별점포의 경쟁력이 중요한 업종일수록, 지역운영 재량권이 중요한 업종일수록 가맹사업 업종에 적합하다 할 수 있다.

다섯째, 브랜드 명성이 중요한 경쟁력이 되는 업종일수록 가맹사업에 유리하다. 편의품의 경우는 브랜드 명성보다는 편의성이 구매에 큰 영향을 미친다. 하지만 선매품과 전문품으로 갈수록 소비자의 선택에 영향을 크게 미치는 요소는 브랜드 명성이다. 따라서 가맹사업은 패스트푸드보다는 서비스 수준이 높은 업태가 더 적합할 수 있다. 다만 패스트푸드라도 대형화하여 브랜드 명성이 중요한 업종으로 변모시키는 경우 가맹사업에 유리한 업종에 포함될 수 있다.

여섯째, 서비스 제공절차를 표준화하고 문서화할 수 있는 업종일수록 가맹사업에 적합하다. 지역적 차별성이 가맹사업의 중요한 요인 중 하나임에도 불구하고 가맹사업은 개인화된 서비스보다는 표준화된 서비스가 경쟁력을 높일 수 있을 때 유의미하다.

일곱째, 노동집약적일수록, 투자비용과 사업위험이 낮은 업종일수록 가맹사업에 유리하다. 가맹사업은 가능한 노동집약적이어야 한다. 예를 들면 세계적으로 외식업 외식프랜차이즈가 가장 많은 이유는 타 업종에 비하여 노동집약적이기 때문이다. 또한 반복구매가 가장 많이 일어날 수 있다는 측면에서 사업위험이 낮은 것도 가맹사업에 유리한 특정의 하나이다.

여덟째, 가맹점사업자의 성과측정이 용이한 업종이어야 가맹사업을 했을 때 높은 성과를 낼 수 있다. 가맹점사업자의 성과측정이 용이하다는 의미는 가맹점사업자가 아무런 노력을 하지 않고 무임승차(free riding)가 가능한 업종은 가맹사업으로 적합하지 않다는 의미이다. 즉 가맹점사업자의 노력에 따른 성과를 측정할 수 있어서 가맹점간의 상호 비교가 가능해야만 가맹사업이 유지·발전될 수 있다.

4) 외식프랜차이즈 적합성 판단 기준

앞서 살펴본 가맹사업에 적합한 업종의 특성은 포괄적으로 정리한 내용이다. 타미야 마사히로(2008)는 외식프랜차이즈 적합성을 판단하는 요소와 기준을 매우 구체적으로 제시하였다. 즉 '수익성, 점포개설의 용이성, 브랜드 인지도와 노하우 확립 정도, 인적자원 의존도, 사회적 유용성, 환경적 위험, 비전, 계약내용' 등을 면밀히 검토할 수 있어서

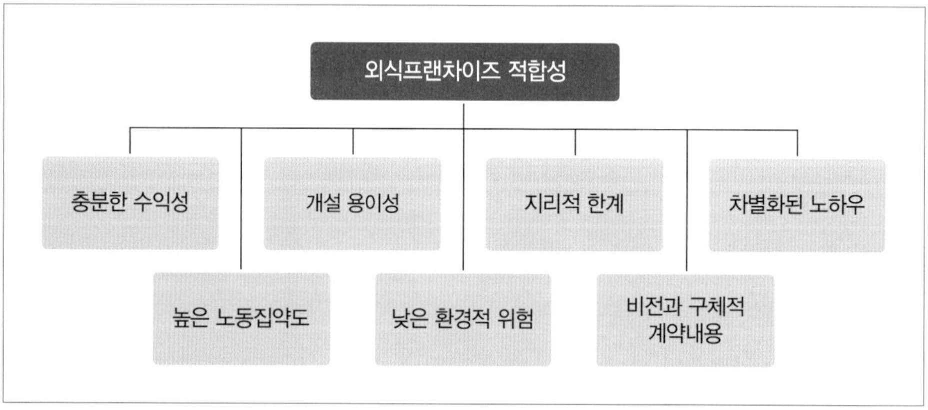

그림 3-5 외식프랜차이즈 적합성 판단기준

자료 : 타미야 마사히로(2008)

유용하다. 즉 가맹사업화하려는 비즈니스 모델이 가맹사업으로 만들어서 발전시키는 데 적합한지를 확인할 수 있다. 또한 이러한 판단요소는 가맹점을 개설하려는 창업자가 가맹본부를 선택하는 기준으로도 활용할 수 있다는 측면에서 매우 유용하리라 생각된다.

(1) 충분한 수익성이 있는가?

독립적인 사업과 가맹사업 중 어떤 선택이 높은 수익성을 보장할까? 가맹본부든 가맹점사업자든 동일한 고민을 하게 된다. 즉 가맹사업이 독립적인 사업에 비하여 수익성이 높아야 한다. 그러기 위해서는 '1) 투자회수기간이 짧은가? 2) 가맹점사업자가 충분한 수익을 달성할 수 있는가? 3) 점포 수 확대에 따른 규모의 경제 달성이 가능한가?'와 같은 내용을 충분히 검토해 보아야 한다. 특히 규모의 경제 달성은 다른 항목에도 큰 영향을 미친다는 점에서 신중하고 치밀한 검토가 필요하다.

(2) 점포의 개설이 쉬운가?

점포의 개설이 쉽다는 것은 어떤 의미일까? 단순히 공사를 쉽게 한다거나 개점이 편하다는 의미는 아니다. 구체적으로 살펴보면 '1) 상권이 작아도 성공이 가능한가? 2) 어떤 상권과 입지든 개설이 가능한가? 3) 점포 투자비용과 리스크가 낮은가?'에 대한 판단이 점포 개설의 용이성에 대한 체크 포인트이다. 가맹점사업자가 너무 큰 상권을 대상으로 영업을 해야 한다거나 특별한 요건을 갖춘 상권에서만 좋은 성과를 낼 수 있다면 가맹사업에 적합하다 보기 어렵다. 가능한 좁은 상권, 일반적인 상권에서 성공가능성이 높은 구조를 가진 업종이 가맹사업에 적합하다.

(3) 지리적 한계가 있는가?

앞서 살펴보았던 바와 같이 가맹사업에 적합한 업종은 지리적 한계를 가져야 한다. 물론 가맹사업에 성공한 모든 업종과 브랜드가 반드시 그렇지는 않겠지만 대부분 그렇게 되도록 전략적으로 접근하여 성공한 것은 확실하다. 즉, 지리적 한계를 만들어야 한다.

그러기 위해 '1) 상품과 서비스를 제공하는데 지리적 한계가 있는가? 2) 상품과 서비스를 제공하는데 입지가 중요한가? 3) 지역특성을 고려한 지역별 운영이 유리한가? 4) 고객에게 서비스를 제공하는데 물리적 점포가 필요한가?'와 같은 질문에 적합한 사업 구조를 만들 수 있어야 가맹사업에 적합한 업종이 된다.

(4) 차별화된 노하우가 있는가?

가맹사업의 성공 여부는 차별화된 노하우의 존재와 가장 깊은 연관성을 갖는다. 다만 차별화된 노하우를 제품에서만 찾는 것은 적절하지 않다. 예를 들면 '1) 브랜드와 영업표지 등의 가치는 경쟁력이 있는가? 2) 디자인 측면에서의 노하우와 차별성이 있는가? 3) 상품과 서비스의 표준화·문서화·학습용이성이 가능한가? 4) 상품·서비스 및 마케팅 측면에서 노하우가 있는가? 5) 상권과 입지개발, 자금조달에서 노하우가 있는가? 6) 경영전략과 정보시스템이 구축되어 있는가?' 등의 질문을 살펴보면, 유형의 차별화보다는 무형의 차별화가 더욱 중요함을 알 수 있다. 따라서 가맹사업은 무형자산에 대한 사전투자가 충분히 이루어진 후에야 할 수 있다는 점에 유의해야 한다.

(5) 노동집약적이면서 인적자원 의존도가 높은가?

어떤 업종이든 인적자원 의존도가 높아서 결과적으로 노동집약적일 때, 가맹사업에 적합하다고 할 수 있다. 다만 1) 누구나 쉽게 노하우를 습득할 수 있어야 한다. 2) 기술과 서비스를 배우는 데 단기간에 목표수준에 도달이 가능해야 한다. 3) 자본집약적이기보다는 노동집약적이어야 한다.

(6) 환경적 위험은 낮은가?

가맹사업은 환경의 영향을 덜 받는 업종일수록 좋다. 가맹사업은 '1) 원재료 수급의 문제는 없어야 한다. 계절별로 원재료 수급에 문제가 발생하는 경우가 있다면 수익성 관리가 어렵다. 2) 가맹본부와 가맹점이 통제할 수 없는 위험요인이 없어야 한다. 예를 들면 구제역이나 조류독감과 같은 문제는 가맹본부와 가맹점사업자 모두 통제 불가능한 요인이다. 3) 공유 가능한 비전과 명확하고 구체적인 계약내용이 있어야 하며, 4) 상호간에 공유할 수 있는 목표설정이 가능해야 한다. 5) 가맹점의 노력측정보다 성과측정이 쉬운가? 6) 명확하고 구체적으로 권리와 의무가 규정되어 있는가? 7) 외식프랜차이즈 시스템의 차별성과 신뢰성이 명확하고 구체적인가?'와 같은 질문에도 확고한 답변이 가능할 때 이 사업은 가맹사업으로 적절하다고 답할 수 있다.

5) 외식프랜차이즈 적합성 점검표

지금까지 설명식, 정성적으로 제시한 적합성 판단요소를 수치화하여 정량적으로 제시한 외식프랜차이즈 적합성 평가표는 〈표 3-2〉와 같다. 이 표에서는 수익성부터 외식프랜차이즈 계약 내용에 이르기까지 모든 요소를 5단계로 판단할 수 있는 기준을 제시하였으며, 매우 낮음(1점)부터 매우 높음(5점)까지 5단계로 가맹사업의 적합성을 측정할 수 있다. 이러한 기준은 국가나 업종마다 약간의 차이는 있겠지만 이를 기준으로 자신의 사업에 일반화할 수 있는 외식프랜차이즈의 적합성 판단기준을 만들기 위한 노력을 할 수 있다.

표 3-2 외식프랜차이즈 적합성 점검 기준 예시

구분		평가*				
		매우 낮음	낮음	보통	높음	매우 높음
수익성**	평균매출액(1년)	15천만 원 미만	15~30천만 원	30~60천만 원	60~100천만 원	100천만 원 초과
	영업이익률	5% 미만	5~10%	10~15%	15~20%	20% 초과
	투자회수기간	7년 초과	5~7년	3~5년	1.5~3년	1.5년 미만
	순이익	5천만 원 미만	5~7.5천만 원	7.5~10천만 원	10~15천만 원	15천만 원 초과
점포개설의 용이성	상권 크기(명)	20만 초과	10~20만	5~10만	2~5만	2만 미만
	개점가능 입지유형	1종	2종	3종	4종	5종
	초기투자액(점포 포함, 원)	10억 원 초과	5~10억 원	3~5억 원	1~3억 원	1억 원 미만
	점포확대의 브랜드 영향	희소성 잃고 이미지 하락	거의 영향 없음	비용절감효과	광고, 비용절감효과 큼	신뢰도, 긍정적 이미지 증가

(계속)

구분		평가*				
		매우 낮음	낮음	보통	높음	매우 높음
브랜드 인지도와 노하우	브랜드 인지도	매우 낮음	낮음	보통	높은	매우 높음
	상품과 서비스의 경쟁력	매우 낮음	낮음	동등함	높음	매우 높음
	운영시스템의 경쟁력	매우 낮음	낮음	동등함	높음	매우 높음
	정보시스템의 경쟁력	매우 낮음	낮음	동등함	높음	매우 높음
인적자원 의존도	노하우 습득에 걸리는 시간	1년 초과	6개월~1년	3~6개월	1~3개월	1개월 미만
	노하우 습득 훈련법 확립 정도	전혀 없음	OJT에 맡김	일부 매뉴얼 있음	매뉴얼 지도자 있음	완전 구비
	노하우 자동화 정도	전혀 없음	일부 도구 도입	훈련이 필요한 도구 도입 가능	단기간 훈련으로 가능	비전문가 바로 사용가능
	노하우 집중화 정도	전혀 없음	50% 미만	50~70%	70~90%	90% 초과
사회적 유용성	고객층 범위	매우 한정	법인 등 한정	특정 계층에 치우침	전체의 50% 정도	거의 모든 사람
	상품과 서비스의 미풍양속 저해 정도	심각한 문제 있음	도덕적 문제 있음	문제 없음	사회공헌도 있음	사회공헌도 큼
	지역사회에 불쾌감을 주는 정도	매우 높음	높음	보통	낮음	매우 낮음
	이익과 니즈의 대응 정도	전혀 없음	특수한 니즈에 대응	표면화된 니즈에 대응	생활에서 꼭 필요한 니즈에 대응	독보적인 니즈에 대응
환경적 위험·비전·계약내용	원재료 수급의 안정성	월별 불안정	계절별 불안정	특정상황에 불안정	안정적	매우 안정적
	통제불가능 위험요인	월 1회 이상	분기별 발생	반기별 발생	연 1회 발생	발생하지 않음
	비전과 목표	없음	불명확함	있으나 형식적임	공유에 한계	명확하고 공유가능
	가맹점 성과측정	거의 불가능	일부 가능	보통	대체로 가능	명확하게 가능
	계약서의 명확성과 구체성	계약서 없음	있으나 형식적임	의무 위주	구체적과 명확성이 떨어짐	표준계약 내용 준수

* 매우 낮음(1점), 낮음(2점), 보통(3점), 높음(4점), 매우 높음(5점)으로 평가

** 감가상각 전 이익 기준

자료 : 타미야 마사히로(2008), pp.86-88.

모든 업종으로 모든 상황에서 가맹사업화할 수 있다는 생각은 매우 위험하다. 지금까지 학자와 전문가들의 연구는 가맹사업화할 수 있는 대상은 정해져 있다는데 의견일치를 보고 있다. 그리고 그 기준은 사회적 파급효과를 고려할 때 매우 보수적이고 엄격하게 적용해야 한다고 결론을 내린다. 산업의 발전은 물론이고 외식프랜차이즈로 인하여 피해를 보는 경영자와 가맹점이 줄어드는 데 반드시 필요한 적합성에 대한 연구는 국내에서도 활발하게 이루어져야 할 것이다.

2 외식프랜차이즈 시스템 구축 절차

자신의 사업이 외식프랜차이즈에 적합한 사업 모델로 검증이 완료되었다면, 본격적으로 외식프랜차이즈 시스템 구축을 진행할 차례이다. 외식프랜차이즈 시스템 구축의 시작은 모델점포로 활용할 수 있는 기존 점포가 있는지에 대한 검토에서 시작된다. 외식프랜차이즈 사업 모델이 머릿속에 있는 개념이라면 모델점포는 그 개념을 현실화시킨 것으로 모델점포의 구축과 운영은 해당 사업 모델의 시장성을 검토해 보고 본격적 가맹사업 전에 부족한 부분을 보완할 수 있는 기회를 제공하여 향후 외식프랜차이즈 사업 모델의 성공을 가늠해 볼 수 있는 중요한 단계이다. 모델점포를 구축하여 운영하여 사업성의 검증이 완료된 후에는 본격적으로 외식프랜차이즈 시스템 구축 절차를 밟을 수 있다.

외식프랜차이즈 시스템 구축의 절차는 〈그림 3-7〉과 같이 나타낼 수 있으며, 세부적인 항목은 본 서의 2부와 3부에서 차례대로 살펴본다.

그림 3-7 **외식프랜차이즈 시스템 구축 절차**

요약

❶ 외식프랜차이즈 시스템은 효율적인 사업 확장 모델이지만 모든 분야에서 이 시스템이 효과적으로 작용할 수 있는 것은 아니다. 따라서 자사의 사업 모델과 상품의 외식프랜차이즈 적합성을 판단하는 것이 매우 중요하다.

❷ 외식프랜차이즈에 적합한 사업 모델인지를 판단하는 기준은 충분한 수익성, 점포 개설의 용이성, 지리적 한계, 차별화된 노하우, 노동집약적이면서도 인적자원 의존도가 낮은 업종, 낮은 환경적 위험, 공유 가능한 비전과 명확하고 구체적인 계약내용 등이다.

❸ 외식프랜차이즈 적합성 검토가 완료되면 본격적으로 외식프랜차이즈 시스템을 구축할 수 있다. 외식프랜차이즈 시스템의 시작은 모델점 선정과 개발에서 시작된다. 모델점의 구축과 운영은 해당 사업 모델의 시장성을 검토해 보고 본격적 가맹사업 전에 부족한 부분을 보완할 수 있는 기회를 제공하여 향후 외식프랜차이즈 사업 모델의 성공을 가늠해 볼 수 있는 중요한 단계이다.

연습문제

1 독립 브랜드로 사업을 하던 귀하의 지인이 가맹사업을 하기 위해서 외식프랜차이즈 시스템을 도입하려고 준비 중이다. 만약 가맹사업에 대하여 귀하에게 조언을 구한다면 어떤 조언을 해 줄지 제시해 본다.

2 평소에 관심을 가지고 있던 외식프랜차이즈 브랜드 3곳을 선택한 후, 본서에서 제시한 적합성의 판단 기준을 이용하여 평가해 본다. 평가 내용을 비교하여 브랜드별 문제와 개선 방안을 제시해 본다.

3 다음의 논문을 읽고 예비창업자가 독립 창업을 선택하는 경우와 외식프랜차이즈 창업을 하는 경우 어떤 차이가 있는지 정리하고 만약 외식프랜차이즈 창업을 선택한다면 어떤 점에 유의해야 할지를 제시해 본다.
– 김성태, 김명규, 임병인(2014). 외식프랜차이즈, 자영업자의 활로인가?: 음식점 업종을 중심으로. 중소기업연구(36권 3호). pp.79–103.

2부

외식프랜차이즈 콘셉트 개발

RESTAURANT FRANCHISE
BUSINESS THEORY

4장 외식프랜차이즈 콘셉트 이해

5장 외식프랜차이즈 목표고객 선정

6장 외식프랜차이즈 콘셉트 개발

7장 모델점포의 구축과 운영

8장 사업타당성 분석을 통한 투자 규모와 콘셉트의 확정

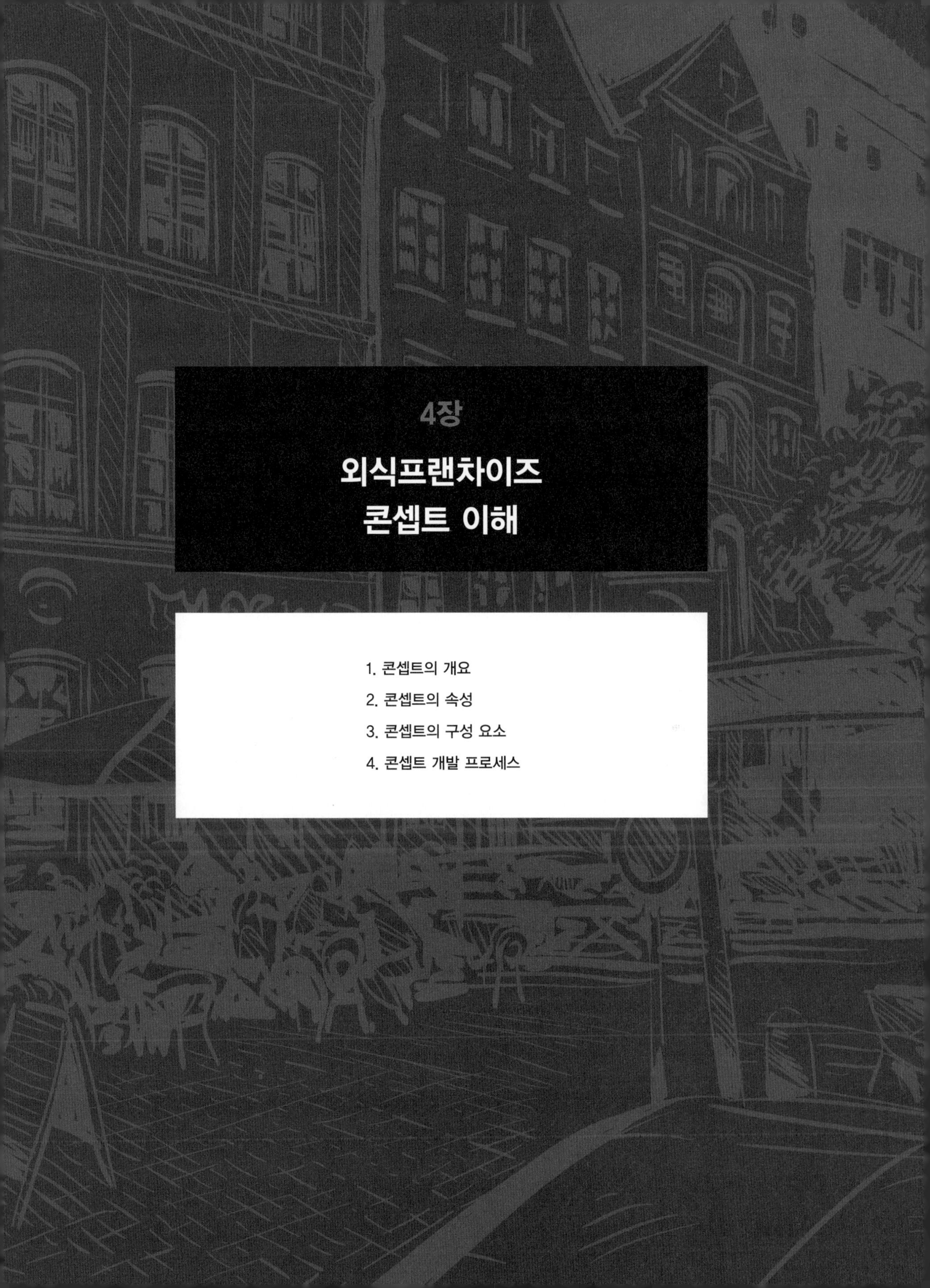

4장

외식프랜차이즈 콘셉트 이해

1. 콘셉트의 개요
2. 콘셉트의 속성
3. 콘셉트의 구성 요소
4. 콘셉트 개발 프로세스

학습목표

1. 콘셉트의 정의를 이해하고 구성 요소를 설명한다.
2. 외식프랜차이즈 사업의 기획자, 마케터, 경영자 그리고 고객의 시각을 이해하고 각각의 관계를 설명한다.
3. 콘셉트의 속성과 구성요소, 개발 프로세스를 설명한다.

외식프랜차이즈 브랜드의 경쟁력은 무엇으로 결정될까? 과거에는 제품의 맛과 양 등이 가장 중요한 요소로 받아 들여졌다. 하지만 최근에는 제품뿐만 아니라 서비스를 비롯한 다양한 요소의 조화가 중요해지고 있다. 이러한 환경 속에서 브랜드는 모든 요소를 대표하는 상징이 되었다. 이유는 복잡한 선택을 요구받게 된 소비자가 다양한 선택속성을 고려하기 힘들어지면서 브랜드만을 믿음의 증거로 받아들이게 되었기 때문이다. 그렇다면 브랜드의 출발점은 무엇일까?

좋은 브랜드, 소비자가 선호하는 브랜드는 바로 '콘셉트'로부터 출발한다. 즉 콘셉트는 브랜드를 구성하는 재료이다. 하지만 콘셉트를 구성하는 하나의 요인으로 브랜드가 언급되는 경우도 있다. 그래서 일반적으로는 브랜드와 콘셉트를 동일어로 보기도 한다. '브랜드의 영혼'이라고 언급되는 '콘셉트'는 구체적으로 어떤 의미일까? 우리는 외식프랜차이즈와 관련된 웬만한 단어에 접두어 또는 접미어로 콘셉트를 붙인다. 브랜드 콘셉트, 메뉴 콘셉트, 인테리어 콘셉트 등이 그것이다.

콘셉트를 마케팅의 관점에서 보면, '브랜드의 핵심을 소비자에게 전달하는 단순하고 통일된 표현'으로 정의한다. 이와 같은 개념의 콘셉트는 그것을 전달하려는 소비자를 파악하는 것에서부터 시작되어야 한다. 그렇다면 이와 같은 콘셉트는 과연 어떻게 구성될 때 가장 큰 효과를 발휘하게 될까? 콘셉트를 구성하는 핵심은 브랜드의 본질적인 특징과 차별점을 드러내는 것이어야 한다. 그리고 그 핵심을 강조하는 부가적 속성으로서 '소비자가 믿을 수 있는 근거(Rationale)', '소비자 인사이트(Consumer Insight)', '슬로건 (Slogan)', '이미지(Image)' 같은 것이 이에 포함되어 완성되어야 한다. 이상의 내용을 참고로 할 때 콘셉트는 단일차원이기보다는 다차원적임을 알 수 있다. 다만 그 다차원성을 단일차원으로 정리하여 전달하는 것이 매우 중요하다. 그러기 위해서는 경영학 전반을 대상으로 정의된 콘셉트를 외식프랜차이즈 사업에 특화시키는 노력이 필요하다.

1 콘셉트의 개요

1) 콘셉트의 정의

콘셉트(concept)는 '컨셉'이라 불리며 많은 곳에서 흔하게 사용되고 있어 누구에게나 익숙한 단어이다. 하지만 "콘셉트가 뭐예요?"라는 질문에는 전문가도 쉽게 답을 하지 못하는 애매모호한 단어이기도 하다. 이는 콘셉트라는 단어가 다양한 분야와 상황 그리고 맥락에서 활용되기 때문이다. 국어사전에서는 '어떤 작품이나 제품, 공연, 행사 따위에서 드러내려고 하는 주된 생각'으로 정의하고 있다.

콘셉트란 기본적으로 유·무형의 결과물을 만들어내는 핵심적 구상을 의미한다. 〈그림 4-2〉와 같이 소설이나 시를 읽을 때 우리는 작가의 고유한 필체와 표현 기법, 핵심 주제 등을 통해 작가가 궁극적으로 말하고자 하는 바를 깨닫게 된다. 이와 마찬가지로 점포를 방문하는 고객도 직접 경험하거나 온라인을 통해 접하는 등의 방식으로 유·무형의 결과물 등을 경험하면서 고유한 특성을 이해하게 되며 이를 통해 점포의 다양한 구성 요소 안에 내재된 핵심 가치를 경험하게 된다. 이렇듯이 작가와 사업자가 어떤 의

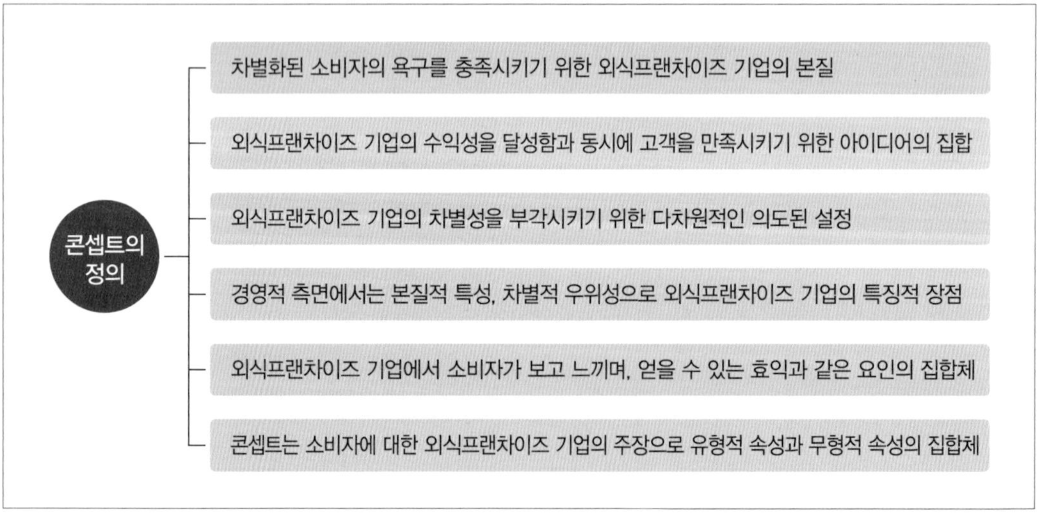

그림 4-1 외식프랜차이즈 관점에서 본 다양한 콘셉트의 개념

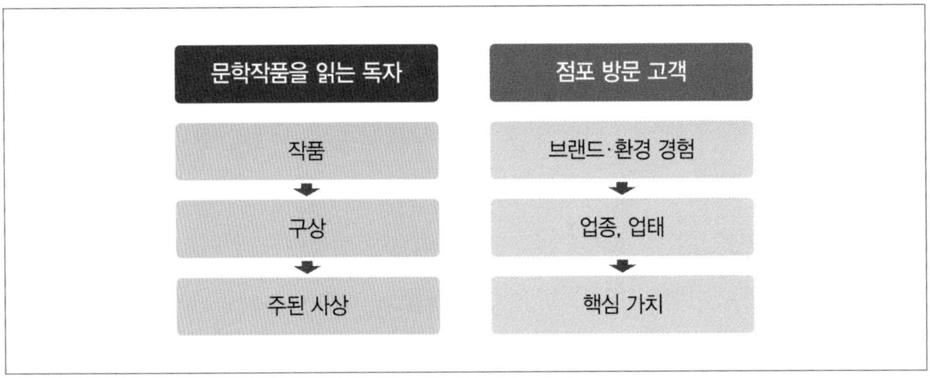

그림 4-2 문학작품과 점포 콘셉트의 비교

도를 가지고 작품이나 점포를 만들었든지 간에 독자와 소비자는 무엇인가 느끼게 되고, 결과적으로 콘셉트를 파악하게 되어 자신의 취향이나 목적과 부합되느냐에 따라 독자 또는 소비자가 만족과 불만족을 느끼게 만드는 본질이 된다.

그런데 콘셉트 개발은 문학작품과 외식프랜차이즈의 경우 확실한 차별성을 갖는다. 문학작품이 감성적 요소에 많이 치우치는 반면에 외식프랜차이즈는 감성적인 요소만을 결합하는 것이 아니라, 목표수익률(ROI) 달성을 위한 과학적 방법들을 감성적 요소와 함께 결합해야 하는 특수성을 갖는다. 특히 외식프랜차이즈 기업의 콘셉트 개발은 가맹점사업자가 사업을 운영하며 겪게 되는 어려움과 실수를 최소화하여 가맹점의 성공 확률을 높여줄 수 있는 배려까지도 포함되어야 한다.

즉, 외식프랜차이즈 사업의 콘셉트란 '목표 고객에게 브랜드를 효과적으로 전달하여 가맹본부와 가맹점사업자가 성공적 창업과 지속적인 발전이 가능하게 만드는 것이며, 소비자 욕구에 부합하는 과학적이고 진정성 있는 요소를 조합하여 가맹사업 이해관계자 모두의 만족을 극대화시키는 것'이라 할 수 있다.

2) 외식프랜차이즈 사업을 위한 선택속성, 성공요인, 콘셉트, 마케팅 믹스의 관계

콘셉트를 명확하게 이해하기 위하여 '선택속성, 성공요인, 마케팅 믹스'에 대한 개념을 함께 살펴보기로 한다.

'선택속성'은 가맹사업을 소비자입장에서 바라보는 시각이다. 선택속성이란 소비자가 외식업체를 선택하기 위해 고려하는 요소의 집합을 의미한다. 예를 들면 음식의 맛, 음식점의 분위기, 서비스, 위생 및 청결, 접근성, 외식의 상황이나 동행인 등 다양한 요소가 음식점의 선택에 영향을 미친다. 그리고 이와 같은 선택속성은 음식점의 업종과 업태에 따라서 다르게 작용하며 소비자의 성별, 나이, 소득수준 등 인구 통계적 특성에 따라 각양각색이다. 물론 라이프스타일에 따라서도 음식점을 선택하는 기준은 달라진다.

'성공요인'은 외식프랜차이즈 사업을 경영자 입장에서 바라보는 시각이다. 즉 가맹본부의 경영자 또는 가맹점사업자가 어떻게 사업을 경영해야 치열한 경쟁 속에서 살아남을 것이며 평균적인 이익률보다 높은 수익성을 확보할 것인지를 결정하는 요소의 집합을 의미한다. 예를 들면 소비자의 경험과 느낌에 영향을 주어 음식점의 성패를 좌우하는 요인에 해당하는 '상품력, 입지력, 서비스력, 점포력, 관리력' 등이 성공요인에 해당한다. 대부분은 앞서 언급했던 선택속성과 크게 다르지 않지만 관리력이 포함된 것이 가장 큰 차이점이라 할 수 있다.

'콘셉트'는 기획자의 입장에서 점포를 바라보는 시각이다. 기획자는 경영자 자신이 될 수도 있으나 전문적인 지식을 갖춘 직원이 될 수도 있다. 최대의 만족을 원하는 소비자와 최소의 비용으로 최대의 수익을 얻고자 하는 가맹점사업자를 어떻게 만족시킬 수 있을지를 고민해야 한다. 추가적으로 가맹본부의 수익성과 가맹점사업자의 수익성이 균형을 이루도록 기획을 해야 한다. 매우 포괄적이지만 실제로는 추상적인 선택속성과 성공요인을 구체화 시켜서 실현 가능하게 구성한다는 측면에서 가장 현실적인 시각이다. 외식프랜차이즈의 콘셉트는 테마, 메뉴와 메뉴의 수, 고객의 이용목적, 목표시장, 상권과 입지, 분위기, 서비스 형태, 가격, 브랜드, 판매방법, 규모와 좌석, 영업일수 및 시간, 특징적 내용, 식사시간과 회전율 등으로 구성된다.

'마케팅 믹스'는 사업을 활성화시켜서 목표수익률을 달성해야 하는 마케터의 입장에서 점포를 바라보는 시각이다. 통상 4P로 칭해지는 전통적 마케팅 믹스에 서비스 기업에 특화된 마케팅 요소 3P를 더해 7P로 구성되는 마케팅 믹스는 '제품(Product), 가격(Price), 촉진(Promotion), 상권과 입지(Place), 프로세스(Process), 물리적 증거(Physical evidence), 사람(People)'을 의미한다. 이러한 모든 요소는 최적의 조합으로 구성될 때 사업체의 매출이 극대화되고 비용은 최소화된다.

지금까지 살펴본 4가지 개념은 외식프랜차이즈 점포를 구성하는 삼각뿔의 4면으로 이해하면 좋다. 삼각뿔은 최상단의 꼭지점에서 만나게 된다. 지금까지 이야기 한 4가지 요소는 같은 개념을 서로 다른 이해관계자의 시각으로 바라보는 상황에서 탄생한 용어이지만 궁극적으로는 모두 적절히 조화롭게 만족시켜야 하는 시각이기도 하다. 그리고 이러한 시각은 특정고객의 시각이기도 하다. 특정고객이란 목표고객을 말한다. 사업자가 공략해 만족시키고자 하는 대상고객이 선택속성, 성공요인, 콘셉트, 마케팅 믹스의 공통분모로서 자리 잡아야 한다. 외식프랜차이즈 점포는 누가 어떤 음식으로 어떻게 서비스를 제공하는지보다 누구를 위해 존재하느냐가 가장 먼저 풀어야 할 과제이다. 고객을 어떻게 만족시킬 것인지, 내가 어떻게 성공할 것인지, 디자인을 어떻게 해야 좋은지를 고민하기에 앞서서 우리는 누구를 위해 사업을 할 것인지를 생각해야 한다.

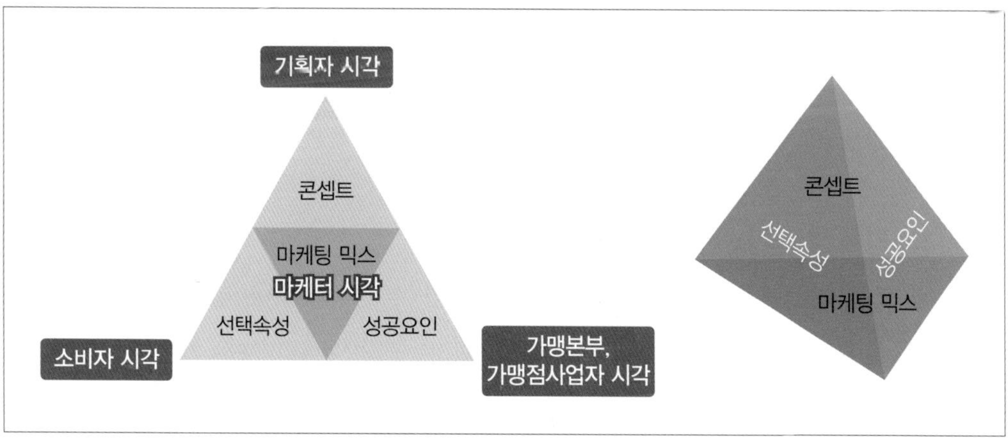

그림 4-3 외식프랜차이즈 기업의 콘셉트, 선택속성, 성공요인, 마케팅 믹스 간의 관계

2 콘셉트의 속성

외식프랜차이즈는 가맹본부와 가맹점사업자 양자 간의 계약으로 결합된 특별한 조직이라 볼 수 있다. 외식프랜차이즈는 양자간 윈-윈이라는 목표를 기준으로 하나의 콘셉트를 공유한다. 따라서 가맹본부의 콘셉터는 가맹점사업가가 쉽게 이해할 수 있는 성공적인 콘셉트를 설정하기 위하여 '명확성, 수익성, 조화와 핵심, 벤치마킹과 지속적 변화, 테마와의 구별, 브랜드와 통합성, 다중 콘셉트 전략' 등의 속성을 충분히 고려해야 한다.

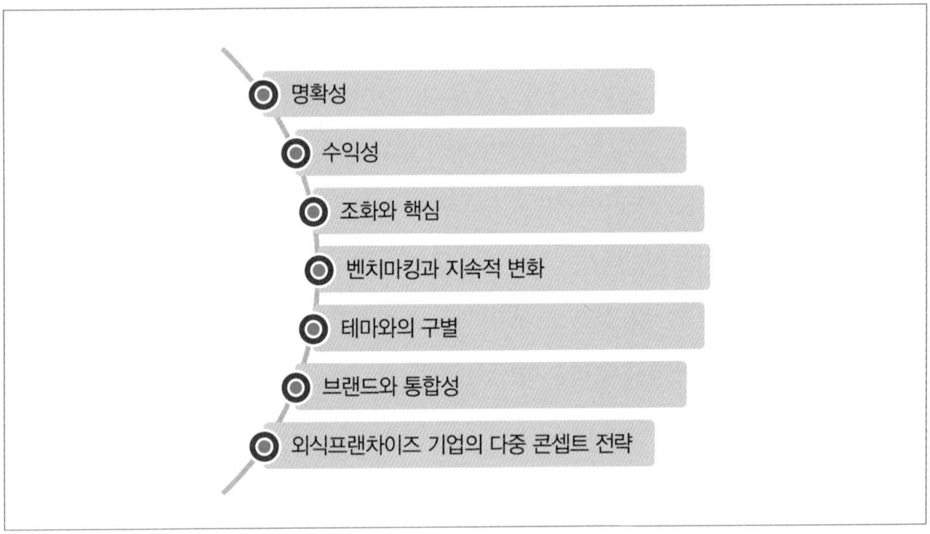

그림 4-4 콘셉트의 속성

1) 명확성

콘셉트는 정체성이 명확해야 한다. 쉽게 기억할 수 있어야 하며, 호의적인 관계를 가질 수 있게 조화를 이룰 때 고객과 관계를 강화하는데 기여한다. 또한 가시적으로 명확하게 외식프랜차이즈 기업의 로고, 사인, 유니폼, 메뉴 그리고 분위기와 장식을 고객에게 전달하려는 하나의 통합된 이미지로서 잘 어울리도록 설계해야 한다. 의도적으로 애매한 콘셉트를 설정하는 경우가 아니라면 테마, 캐릭터, 목적 등을 명확하게 계획하고 그것을 실현하는 것이 소비자의 마음을 움직일 수 있다.

예를 들어, 스타벅스는 다양한 국가에 진출하면서도 로고와 사인물, 유니폼, 메뉴, 분위기, 장식 등 통일된 이미지로 소비자에게 전달되어 성공적으로 성장하며 사업 확장을 지속하고 있다.

일본 도쿄의 스타벅스

스타벅스 제품 패키지

인도 뭄바이의 스타벅스 바리스타

싱가포르 스타벅스의 음료와 푸드

그림 4-5 콘셉트 통일성의 예, 스타벅스

자료 : ND Strupler on Flickr.com, Smuconlaw&Erika Schultz on Wikimedia

2) 수익성

콘셉트는 가맹본부와 가맹점이 균형적인 수익을 확보될 수 있는 구조여야 한다. 간혹 가맹점사업자는 불리하고 가맹본부만 유리한 수익구조로 콘셉트가 만들어지는 경우가 있다. 예를 들면 원가우위전략으로 승부하는 저가형 고기구이 전문점이나 저가형 커피 전문점은 수요를 창출하는 수익구조라는 특성으로 인해 가맹본부의 수익에는 기여할 수 있으나 가맹점사업자는 높은 고정비를 감당하지 못하고 조기에 폐업을 하는 위험을 초래한다. 반면 맥도날드는 국가나 시장 진입 시점에 따라 다르긴 하지만 먼저 직영점으로 운영하며 수익성이 검증된 곳을 가맹점사업자에게 양도하는 전략을 추구한다.

3) 조화와 핵심

소비자 머리 속에 인식될 수 있는 콘셉트 속성의 과업 중 하나가 조화와 핵심이다. 조화란 외식프랜차이즈 기업을 구성하는 모든 유형, 무형의 항목들이 하나처럼 결합되는 것을 의미한다. 그리고 핵심은 그러한 조화를 소비자가 쉽게 인지하고 감동할 수 있도록 단순화시키는 작업이다. 이런 과정을 전문가들은 '콘셉트화'한다고 표현한다. 외식프랜차이즈 기업의 정체성(Identity)을 소비자에게 잘 전달할 수 있는 묘안을 찾는 과정이 필요하다. 종종 핵심과 단순화는 브랜드로 만들어지기도 한다. 흥미로운 단어로 핵심을 엮는 것이 필요하다.

콘셉트의 조화성은 제품의 포트폴리오에도 적용할 수 있다. 즉, 판매할 제품을 어떻게 구성하느냐에 따라 조화가 잘 이루어지기도 하고, 조화가 이루어지지 않기도 한다. 예를 들면, 맥도날드가 오랜 시간 소비자로부터 사랑을 받을 수 있었던 이유는 최적의 메뉴 포트폴리오 때문이다. 맥도날드는 목표고객에게 매력적인 유인메뉴를 제공하면서도 충분한 수익성을 달성할 수 있는 제품을 가지고 있다. 심지어 정크푸드라는 부정적인 인식을 개선하기 위한 구색용 제품까지 갖춤으로써 완벽한 포트폴리오를 구성하였다. 결과적으로 지속적인 발전을 이루고 있다.

특히 최근에는 아침용 맥모닝, 커피를 판매하는 맥카페, 배달을 위한 맥딜리버리, 자

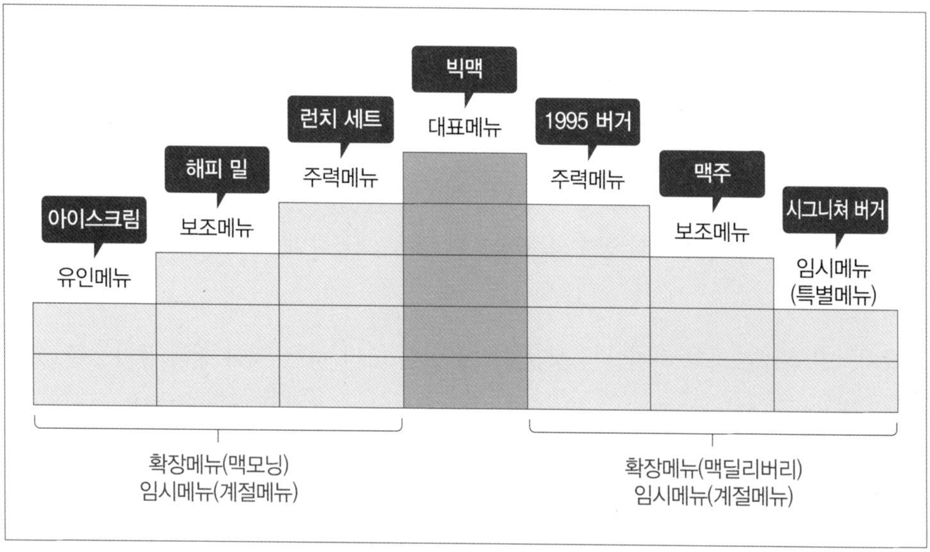

그림 4-6 콘셉트 조화성에 따른 제품의 포트폴리오

동차에서 즉시 구매가 가능한 맥드라이브 등 다양한 상권과 소비자의 특성에 맞추기 위한 전략적인 메뉴를 지속적으로 개발하고 있다.

4) 창의성

외식프랜차이즈에서 창의성은 대부분 무형적인 형태로 존재하는 경우가 많다. 따라서 창의적인 메뉴와 서비스도 필요하지만 이를 표현으로 전달하는 활동도 매우 중요하다. 일반적으로 창의성은 지속적인 학습과 몰입을 통해 얻어진다고 한다. 단순한 기법이나 응용이 아닌 과학을 기반으로 얻어지는 결과물로서의 성공적인 결과를 낳는다는 의견이 일반적이고 매우 높은 전문성을 기반으로 태어난다. 예를 들면, 미국의 '찰리 브라운의 스테이크'라는 레스토랑은 1965년 처음 문을 열면서 다음과 같은 7가지의 창의적인 콘셉트를 내세웠다.

① 요리 장면을 고객들에게 보여준다.

② 멋진 가스등을 설치한다.

③ 짧은 스커트와 푸시업 브라의 유니폼을 입는다.

④ 물이 보이는 전경을 활용한다.

⑤ 미국산 프라임급 스테이크만을 취급한다.

⑥ 특별한 주류 서비스와 유리 식기류를 제공한다.

⑦ 샌프란시스코에서 매일 공수되는 발효된 빵을 제공한다.

창의적인 콘셉트라고 하지만 경쟁업체들이 이를 따라 하는 것이 전혀 불가능한 것은 절대 아니다. 다만 그렇게 하는 데는 몇 년의 시간이 소요되었으며, 그동안 '찰리 브라운의 스테이크'는 충분한 수익성을 확보하였다.

그림 4-7 창의성이 반영된 콘셉트 사례

자료 : 찰리 브라운의 스테이크 홈페이지(charliebrowns.com)

5) 벤치마킹과 지속적 변화

트렌드, IT기술, 경제, 사회문화 분야 등 다양한 분야에서 고객의 욕구는 변화하고 있기 때문에 콘셉트는 오랫동안 유지될 수 없다. 소비자의 식습관과 성장하는 외식프랜차이즈 기업의 물리적 환경의 변화를 인지하고 벤치마킹을 통해 일정 부분 모방과 콘셉트 개선활동은 지속적인 변화가 있어야 한다. 완벽하게 새로운 콘셉트를 만드는 것은 현실적으로는 거의 불가능하다. 이 세상에 완전히 새로운 것은 존재하지 않기 때문이다. 성장하는 외식프랜차이즈 기업을 조사하여 그들의 장점과 단점을 정확히 파악하고 벤치마킹을 통해 디자인 설계, 제품, 서비스 등에 새로운 조합을 만들고 적절히 혼합한다. 이때 단점은 배제하고 장점은 취하는 것이 콘셉트를 새롭게 수립하는 방법이다. 그러나 단순한 모방에만 그친다면 지속적 성장을 담보하기 어렵다. 실제로 성공한 외식프랜차이즈 기업의 경영방식이나 기타 세부사항을 직접 몸으로 익히는 것도 필요하다. 관찰만으로는 콘셉트를 완벽하게 파악하기 힘들기 때문이다.

콘셉트는 제품과 물리적인 환경에 따른 라이프사이클에 변화를 주어야 하며 시장환경을 조사하여 활기를 잃게 되기 전부터 준비해야 한다. 이론적으로는 완벽하리라 예상했던 콘셉트도 실제 시장에서는 어느 정도의 적응기간을 거쳐야 하기 때문이다. 또한 조사분석을 통해 개발된 콘셉트가 소비자에게 완벽하게 전달되어 확고하게 인식될 때까지 끈기를 가지고 유지해야 하는 경우도 있다. 사람도 전문가로서 인정받고 성공하기 위해서는 최소한 1만 시간을 투자해야 한다는 것이 정설이다. 단기간에 소비자로부터 환영받지 못한다고 쉽게 포기하거나 변화를 시도해서는 곤란하다. 그렇기 때문에 외식프랜차이즈 기업은 기본철학은 유지하면서 소비자 취향의 이해와 함께 물리적 환경의 변화를 위한 노력이 필요하다.

예를 들면, 해외 진출이 증가하면서 국가별로 매장의 콘셉트나 포지셔닝을 달리 적용해야 할 필요성이 대두되면서 다국적 외식프랜차이즈 기업들은 진출하는 국가에 따라 현지화한 제품과 콘셉트를 적극 반영하여 시장 점유율을 높인다(〈그림 4-8〉 참조).

이처럼 벤치마킹이란 어떤 콘셉트를 그대로 카피하는 것이 아니라, 기업에 적용 가능한 콘셉트를 어떻게 적용시킬 것인지 연구하고 검증하여 소화하는 전략을 의미하는 것이다.

이스라엘 맥도날드의 유대교 율법에 따른 식재료를 사용한 코셔 맥도날드 | 태국 맥도날드의 치킨라이스 메뉴 | 인도 맥도날드의 채식주의자를 위한 베지 마하라자 맥 버거

그림 4-8 국가별로 다른 콘셉트를 적용한 맥도날드

자료 : Tanhum on Wikimedia, Mcdonald's Around the world(www.travellingmcds.com), 맥도날드 인디아(www.mcdonaldsindia.net)

6) 테마와의 구별

콘셉트와 테마를 같은 개념으로 이해해서는 안 된다. 일반적으로 테마를 포함하는 좀 더 넓은 개념이라고 설명할 수 있다. 따라서 소비자의 식사 경험을 극대화할 수 있는 의도된 요소의 총합으로 테마(theme)는 주제라는 뜻으로서 외식프랜차이즈 기업을 아우르는 공통된 주제를 말한다. 그렇다면 테마는 소비자에게 콘셉트를 전달하는데 큰 기여를 하는 매개체와 같다.

외식프랜차이즈 기업은 의도하는 콘셉트를 실현하기 위한 직접적인 수단으로서 테마를 활용한다. 콘셉트는 무형적이고 다차원적인 모호한 개념이므로 테마라는 유형적이고 단일화된 시각화를 이용하여 소비자의 이해를 확고히 할 수 있다. 다음 예시를 통해 테마와 콘셉트를 구별하도록 한다.

하드락 카페(Hard Rock Café)는 록음악과 뮤지션을 테마로 하는 캐주얼 레스토랑이다. 주메뉴로 버거를 비롯한 아메리칸 푸드를 제공하며 공연을 함께 즐길 수 있는 외식프랜차이즈 레스토랑이다. 하드락 카페에서 고객은 합리적 가격으로 수준급의 공연과 함께 메뉴를 즐길 수 있으며 좋아하는 뮤지션의 애장품이나 영상을 감상하며 소품을

뉴욕 하드락 카페 전경

매장 내 공연

모스크바 매장에 비치된 존 본 조비의 기타

매장 내 바 디자인

그림 4-9 하드락 카페의 콘셉트 전달을 위한 물리적 요소

자료 : Prayitino on Flickr.com, Wind Britpop on youtube.com, Zac allan&Erika Schultz on Wikimedia

구매할 수 있다. 하드락 카페는 특히 록음악 마니아들에게 특별한 경험을 제공하려는 콘셉트를 가지고 있다.

7) 브랜드와 통합성

콘셉트는 독점적 권리를 보장받을 수 있어야 한다. 그러나 많은 외식프랜차이즈가 차별화된 콘셉트를 개발하고 시장에 론칭하여 단기적으로 성장하지만 경쟁이 치열해지면서 콘셉트가 고객에게 더 이상 매력적으로 인식되지 않을 수 있다. 그렇게 되는 이유는

그림 4-10 본죽 브랜드의 통합성

자료 : 본죽 홈페이지(www.bonjuk.co.kr)

간단하다. 이른바 미투 외식프랜차이즈가 난무하기 때문이다. 실제로 외식프랜차이즈가 판매하는 제품과 서비스는 독점적 권리를 보장받기 힘들다. 특허나 기타 노하우로도 한계가 있다. 따라서, 가맹본부의 가맹점사업자와 마케터는 콘셉트에 따른 브랜드를 통합적인 이미지를 구축해야 한다. 외식프랜차이즈 기업의 브랜드는 브랜드 사업이 될 수도 있다는 점을 명심하고 콘셉트 설정은 가장 적절하게 표현되는 상표 및 상호 등록이 가능한 브랜드를 찾아내는 노력이 콘셉트를 설정하는 단계에서 가장 중요한 부문임을 명심해야 한다.

예를 들면 최근 유행하는 두꺼운 삼겹살과 숙성 삼겹살은 초기에 성장한 브랜드이긴 하지만 브랜드의 지속성에 한계가 있다. 미투 브랜드가 난무하면서 발생되는 현상으로 해석할 수 있다. 그에 반하여 '죽'을 건강식의 반열로 끌어올린 브랜드 본죽은 여전히 독과점적인 시장을 유지하며 성장을 지속하고 있다.

8) 외식프랜차이즈 기업의 다중 콘셉트 전략

(1) 다중 콘셉트 이해

외식프랜차이즈 기업은 초기에는 단일 콘셉트로 성장하는 것이 첫 번째 목표이다. 하지만 시장 변화에 빠르게 대처하기 위한 목적과 가맹본부의 안정적 운영을 도모하는 목적으로 다브랜드 전략을 도입해야 하는 시점도 있다. 국내 유명 외식프랜차이즈 기업의 브랜드가 사업다각화에 실패하는 이유는 기존의 강력하게 구축된 단일 콘셉트를 다중 콘셉트로 확장시키지 못하기 때문이다. 즉 기존 외식프랜차이즈 기업의 콘셉트가 경쟁사와 차별화되지 못하면서 소비자에게 제시할 수 있는 새로운 가치를 만들어내지 못한 채 브랜드 론칭과 가맹점 개설을 시도하며 실패하는 경우들이다.

여기서 주의해야 할 것은 브랜드 확장을 시도하는 가맹본부의 경우 외식프랜차이즈 경영프로세스와 제품의 강점이 충분히 검증된 아이템과 연관성이 있는 브랜드로 확장하는 것이 유리하다. 즉 기존 브랜드에 대한 긍정적 평가가 신규 브랜드의 긍정적 인지로 연결된다는 점에서 주의를 기울여야 한다(서경화, 이수범, 2011). 예를 들어 숯불갈비로 유명한 브랜드를 가진 외식프랜차이즈 본부가 커피전문점 브랜드를 출시하는 것과 인기가 있었던 냉면을 특화하여 냉면 전문점 브랜드를 개발했을 때 소비자의 반응 차

그림 4-11 본죽 홈페이지(www.bonjuk.co.kr)

그림 4-12 기존 브랜드 본죽

이를 생각하면 쉽게 이해할 수 있을 것이다.

본아이에프 주식회사의 경우 '건강식, 자연을 그대로 전하는 건강식'이라는 주제로 제품에 가치를 담아 도시락, 비빔밥 카페 등 신규 브랜드로 론칭하여 성공한 외식프랜차이즈 기업이라고 할 수 있다.

그림 4-13 본아이에프㈜ 본도시락

자료 : 본죽 홈페이지(www.bonjuk.co.kr)

(2) M&A를 통한 다중 콘셉트 전략

미국의 경우 기업 M&A를 통해 다중 콘셉트 전략을 구현하는 외식프랜차이즈 기업들이 있는데, 이들도 기업의 핵심 역량과 관계가 깊은 업체 위주로 브랜드 포트폴리오를 구성하는 것을 볼 수 있다.

KFC, 피자헛, 타코벨 등의 패스트 브랜드 위주의 포트폴리오를 소유한 얌! 브랜드(Yum! Brands), 앤티앤스, 시나본, 시애틀즈 베스트 커피, 카블 아이스크림, 슐라스키 델리(Schlotzsky's), 맥캘리스터 델리, 모즈 사우스웨스트 그릴 등의 가벼운 식사(샌드위

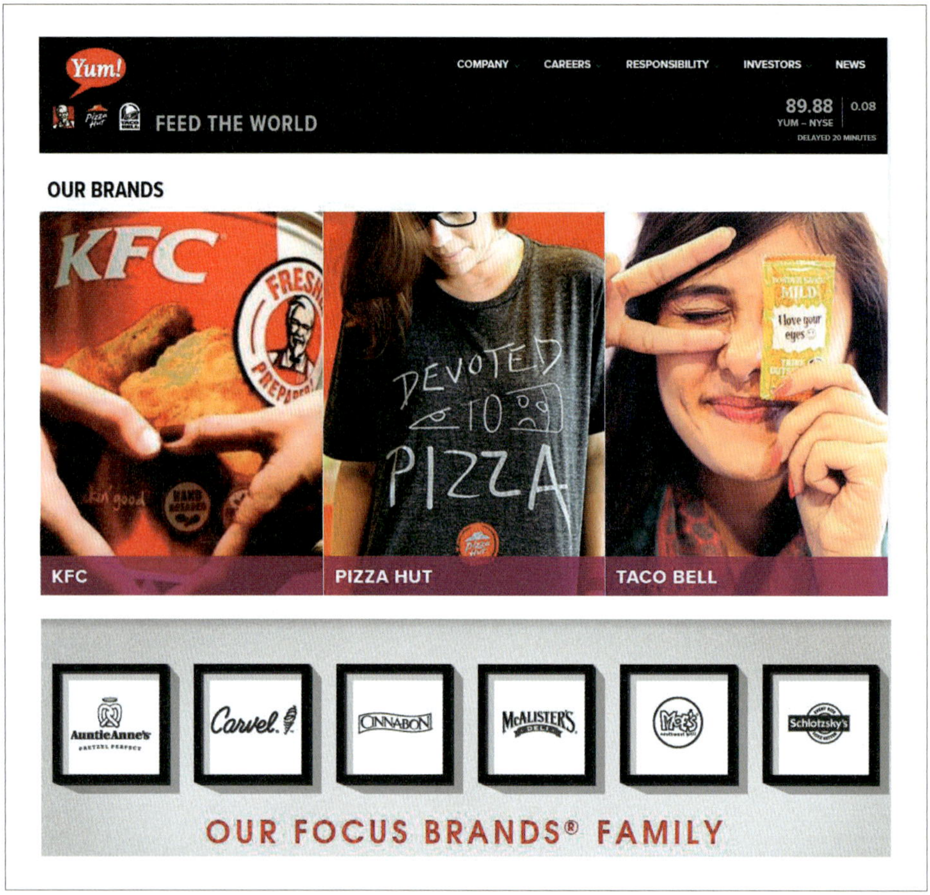

그림 4-14 얌! 브랜드와 포커스 브랜드의 다중 콘셉트 전략

치, 타코 등)와 간식(프렛즐, 시나몬롤) 브랜드 위주의 포트폴리오를 가진 포커스 브랜드(Focus Brands) 등이 유명하다. 얌! 브랜드의 경우, 정통 미국식 레스토랑인 A&W와 해산물 레스토랑인 롱존실버를 소유하고 있다가 2011년에 브랜드를 매각하고 중국 내 확장에 집중하기 시작했다.

3 콘셉트의 구성 요소

지금까지 외식프랜차이즈 기업의 시스템을 구축하기 위하여 콘셉트를 설정할 때 고려해야 하는 속성을 살펴보았으며 이어서 콘셉트 구성 요소에 대하여 구체적으로 알아본다. 보통 독립점포의 콘셉트 구성 요소는 다음과 같이 나열할 수 있다.

그림 4-15 독립점포의 콘셉트 구성 요소(1)

이러한 독립점포의 콘셉트 구성 요소는 점포의 투자 규모, 업종과 업태, 목표고객, 영업환경 등에 영향을 준다. 첫째 투자 규모는 브랜드의 선정, 상권과 입지 선정 기준, 규모와 좌석의 수 등 둘째, 메뉴의 유형과 수, 식사 시간과 회전율 등 셋째, 업태는 이용 목적과 상황, 서비스 형태, 가격, 판매방법 등 넷째, 목표고객은 목표 시장, 물리적 환경(물리적 증거), 분위기와 테마 등에 따라 결정되며 다섯째, 영업 환경은 영업일수와 시간, 부가수익의 창출방안 등에 의해 결정된다.

콘셉트의 구성 요소를 외식프랜차이즈 기업을 기준으로 분류해 보면 〈그림 4-16〉과 같이 정리할 수 있다.

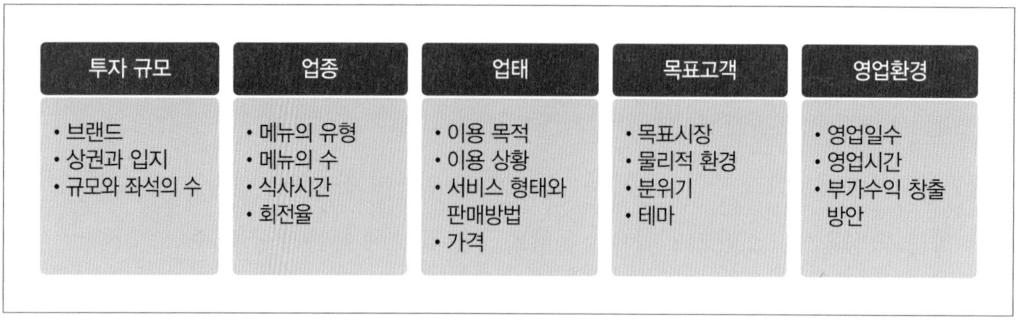

그림 4-16 외식프랜차이즈 기업의 콘셉트 구성 요소(2)

외식프랜차이즈 기업의 경우 초기 가맹점 개발 시에 콘셉트의 구성 요소를 일차적으로 설정하고 운영한 후 검증절차를 거쳐 가맹점 콘셉트를 수정·보완하는 절차를 통하여 가맹점의 성공, 발전 가능성을 극대화할 수 있다.

이와 같이 독립점포와 외식프랜차이즈 기업의 콘셉트 구성요소를 확인하였다. 구체적인 개념을 이해하면 명확한 콘셉트의 구성 요소는 개별적이 아니라 유기적으로 연관돼 있어 서로 영향을 주고받는 것을 알 수 있다.

표 4-1 콘셉트의 구성 요소

1	테마	2	메뉴와 메뉴의 수	3	이용목적
4	목표시장	5	상권과 입지	6	분위기
7	서비스 형태	8	가격	9	브랜드
10	판매방법	11	규모와 좌석	12	영업 일수와 시간
13	식사시간과 회전율	14	콘셉트 구성요소 간의 유기성		

1) 테마(Theme)

테마란 무엇일까? 국어사전에 따르면 테마는 주로 문학에서 사용되는 용어로서 "창작이나 논의의 중심 과제나 주된 내용", "문학작품의 근본적인 의도나 전체적 의의"를 의미한다. '주제'와 비슷한 용어이기도 하다.

이와 같은 테마는 외식프랜차이즈 기업의 콘셉트를 설정하기 위한 요소의 하나로서 기업의 이미지나 디자인 스타일을 의미하며 콘셉트를 실현하기 위한 직접적인 수단으로 활용하게 된다. 다차원적이면서 모호한 콘셉트를 유형화하기 위해 방법이다. 또한 단일화된 시각화가 가능하여 소비자가 해당 브랜드를 쉽고 명확하게 이해할 수 있게 만든다. 이와 같은 테마는 경쟁에서 살아남기 위하여 반드시 도입해야 하는 필수요소가 되고 있다. 다음 사례는 개인 브랜드 베이커리 전문점 '밀도'의 단일화된 시각화 테마라고 볼 수 있다. 식빵이란 테마를 가지고 콘셉트를 구성하였다.

그림 4-17 단일화된 시각화를 테마로 한 식빵전문점 '밀도'

자료 : webkim.blog.me/220814416934

2) 메뉴(Menu)와 메뉴의 수(The number of menu)

외식프랜차이즈 기업의 유형적인 제품인 메뉴는 기업의 대표적인 성공요인이다. 또한 경영에 있어서도 핵심적이라 할 수 있다. 메뉴의 종류가 결정되어야 그에 따라 주방설계와 주방기기, 조리인력, 식자재 구입 등의 후속 작업이 가능하기 때문이다. 소비자는 취급하는 메뉴에 따라 외식프랜차이즈 기업의 이미지를 갖게 되기 때문에 메뉴는 콘셉트의 가장 중요한 요소 중 하나이다.

메뉴는 고정메뉴, 순환메뉴, 결합메뉴 등의 구분도 필요하다. 그리고 메뉴의 구분에 따라 주력(대표)메뉴, 중점(효율)메뉴, 임시(순환)메뉴, 보조(보완)메뉴, 유인(미끼)메뉴와 같이 다양한 전략이 필요하다.

표 4-2 메뉴 구성의 구분

구분	내용	메뉴명
대표메뉴	레스토랑을 대표하는 메뉴	빅맥
주력메뉴	메뉴의 다양성을 강화하고 판매효율을 높이고 싶은 메뉴 (런치특선, 세트메뉴)	다양한 햄버거류, 런치세트
임시메뉴	메뉴의 활성화를 꾀하고 이용기회를 자극하기 위한 메뉴 (이벤트메뉴)	행복의 나라
보조메뉴	다양한 고객층을 확보하기 위한 보완메뉴(어린이메뉴)	해피밀
유인메뉴 (미끼메뉴)	저렴한 가격을 선호하는 고객층을 유인하기 위한 메뉴	아이스크림, 1,000원 커피
	대표 및 주력메뉴의 판매를 높이기 위한 고가메뉴	–
확장메뉴	24시간 영업과 배달서비스, 드라이버 스루	맥모닝, 맥딜리버리 메뉴, 드라이버 스루

또한, 메뉴의 수는 외식프랜차이즈 기업의 다양한 상황에 따라서 달라질 수 있다. 메뉴의 수가 많아지면 고객의 입장에서는 선택의 폭이 넓어지는 데 반해, 조리과정, 식자재 구매 및 관리의 복잡성 등이 커진다. 또는 메뉴 수를 한정하여 전문성을 강화할 수 있고 조리의 간편함, 식자재 구매 및 관리의 용이성 측면에서 이점을 얻을 수도 있다. 이러한 두 가지 환경을 고려할 때 전문성을 높이면서 다양성도 함께 추가할 수 있는 콘

그림 4-18 메뉴 수의 다양성

자료 : 도미노피자 홈페이지(www.dominos.co.kr)

셉트 설정이 필요하다. 예를 들면, 도미노 피자 전문점은 전문성을 기본으로 한 가지 도우를 가지고 14가지의 토핑이나 기타 소스의 변화를 통해 다양성을 추가하는 대표적인 외식프랜차이즈 기업이다.

3) 소비자의 이용목적(Purpose of purchasing)

소비자는 외식프랜차이즈 기업을 다양한 목적을 가지고 방문한다. 크게 두 가지로 설명할 수 있다. 첫 번째 생리적인 측면을 만족시키기 위한 식사 목적의 eating market과 분위기와 서비스 등에 중심을 둔 dining market으로 구분한다.

그림 4-19 Eating Market 브랜드 맥도날드

자료 : Kucmel007 on Wikimedia.org

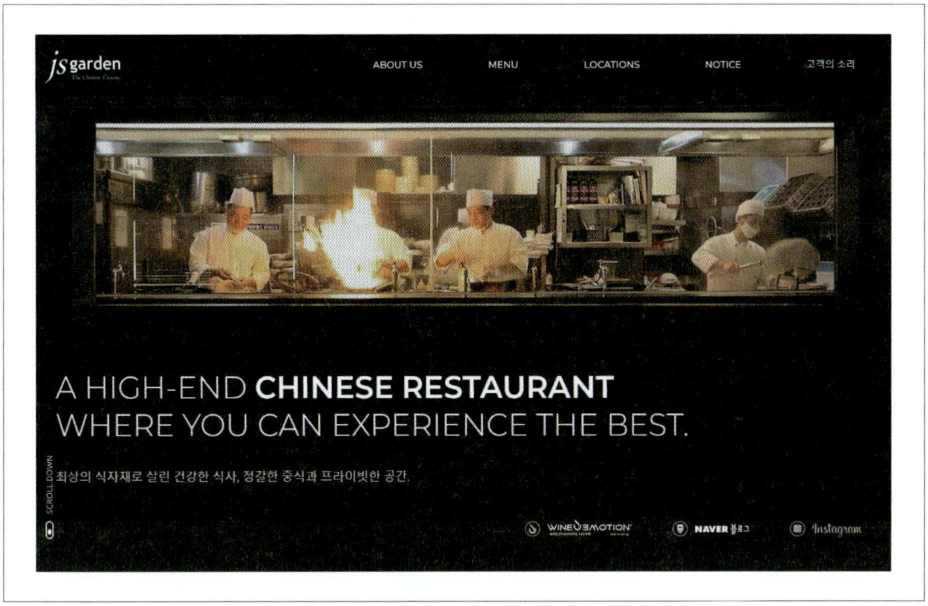

그림 4-20 Dining Market 브랜드 js가든

자료 : js가든 홈페이지(www.jsgarden.co.kr)

4) 목표시장(Target market)

목표시장이란 제품특성과 콘셉트에 따른 성별, 나이, 소득과 같은 인구통계적 변수와 사회계층이나 생활양식 등과 같은 심리도식적 변수 등으로 구분 하여 물리직인 환경이나 제품구성, 가격 등을 고려하여 구성하는 것이다.

5) 상권과 입지(Trading area and location)

상권은 거래의 범위, 입지는 건물 또는 상가의 물리적 공간을 의미한다. 외식프랜차이즈 기업의 제품 선택속성에 따라 상권과 입지는 매우 중요한 변수이다. 아무리 맛있고 유명한 기업이라 하여도 접근하는데 불편함과 오랜 시간이 걸린다면 재방문이 발생하지 않을 수 있기 때문이다. 외식프랜차이즈 기업은 메뉴와 목표시장 등에 따라 중심가, 대학가, 주택가, 역세권 등의 상권과 입지를 신댁하게 된다.

6) 분위기(Atmosphere)

코틀러(Kotler)는 분위기를 소비자에게 특정한 무드나 느낌을 전달하기 위해 의식적으로 기획한 것이라고 정의했는데, 분위기는 매장의 외형적인 강점으로 기업의 내부·외부 장식, 종업원의 복장, 점포 내부와 청결도, 매장 내에 흐르는 음악이나 소음 등이 결합되어 표출된다.

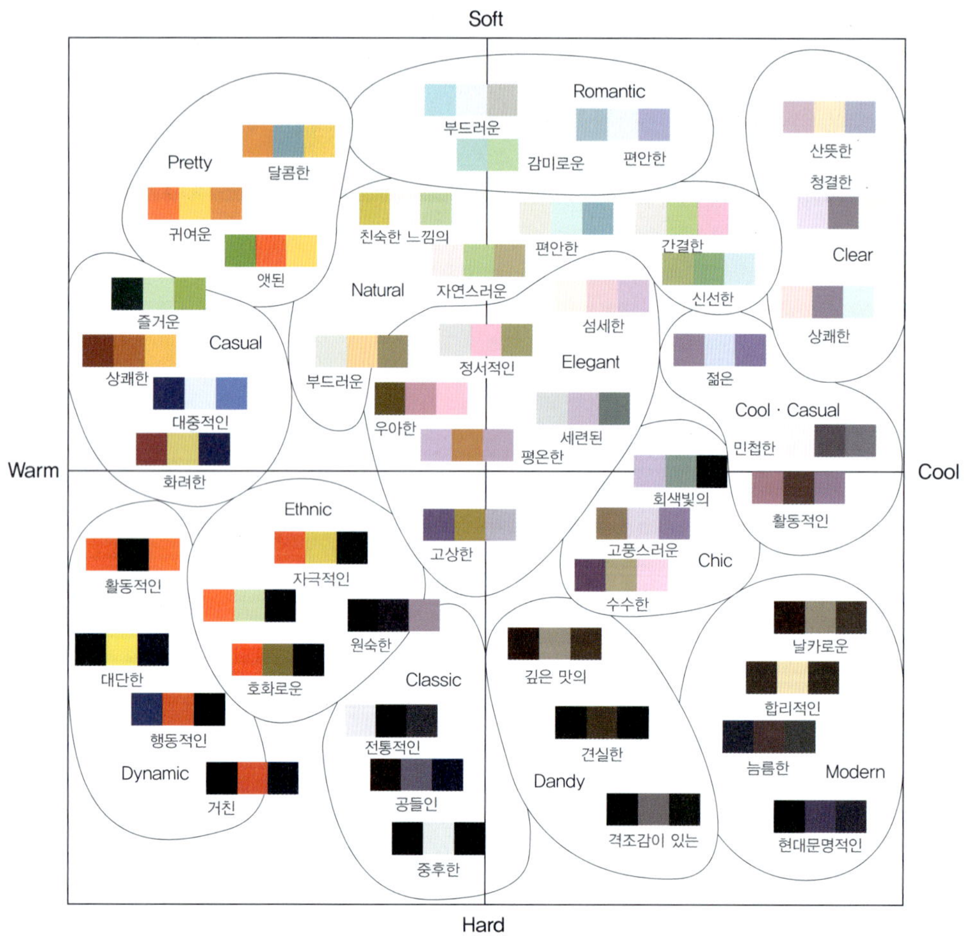

그림 4-21 고바야시의 배색 이미지 스케일

자료 : 이미숙, 임송미(2011). 공공유니폼의 색채 분석. 복식, 61(5), 77-92.

그림 4-22 레스토랑의 배색에 따른 이미지 차이

자료 : BRABBU 홈페이지(www.brabbu.com)

매장 외부를 뜻하는 파사드(façade)는 소비자에게 매장의 분위기를 압축적으로 보여주는 역할을 해 첫인상을 심어주어 고객의 흡인 요인으로 작용할 수 있다. 또한 도노반(Donovan)은 매장의 분위기는 점포 내 행동에 영향을 미친다고 하였다.

매장의 장식이나 구조, 내장재와 소품의 소재와 색상 등은 분위기를 좌우한다. 디자인 분야에서는 색상에 대한 인간의 공통적인 감각들을 심리학적 연구에 기초하여 과학적으로 개발하여 컬러 이미지 스케일을 개발하였다. 대표적 이미지 스케일로는 고바야시의 이미지 스케일과 I.R.I 스케일 등이 있으며, 이를 활용하면 자사의 이미지를 효과적으로 전달할 수 있는 컬러 선택을 손쉽게 할 수 있다.

특히 색상은 단색을 사용할 때와는 달리 배색과 배치되는 면적 등에 따라 전달되는 이미지도 달라진다는 점을 고려하여 자사의 이미지와 분위기를 효과적으로 전달할 수 있도록 연구할 필요가 있다.

7) 서비스 형태(Service style)와 판매방법

외식프랜차이즈 기업의 서비스가 갖는 역할에 대한 부분은 업종과 업태에 따라 구분할 수 있고 그 구분에 따라 판매방법 또한 다르다는 것은 인식해야 한다. 서비스는 제품의 가격을 결정짓는 중요한 요소로서 서비스 방법은 크게 셀프서비스와 테이블 서비스, 카운터 서비스 등으로 나눌 수 있는데 이를 더 다양하게 세분화하여 시행할 수도 있다.

8) 가격(Price)

가격은 소비자가 제품과 서비스를 획득 또는 사용함으로써 얻게 되는 가치에 대해 지불하는 대가로 기업 측면에서 보면 수익을 일으키는 수단이며 소비자의 입장에서는 제품과 서비스의 경험에 대한 대가로서의 희생에 해당된다. 가격은 상기에 언급한 요소들과 유기적 관계를 갖고 있으며 원가, 경쟁자, 목표고객층 등을 감안하여 결정한다.

9) 브랜드(Brand)

브랜드는 경쟁자의 제품과 구별하기 위하여 사용되는 특정 기업의 이름, 단어, 로고, 디자인의 총합이라고 할 수 있다. 상호는 제품명은 아니고 기업명이라 할 수 있다. 기업명이 제품명과 동일한 경우도 많다. 예를 들면 코카콜라, 맥도날드가 그렇다. 외식업소의 상호는 상호를 통해서 외식업소의 콘셉트를 어느 정도 연상시킬 수 있는 것이 보통이다. 서양의 경우는 자신의 이름을 따서 외식업소명을 결정짓는 경우도 많다.

브랜드의 본질적인 이미지스케일의 특징과 차별점은 곧 콘셉트의 핵심에 해당된다. 여기에 '소비자가 믿을 수 있는 근거(Rationale), 소비자 인사이트(Consumer Insigh), 슬로건(Slogan), 이미지(Image)' 같은 것들이 포함되면 더욱 강력한 브랜드가 된다.

10) 판매방법

외식프랜차이즈 기업을 방문하여 제품을 구매하거나 새로운 전략으로 테이크아웃 또

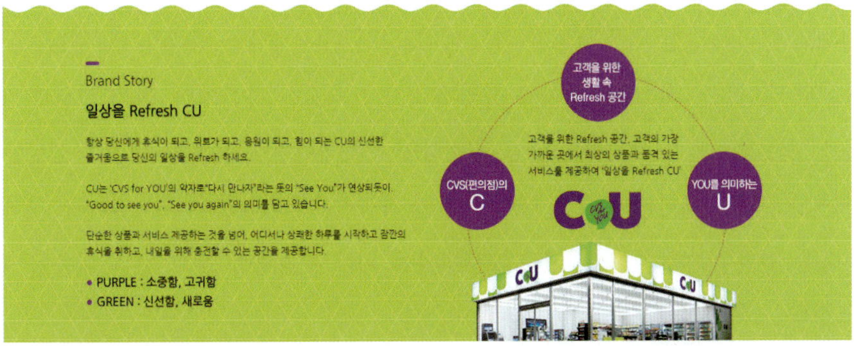

CU 홈페이지 브랜드 스토리

'단순한 상품과 서비스 제공하는 것을 넘어, 어디서나 상쾌한 하루를 시작하고 잠깐의 휴식을 취하고, 내일을 위해 충전할 수 있는 공간을 제공합니다.'

CU 이미지 스케일과 감성 어휘 스케일 점검

• 상쾌한 하루는 그린의 신선함과 일치, 내일을 위해 충전할 수 있는 공간은 보라색의 우아하고 고상함과 일치함
• 참고로 흰색 바탕에 보라색은 명시도가 아주 높음(명도 차이와 채도 차이로 시인성을 높여도 됨)

그림 4-23 CU편의점의 브랜드 스토리

자료 : CU 홈페이지(cu.bgfretail.com)

는 배달, 인터넷 주문을 통해 판매하는 방법이 다양화되고 있다. 최근에는 테이크아웃이나 배달만을 전문으로 하는 외식프랜차이즈 기업이 증가하고 있다.

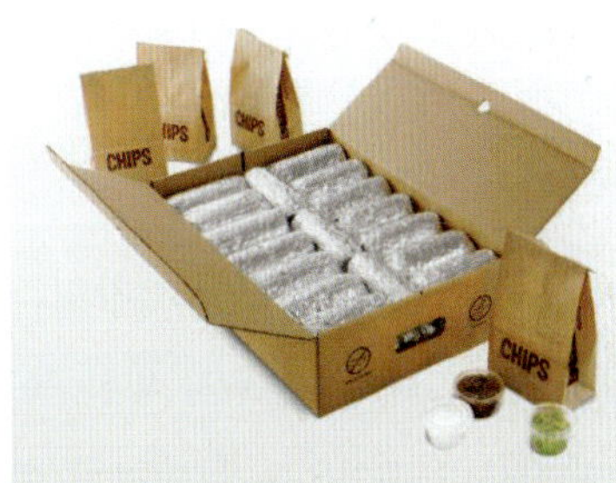

그림 4-24 치폴레의 부리또 케이터링 예시

자료 : 치폴레 홈페이지(www.chipotle.com)

11) 규모(Size)와 좌석

외식프랜차이즈 기업의 규모는 업종과 업태에 따른 관련성이 깊다. 내·외장을 할 때는 규모를 감안하여 결정하기 때문이다.

dining market의 성격이 강한 외식프랜차이즈 기업은 규모가 큰 것이 일반적이다. eating market의 성격이 강한 경우 규모가 작고 테이크아웃이나 배달을 병행하기도 한다.

좌석과 테이블은 외식프랜차이즈 사업에서 매우 중요한 자산이다. 착석 인원과 배치, 테이블 수와 테이블 믹스는 총매출을 결정하며 투자계획에도 영향을 준다. 콘셉트를 설정하는 경우에는 테이블의 크기, 테이블 변형 가능성, 자리의 형태(부스, 룸 등), 착석 혼합형태(총 인원수), 어린이 좌석이나 대형행사를 위한 수용능력 등과 같은 내용을 고려해야 한다.

12) 영업일수 및 시간

영업일수와 시간은 목표 매출액 및 운영비 등을 산출하는 데 기초가 된다. 즉 매출 및 인건비 등의 중요한 재무성과 지표에 직접적 영향을 주게 된다. 따라서 영업일수 및 시간 결정에 있어서 시장의 수요 및 계획되는 점포의 운영스타일 등을 사전에 고려해야 하는데, 특히 '주요 소비자의 식습관은?, 하루를 쉰다면 무슨 요일이 적당한가?, 주말 점심에는 소비자가 있을 것인가?, 점심을 위한 적절한 영업개시 시간은?, 3시에서 5시 30분까지 영업을 중지하는 것이 효과적인가?' 등의 의문사항에 대한 구체적인 대응을 위한 프로세스가 설계되어야 한다.

13) 식사시간과 회전율

식사시간과 회전율은 외식프랜차이즈 기업의 업종과 업태에 따라 많은 차이가 생기게 된다. 단지 배고픔을 채우기 위한 목적의 소비자와 고급스러운 곳에서 특별한 시간을 갖거나 식사의 즐거움을 누리고자 하는 소비자 등 타깃에 따른 식사시간을 고려하여 계획해야 한다.

14) 콘셉트 구성 요소 간의 유기성

콘셉트란, 외식프랜차이즈 기업를 구성하는 요소를 결합한 유기적 집합체로 볼 수 있다. 그 구성 요소는 상호 독립적인 관계에 있는 경우 낮은 가치를 가지게 되지만 하나의 목표 달성을 위하여 톱니바퀴처럼 돌아간다면 매우 높은 가치를 구현하게 된다. 외식프랜차이즈 기업의 콘셉트는 창업 시에 고려되는 출점 입지나 서비스의 형태, 업종과 업태 등의 전략적인 측면을 의미하므로 창의적인 아이디어의 전문성을 지향한다. 따라서 외식 소비 환경 등의 분석을 통한 차별적인 콘셉트 기획이 필요하다. 콘셉트 기획에 있어 첫 번째 목표는 사업목적을 명확하게 인지하고 경영이념과 목표 그리고 방침을 세우는 것이다. 사업목적이라 함은 유·무형적이면서 질적인 요소가 내재되어 있는 경영주의 이념, 철학, 인생관, 강령 등을 결합하여 장기적인 안목에서 설정하는 것이다. 콘셉트 및 아이덴티티 확립이란 외식프랜차이즈 기업 또는 가맹점사업자의 총체적인 목표와 상징성이라 할 수 있다. 외식프랜차이즈 기업의 콘셉트는 업장에 맞는 주 콘셉트와 그에 부합한 부 콘셉트를 세워 주 콘셉트와 부 콘셉트의 상호 연계 효과를 갖도록 하여야 한다. 브랜드명의 결정 측면을 보자면 최근 외식프랜차이즈 기업은 CI(Corporate Identity) 제작 개발 등 브랜드 이미지를 형성하는 주요 요인으로 받아들여지고 있다. 특히 브랜드 개발에서 가장 많이 활용되고 있는 것으로 FGI(Focus Group Interview)기법이 있다. 또한 상호명의 결정과 선정 시에는 발음의 용이성, 기억의 용이성, 친밀감, 장래성, 시각적인 효과, 인상 등을 고려해야 한다.

4 콘셉트 개발 프로세스

외식프랜차이즈 기업의 콘셉트 개발은 다음과 같은 순서로 이루어진다. 외식프랜차이즈 가맹본사가 설립되는 것은 보통 단일 매장으로 개설된 점포가 성공적으로 운영되어 외식프랜차이즈화하는 경우가 일반적이다. 하지만 단일 점포에서 훌륭하게 유지할 수 있는 콘셉트라도 외식프랜차이즈화할 경우 해당 콘셉트가 소비자에게 좋은 이미지를 제공할 것이라고 자만해서는 안 된다.

예를 들어 '매일매일 매장에서 로스팅한 신선한 커피를 제공한다'라는 핵심경쟁력을 가지고 있는 카페 브랜드를 외식프랜차이즈로 개발할 경우 몇 가지 어려움이 발생할 수 있다. 첫째, 가맹점 모집 부문에서 커피 로스팅 기계와 설비 매입으로 인한 가맹점 개설비 상승 문제, 둘째, 원두 공급보다 마진이 낮은 생두 공급으로 인한 가맹본부 수익 확보 문제, 셋째, 가맹점 개설과 운영 시 비숙련자가 다루기 어려운 커피 로스팅 교육과 품질 유지 문제 등이 그것이다. 따라서 단일 점포로 시작할 때도 향후 외식프랜차이즈 사업을 추진할 때 발생할 수 있는 여러 문제를 고려하여 신중한 콘셉트 개발이 필요하다.

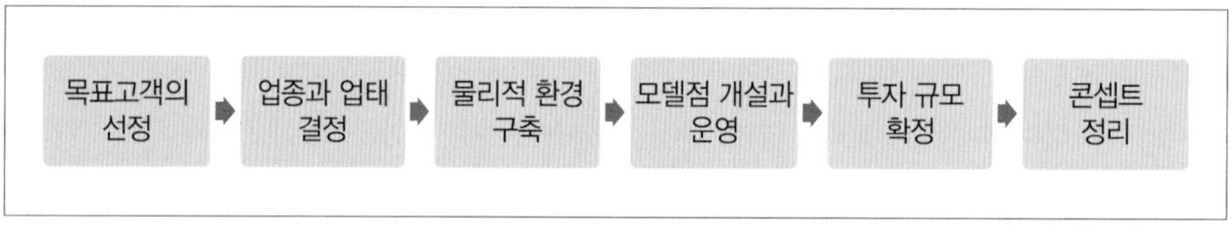

그림 4-25 콘셉트 개발 프로세스

이와 같이 모델점 개설 전 콘셉트 개발 프로세스는 본격적인 외식프랜차이즈 사업을 시행할 때 시행착오를 최소화할 수 있는 전략이다. 프로세스에 따른 설명은 6장 외식프랜차이즈 콘셉트 개발에서 자세히 다룬다.

요약

❶ 외식프랜차이즈 기업의 콘셉트란 목표 소비자에게 브랜드를 가장 효과적으로 전달하여 고객은 물론 가맹점사업자와 직원의 만족도를 극대화하여 궁극적으로는 가맹점과 가맹본부의 지속적이며 수익성 있는 사업을 할 수 있도록 하는 과학적이며 진정성 있는 요소의 조합을 말한다.

❷ 외식프랜차이즈의 콘셉트 구성 요소는 브랜드, 상권과 입지, 규모와 좌석의 수, 메뉴의 유형과 수, 식사시간과 회전율, 목표시장, 물리적 환경, 분위기, 테마, 이용 목적과 상황, 서비스 형태, 가격과 판매방법, 영업일수와 시간, 부가수익 창출 방안 등의 요소로 구성된다.

❸ 외식프랜차이즈의 콘셉트는 목표고객의 선정, 업종과 업태 결정, 물리적 환경 구축, 모델점 개설과 운영, 투자규모의 확정, 콘셉트의 정리 순서로 진행되며, 마지막으로 사업 모델을 검증하는 단계를 거쳐 완성될 수 있다.

연습문제

1 맥도날드는 'QSC&V'를, 스타벅스는 '하루 종일 편안한 공간'을 슬로건으로 한 콘셉트로 구성되어 있다고 가정한다면, 국내 외식프랜차이즈 기업들의 콘셉트를 표현하는 문장을 찾아보고 정리해 본다.

2 위에서 정리한 슬로건과 같은 문장들이 실제 매장에서 어떻게 적용되고 소비자에게 전달되고 있는지 정리해 본다.

3 콘셉트가 갖추어야 할 속성으로 '명확성, 고객지향성, 조화와 핵심, 지속적 변화 가능성, 창의성, 테마와의 구별, 브랜드의 표현성, 다중 콘셉트' 등이 있다. 국내 외식프랜차이즈 브랜드를 대상으로 각각의 속성에 대한 성공적인 사례를 찾아서 제시해 본다.

5장

외식프랜차이즈 목표고객 선정

1. STP전략의 이해
2. STP전략의 실행
3. 환경분석
4. 시장세분화
5. 목표시장 선정
6. 포지셔닝

학습목표

1. STP전략의 개념과 전략 수립에 대해 설명한다.
2. 환경분석의 요소와 방법을 설명한다.
3. 시장세분화의 프로세스를 설명한다.
4. 시장표적화의 개념을 설명한다.
5. 포지셔닝의 절차와 개념을 설명한다.

외식프랜차이즈 기업의 목표고객은 마치 사격선수나 양궁선수에게는 과녁과도 같은 존재이다. 외식프랜차이즈 기업에서 목표고객이 어떤 의미를 갖는지 알아보기 위하여 다음과 같은 예를 생각해 보자. 가족, 커플, 20대 친구들 세 그룹이 패밀리 레스토랑에 방문했다고 가정하자. 이때 모두가 동일한 목적을 가지고 방문하는 것은 아닐 것이다. 가족이 패밀리 레스토랑을 찾는 이유는 특정 요일 어린이 메뉴를 무료로 제공해 주는 부분을 고려하여 선택할 수 있으며, 커플은 비교적 합리적 가격으로 세트메뉴와 맥주를 즐길 수 있기 때문일 것이다. 20대 그룹은 적은 비용으로 무제한으로 제공되는 빵과 음료 등을 즐기기 위해 방문할 수 있다.

이와 같이 방문 시간대나 방문 그룹, 방문 고객의 연령대 등에 따라 고객의 욕구는 매우 다양하다. 따라서 외식프랜차이즈 기업은 명확한 목표 고객을 설정하여 그 욕구에 맞게 콘셉트를 설정해야 한다. 이 단계는 단순히 물리적 환경을 구성하는 콘셉트만 영향을 미치는 것이 아니라 마케팅 커뮤니케이션에서도 매우 중요한 요소가 되므로, 외식프랜차이즈 시스템을 구성하는 모든 요소를 목표고객의 욕구와 이용동기에 적합하게 기획하고 만들어 제공할 수 있도록 노력한다.

1 STP전략의 이해

현대에 이르러 모든 사업은 목표고객을 선정하고 이를 대상으로 하는 치밀한 사업계획을 세우는 과정을 요구하고 있다. 특히 마케팅에서는 이런 과정을 표적 마케팅 또는 STP(Segmentation-Targeting-Positioning)전략이라 칭한다.

산업혁명 이후 대량생산체계가 구축되면서 모든 소비자를 목표로 하는, 즉 모든 고객의 대중적 욕구를 충족시키는 전략은 기업의 성장과 존속에 유효했다. 하지만 산업이 발전하고 소비자의 욕구가 다양화되면서 많은 변화가 일어났다. 기업 간 경쟁이 치열해지면서 보다 정교하고 효과적인 대안이 요구되었다. 외식프랜차이즈 기업은 모든 고객을 위한 범용적 제품과 서비스를 개발하는 것보다 특정 취향의 고객 집단을 대상으로 하는 제품, 서비스를 개발하여 고객의 니즈를 충족시키는 효과적인 STP전략을 추구해야 한다.

2 STP전략의 실행

최고의 경쟁력을 갖추어야 하는 외식프랜차이즈 기업을 위한 STP전략 실행 절차는 〈그림 5-1〉과 같은 구조로 정리할 수 있다.

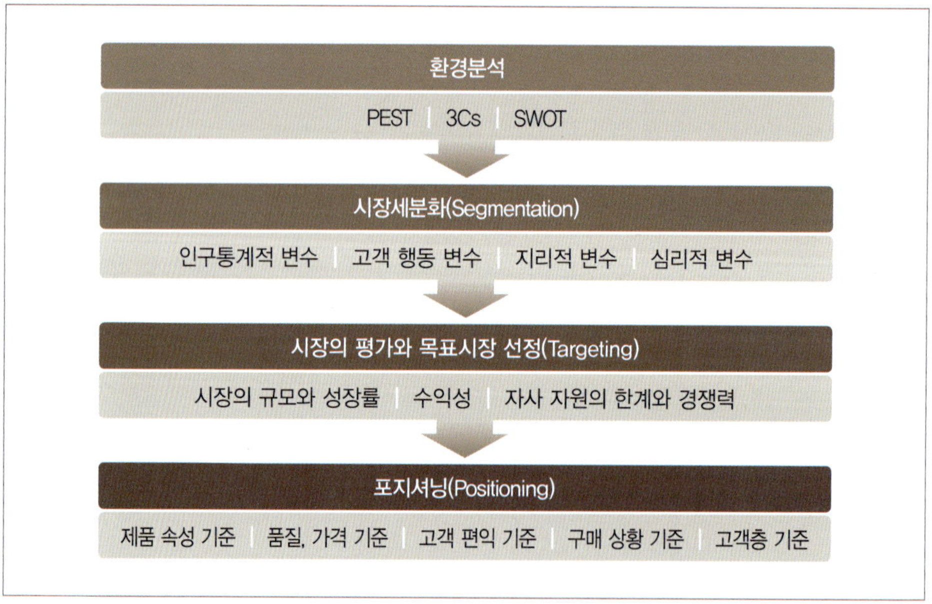

그림 5-1 STP전략 실행 프로세스

이 절차에 따르면, 가맹본부는 국내 외식프랜차이즈 산업과 소비자에 대한 환경분석을 통해서 외식프랜차이즈 시장을 세분화한 후 목표시장을 선정해야 한다. 그런데 가맹본부의 입장에서 최종 소비자는 누구일까? 자칫 가맹점사업자가 목표고객이 될 수 있다. 따라서 가맹본부의 STP전략은 국내 창업시장과 예비창업자를 대상으로 수립하게 될 소지가 많다. 하지만 가맹본부와 가맹점사업자는 사업자와 소비자의 관계가 아니라 하나의 외식프랜차이즈 시스템에 속하는 하부 조직으로 봐야 한다. 즉 STP전략에 있어서 목표고객은 최종 소비자가 되어야 한다. 따라서 이하에서는 가맹사업 측면에서의 시장세분화, 목표고객 선정, 포지셔닝에 대하여 구체적으로 살펴본다.

3 환경분석

1) PEST분석

외식프랜차이즈 기업은 거시적 환경분석을 위해 정치, 경제, 사회, 기술 동향에 대한 분석을 실시해야 한다. 이를 위하여 외식프랜차이즈 기업은 거시적 환경분석 방법의 대표적인 기법인 PEST(Political, Economic, Social, Technological)분석을 활용할 수 있다. PEST분석은 특별한 도구가 있는 것이 아니며 각 분야의 전문기관의 보고서, 언론 보도 자료와 시장조사 자료 등을 수집, 정리하여 과거에서 현재까지 관련 산업의 거시적 안목을 확보하는 데 의의가 있다.

〈그림 5-2〉의 PEST분석 사례는 국내 외식산업 전반에 대한 현황을 파악하는 데 그치고 있다. 외식프랜차이즈 사업을 위한 구체적인 업종과 업태 등이 결정되지 않은 상황에서는 이와 같은 수준의 분석에 국한 될 수밖에 없다. 하지만 실무에서는 좀 더 구체적이고 세심한 접근이 필요하다. 거시적인 분석이라 하더라도 가능한 외식프랜차이즈 기업의 업종과 업태에 영향을 미치는 변수에 깊이 있게 접근할 수 있어야 의미 있는

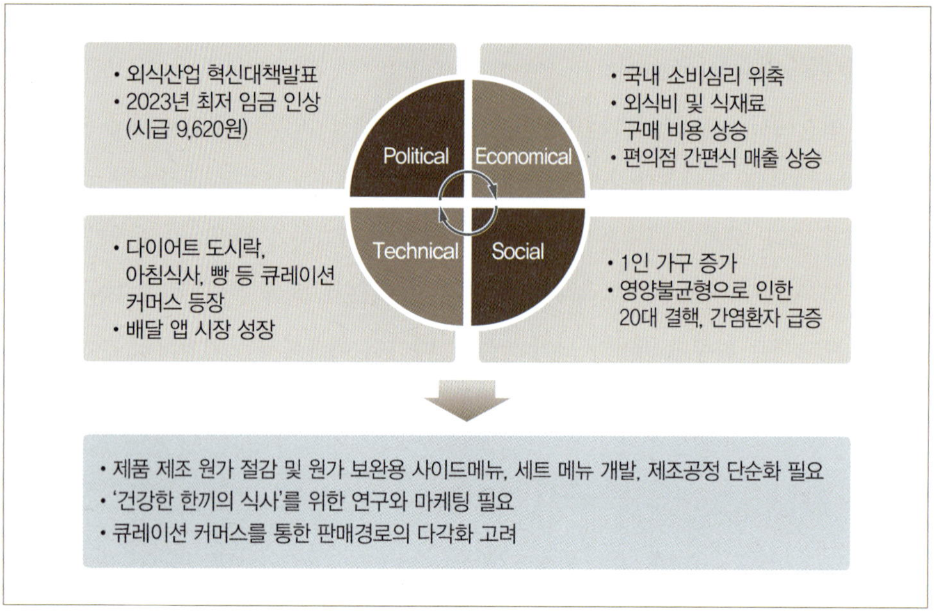

그림 5-2 PEST분석의 예

환경분석이 될 수 있다.

2) 3Cs분석

성공적인 외식프랜차이즈 사업을 위해서는 거시적 환경분석인 PEST분석에 이어 미시적 환경에 해당하는 고객, 경쟁사, 자사에 대한 분석인 3Cs(Customer, Competitor, Company)분석을 실행한다.

(1) 고객분석(Customer)

고객분석에서는 외식프랜차이즈 기업의 가망고객이 누구인지 설정하고, 해당 고객층에 대한 인구통계적 특성, 라이프 사이클에 기초한 고객 특성의 자료, 가망고객의 변화 예측, 소비행동단계 등을 조사함으로 주요 고객의 욕구를 파악한다. 이 단계에서는 목표 고객이 확정되지 않았다고 가정하고 외식프랜차이즈 기업이 진입하려는 시장의 모든 고객을 대상으로 분석이 이루어져야 한다.

① 참고할 수 있는 자료의 활용

정확한 고객 분석을 위해 직접 대상 고객을 찾아 심층 인터뷰나 설문조사 등을 하는 것이 이상적이지만 시간이나 비용적 측면 그리고 자료의 신뢰성과 타당성 측면 등을 고려했을 때 최적의 방법이 아닐 수 있다. 따라서 리서치 회사나 광고 및 마케팅 회사들이 주기적 또는 비주기적으로 발표하는 자료를 최대한 활용하여 분석하는 것이 바람직하다.

다음과 같은 자료들은 인터넷에서도 손쉽게 찾을 수 있다.

- **엠브레인 트렌드 모니터(www.trendmonitor.co.kr) :** 리서치기업 ㈜마크로밀 엠브레인에서 제공하는 보고서로, 초보자도 이해하기 쉬운 용어들로 구성되어 있다. 적절한 인포그래픽을 활용한 주제별 트렌드를 활용할 수 있다.
- **메조미디어 타깃 인사이트(www.mezzoMedia.co.kr) :** 디지털 마케팅 기업 메조미디어는 매년 10대부터 50대까지의 연령대별 소비자 특성(라이프스타일, 소비성향, 미디어 이용 현황, 타깃 마케팅 사례 등)에 대한 정보를 무료로 제공한다.

그림 5-3 엠브레인 트렌드 모니터 자료

- **DMC 리포트(www.dmcreport.co.kr) :** 디지털 미디어, 광고마케팅 분야 연구조사분석 기업인 DMC미디어에서 제공하는 보고서로, 좀더 세분화되고 전문적 자료를 찾을 때 적합하다.
- **한국방송광고진흥공사(KOBACO) 소비자행태조사보고서(goo.gl/UpnanZ) :** 미디어 및 광고 산업의 환경 변화를 종합적으로 분석하기 위해 1999년부터 매년 소비자들의 매체접촉 및 소비자행동 특성을 조사하는 국내 최대 규모 전국 단위 마케팅조사로, 거시적, 미시적 소비자의 이해에 유용하다.

② 고객의 선택속성 이해

고객이 외식프랜차이즈 기업을 선택할 때 고려하는 요소는 복잡한 편이다. 본질적으로는 맛이나 양과 가격, 모양, 메뉴의 다양성 등과 같은 요소가 있으며 외식프랜차이즈 기업의 이미지나 분위기, 위치나 트렌드 그리고 마케팅 등의 환경적 요소도 외식프랜차이즈 기업 선택에 영향을 줄 수 있다. 미국 레스토랑협회(NRA)가 1983년 패밀리레스토랑 이용고객의 행동과 태도를 조사하기 시작한 것이 계기가 되어 이후 많은 단체와 연구자들이 고객이 외식프랜차이즈 기업을 이용하는 데 영향을 주는 선택속성에 대한 연구를 지속적으로 수행하고 있다.

외식프랜차이즈 기업 중 외식업을 대상으로 선택속성을 연구한 내용에 따르면, '소비자가 외식업체를 선택하기 위한 의사결정과정에서 고려하는 모든 요소'라고 선택속성을 정의하고 있다(김영갑, 2015). 외식업체의 선택속성에는 다음과 같은 내용들이 포함된다.

고객의 선택속성을 제대로 이해하면 목표고객이 외식프랜차이즈 기업을 선택하는 데 가장 중요하게 생각하는 요인들을 파악하는 데 큰 도움이 된다. 그리고 외식프랜차이즈 사업을 위한 콘셉트를 구축하기 위한 중요한 단계라는 점도 감안해야 한다. 외식프랜차이즈 사업의 기획자는 선택속성 각각의 요소별로 목표고객이 선호하는 구체적인 내용을 이해해야 한다. 브랜드 구축단계뿐만 아니라 사업 운영 중에도 고객의 반응을 끊임없이 관찰하고 분석해서 변화에 적응해야 한다.

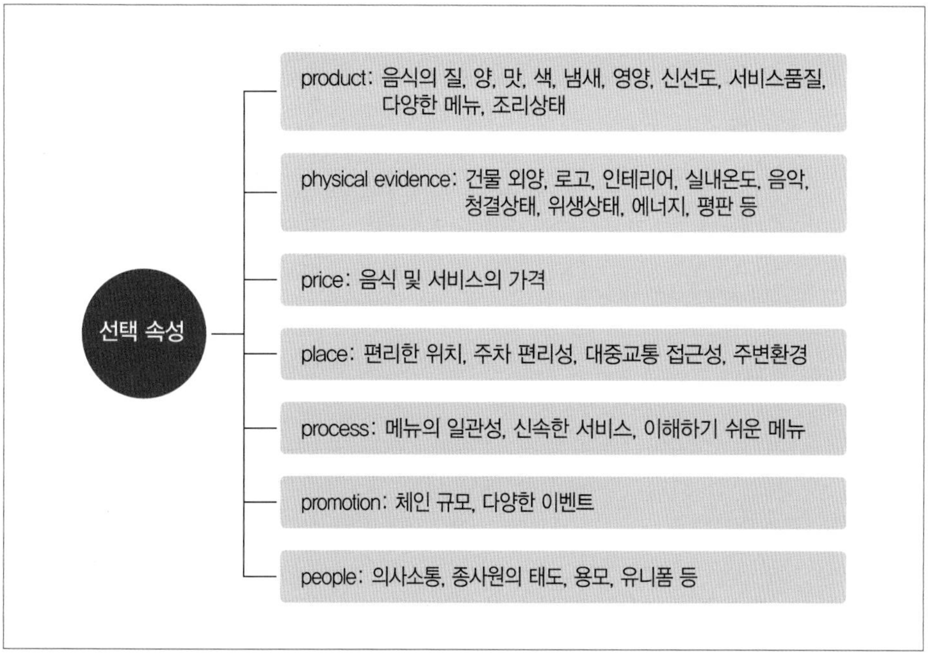

그림 5-4 외식업체의 선택속성

(2) 경쟁자분석(Competitor)

① 경쟁자의 이해

외식프랜차이즈 사업을 위한 경쟁자분석은 경쟁에 대한 이해부터 시작되어야 한다. 경쟁이란 고객에게 양질의 상품을 저렴한 가격에 공급하는 시장의 원리인 동시에 혁신의 원동력이다. 경쟁자를 다양한 기준으로 분류해 보면 〈표 5-1〉과 같다.

② 경쟁자분석

경쟁자분석은 외식프랜차이즈 기업의 경쟁자를 확인해 경쟁자의 능력과 강점, 약점을 분석하고 외식프랜차이즈 기업과 경쟁자의 전략을 객관적 관점에서 비교하는 것이다. 경쟁자의 역량을 분석하기 위한 자료로는 전문지나 일간지의 특집기사, 해당 기업의 공개성보, 블로그 등의 2차 자료가 있다. 또는 고객의 소비 형태나 만족도 등과 같은 시

표 5-1 경쟁자 분류 기준

구분		내용
상품 유형	동일 상품 경쟁	동일한 상품 형태로 인해 발생하게 되는 경쟁 예 : 스파게티를 판매하는 점포간의 경쟁
	상품 범주에 의한 경쟁	유사한 속성을 보유한 상품간의 경쟁 예 : 스파게티와 우동 전문점 간의 경쟁
	본원적 효익에 의한 경쟁	동일한 욕구를 충족시키는 상품 간의 경쟁 예 : 크림 스파게티와 크림 우동 간의 경쟁
	예산에 따른 경쟁	가장 포괄적이고 넓은 의미의 경쟁 예 : 스파게티를 먹는 대신 영화를 보거나 책을 구매하는 것처럼 한정된 예산을 어디에 사용할 것인가에 대한 경쟁
경쟁 유형	기존 경쟁자	현재 산업 내에서 경쟁하고 있는 기업
	잠재 경쟁자	진입장벽을 넘어 시장에 새롭게 진출하려는 기업
	대체 경쟁자	보쌈과 족발의 관계처럼 긴밀한 대체재 관계를 갖는 기업

장 경쟁력을 알기 위해 시장조사를 실시해야 할 때도 있다. 경쟁사와 관련 있는 직원 인터뷰나 실제 고객을 가장하여 경쟁업체를 조사하는 미스터리 쇼핑 등을 활용하는 경우도 있다.

이렇게 수집된 자료는 객관적이고 계량적인 것도 있지만 정성적이며, 주관적 판단에 의존하는 것도 많다. 그렇기 때문에 자료의 수집능력과 더불어 정보의 해석능력이 반드시 필요하다. 또한, 수집한 정보의 활용가치를 확인하고 별도의 자료를 엮어서 하나

표 5-2 경쟁자분석 항목

구분	내용
경쟁업체 수	경쟁업체의 세부적인 업종, 업태
경쟁유형	동일 타깃 경쟁업체, 다른 타깃 경쟁업체, 잠재적 경쟁업체
핵심상품	경쟁업체의 핵심 상품과 서비스 분석, 발굴할 수 있는 틈새시장 탐색
경쟁자의 강점과 약점	강력한 경쟁자와는 정면승부를 피함
경쟁자의 수명주기	잦은 창업과 폐업의 원인 파악, 시장의 안정성 파악

의 완성된 스토리를 만들어 내는 능력도 필요하다. 경쟁자분석을 위해서는 경쟁업체의 〈표 5-2〉와 같은 정보를 지속적으로 파악해야만 한다.

(3) 자사분석(Company)

자사분석은 외식프랜차이즈 기업의 내적 환경요인을 살피는 것이다. 내적 환경요인이란 경영자에 의해 주도되는 것이므로 가맹본부가 통제할 수 있는 요인이다. 가맹본부의 전반적인 목표, 기업문화, 사업영역, 마케팅 부서의 역할, 기타 부서의 역할 등이 여기에 해당된다. 추가로 마케팅 조직의 구축, 마케팅 믹스의 구성과 계획의 통제, 표적시장과 마케팅 목표의 선택 등도 자사분석에 포함되는 내용이다. 자사분석을 위해서는 외식프랜차이즈 기업의 강점과 약점, 기회요소와 위험요소를 분석하고 그에 따른 전략을 도출하는 SWOT(Strength, Weakness, Opportunity, Threat)분석을 실행한다.

SWOT분석은 복잡한 과정이나 계량화 작업이 필요하지 않기 때문에 실무에서 널리 사용되고 있다. 무엇보다 외부환경을 기회(opportunity)와 위협(threat), 내부역량을 강점(strength)과 약점(weakness)으로 나누어 알아보기 쉽게 분류할 수 있다. 또한 내·외부의 영향요인을 동시에 판단할 수 있다는 장점이 있다. 여기서 기회는 외부 환경에서 인지하고 있는 내용이 외식프랜차이즈 사업에 긍정적 효과를 미칠 수 있는 것을 말하며, 위협은 외식프랜차이즈 사업에 미칠 수 있는 부정적 효과를 의미한다. 강점은 경쟁업체와 차별화된 장점으로 인식되는 것이고, 약점은 경쟁업체와 비교하여 약점으로 인식되거나 피해야 하거나 또는 주의와 개선이 요구되는 부문이라고 할 수 있다.

SWOT분석의 내용을 차례로 살펴보면 일반적으로 외식프랜차이즈 기업의 강점은 평판, 입지, 종업원, 분위기, 전망, 시장점유율 등으로 정의되며, 약점은 장점의 반대상황으로 정의할 수 있다. SWOT분석은 현재 상태만을 이해하는 데 그쳐서는 안 되며, 각 요소를 활용하여 강점은 더욱 강하게, 약점은 보완하는 등의 전략을 도출하는 데까지 나아가야 한다. 즉 강점-기회 요소의 결합을 통해 자사의 강점을 더욱 강화하기 위한 전략을, 강점-위협 요소의 결합을 통해 위협 요소를 극복할 수 있는 전략을, 약점-기회 요소의 결합을 통해 약점을 강점화할 수 있는 기회를 모색하고, 약점-위협 요소의 결합을 통해 위험을 최소화하고, 새로운 사업으로의 전환 등을 준비한다.

〈표 5-3〉은 외식프랜차이즈 사업을 준비하는 주먹밥 전문점의 SWOT분석 사례이다.

표 5-3 외식프랜차이즈 사업을 위한 주먹밥 전문점의 SWOT분석

	•Strength •저렴한 가격 •접객 방식의 차별성 •착하고 좋은 이미지 •도시락 개발 아이디어 •다양한 언론 노출	•Weakness •노점 위주 영업 시 계절의 영향 많음 •비효율적 메뉴 스펙트럼 •비효율적 제조공정 •운영인원 부족 •높은 이직률
•Opportunity •다양한 단체 주문 루트 확보 •큐레이션 커머스 업체 등과 접촉 중 •다양한 자문위원 네트워크	•SO 전략 •자사의 인지도와 이미지를 활용한 도시락 기획 •큐레이션 커머스 업체, 도시락 구성품 공급업체를 프랜차이즈화, 배달 편의성 강화 •로컬 업체와 콜라보레이션으로 언론 노출	•WO 전략 •사이드메뉴, 도시락 구성 판촉 강화하여 객단가 상승 •고객 설문조사를 통한 메뉴 IN & OUT •실무자와 자문단과의 논의를 통한 제조, 판매 프로세스 정리 및 매뉴얼화
•Threat •식재료 원가 상승 •인건비 상승	•ST 전략 •주먹밥 단일품목 판매가 소폭 인상	•WT 전략 •겨울철 매출 보완을 위한 케이터링 메뉴 구성 •40-60대 여성을 시간제 제조인력으로 투입하여 일자리 창출 및 이직률 감소, 운영 효율 상승

환경분석은 다양한 채널을 대상으로 주기적으로 반복 해야 한다. 조사를 통해 누적된 정보는 분기 또는 반기별로 분석하여 마케팅활동에 반영해야 한다. 외식프랜차이즈 기업은 〈표 5-4〉와 같은 환경분석 로드맵을 작성하고 준수할 필요가 있다. 특히 가맹본부는 여러 가맹점의 성공을 좌우할 수 있는 위치에 있기 때문에 정기적인 환경조사를 통해 트렌드와 경쟁환경을 이해하고 그에 적응할 수 있는 요소들을 개발하고 적용하여 외식프랜차이즈 기업의 생명력을 강화시킬 수 있다.

환경조사를 마친 후에는 STP(Segmentation, Targeting, Positioning)전략을 수립한다. STP전략은 시장을 조사하고 분석하여 목표고객을 선정한 후 목표고객의 머릿속에 자

표 5-4 프랜차이즈를 위한 환경조사 및 분석 로드맵

대분류	소분류	내용
환경조사	일	일간지, 인터넷 등을 활용해 키워드(외식, POS, CRM, 인터넷마케팅 등) 중심으로 정치, 경제, 사회문화, 기술적 카테고리 정보검색 및 정리
	주	외식프랜차이즈 산업과 연관된 주간지 중심으로 외식산업 관련 정보 검색 및 정리
	월	외식프랜차이즈 산업과 연관된 월간지 중심으로 외식산업 관련 정보 검색 및 정리
	분기	상권내 경쟁업체 7P 중심으로 조사
	반기	국내시장 전체를 대상으로 우수 외식업체 벤치마킹
	연	외국시장을 대상으로 프랜차이즈, 외식산업 현황과 트렌드 변화 파악
환경분석	분기 또는 반기	국내에서 조사된 PEST정보와 3C정보를 바탕으로 SWOT분석을 실시하고 변화된 트렌드에 적절히 대응하기 위한 SO, WO, ST, WT 전략 수립과 실행
	연	국내외에서 조사된 PEST정보와 3C정보 및 선진국의 프랜차이즈, 외식산업 트렌드를 바탕으로 SO, WO, ST, WT 및 리뉴얼 전략 수립과 실행

사의 브랜드를 각인시키고자 하는 전략을 의미한다. 다음에서는 STP전략에 대해 알아본다.

4 시장세분화

1) 시장세분화 프로세스

시장세분화(Segmentation)는 말 그대로 시장을 작게 나누는 것을 의미한다. 즉 특정한 기준을 만들고 그 기준에 맞춰 시장을 분류하는 시장세분화는 STP전략의 첫 단계이며 외식프랜차이즈 사업을 위한 전략수립의 출발점이 된다. STP전략은 경영의 효율성을 높이는 가장 유용한 방법으로, 전략 수립의 핵심 부분이기도 하다.

시장의 세분화는 다음과 같은 절차로 진행할 수 있다.

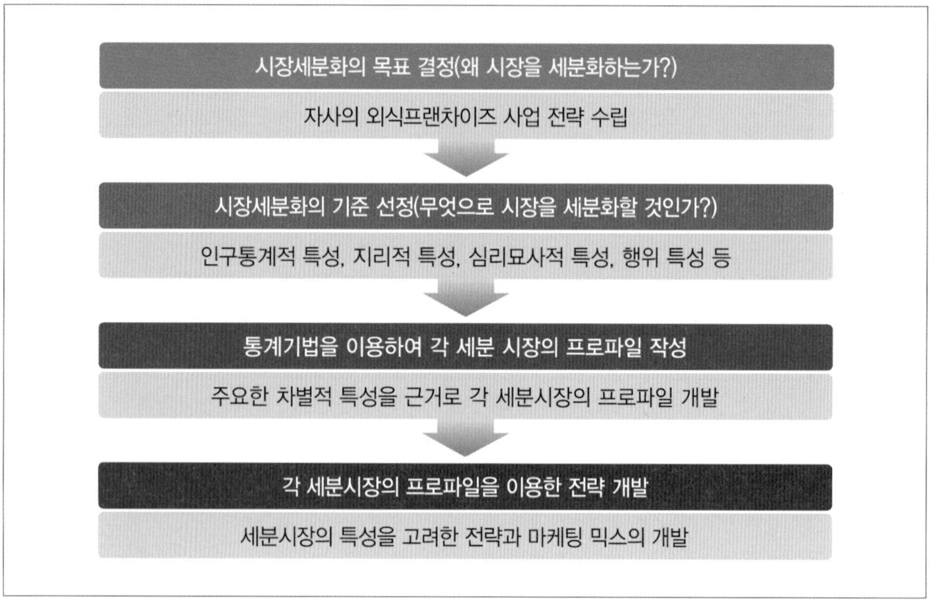

그림 5-5 시장세분화 프로세스

2) 시장세분화의 기준

외식프랜차이즈 사업을 위하여 시장을 세분화하려면 객관적 근거자료에 의해 시장을 나눠야 한다. 가장 일반적으로 활용하고 있는 시장세분화의 기준은 인구통계적 변수, 소비자행동 변수, 지리적 변수, 심리적 변수 등이 있으며, 세부적인 내용은 〈표 5-5〉와 같다.

가장 쉽게 이용할 수 있는 시장세분화 기준은 인구통계적 변수와 지리적 변수를 들 수 있다. 국가와 지방자치단체, 전문기관 등이 발표하는 통계정보와 상권분석시스템 등을 이용하여 쉽게 시장을 나눌 수 있기 때문이다. 이에 반하여 소비자행동 변수와 심리적 변수는 한 차원 높은 수준의 시장세분화 변수라 할 수 있다. 기존에 존재하는 통계정보를 이용하기 힘들기 때문에 별도의 시간과 비용을 투자하여 시장세분화를 위한 조사분석을 해야 한다.

표 5-5 시장세분화의 기준

구분	내용
인구통계적 변수	대표적인 인구통계적 변수는 연령, 성별, 혼인 여부, 소득 수준, 가족 규모와 형태, 교육 수준, 종교 등이 있다. 이 변수는 가장 쉽게 취득과 이용이 가능하며 외식행동과 깊은 연관을 갖는다. 예를 들면, 여성이 남성에 비하여 위생청결 요인을 더 중요하게 생각한다거나 가족의 수가 많을수록 메뉴의 다양성이 중요한 선택속성이 되고, 1인 가구일수록 외식의 횟수가 많고 간편식을 선호하는 현상 등을 확인할 수 있다.
소비자행동 변수	소비자행동에 따른 세분화는 소비자들이 레스토랑을 어떻게, 왜 이용하는지에 따라 시장을 나누는 것을 의미한다. 예를 들면, 피자헛은 좌석을 가진 레스토랑 체인을 개발함으로써 미국에서 최고의 피자레스토랑 체인이 되었다. 그러나 도미노 피자는 집에서 피자를 먹는 것을 선호하는 소비자에 집중하였다. 이러한 선택은 어린이가 있는 가정에 특히 주효했다. 이런 시장세분화 전략으로 도미노피자는 점포가 작고 비용이 저렴한 곳에 위치함으로써 경쟁력을 확보하고 피자헛이 지배하는 피자 시장에서 경쟁력을 확보하였다.
지리적 변수	전체의 시장을 기후, 지역, 자연 자원, 도시와 지방, 도시 규모 등과 같이 상이한 지역 단위로 세분화하는 방법이다. 각 세분시장에 대한 자료의 취득이 쉽고 편리해서 실무적으로 인구통계적 변수와 함께 가장 많이 사용되는 세분화 변수이다. 지리적 변수를 이용한 시장세분화의 사례로는 커피전문점들이 지역별로 매장의 규모, 영업시간, 메뉴의 유형, 가격, 맛 등에 차이를 두는 것을 들 수 있다. 패스트푸드 브랜드가 드라이브 스루 매장을 도입하는 것도 지리적 변수를 이용한 시장세분화의 대표적 사례이다.
심리적 변수	심리적 변수에 의한 시장세분화란 소비자의 라이프스타일, 개성, 사회계층, 관심에 따라 시장을 세분화 하는 것을 의미한다. 예를 들면, 최근 유행하는 웰빙족과 같이 건강을 지향하는 소비자군, 유행하는 음식을 찾아다니는 유행형 등의 개념이 대표적인 라이프스타일 변수에 의한 시장세분화 사례이다. 심리적 변수는 인구 통계적 특성보다 마케팅 행동에 대한 더 많은 시각을 제공해 주지만 측정이 매우 어렵다는 단점이 있다. 대부분의 사람들은 그들의 개인적인 성향을 타인들에게 알리기를 원치 않기 때문이다.

3) 세분시장 평가 방법

시장을 작은 범주들로 나눈 후 세분한 시장의 크기와 성장률, 구조적 매력도, 기업의 목적과 자원이라는 요소를 고려하여 진입 가능한 시장인지를 평가한다.

(1) 세분시장의 규모와 성장률

세분시장의 평가를 위해 외식프랜차이즈 기업은 가장 먼저 각각의 세분시장의 추정 매출액, 성장률 그리고 기대수익률을 조사해야 한다.

(2) 세분시장의 구조적 매력성

적절한 규모와 지속적으로 성장이 예상되는 세분시장을 선택했다고 반드시 기대 수익률을 얻을 수 있는 것이 아니다. 세분시장의 매력성을 결정하는 핵심적인 요인 중 하나는 경쟁요인이다.

예를 들어 특정 세분시장 내에 강력한 경쟁자가 다수 있다면 그 세분시장의 매력성은 크게 떨어질 수밖에 없다. 따라서 세분시장에서 외식프랜차이즈 브랜드 사이의 경쟁력을 충분히 비교 평가해야 한다.

(3) 자사의 목표와 자원

특정 세분시장이 적절한 규모와 성장성을 가지고 있고, 구조적으로 매력적인 시장이라 하더라도 자사의 목표와 자원이 해당 세분시장에 적합하지 않다면 그 시장을 선택해서는 안 된다. 외식프랜차이즈 기업이 특정 세분시장에서 경쟁하는 데 필요한 경쟁력 혹은 강점을 가지고 있지 않을 경우에는 단기적으로는 그 시장에 진입하여 성공한다 하더라도 장기적으로는 실패할 가능성이 높기 때문이다.

(4) 시장세분화의 장점과 단점

시장세분화는 외식프랜차이즈 기업의 콘셉트 개발과 마케팅 전략 수립을 위한 효과적인 도구이다. 다만, 시장세분화는 다음과 같은 장단점이 존재하므로 현장에서 활용할 때 장점은 극대화하고 단점은 피할 수 있도록 유의해야 한다.

표 5-6 시장세분화의 장단점

장점	단점
• 콘셉트 설정과 마케팅에 소요되는 비용을 효율적으로 집행할 수 있음 • 세분 고객 집단의 필요와 욕구를 명확히 이해할 수 있음 • 고객이 찾는 혜택의 유사성을 기준으로 고객을 그룹화할 수 있음 • 표적시장의 고객에게 효과적으로 접근할 수 있는 서비스와 마케팅 믹스를 개발하여 포지셔닝할 수 있음 • 광고매체, 판매촉진 수단, 유통경로 등의 촉진 수단과 방법을 정확히 선정할 수 있음	• 세분시장별 선호도에 맞춰 콘셉트를 설정하고 광고와 촉진을 실시해야 하기 때문에 비용이 많이 들 수 있음 • 시장세분화의 다양한 기준 중에서 어떤 것을 이용하는 것이 가장 효과적인지에 대해 판단하기 어려움

5 목표시장 선정

시장세분화 기준을 이용하여 잘게 나눈 시장 중에서 자사의 목표, 자사의 경쟁력, 시장의 규모와 성장 가능성, 수익성 등을 검토하여 가장 적합한 시장을 목표시장으로 선정하는 전략을 시장표적화(Targeting)라 한다. 즉 시장표적화는 하나 또는 여러 개의 세분시장을 선정한 후, 각 세분시장에 가장 적합한 콘셉트를 설정하고, 이에 적합한 마케팅믹스를 제공하는 전략을 의미한다.

예를 들어 홍대역 상권에서는 20대 커플을 표적시장으로 선정할 수 있고, 역삼역 상권에서는 30대 직장인을 표적시장으로 선정할 수 있다.

가맹본부는 STP전략 도출을 통해 확정된 목표고객을 대상으로 설문조사 혹은 포커스 그룹 인터뷰 등 다양한 리서치 방법을 통해 고객의 표면적, 내면적 욕구를 파악하고 선제 대응할 필요가 있다.

외식프랜차이즈 기업은 세분시장을 평가한 후 표적시장을 선정할 수 있다. 표적시장이란 상품과 서비스를 제공받고자 하는 공통의 욕구와 특성을 지닌 고객 집단을 말한다. 시장표적화는 다음과 같은 방식으로 진행할 수 있다.

1) 무차별적 접근법(Undifferentiated Approaching)

시장을 구성하는 전체 소비자의 욕구와 필요가 동일하다고 보고, 하나의 콘셉트와 마케팅믹스로 전체 시장에 소구하는 전략이다. 시장 초기 단계에서 고객의 욕구가 세분화되지 않은 시기에 적절한 콘셉트와 마케팅 방법이다. 또한 고객의 머리 속에 우수한 자사제품이나 브랜드 이미지를 심어주기 위해 실행하는 전략이다.

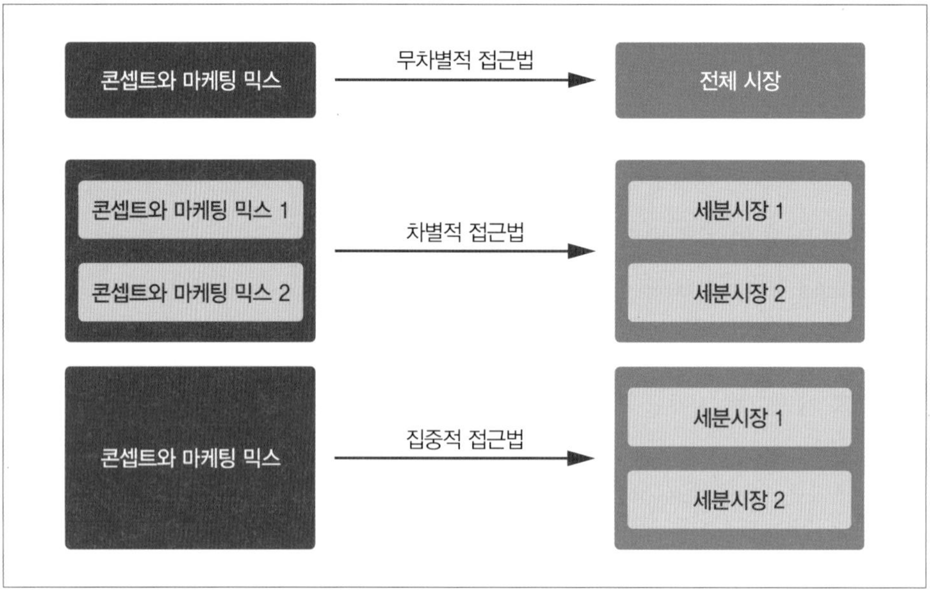

그림 5-6 시장표적화의 유형

2) 차별적 접근법(Differentiated Approaching)

2개 이상의 세분시장을 표적시장으로 선정하고, 각각의 표적시장에 적합한 콘셉트와 마케팅 믹스를 개발하여 공략하는 전략이다. 목표고객에게 도달률이 높은 것이 장점이지만, 콘셉트와 마케팅 믹스를 위한 조사와 연구개발과 적용에 많은 비용이 들어간다는 단점이 있다.

3) 집중적 접근법(Concentrated Approaching)

외식프랜차이즈 기업의 자원이 제한되어 있을 경우에 주로 사용하는 방법으로, 큰 시장에서의 작은 시장 점유율을 확보하는 전략이 아니라, 하나 혹은 소수의 적은 시장에서 높은 시장 점유율을 확보하기 위한 전략이다. 1개 혹은 소수의 세분시장에서 시장 점유율을 확대하려는 전략이다. 소규모 기업이 가장 큰 하나의 세분시장에 집중하여 보다 높은 점유율을 확보하는 데 유용한 전략이다.

6 포지셔닝

햄버거, 콜라, 커피를 이야기할 때 일반적으로 가장 먼저 생각나는 브랜드는 맥도날드, 코카콜라, 스타벅스 등이다. 이러한 브랜드를 포지셔닝이 잘 된 브랜드라고 부른다.

포지셔닝이란 고객의 머릿속에 명확하게 각인되는 브랜드 이미지나 활동을 의미하는 것으로, 제품 속성, 품질과 가격, 고객이 받는 편익이나 구매 상황, 고객층을 기준으로 하여 만들 수 있다. 포지셔닝은 두 가지 개념을 포함하는데, 첫째, 고객의 마음에 자리잡고 있는 브랜드의 위치, 둘째, 경쟁 상황에 의해 상대적으로 자리잡고 있는 브랜드의 위치가 그것이다.

1) 포지셔닝의 절차

포지셔닝은 고객의 인식 속에 외식프랜차이즈 기업의 브랜드가 경쟁 브랜드에 대비하여 차지하고 있는 상대적 위치를 의미한다. 또한 시장에서 고객의 인식 속에 위치하고 싶어하는 위치를 고객에게도 동일하게 인식하게 하는 활동이며 같은 위치를 점유하려는 기업 또는 브랜드와의 경쟁 속에서 우위를 차지하기 위한 활동이다.

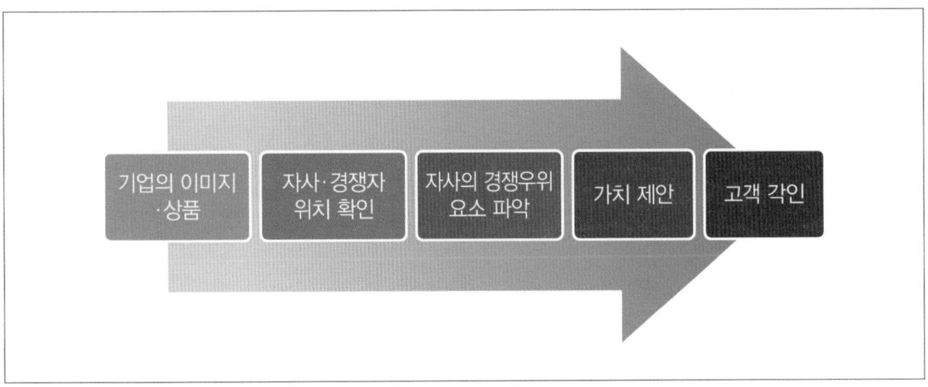

그림 5-7 포지셔닝의 절차

따라서 외식프랜차이즈 기업은 고객이 우리 브랜드의 이미지나 특정한 상황에서 떠올려주기를 바라는 상품 등을 고객에게 인식시키기 위해 외식프랜차이즈 기업과 시장의 경쟁자의 위치를 확인하고 유력한 경쟁자와의 경쟁에서 이길 수 있는 경쟁우위 요소를 파악한 후, 이를 명확한 강점으로 정리하고 타깃 고객이 인지할 수 있는 효익으로 제안하는 일련의 과정을 통해 포지셔닝 작업을 진행한다.

2) 포지셔닝 맵

포지셔닝 맵은 외식프랜차이즈 기업과 경쟁사의 제품이나 서비스에 대한 고객의 지각 정도를 시각화하는 것으로 두 가지의 핵심 기준을 설정하여 경쟁사와 비교해서 자사의 위치를 표시하는 일종의 인식의 지도라 할 수 있다.

이때 설정되는 기준은 가격이나 제공되는 서비스의 수준 등 객관적, 주관적 속성 모두 사용할 수 있는데, 이러한 포지셔닝 맵을 통해 외식프랜차이즈 기업과 경쟁사, 고객이 인지하는 자사와 경쟁사의 위치, 나아가 시장 전반의 구조를 쉽게 파악할 수 있다.

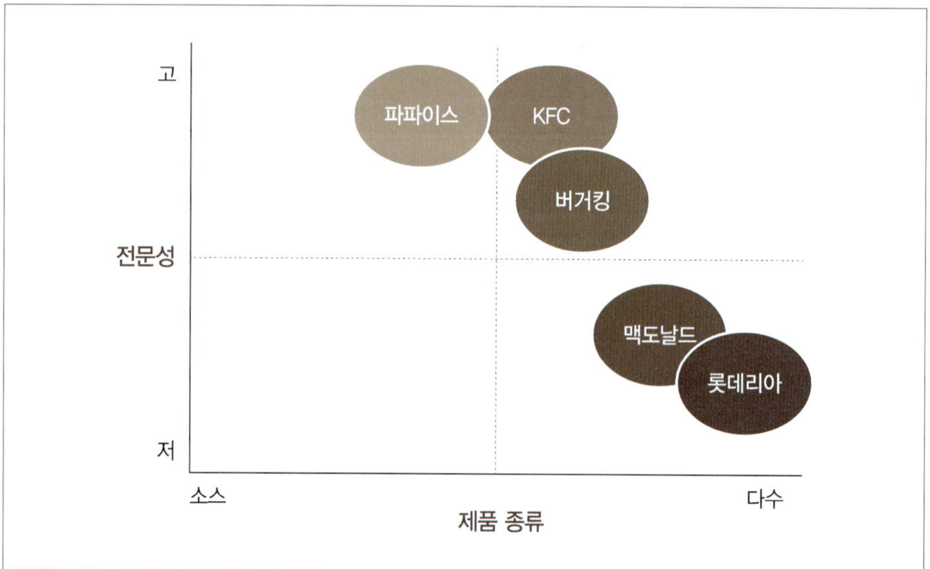

그림 5-8 패스트푸드점의 포지셔닝 맵

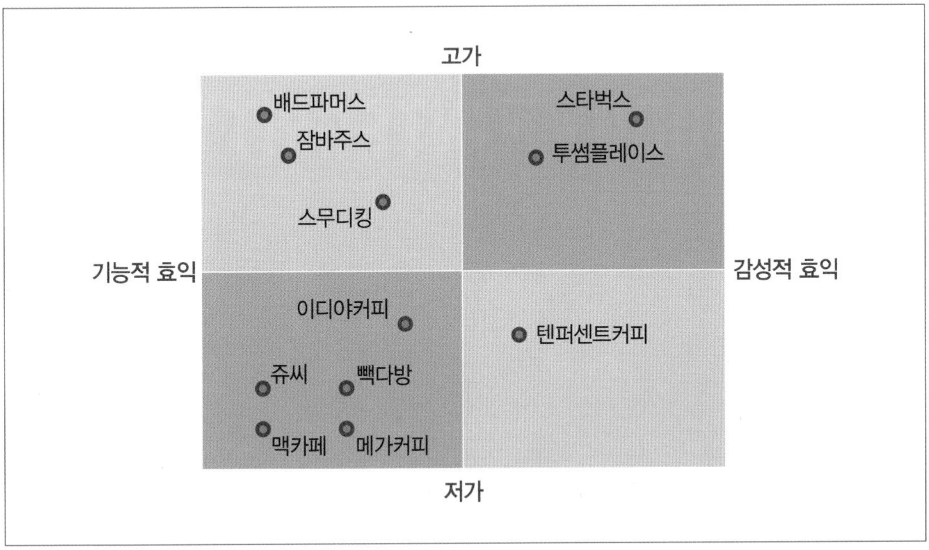

그림 5-9 음료 전문점의 포지셔닝 맵

3) USP 설정

시장에서 외식프랜차이즈 기업의 브랜드와 경쟁 브랜드의 현재 위치를 분석하여, 다른 경쟁자에게는 없는 자사 브랜드명의 독특한 경쟁력은 무엇인지를 정리하는데, 이를 USP(Unique Selling Point)라 한다.

미국의 멕시칸 레스토랑인 치폴레는 공장식으로 사육된 축산물을 사용한 고칼로리 음식으로 치부되기 쉬운 패스트푸드에 국내에서 자란 신선한 야채와 윤리적으로 사육된 축산물을 사용하는 환경친화적 패스트푸드 브랜드로 포지셔닝하여 비싼 가격에도 불구하고 많은 인기를 얻고 있다. 이렇게 타 브랜드와는 다르게 우리만의 강점으로 고객에게 제시할 수 있는 경쟁력을 찾는 것이 바로 USP이다.

좋은 USP는 다음과 같은 특성을 지닌다.

- **Important :** 중요한가?
- **Distinctive :** 차별화되었는가?
- **Superior :** 우월한가?
- **Communicable :** 전달 가능한가?

그림 5-10 '진정성 있는 음식'을 슬로건으로 하는 치폴레의 광고

자료 : 치폴레 홈페이지(www.Chitpotle.com)

- **Preemptive :** 선정했는가?
- **Affordable :** 구매 가능한 가격인가?
- **Profitable :** 이익이 날 수 있는가?

이와 같이 USP는 경쟁자와 다르다고 모두 채택하는 것이 아니라 고객과 외식프랜차이즈 기업 측면에서 적용 가능한 접점을 찾아 선정해야 한다.

4) 가치 제안

이렇게 USP를 결정했다면 '어떤 고객의 어떤 문제나 욕구를 얼마의 가격에 해결할 수 있다고 제안할 것인가?'라는 질문에 답을 만든다. 이 질문에 대한 답이 곧 타깃 고객에게 제시하는 가치 제안이 된다. 즉, 고객이 '왜 이 브랜드를 선택해야 하는지' 이해할 수 있게 하는 것이다.

혜택 \ 가격	더 비싼 가격	같은 가격	더 싼 가격
많음	더 비싸게, 더 많이	같은 가격에 더 많이	싼 가격에 더 많이
같음		같은 가격에 같은 혜택 (선택 가능성 희박)	싼 가격에 같은 혜택을
적음			싼 가격에 적은 혜택을

그림 5-11 가치 제안 메트릭스

자료 : Josh Blatchford @ Manifested marketing 번역

가치 제안은 목표 고객에게 제시할 수 있는 가격과 혜택을 축으로 하여 다음과 같이 만들 수 있다. 이러한 가격과 혜택에 따른 제안 중 노란색과 주황색 부분은 선택 가능성이 희박한 영역이며, 파란색으로 표시한 부분들은 고객의 요구와 제시한 가치가 맞아 실제 시장이 형성된 영역이다. 여기서의 가격은 상대적인 가격으로, 목표 고객이 지불할 능력과 의향이 있는 정도의 가격을 의미한다.

이러한 가치 제안 메트릭스의 각 영역에 대해 다음과 같이 이해할 수 있다.

그림 5-12 가치 제안-누적 판매 10억 개 돌파 기념 용량 20% 늘린 팔도 비빔면

자료 : 팔도 블로그(paldofoodblog.com)

- **더 비싸게, 더 많이 :** 고급스러운 제품이나 서비스를 제공하며 이를 감당할 수 있는 높은 가격을 책정(예 : 비행기의 1등석, 파인다이닝에서 식사)
- **같은 가격에 더 많이 :** 같은 가격으로 더 많은 혜택을 제공함(예 : 편의점의 2+1 프로모션, 양을 20% 늘린 팔도 비빔면 1.2)
- **싼 가격에 더 많이 :** 가장 가치있고 이상적인 포지

셔닝(예 : 코스트코의 커클랜드 상품, 높은 품질과 저렴한 가격 많은 양)

- **싼 가격에 같은 혜택 :** 많은 이들이 품질은 떨어지지 않으면서 저렴한 가격을 선호하기 때문에 강력한 가치 제안이 될 수 있음(예 : 같은 핸드폰을 저렴한 요금으로 사용할 수 있다고 광고하는 알뜰폰)
- **싼 가격에 적은 혜택 :** 가격에 민감한 고객을 위해 최소한도의 품질만을 유지하면서 고객이 원하는 수준까지 낮은 가격을 제공함(예 : 기내식과 부가 서비스 등을 없앤 에어아시아 등의 저비용 항공사)

이러한 가치 제안 중 하나를 선택하여 우리의 타깃 고객에게 적합한 제품, 브랜드, 콘셉트를 개발하여야 한다.

5) 포지셔닝의 유형

포지셔닝의 유형은 다음과 같이 분류할 수 있다.

(1) 제품 속성에 의한 포지셔닝

자사의 제품이 타 경쟁사의 제품과 비교했을 때 차별적인 속성을 지녀 고객에게 다른 효익을 제공한다고 인식시키는 방법이다.

- 예 : 교촌치킨, 두 번 튀기고 일흔 다섯 번의 붓질, 교촌은 패스트푸드가 아니라 요리니까, 느리다, 교촌은 이런 치킨입니다.

(2) 이미지 포지셔닝

제품이 가진 추상적인 편익을 고객에게 호소하는 방법, 외식프랜차이즈 기업의 이미지는 다양한 물리적 요소에 적용되어 고객이 공감각적으로 이미지를 경험하게 하는 전략이 필요하다.

- 예 : 세븐스프링스, 'We Love Green' 이라는 슬로건 하에 건강한 외식문화를 지

그림 5-13 교촌치킨의 제품 속성에 대한 포지셔닝 사례

자료 : 교촌치킨 홈페이지(www.kyochon.com)

그림 5-14 세븐스프링스의 친환경 이미지 포지셔닝

자료 : 세븐스프링스 홈페이지(www.sevensprings.co.kr)

향하는 친환경 콘셉트의 샐러드 & 그릴 레스토랑 지향

(3) 사용자에 의한 포지셔닝

사용자에 의한 포지셔닝은 제품이 특정 고객에게 적절하다고 소구하는 방법이다.

- 예 : 본죽, 아니 불 떨어질 낙, 절대 합격을 위한 불낙죽(수험생 겨냥)

그림 5-15 수험생을 겨냥한 본죽의 불낙죽

자료 : 본죽 홈페이지(www.bonif.co.kr)

(4) 경쟁제품에 의한 포지셔닝

경쟁제품에 의한 포지셔닝은 고객의 인식 속의 경쟁제품과의 비교를 통해 자사 제품의 강점을 강조하는 포지셔닝 방법이다.

- 예 : 맥도날드 맥카페, 이제 별도 콩도 잊어라 커피도 Smart Choice하세요(스타벅스, 커피빈보다 좋은 품질, 저렴한 가격을 우회적으로 표현)

그림 5-16 시장 진입 초기 맥카페의 광고 카피

자료 : 맥도날드 홈페이지(www.mcdonalds.co.kr)

(5) 구매상황에 따른 포지셔닝

적절한 상황에서의 구매를 촉구함으로 타 제품과 차별화된 인식을 제공하는 포지셔닝 방법이다.

- 예 : 아웃백 스테이크 하우스, 영화 보는 날은 아웃백 가는 날

이렇게 포지셔닝을 한 제품 또는 브랜드, 메뉴는 다양한 매체를 통해 지속적으로 고객에게 노출되고 경험되며, 고객의 인식 속에서 한 부분을 차지하게 된다. 기획자는 이렇게 결정된 STP전략을 기반으로 구체적 콘셉트를 구축해 나가며 자사 콘셉트가 통일성 있는 하나의 브랜드로 고객의 인식에 자리하도록 해야 한다.

그림 5-17 아웃백 스테이크 하우스의 프로모션 포스터

자료 : 아웃백 스테이크 하우스 홈페이지(www.outback.co.kr)

요약

1. 목표고객을 선정하고, 이를 대상으로 하는 콘셉트 기획과 마케팅 계획을 세우는 과정을 STP(Segmentation–Targeting–Positioning)전략이라 칭한다. STP전략은 환경분석과 시장세분화, 목표시장 선정과 포지셔닝의 순서로 수립할 수 있다.

2. STP전략 수립을 위한 환경분석은 거시적 환경분석을 위한 PEST분석, 미시적 환경에 속하는 고객, 경쟁사와 자사에 대한 분석인 3Cs(Customer, Competitors, Company)분석을 진행한다.

3. 시장세분화의 프로세스는 특정한 기준을 만들어, 그 기준에 맞춰 시장을 분류하는 전략이다. 이는 시장세분화의 목표 결정–시장세분화의 기준 선정–통계기법을 이용하여 각 세분시장의 프로파일 작성 후 세분시장의 특성을 고려하여 콘셉트를 설정하고 마케팅 믹스를 개발하는 방식으로 진행된다.

4. 시장표적화는 하나 또는 여러 개의 세분시장을 선정한 후 가장 적합한 콘셉트와 마케팅 믹스를 제공하는 전략을 뜻한다.

5. 포지셔닝은 외식프랜차이즈 기업의 브랜드가 시장에서 위치하고 싶은 위치를 소비자에게도 동일하게 인식되도록 하는 활동이며 같은 위치를 점유하려는 브랜드와의 경쟁 속에서 우위를 차지하기 위한 활동이다.

6. 외식프랜차이즈 기업은 특정한 포지션을 고객에게 각인시키기 위해 자사와 시장의 경쟁자의 위치를 확인하고 경쟁에서 이길 수 있는 경쟁우위 요소를 파악한 후 이를 명확한 강점으로 정리하고, 타깃 고객이 인지할 수 있는 효익으로 제안한다. 이런 일련의 과정을 통해 포지셔닝 작업을 진행한다.

연습문제

1 국내 주요 치킨 외식프랜차이즈 중 3개를 선택하여 각 브랜드의 STP전략 정리해 본다.

2 국내 주요 치킨 외식프랜차이즈 중 10개를 선택하여 포지셔닝 맵을 그려 본다. 포지셔닝 맵을 그리기 위한 두 개의 변수를 선정한 과정과 이유를 함께 설명한다.

3 국내 주요 커피(카페) 프랜차이즈(직영 브랜드 포함) 중 3개를 선택하여 각 브랜드의 STP전략 정리해 본다.

4 국내 주요 커피(카페) 프랜차이즈(직영 브랜드 포함) 중 10개를 선택하여 포지셔닝 맵을 그려 본다. 포지셔닝 맵을 그리기 위한 2개의 변수를 선정한 과정과 이유를 함께 설명한다.

5 위에서 살펴본 치킨 프랜차이즈와 커피 외식프랜차이즈 간의 성과 차이를 STP전략과 포지셔닝 맵을 이용하여 설명해 본다.

6장

외식프랜차이즈 콘셉트 개발

1. 업종과 업태의 이해
2. 메뉴의 유형과 메뉴 수
3. 식사시간과 회전율
4. 이용목적과 상황
5. 서비스 형태와 판매방법
6. 가격
7. 불리석 환경의 구축
8. 브랜드 아이덴티티의 개발과 적용

학습목표

1. 외식프랜차이즈 기업을 분류하기 위한 업종과 업태를 이해하고 설명한다.
2. 외식프랜차이즈 콘셉트 기획을 위한 메뉴의 유형과 수를 이해하고 설명한다.
3. 외식프랜차이즈 콘셉트 기획을 위한 식사시간과 회전율을 이해하고 설명한다.
4. 외식프랜차이즈 콘셉트 기획을 위한 이용목적과 상황을 이해하고 설명한다.
5. 외식프랜차이즈 콘셉트 기획을 위한 서비스 형태와 판매방법을 이해하고 설명한다.
6. 외식프랜차이즈 콘셉트 기획을 위한 가격전략을 이해하고 설명한다.
7. 외식프랜차이즈 콘셉트 기획을 위한 물리적 환경을 이해하고 설명한다.
8. 외식프랜차이즈 콘셉트 기획을 위한 브랜드 아이덴티티를 이해하고 설명한다.

1 업종과 업태의 이해

1) 업종의 이해

업종(Type of Business)이란 '영업의 종류'의 줄임말로 한식, 양식, 일식 등 제공하는 메뉴의 종류를 가리킨다. 고객의 입장에서는 '무엇을 먹을 것인가?'에 대한 구분이며, 판매자의 입장에서는 '무엇을 판매할 것인가?'에 대한 답변이 곧 업종이라 할 수 있다. 이 단계에서는 한식, 일식, 양식, 중식 등 큰 범위에서의 메뉴 유형을 선택한다.

업종 (Type of business)	• 영업의 종류로서 메뉴의 1차적 구분 • 한식, 양식, 일식 등 제공하는 메뉴 종류 • 소비자 : 무엇을 먹을 것인가? • 판매자 : 무엇을 판매할 것인가? • 수요가 많아 경쟁이 불필요했던 초기 시장

한국의 외식산업은 표준산업분류, 식품위생법, 법인세법, 소득세법, 관광진흥법 등에서 각 분류를 위한 목적에 따라서 〈표 6-1〉과 같이 주로 업종에 따른 분류를 채택하고 있다.

업종은 산업의 초기 단계에서 활용되는 사업의 구분 기준이나. 고객의 욕구가 다변화되고 산업이 고도화될수록 단순히 업종 구분으로 사업을 분류할 수 없게 된다. 예를 들어 과거에는 삼겹살 전문점에서 고기와 찌개 등의 메뉴를 곁들여 파는 것이 일반적이었지만 최근에는 그 동안 시도되지 않았던 조합의 메뉴로 쭈꾸미 전문점에서 피자를 함께 제공한다거나 제과점에서 커피전문점의 음료와 빙수 등을 함께 파는 등 업종을 넘나드는 메뉴가 도입되는 사례를 흔히 볼 수 있다. 이런 경우 전통적 방식에 의해 한식, 양식, 제과점, 커피전문점 등의 업종 구분으로 해당 사업을 정확하게 구분하기 어려워진다. 따라서, 산업이 발전함에 따라 해외에서는 영업의 형태, 즉 업태(Type of service)로 사업을 분류하고 있다. 예를 들면 미국의 경우 1940년대 이전까지는 외식업

표 6-1 국내 외식산업의 분류

구분	내용
표준산업분류	• 판매하고자 하는 대표적 제품의 성격에따라 일반음식점업, 기타 음식점업, 주점업, 다과점업으로 구분 • 서비스업 총조사를 통해 자료 수집
식품위생법	• 외식사업을 식품접객업으로 규정 • 영업범위와 내용에 따라 휴게음식점업(신고), 일반음식점업(신고), 단란주점(허가), 유흥주점(허가)으로 구분 • 영업신고와 허가시 자료 취득
법인세법 소득세법	• 기준경비율 등, 차등적 과제징수를 위해 음식점업, 주점업, 다과점업으로 구분 • 소본류는 표준산업분류를 준용
관광진흥법	• 관광편의시설업에서 외식사업을 구분
모범음식점 향토음식점	• 위생관리 서비스 수준의 향상, 향토음식의 전문화를 위하여 시군구의 심의를 거쳐 지정하는 제도

체를 업종으로 구분하였지만 1940년대 이후부터는 업태를 이용한 분류를 채택하기 시작하였다.

2) 업태의 이해

업태(Type of service)란 고객의 입장에서는 '어떻게 먹을 것인가?'에 대한 구분이며, 판매자의 입장에서는 '어떻게 판매할 것인가?'에 대한 답변이라 할 수 있다.

업태 (Type of Service)	• 가격, 서비스, 분위기, 입지 등 외식 목적과 동기 • 소비자 : 어떻게 먹을 것인가? • 판매자 : 어떻게 판매할 것인가? • 서비스의 수준에 따라서 업태명이 다르다고 볼 수 있음 • 공급이 많아 경쟁이 치열해진 성숙된 시장

업태의 구성 요소는 이용 목적과 상황, 서비스 형태, 식사시간과 회전율, 가격, 판매방법 등으로, 콘셉트 구성 요소의 대부분이 업태를 구성하는 요소에 속한다.

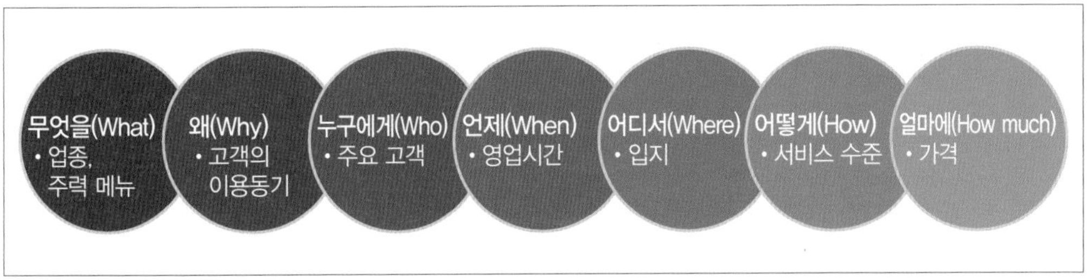

그림 6-1 업태의 구성 요소

업태는 공급자 중심으로 메뉴를 분류하던 시대에서 발전하여 고객 중심으로 성숙된 시장에서 나타나는 사업의 분류 기준이다(〈표 6-2〉 참조). 외식산업이 고도화, 성숙화된 미국의 경우 메뉴의 종류가 아닌 메뉴를 제공하는 상황과 형태에 따라 외식업체를 구분하고 있다. 따라서 콘셉트를 구성하는 데 있어 메뉴의 범주에 대한 한계가 사라지고 창의적인 시도가 이루어질 수 있는 기반을 제공한다.

표 6-2 미국 외식산업의 업태 변화

1940년대 이전	1940년대 이후	1980년대	2000년대
5대 업종	3대 업태	5대 업태	6대 업태
•아메리칸 •컨티넨탈 •오리엔탈 •에스닉 •차, 디저트	•패스트푸드 레스토랑 •패밀리 레스토랑 •파인 다이닝	•패스트푸드 레스토랑 •패밀리 레스토랑 •카페테리아 •캐주얼 다이닝 •파인 다이닝	•패스트푸드 레스토랑 •패스트 캐주얼 레스토랑 •패밀리 레스토랑 •카페테리아 •캐주얼 다이닝 •파인 다이닝

자료 : 박기용(2009). 외식산업경영학

미국 레스토랑 협회(NRA, National Restaurant Association)는 각종 통계나 연구를 위하여 5가지 분류 기준으로 외식업체를 분류하는데, 그 기준은 다음과 같다.

- 영리 추구 여부
- 서비스 형태와 서비스 수준
- 판매되는 주 메뉴의 특성

- 고객 1인당 평균 객단가
- 주류 판매 여부, 결제방법 및 기타

이러한 기준에 따라 NRA는 외식업체를 다음과 같이 분류하고 있다.

표 6-3 NRA의 외식업체 분류

<table>
<tr><th>소분류</th><th>서비스 형태와 서비스 수준, 메뉴 특성, 객단가 등의 특성</th></tr>
<tr><td colspan="2">영리 목적의 레스토랑 서비스(Commercial Restaurant Services–Group I)
–전체 외식서비스에서 92%를 차지함
–모든 식음료 판매장소 및 위탁급식 전문 업체가 운영하는 레스토랑 서비스, 숙박업소의 식음료 시설, 백화점 등과 같은 소매업장 내의 레스토랑, 자판기에서 판매되는 뜨거운 음식 등이 포함됨</td></tr>
<tr><td>풀 서비스(테이블 서비스) 레스토랑</td><td>–고객이 앉아 있는 동안 종업원이 주문을 받고, 조리된 음식과 음료를 제공. 계산은 식사 후에 함
–퀵 서비스 레스토랑보다 격식이 갖추어져 있는 편임
–비교적 높은 객단가, 주류 판매가 가능함
–주류 매출이 비주류 매출보다 많을 경우 주점으로 포함시킴</td></tr>
<tr><td>제한된 서비스(퀵 서비스) 레스토랑</td><td>–먹고 가거나 포장해 갈 수 있음
–카운터에서 주문하거나 드라이브 스루(Drive Thru) 방식으로 주문하고, 식사 전 계산이 이루어짐
–제한된 종류의 가벼운 메뉴
–풀 서비스 레스토랑에 비해 낮은 객단가</td></tr>
<tr><td>카페테리아, 그릴 뷔페, 뷔페</td><td>–모든 음식은 배식대에 진열되어 있으며, 고객이 직접 선택한 후 테이블로 가져가 식사를 함
–제한된 종업원의 서비스가 이루어지기도 함</td></tr>
<tr><td>사교 출장요리 업체</td><td>고정된 장소가 아닌 고객이 원하는 장소에서 음식과 음료를 제공함</td></tr>
<tr><td>아이스크림, 냉동 커스터드, 요거트 매대</td><td>아이스크림 등의 냉동 디저트류와 차가운 음료를 전문적으로 판매하며, 주로 셀프서비스로 제공함</td></tr>
<tr><td>바 및 선술집(주점)</td><td>맥주, 수제맥주, 와인, 증류주 등의 알코올 음료를 주로 판매함</td></tr>
<tr><td>매니지드 서비스(위탁 급식)</td><td>기업체나 병원, 학교, 비행기 기내식 등 특정 단체나 고객, 불특정 고객을 대상으로 위탁 계약을 맺고 영리 목적의 급식 서비스를 제공함</td></tr>
<tr><td colspan="2">단체 급식 서비스(Noncommercial Restaurant Services–Group II)
–오피스 빌딩, 기업, 학교, 정부기관 및 연구소 등에서 직영으로 운영하는 단체 급식 서비스
–조직 구성원의 복리후생 차원에서 제공
–이익을 남기는 일부 푸드 서비스를 함께 운영하는 경우, 레스토랑 서비스 활동 자체가 조직의 목적이 아닌 경우 단체급식 서비스로 분류함</td></tr>
<tr><td colspan="2">군대 레스토랑 서비스(Military Restaurant Service–Group III)
–군부대 내에서 군인들에게 제공되는 식음료 서비스
–단, 임대 계약으로 부대 내에서 운영되는 일반 레스토랑은 서비스 형태나 수준에 따라 Group 1로 분류함</td></tr>
</table>

자료 : 김태희(2006). 미국의 외식산업 관련 통계에 관한 연구

이 외에도 미국 학계에서는 서비스 형태와 서비스 수준을 기본으로 하며 브랜드 특징과 고객에게 제공하는 가치, 메뉴 특징, 운영상 특징과 사업 전략 등에 따라 외식업체 분류 기준을 활용한다. 그 특징을 살펴보면 〈표 6-4〉과 같이 구체적으로 정리할 수 있는데, 국내의 업태 분류 기준과는 다르지만 이러한 구성을 참조하면 좀 더 구체적으로 콘셉트를 설정할 수 있다. 따라서, 업종을 결정한 외식프랜차이즈 사업 기획자는 목표고객의 선정과 업태 결정을 통해 고도화된 고객의 욕구에 부응할 수 있는 음식점의 콘셉트를 개발할 수 있다.

표 6-4 미국 학계 기준에 의한 외식업체의 업태별 특성

구분	특징	메뉴 수	평균 객단가(원)
퀵 서비스 레스토랑 (패스트푸드 레스토랑)	–저렴한 가격, 포장의 편의성, 셀프, 신속한 제공, 이용 편의성, 표준화 등 –한정된 메뉴(최근에는 확대되는 추세) –센트럴 키친을 통한 매장별 조리의 단순화	15~40	4,000~7,000
미드스케일 레스토랑	–저단가 테이블 서비스, 다양한 메뉴와 가격대 –가치소비 중심 고객을 위한 양과 가격의 가치 제공 –표준운영시스템으로 운영 활성화 –미국의 경우 패밀리 레스토랑이 이 범주에 속함	80~150	15,000~20,000
모더레이트 업스케일 레스토랑	–세련된 콘셉트와 분위기에 초점을 맞춤 –식사 이외에도 이벤트나 모임을 위한 장소 등으로 환용됨 –전문 종업원을 고용하여 활기찬 분위기 가운데에서 차별화된 서비스를 제공		
업스케일 레스토랑	–파인다이닝과 캐주얼 레스토랑의 중간적인 레스토랑 유형 –형식의 구애를 받지 않고 간편한 복장으로 와서 즐길 수 있음 –미국, 일본 등 1인당 GDP가 4만 달러를 육박하는 선진국의 경우, 업스케일 레스토랑들이 큰 트렌드로 자리매김	50~80	20,000~30,000
파인 다이닝	–적은 테이블 수, 수준급 셰프, 테이블 매니저 –콘셉트에 맞는 공간 구성, 명품 식기 –높은 수준의 일관된 품질과 맛	25~50	30,000 이상

주 : 메뉴 수와 평균 객단가는 식문화 차이와 물가 상승 등을 고려할 때 현재 시점에서 조정이 필요함

2 메뉴의 유형과 메뉴 수

메뉴와 메뉴 수는 외식프랜차이즈 사업을 위한 콘셉트를 기획할 때 가장 핵심적인 변수에 해당한다. 예를 들면, 메뉴의 경우는 목표고객과 동행하는 다양한 고객의 취향도 고려하여 전문성을 기반으로 다양성이 가미된 메뉴를 구성해야 하며, 메뉴의 수는 인력, 공간, 비용을 고려하여 최적화해야 한다.

1) 메뉴의 기능에 따른 활용

외식프랜차이즈 기업의 메뉴는 그 기능에 따라 대표메뉴, 주력메뉴, 보조메뉴 등으로 구분할 수 있는데, 이러한 메뉴 구성은 목표 고객에 따라 조밀하게 기획될수록 매출을 증진시키고 고객의 만족도를 높일 수 있다.

예를 들어 추어탕을 주력 메뉴로 하는 외식업체의 경우 추어탕을 선호하지 않는 고객이나 어린이도 동반할 수 있도록 돈까스 등의 메뉴를 보조메뉴로 제공할 수 있다. 이 외에도 맥도날드는 500원짜리 아이스크림 콘이나 1000원짜리 커피 등의 저가 메뉴로 고객을 유인한다. 이러한 유인메뉴는 주력메뉴와 중점메뉴의 매출액을 높이는 용도로 활용된다.

그림 6-2 스타벅스의 크리스마스 시즌 임시 메뉴

자료 : 스타벅스코리아 홈페이지(www.istarbucks.co.kr)

또한, 임시메뉴는 중요한 마케팅 수단으로 활용될 수 있는데, 고정메뉴 중심의 외식프랜차이즈 기업은 정기적으로 이벤트를 위한 임시메뉴를 적극 활용할 필요가 있다. 아무리 맛있고 훌륭한 음식이라도 소비자가 반복적으로 구매를 하는 경우 싫증을 느낄 수 있기 때문이다. 단골고객의 구매 욕구를 더욱 강화시키면 해당 외식프랜차이즈 기업에 관심이 없던 고객 집단을 유인하는데도 많은 도움이 된다. 스타벅스를 비롯한 카페 외식프랜차이즈는 시즌별로 임시 메뉴를 개발하여 적극 활용하고 있다. 특히 맥도날드를 사례로 메뉴를 기능에 따라 분류하면 〈표 6-5〉와 같다.

표 6-5 기능적 체계에 따라 분류한 맥도날드 메뉴

구분	기능	메뉴명
대표메뉴	해당 레스토랑을 대표하는 메뉴	빅맥
주력메뉴	메뉴의 다양성을 강화하고, 판매효율을 높이고 싶은 메뉴(런치특선메뉴, 세트메뉴 등)	맥런치, 맥모닝
임시메뉴	메뉴의 활성화를 꾀하고, 이용기회를 자극하기 위하 메뉴(이벤트 메뉴)	앵그리 상하이 버거, 행운버거, 쉑쉑감자
보조메뉴	다양한 고객층을 확보하기 위한 보완 메뉴(어린이 메뉴)	해피밀, 맥카페, 마카롱
유인메뉴	저렴한 가격을 선호하는 고객층을 유인하고, 대표 및 주력메뉴의 판매를 높이기 위한 고가메뉴	행복의 나라 메뉴군(500원 아이스크림 콘, 2000원 햄버거)
확장메뉴	24시간 영업과 포장, 배달서비스, 드라이브스루 등 추가적 수익을 발생시키기 위한 메뉴	맥 브루(맥주), 맥딜리버리 전용 패키지 메뉴

2) 메뉴 구성 절차

이렇듯 체계적인 메뉴를 구성하기 위해서는 메뉴의 콘셉트 설정, 메뉴 개발 전략 수립, 메뉴 수와 카테고리 결정, 차별성, 대중성을 고려한 메뉴 개발 순으로 진행할 수 있다.

우선 목표고객에게 어떤 메뉴를 어떤 방법으로 제공할 지에 대한 방향성을 결정하고(〈그림 6-3〉 참조), 어떤 메뉴와 서비스를 제공할 것인지 어떤 메뉴가 어떤 기능을 담당하게 구성할지 등을 결정한 후, 메뉴의 수와 카테고리(조리방법별, 식재료별, 이용목적별 등)를 정한다.

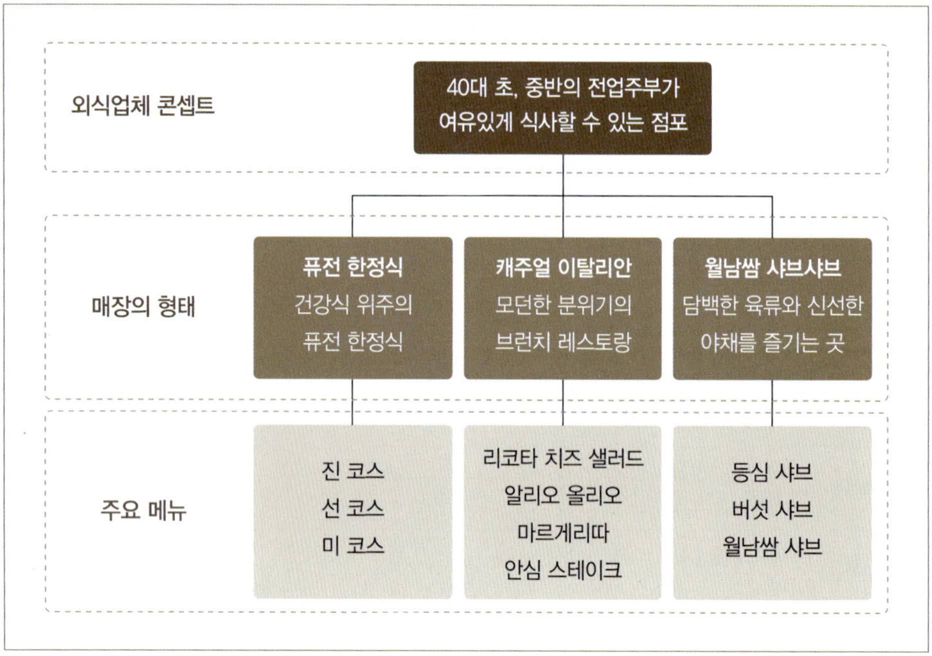

그림 6-3 외식프랜차이즈 기업의 콘셉트에 따른 메뉴 콘셉트 설정 사례

3) 메뉴 구성 전략

(1) 전문성과 효율성의 조화

외식프랜차이즈 기업의 메뉴는 가능하면 전문성을 갖도록 계획하는 것이 유리하다. 고객은 다양한 메뉴를 취급하는 외식업체보다는 전문성이 높다고 인식하는 외식프랜차이즈 기업을 선호하고 신뢰하기 때문이다. 다만 전문화된 외식프랜차이즈 기업은 목표 고객층의 한계로 충분한 수요를 얻는 데 오랜 시간이 소요되거나 매출액의 한계로 성장에 제한을 받을 가능성이 높다. 이러한 전문점의 단점을 극복하기 위해 외식프랜차이즈 기업은 전문점의 외형을 유지하면서 메뉴의 다양성을 높이려고 시도한다. 즉 카테고리 구성에서 메뉴의 전문성은 확보하되 원 소스 멀티 유즈(One Source Multi Use) 방식을 사용해 관리 편의성을 높이고 메뉴의 다양성을 확보할 수 있는 방안을 도출해 내야 한다. 마지막으로 차별성과 대중성을 고려한 구체적 메뉴를 결정한다.

신선설농탕은 이러한 메뉴 다양성을 적절히 활용하는 사례로 볼 수 있다. 과거에는

메뉴의 폭 ↕ / 메뉴의 다양성 ↔				
부대찌개	해군부대찌개	육군부대찌개	공군부대찌개	
설렁탕	특설렁탕	백세설렁탕	만두설렁탕	
야채김밥	멸치김밥	모듬김밥	치즈김밥	쇠고기김밥
해물칼국수	김치칼국수	바지락칼국수	닭칼국수	팥칼국수
김치찌개	참치김치찌개	돼지김치찌개	7분김치찌개	꽁치김치찌개
해물스파게티	카르보나라	미트소스스파게티	미트볼스파게티	봉골레

그림 6-4 메뉴의 폭과 다양성의 예

자료 : 김영갑(2015), 외식사업창업론, p.334

<table>
<tr><th></th><th colspan="4">목표고객</th></tr>
<tr><th></th><th>어린이</th><th>청, 중년층 남성</th><th>청, 중년층 여성</th><th>장, 노년층</th></tr>
<tr><td>중가</td><td>어린이설렁탕
5,000</td><td>설렁탕
7,000</td><td>두부야채설렁탕
8,000</td><td>백세설렁탕
11,000</td></tr>
<tr><td></td><td>신선요구르트
2,000</td><td>떡국설렁탕
7,500</td><td>(떡)만두설렁탕
8,000</td><td></td></tr>
<tr><td></td><td></td><td colspan="2">순사골국
8,000</td><td></td></tr>
<tr><td>고가</td><td>어린이순설렁탕
5,500</td><td>마늘설렁탕
10,000</td><td>순사골국(대)
11,000</td><td>도가니탕
15,000</td></tr>
<tr><td></td><td>신선만두
4,000</td><td>설렁탕(대)
10,000</td><td></td><td></td></tr>
<tr><td></td><td></td><td>고기듬뿍설렁탕
13,000</td><td></td><td></td></tr>
</table>

그림 6-5 신선설농탕의 목표고객에 따른 메뉴 다양화 사례

설렁탕이나 순대국 전문점은 단일 메뉴로 운영하는 대표적 전문화된 외식업체였으나 신선설농탕은 12가지의 다양한 설렁탕을 판매하고 있다.

(2) 상권에 따른 메뉴 배치

외식프랜차이즈 기업의 경우 상권에 따라 목표 고객과 다른 고객층이 주 고객층이 되기도 하면서 매출의 차이가 발생할 수 있다. 물론 가맹점 확장 전략을 수립할 때, 유사한 목표고객을 충분히 확보할 수 있는 곳에만 가맹점을 개설하는 것으로 설정할 수도 있지만 현실적으로 가맹점 출점은 상권을 고려하여 제한되는 경우가 매우 드물다. 따라서 가맹본부에서는 다양한 메뉴군을 구성한 후, 가맹점의 상권과 고객 특성에 따라 타입을 나누어 메뉴의 구성을 상이하게 하는 전략을 활용할 수 있다. 최근 많은 외식프랜차이즈 기업은 축구나 야구 경기에서 각각의 선수들이 적절한 포지션에서 적절한 역할

어떤 메뉴, 서비스를 개발할 것인가?

- 기존 시장의 기존 상품인가?
- 기존 시장의 신상품인가?
- 신시장의 기존 상품인가?
- 신시장의 기존 상품인가?

메뉴의 카테고리와 목적은 무엇인가?

- 대표메뉴와 전략메뉴는 무엇인가?
- 이익창출이 가능한가?
- 주력메뉴는 무엇인가?
- 주력메뉴가 저렴해 보이게 만드는 유인메뉴가 있는가?
- 가격에 민감한 고객을 위한 미끼메뉴는 무엇인가?
- 의사결정에 영향을 미치는 고객을 위한 보조메뉴는 무엇인가?
- 영업 효율을 높여주는 확장메뉴는 있는가?

그림 6-6 메뉴 전략 시 고려사항

을 할 수 있도록 배분하는 것처럼 지속적으로 메뉴를 늘리고 적재적소에 배치하려는 전략을 강화하고 있다. 예를 들어 스타벅스 코리아의 경우 메뉴는 255가지가 넘고 스타벅스의 가장 큰 경쟁력 중 하나인 커스터마이징을 활용할 경우 메뉴의 수는 8만 가지 이상으로 확대되는 것으로 알려져 있다. 그럼에도 불구하고 스타벅스는 시장의 변화와 고객의 취향의 변화에 대응하기 위하여 지속적으로 메뉴를 개발하여 추가하고 있다.

(3) 메뉴 콘셉트 기획 시 고려해야 할 사항

메뉴를 개발할 때의 고려 사항은 매우 다양하지만 외식프랜차이즈 기업의 콘셉트 기획 단계에서 거시적 안목의 메뉴 전략 수립이 무엇보다 중요하다. 이 단계에서 다루어야 하는 사항은 〈그림 6-6〉과 같다.

(4) 외식프랜차이즈 기업의 메뉴 기획 시 고려사항

외식프랜차이즈 기업은 단일 매장에서의 메뉴 개발보다 다각적인 요소를 고려해야 한다. 메뉴 기획 시에는 〈표 6-6〉과 같은 항목들을 고려한 메뉴를 개발하도록 한다.

표 6-6 외식프랜차이즈 기업의 메뉴 기획 시 고려사항

기준	내용
단순성	외식프랜차이즈의 메뉴는 직원 교육과 제조의 편의성이 극대화된 단순한 메뉴여야 함
재생산 가능성	외식프랜차이즈의 메뉴는 지역이나 제조하는 사람과 관계 없이 동일한 품질과 맛, 형태의 표준을 유지해야 함
준비 편의성	주문을 받은 후 신속하게 조리하여 신속하게 제공 가능한 메뉴여야 함
품질관리 용이성	외식프랜차이즈의 메뉴는 계절이나 시간, 제공 지역 등과 상관 없이 안정적으로 품질 관리가 가능해야 함
원재료 수급 편의성	계절에 따라 원재료 수급에 어려움을 겪을 수 있거나 소량 공급만 가능한 원재료의 사용은 지양하고 대량 구매나 계약공급 등의 계획을 세워야 함
식재료 선호도	목표 고객의 취향, 트렌드, 영업 지역 등에 따라 식재료와 메뉴의 선호도는 다르게 나타날 수 있으므로 고객의 선호를 고려한 메뉴 계획을 세워야 함
메뉴의 특징	색상의 조화, 메뉴의 담음새(푸드 스타일링), 질감과 형태, 점도나 식감, 향미, 조리 방법과 제공 방식, 제공 온도 등에 대한 통합적 고려는 소비자의 선호도와 직결됨

(계속)

기준	내용
영양과 위생	고객은 전보다 음식의 영양성분이나 위생에 관심이 많아 적극적으로 이를 고려한 메뉴를 개발하고 마케팅에서도 이를 활용하는 것이 유리함. 특히 유아를 동반한 가족단위의 고객을 타깃으로 하는 메뉴에서는 이러한 요소를 강조하는 것이 유리함
포장 및 배달 편의성	포장이나 배달은 매장의 부가수익요인으로 매우 중요함. 따라서 포장이나 배달 시에도 매장과 동일한 품질과 형태로 즐길 수 있도록 개발 단계부터 구상이 필요함
원가와 수익성	각각의 메뉴 원가와 이익 공헌도는 측정과 평가가 가능하여야 함
메뉴 수명주기(PLC)	산업마다 고유한 제품의 수명주기가 있으며 외식업체에서는 메뉴의 수명주기가 있어, 특정 메뉴 개발 시점이 시장에서의 해당 메뉴의 수명주기 중 어느 시점에 속하는지 판단하고 개발에 착수해야 함

(5) 메뉴북 개발과 촉진

개발된 메뉴는 메뉴북을 통해 판매 촉진을 진행하는데 메뉴북의 역할은 다음과 같다.

- **최초의 판매 수단 :** 고객이 점포에서 최초로 접하는 제품이며 커뮤니케이션 도구
- **마케팅 도구 :** 점포에서 판매하는 제품의 품목, 가격, 내용을 전달하는 도구
- **고객과의 약속 :** 직접 제품을 보고 구매할 수 없으므로 메뉴북을 믿고 구매
- **내부 통제 수단 :** 직원들이 메뉴북을 통해 점포를 이해하고 행동하게 됨

메뉴북의 역할이 충실히 실현되게 하기 위해서는 디자인에 관심을 기울여야 한다. 메뉴북에서는 식재료와 조리방법, 음식의 정체성, 영양과 건강적 표현 요소, 식재료의 원산지, 가격과 품질 등 고객의 욕구를 만족시킬 수 있는 다양한 요소가 표현되어야 한다.

메뉴 개발과 메뉴북 개발이 완료되면 추가로 메뉴 판매를 극대화시키기 위한 다양한 촉진 전략이 적용되어야 한다. 촉진 전략은 일반적으로 광고와 판매촉진, 인적 판매와 홍보 등으로 나뉘는데, 외식프랜차이즈 기업은 비용대비 효율성을 고려하여 판매촉진과 홍보에 집중하는 경향이 있다. 촉진활동의 특징과 방법은 〈표 6-7〉과 같다.

표 6-7 촉진활동의 특징과 방법

구분	특징	방법
광고	–비용 부담이 큼 –단시간에 불특정 다수 소비자에게 도달할 수 있음	TV, 라디오, 신문, 잡지, 온라인 배너 및 키워드 광고 등
판매 촉진	–특정 목적에 의한 일방적 커뮤니케이션 –단기적으로 강력하고 신속한 반응 확인 가능	샘플, 시식, 할인, 쿠폰, 경품, 콘테스트, 구매시점 촉진 등
인적 판매	–전문 판매원을 활용한 쌍방향 커뮤니케이션 –인건비 부담이 크기 때문에 단가가 높은 고관여 상품 판매에 적합	칵테일 바의 바텐더, 일식당의 주방장 특선(오마카세) 메뉴 등
홍보	–기업의 비용 부담이 상대적으로 적음 –보도자료 형식으로 매스미디어에 배포	TV, 라디오, 신문, 잡지, 강연, 세미나 등

(6) 메뉴 분석

메뉴 평가가 메뉴를 개발해 판매하기 전의 정성적 검증 과정이라면, 메뉴 분석은 일정 기간의 메뉴 판매 결과를 통계적으로 분석하는 과정이다. 메뉴 분석을 위한 방법으로는 미국의 카사바나와 스미스가 만든 메뉴 엔지니어링을 비롯해서 ABC분석 등이 주로 활용되고 있다.

메뉴 분석은 월 단위 등 정기적으로 진행되어야 하는데, 그 이유는 다음과 같다.

- 상권 변화, 경쟁 상황, 고객욕구 변화, 식재료 가격 변동, 기업목표 변경, 사회문화적 환경변화 등 내외부적 환경 변화로 인한 관리 필요성
- 고객 관점, 수요-경쟁자 관점에서 수익성, 직원 관점에서의 메뉴 믹스는 다양한 이해관계를 조율할 수 있는 변수임
- 메뉴별 판매량과 수익성 분석을 통해 메뉴북 위치 변경이나 판매 촉진 전략을 수립할 수 있음

3 식사시간과 회전율

메뉴의 구성과 제공 방식은 고객의 식사시간에 영향을 주고 식사시간은 테이블 회전율에 직결된다. 햄버거나 설렁탕 같은 메뉴는 빠르게 먹을 수 있도록 제공된다. 오피스 상권이나 기차역 내의 설렁탕 전문점 같은 경우 10분 이내에 식사를 마치는 고객이 많다. 이에 따라 회전율이 높아지기 때문에 낮은 가격으로도 높은 매출을 실현할 수 있다. 풀코스 양식이나 한정식 같은 메뉴의 경우 식사시간은 길고 회전율은 떨어지기 마련이다. 따라서, 기획자는 제공되는 메뉴의 수와 제공되는 방식 등에 따라 예상되는 식사시간을 예측하여 적절한 가격과 서비스를 함께 기획해야 한다.

조미희, 이경희(2009)는 음식점의 업종과 업태별로 고객의 이용시간과 음식점 입장에서의 수용시간을 검증한 바 있는데, 그 결과는 〈표 6-8〉과 같다.

표 6-8 식사 소요 시간과 수용 가능 시간

고객의 식사 소요 시간	음식점 입장의 수용 가능 시간
패밀리 레스토랑 : 70분 한식 레스토랑 : 60분 패스트푸드 레스토랑 : 55분	패밀리 레스토랑 : 45–110분 한식 레스토랑 : 58–86분 패스트푸드 레스토랑 : 53–58분

자료 : 조미희, 이경희(2009), 레스토랑 수익 관리를 위한 적정 식사 시간 측정에 관한 연구

4 이용목적과 상황

소비자는 외식프랜차이즈 기업을 이용하게 되는 다양한 변수에 의해 업종과 업태를 다르게 선택한다. 다시 말해 방문하는 목적과 함께 방문하는 사람, 상황 등에 따라 메뉴나 서비스 스타일, 분위기 등을 고려해 선택하는 경향이 있다. 고객이 외식을 하는 상황은 〈그림 6-7〉과 같이 다양하게 나타난다. 콘셉트 개발 단계에서는 앞에서 설정한

우리의 목표고객이 이용하는 구체적인 상황을 생각하며 만족도를 극대화할 수 있는 방향을 잡아가야 한다.

날씨	동반자 관계	시간적 상황	과업적 성격	심리적 상황
• 화창한 날 • 비오는 날 • 더운 날 • 추운 날	• 어린이 동반 • 친구 동반 • 연인 동반 • 가족 동반 • 손님 동반 • 나홀로 식사	• 아침/점심/저녁/밤 • 급한 상황 • 여유있는 상황 • 평일/주말	• 정기 모임 • 사업 목적 • 가정 행사	• 스트레스 해소 • 배고픔 해소 • 분위기 즐기기

그림 6-7 고객의 다양한 외식 상황

자료 : 이정실(2002), 외식 고객의 상황에 따른 레스토랑 업종 및 업태 선택 차이

1) 고객의 욕구 이해

고객의 욕구는 가시화된 욕구와 잠재된 욕구로 구분할 수 있고, 가시화된 욕구는 현재 충족된 욕구와 아직 충족되지 않은 욕구로 다시 나눠서 생각할 수 있다. 성공적인 콘셉트는 다양한 욕구를 충분히 이해하고, 이미 충족된 욕구는 물론, 아직 충족되지 않은 욕구와 잠재적 욕구의 해결책을 제시할 수 있어야 한다.

그림 6-8 콘셉터가 이해해야 할 고객의 욕구

2) 이용 상황에 따른 고객의 욕구 분석

이러한 고객의 욕구는 외식프랜차이즈 기업의 이용 목적과 이용 상황과 이용 과정 등을 정성적 조사로 파악할 수 있다. 즉 경쟁 브랜드의 매장에서 이용하는 고객의 이용 상황과

과정을 관찰하여 고객의 충족된 욕구와 충족되지 않은 욕구, 그리고 숨겨진 욕구는 어떤 것들이 있는지를 파악하여 명시화하면 향후 우리 브랜드의 콘셉트를 개발하는 과정에서 충족되지 않거나 아직 잠재되어 있었던 욕구를 선제적으로 대응할 수 있다.

〈표 6-9〉는 20, 30대 직장인을 대상으로 하는 국밥 전문점의 콘셉트 개발을 위하여 타깃 고객층의 이용 목적과 이용 상황, 이용 과정 등에 따른 충족된 욕구와 미충족된 욕구, 잠재된 욕구 등을 분석해 본 것이다.

표 6-9 순대국 전문점의 고객 니즈 분석의 예시

	이용 목적	이용 상황	이용 과정
충족된 욕구	저렴한 가격, 신속한 메뉴 제공, 배부름	회사 점심시간 식사를 겸한 가벼운 술자리	사무실 내 연장자가 제안–점포 방문–식사 야근 후 동료들과 점포를 찾게 된다.
미충족된 욕구	야근 후 혼자 먹는 저녁	메뉴가 별로 없다.	혼자 밥을 먹을 때도 가볍게 술 한 잔 정도는 하고 싶지만 여러 사람들이 모여 술 마시는 사이에서 혼자 마시는 게 눈치가 보인다.
잠재된 욕구	국밥집의 허름한 분위기 대신 세련된 분위기에서 가볍게 식사할 수 있었으면 좋겠다.	집에 가지고 갈 수 있는 적절한 포장이 있었으면 좋겠다.	먹다 보면 배가 매우 부르고 칼로리도 높을 것 같아 한번 먹고 나면 2–3주 동안은 피하게 된다.

3) 욕구 5단계설과 2요인 이론을 적용한 외식프랜차이즈 기업의 콘셉트 개발

매슬로우의 욕구 5단계설에 의하면 인간의 욕구는 배고픔이나 수면 등의 기본적 생리적인 욕구가 충족되면 위험이나 고통으로부터의 안전함을 원하는 안전 단계의 충족을 원하고, 이것이 충족되면 사회적 관계에서 애정이나 소속감을 느끼고 싶어 한다. 이러한 애정의 욕구가 충족된 후에는 자아존중의 욕구로 존경을 받는 지위나, 명예를 얻고자 하며, 마지막으로 자아실현의 욕구를 충족하고 싶어 한다.

또한, 허즈버그의 2요인 이론에 따르면, 회사나 조직에서 직원들의 만족도는 두 가지 요인에 따라 좌우되는데, 곧 동기요인과 위생요인이 그것이다. 주로 조직경영, 인사론에서 직원의 동기 부여를 위해 활용하는 이론이나, 외식프랜차이즈 기업 콘셉트 적용에 있어서 고객의 지속적 구매 동기 요인을 이해하는 데 도움이 된다.

이 이론은 기존의 '만족의 반대는 불만족이다'는 견해를 깨고, 동기요인과 위생요인은 각 요인들이 충족되었을 때 다른 결과가 나타난다는 주장이다. 기업의 복리후생 부문에서 급여, 근무 안정성, 근무조건, 지위, 대인관계, 조직정책 등은 위생요인에 해당되고, 성취감, 안정감, 책임감, 발전, 보람, 자아실현 등은 동기요인에 해당된다. 즉 관리자는 직원의 근무 만족도와 충성도를 향상시키고, 장기 근속을 위한 전략을 구상할 때 단순히 근무조건이 만족스러운 수준으로 끌어올리는 데에만 집중해서는 안 되고, 어느 정도 근무조건의 만족도가 확보되었다고 생각되면 어떻게 근무를 통해 직원들이 보람과 자아실현을 얻게 할지에 관심을 기울여야 한다.

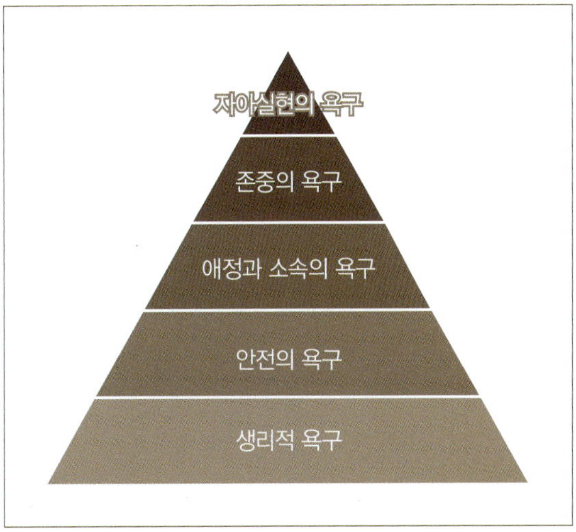

그림 6-9 매슬로우의 욕구 5단계설

이 두 가지의 이론을 외식프랜차이즈 기업의 콘셉트에 적용하면 배고픔과 같은 생

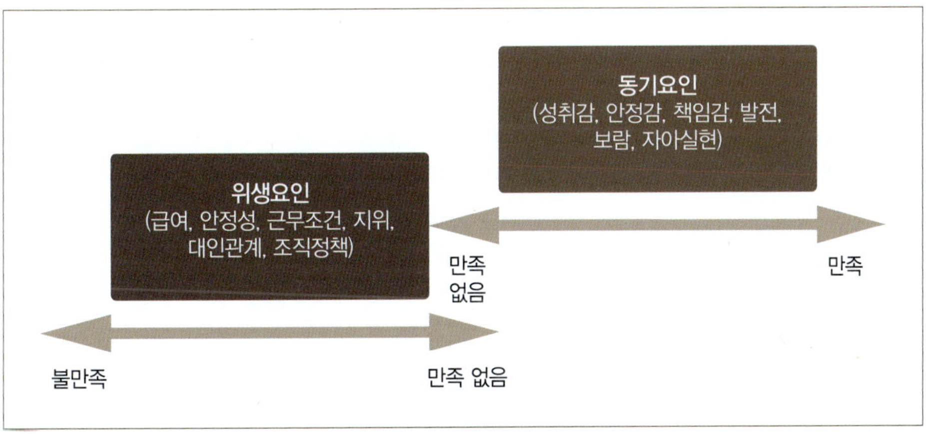

그림 6-10 허즈버그의 2요인 이론

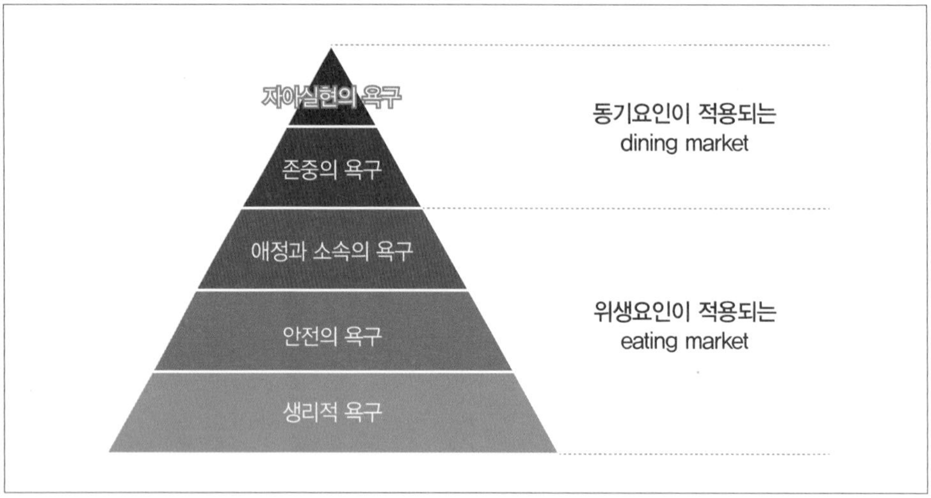

그림 6-11 외식프랜차이즈 기업의 콘셉트 개발 시 고려해야 하는 욕구

리적 욕구를 해결하는 Eating Market과 친목도모와 같은 사회적 욕구를 해결하는 Dining Market이 해결하는 욕구를 이해할 수 있으며, 이에 따라 콘셉트를 개발해야 하는지 알 수 있다.

예를 들어 2, 30대 여성 직장인을 주 타깃으로 한 국밥 전문점의 콘셉트를 개발한다고 하자. 해당 브랜드는 보통의 경우 Eating Market에 해당될 것이며, 그럴 경우 생리적 욕구, 안전의 욕구, 애정과 소속의 욕구를 충족시킬 수 있는 장치 위주로 콘셉트를 개발해야 할 것이다. 구체적으로 콘셉트 개발 방향을 잡은 내용은 〈표 6-10〉과 같다.

표 6-10 2, 30대 직장인 대상의 국밥 전문점 콘셉트 개발

욕구의 분류	점포에 욕구 적용	경쟁 브랜드 분석	콘셉트 개발 시 적용 방향
생리적 욕구	배고픔, 목마름, 추위, 더위 등	–주문 후 메뉴 제공에 평균 7분 소요 –직원 요청 시 물은 셀프로 제공한다고 안내 –여름에 냉방 상태 좋지 않음	–신속한 메뉴 제공–메인 메뉴 제공시간 5분, 반찬류 제공 3분 이내로 조정 –보온병 구비 후 하절기에는 얼음물, 동절기에는 따뜻한 물 준비하여 주문 받고 1분 내 제공 –냉·난방기 및 에어커튼 설치로 쾌적한 환경 조성

(계속)

욕구의 분류	점포에 욕구 적용	경쟁 브랜드 분석	콘셉트 개발 시 적용 방향
안전의 욕구	위생적인 매장 환경, 안전한 식품에 대한 관심	–테이블 위생상태 의심 –조미료 사용 의심	–일회용 테이블매트를 사용하여 식재료 안전, 조미료 사용 등에 대한 홍보 메시지 전달 –매일 마감 시 테이블, 벽면 등 청결 유지 매뉴얼 적용
애정과 소속의 욕구	친절한 서비스, 섬세하게 배려받고 있다는 느낌 제공	서비스 교육 없는 점주와 직원	–고객 서비스 교육 정기화 –의류 탈취제 제공

5 서비스 형태와 판매방법

이 단계에서는 서비스의 방식과 프로세스를 설계한다. 한정식이라면 코스로 각각의 메뉴를 어떻게 제공할 것인지를 결정해야 한다. 갈비 전문점의 경우 전체 메뉴를 풀 서비스로 제공하고 고기는 직원이 구워주는 형식으로 할 것인지, 반찬이나 쌈채소 등을 셀프서비스로 만들 것인지 등 직원의 업무량과 고객의 서비스 참여도의 균형을 잡는 것이 중요하다. 이를 좀더 과학적으로 관리가 가능하게 하려면 서비스 프로세스를 설계해야 한다.

1) 서비스의 특성

서비스는 생산과 소비가 동시에 이루어지는 고유한 특성(동시성, 비분리성)을 가지고 있다. 이러한 특성으로 인하여 고객은 대부분 생산 현장에서 과정을 관찰하거나 참여하는 역할을 하게 된다. 따라서 서비스 과정은 고객과 분리하여 생각할 수 없다. 예를 들면 전자제품과 같은 유형의 제품을 생산하는 현장에는 절대로 고객이 참여하는 일이 없다. 하지만 외식프랜차이즈 기업과 같은 서비스 업종은 메뉴를 제조하는 현장을 고객이 지켜본다거나 심지어 고객이 직접 고기를 굽는 등의 조리 활동을 하기도 한다.

이와 같이 서비스를 구매하는 고객은 단순히 수혜자의 입장을 넘어서서 서비스 프로세스에 직접 참여하는 것이 일반적이다. 이러한 이유 때문에 서비스 생산의 흐름은 제품 마케팅보다 더 중요하고 적극적인 통제가 필요하다. 앞에서 예를 들었던 것과 같이 자동차를 구매하는 고객은 자동차가 만들어지는 과정에 대하여 특별한 관심을 두지 않지만 식사를 하려는 고객은 다르다. 그들은 안락한 분위기를 즐기며, 주문을 하고, 음식을 받고, 식사를 하는 과정과 거기서 얻어지는 경험을 더 중요하게 생각한다. 외식프랜차이즈 기업에서 고객이 경험하는 많은 단계와 서비스 제공자의 처리 능력은 고객의 눈에 가시적으로 나타난다. 즉 직접적으로 참여하면서 관찰이 가능하다는 것이다. 그러므로 이것은 서비스의 품질을 결정하는 데 큰 영향을 주게 되어 구매 후 고객만족과 재구매 의사에 결정적인 영향을 미친다.

이상 살펴본 바와 같이 제조업에 비하여 서비스업에서의 서비스 프로세스의 중요성은 아무리 강조해도 지나치지 않다. 때문에 외식프랜차이즈 기업과 같은 서비스업의 경영자와 관리자 그리고 직원은 프로세스의 계획, 실행, 통제에 심혈을 기울여야 한다.

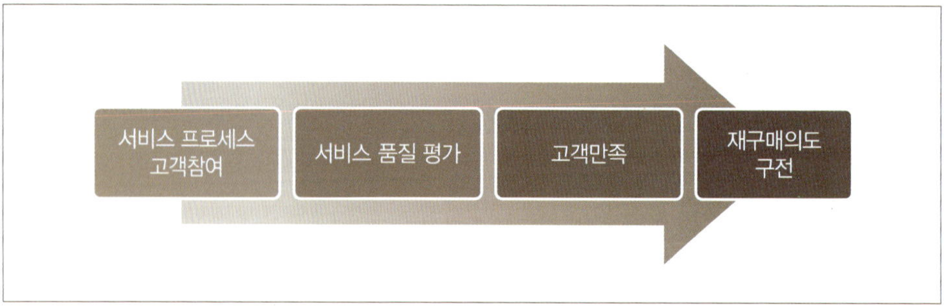

그림 6-12 서비스 프로세스의 중요성

따라서 표준화된 서비스를 제공하는 것이 경쟁력과 사업성과에 미치는 영향이 큰 외식프랜차이즈 기업에게 프로세스 관리는 매우 중요한 사업의 목표 중 하나이다. 그래서 글로벌 기업은 서비스 프로세스 관리를 위하여 대기관리, MOT관리, 서비스 청사진 기법이나 피쉬본 다이어그램과 같은 효과적이고 합리적인 수단 등을 개발하여 활용하고 있다.

2) 서비스 프로세스 설계 전 고려사항

(1) 표준화와 개인화의 선택

외식프랜차이즈 기업을 위한 서비스 프로세스를 설계하기 위해 우선 자사의 콘셉트가 표준화된 서비스와 개인화된 서비스 중 어떤 쪽을 선택하는 것이 유리한지 결정해야 한다. 외식프랜차이즈 기업에서의 서비스 프로세스와 서비스 처리능력은 고객이 점포의 서비스 품질을 평가하는 데 큰 영향을 미친다. 따라서 서비스의 일관성과 품질을 향상시키기 위한 서비스 프로세스의 표준화는 물론이고, 서비스 프로세스의 개인화까지도 각각의 점포에서 수행해야 하는 필수적인 과업에 해당한다.

이 시점에서 우리는 '과연 서비스에서도 표준화가 가능한 것인가?'라는 질문을 할 수 있다. 서비스의 표준화가 불가능하다는 견해는 결과적으로 서비스는 과학적인 측정과 피드백이 어렵다는 인식에 기초한다.

우리가 설계하게 될 대부분의 서비스 프로세스는 체계적인 규칙과 기준에 의하여 표준화가 가능하다. 예를 들어 패스트푸드 등의 업종에서는 저렴한 가격으로 최소한의 서비스만을 제공하는 표준화된 프로세스를 제공하는 데 목표를 둔다. 예를 들면 맥도날드는 비교적 저렴한 가격으로 한정된 종류의 햄버거와 음료를 판매한다. 고객들은 직접 카운터에서 주문하고 계산한 후에 햄버거와 음료를 받아서 자신이 원하는 자리에서 섭취하게 되며, 식사가 끝나면 직접 쓰레기와 쟁반을 처리한다. 이러한 과정을 검토해보면, 맥도날드는 매우 표준화된 프로세스만을 제공하고 있음을 알 수 있다. 반면에 고급음식점과 같이 풀 서비스를 제공하는 외식업체에서는 높은 가격으로 개별화된 서비스로 경쟁적 차별화를 시도한다. 직원들은 매우 친절하며 많은 권한을 위임받아 고객들의 취향에 맞는 차별적인 서비스를 제공하도록 하는 프로세스를 가지고 있다. 호텔 내의 고급 레스토랑들은 개인화된 서비스를 제공하는 대표적인 사례이다.

이 두 사례는 극명한 비교를 위하여 선택한 것이지만 대부분의 외식프랜차이즈 기업에서 서비스 프로세스의 표준화와 개인화는 적절하게 혼합되어 있다. 표준화만을 고집하거나 개인화만을 추구하기보다는 최적의 효과와 효율성을 위하여 적절한 조화를 이

표 6-11 서비스 프로세스의 핵심과제

구분	표준화	개인화
특징	모든 고객에게 동일한 프로세스의 서비스를 제공하는 것으로 주로 제품의 생산과정에서 많이 활용되고 대량생산에 유용함	고객의 취향에 따라 각기 차별적인 서비스를 제공하는 것으로 직원에게 많은 권한이 위임되어야 가능함
	서비스는 과학적인 측정과 피드백이 어렵다는 인식이 표준화를 가로막기도 함	많은 유연성과 판단력이 요구되므로 서비스 제공자의 능력수준이 높아야 함
기업 유형	공공서비스, 극장, 패스트푸드, 택배서비스, 철도 및 고속버스 회사 등	법률, 회계, 이벤트, 컨설팅, 호텔, 병원, 백화점, 공항, 고급 레스토랑 등

루는 경우가 많다.

(2) 서비스 프로세스 설계 시 고려사항

서비스 프로세스의 설계를 위하여 표준화와 개인화의 비중을 결정하였다면, 다음 단계에서는 프로세스 설계 시 고려해야 할 사항을 확인해야 한다. 예를 들어 점포 내 시설 등을 배치할 때, 표준화 서비스를 제공하기로 결정한 경우에는 '생산자 중심'으로 모든 설비 등을 배치해야 할 것이고, 개인화 서비스를 제공하기로 결정한 경우에는 '고객 중심'으로 배치해야 한다.

디자인의 경우 표준화된 서비스 프로세스의 경우 규격화를 통해 신속한 서비스에 초점을 맞추는 반면, 개인화된 서비스를 추구하는 경우에는 고객의 욕구수준에 따른 다양화가 중요하다. 그 외에 일정계획, 생산계획, 직원의 능력, 품질통제, 시간표준 등에 있어서도 〈표 6-12〉와 같이 표준화와 개인화에 적합하도록 세부적인 내용을 고려해야 한다.

3) 서비스 프로세스 설계 과정

서비스 프로세스의 분류가 확정되고 해당 분류에 따른 고려사항을 충분히 검토하였다면, 실질적인 서비스 프로세스 설계 과정에 따라 서비스 디자인 작업을 다음과 같이 진

표 6-12 서비스 프로세스 분류에 따른 고려사항

구분	표준화 서비스 프로세스	개인화 서비스 프로세스
설비 위치 및 배치	생산자 중심 배치	고객 중심 배치
디자인	규격화, 신속성 위주	다양화, 고객 요구 위주
일정계획	완료 시점 중시	과정 중시
생산계획	예측생산	주문생산
직원의 능력	기능적 측면 중시	커뮤니케이션 능력 중시
품질통제	표준화, 고정적	주관적, 변동적
시간표준	시간표준의 준수	시간표준이 엄격하지 않음

행한다.

첫째, 서비스 과정의 모든 접점(MOT, 진실의 순간)을 검토하고 분석한다.

둘째, 해당 외식프랜차이즈 점포를 이용하는 고객의 목적에 따라 서비스를 세분화한다.

셋째, 세분화된 서비스 유형에 따라서 서비스 청사진을 그린다.

넷째, 제작된 서비스 청사진을 토대로 모든 서비스 접점에 대한 매뉴얼을 제작하여 표준화한다.

다섯째, 모든 내부 이해관계자의 협의를 거쳐서 서비스 청사진과 매뉴얼을 완성한다.

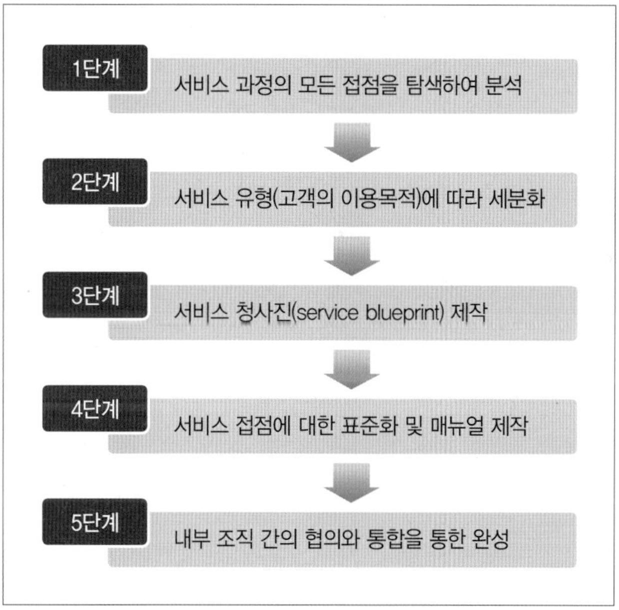

그림 6-13 서비스 프로세스 설계 과정

4) 고객 구매과정 관리

서비스 프로세스의 구매과정 관리는 구매 전 관리, MOT관리, 구매 후 관리로 이루어진다. 이러한 세 가지 단계를 관리하는 수단으로써 '구매 전 관리(대기관리), 구매/서비스 과정 관리(MOT관리), 구매 후 관리(피쉬본 다이어그램)'에 대하여 자세히 살펴보기로 한다.

(1) 대기관리의 개념과 관리 방법

대기관리란 소비자가 상품을 구매하기 전 단계의 관리 중 하나이며 주로 외식프랜차이즈 기업에서 발생하는 구매과정의 하나이다. 외식프랜차이즈 기업에서 대기란 고객에게 메뉴가 제공되기까지 기다리는 시간을 의미한다. 기타 서비스 업종의 경우 소멸성과 비분리성이라는 업종의 특성 때문에 고객은 종종 많은 시간을 기다릴 수 있다.

대기는 왜 발생하는 것일까? 이유는 간단하다. 수요에 비하여 공급이 부족하기 때문이다. 즉, 서비스를 받으려는 소비자는 많은 반면, 서비스를 제공하는 시설이 부족하면 대기가 발생한다. 결국 고객은 줄을 서서 기다리게 된다. 대기는 수요와 공급의 불균형으로 인하여 불가피하게 발생하는 상황이지만 모든 고객이 이러한 상황을 이해하고 긍정적으로 받아들이지는 않는다. 일부 고객은 이러한 대기를 매우 부정적인 경험으로 인식할 수 있다. 따라서 고객들이 서비스를 받기 위하여 기다리는 대기시간을 효과적으로 관리하는 것은 고객만족과 재구매에 큰 영향을 미친다. 이러한 상황에서 필요한 것이 바로 대기관리이다.

또한, 대기관리를 위해서는 대기수준 파악이 필요하다. 일본을 방문해 본 사람은 오랜 시간 줄을 서서 기다리는 고객을 본 경험이 있을 것이다. 그런데 국내 외식프랜차이즈 기업은 대기행렬이 많지 않다. 그것은 국민성의 문제일 수도 있지만 대기를 하면서까지 식사를 해야 할 만큼의 가치를 고객이 느끼지 못하기 때문일 수도 있다.

고객은 그 상황과 서비스의 유형에 따라서 같은 시간과 가치도 다르게 인식한다. 외식프랜차이즈 기업의 입장에서 가장 이상적인 상황은 대기를 만들지 않는 것이다. 하지만 서비스는 소멸성이 있고 공간의 제약이 있어서 고객만족도가 높은 경우 대기는 피할 수 없다. 따라서 이와 같은 대기는 결국 최선의 관리방안을 찾아서 효과적으로 대처하는 길밖에 없다.

대기관리는 크게 서비스 공급(생산)을 증가시키거나 고객의 인식을 조절하는 두 가지 방법이 있다. 서비스 생산관리는 서비스 방법을 변화시켜서 실제적인 대기시간을 줄이는 것을 의미한다. 생산관리를 이용하는 방법이 대기관리의 가장 바람직한 해결책이지만 많은 투자비가 소요될 수 있어서 가장 어려운 방법이기도 하다. 그래서 가장 쉽게 사용할 수 있는 방법으로 고객 인식의 관리를 선택한다. 대기관리를 위한 인식관리는 실제적인 대기시간을 줄이지는 못하지만 인지적으로 대기 시간이 짧게 느끼게 하거나 즐겁게 기다릴 수 있도록 관리하는 것을 의미한다.

① 대기를 줄이기 위한 서비스 공급 늘리기

먼저 실제적인 대기시간을 줄이기 위한 프로세스 관리기법을 살펴보면 다음과 같다.

- **예약 시스템 도입 :** 고객에게 예약을 받아서 고객이 도착하자마자 서비스를 제공할 수 있도록 예약시스템을 이용하면 서비스 공급 증대 효과를 거둘 수 있다. 예약을 활용할 때는 초과예약에 관한 정책을 미리 정하는 것이 중요하다. 실제 현장에서는 예약을 한 고객들이 아무런 연락도 없이 나타나지 않는 'No Show' 상황을 대비하여 초과예약을 받는 것이 보편화되어 있다. 외식프랜차이즈 기업의 관리자는 과거의 예약 불이행률을 참고하여 초과예약(overbooking)을 받지만 경우에 따라서는 가용능력 이상으로 예약고객이 방문하는 상황이 발생하게 된다. 따라서 이와 같은 상황을 고려한 초과예약 고객의 처리방침을 내부적으로 준비하는 것도 필요하다. 다만, 예약시스템은 공급능력을 늘리는 것이 아니고 오히려 효율성을 저하시킬 수 있다고 생각하여 기피하는 경우도 있다.
- **다양한 커뮤니케이션을 이용한 수요 분석 :** 유휴시간에 고객을 유인하기 위한 커뮤니케이션을 할 필요가 있다. 고객에게 혼잡한 시간대와 한가한 시간대를 미리 알리고 가능하다면 한가한 시간대에 방문하여 할인 혜택을 누리도록 유도하는 것이다. 예

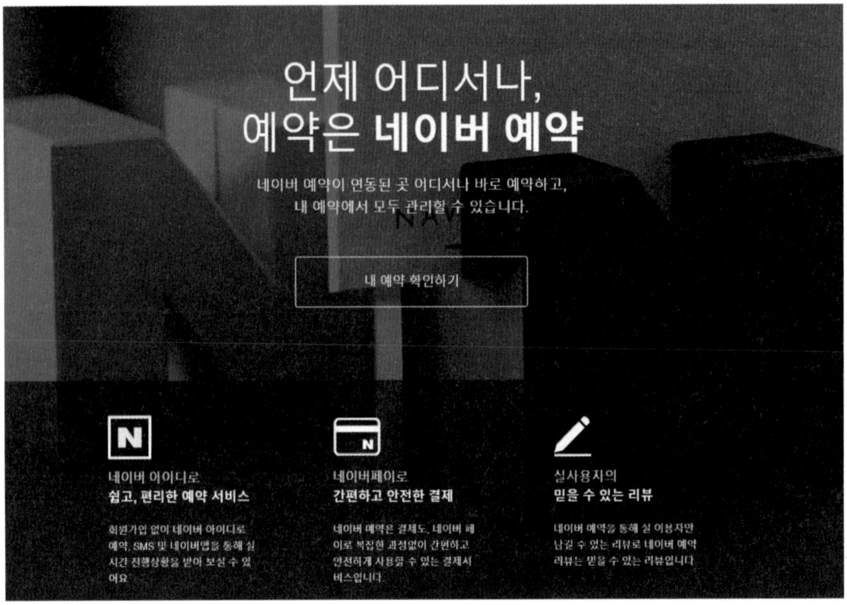

그림 6-14 네이버 예약 활용

를 들어 점심 시간대에 수요가 없거나 수요가 있더라도 목표고객의 가격민감도가 높다면 저녁 시간대보다 할인된 가격으로 판매하는 것은 가장 대표적인 고객유인 커뮤니케이션 전략이다. 또한 주말고객이 거의 없는 오피스 상권에서 평소에 주말 할인제도가 있음을 고객에게 전달하여 주말수요를 늘리려는 것도 대표적인 커뮤니케이션 전략이다.

- **공정한 대기 시스템 구축 :** 공정한 대기시스템을 설계하는 것도 매우 중요하다. 먼저 도착한 사람이 먼저 서비스를 받는 원칙이 지켜져야 한다. 다만, 이때 한 가지 이슈는 예약과 도착 순서 중 어떤 것을 우선하느냐이다. 만약 예약손님을 우선하는 경우에 미리 도착한 손님이 예약손님을 식별할 수 있는 방법이 없으므로 사전에 대기고객에게 이해를 구하고 오해가 없도록 충분히 설명해야 한다.

② 대기관리를 위한 고객인식 관리법

앞에서 살펴본 실제적인 대기관리기법 이외에도 고객의 대기에 대한 인식을 관리하는 방법도 적극적으로 활용할 필요가 있다. 시간에 대한 고객의 인식을 개선하는 것은 실제로 기다리는 시간을 줄이는 것과 동일한 효과를 발휘하기 때문이다. 예를 들어 고객들이 대기시간을 30분 정도로 기대하고 있었는데, 25분 만에 서비스를 받았다면 고객은 상당한 시간을 기다렸음에도 불구하고 만족한 서비스를 받았다고 생각할 수 있다. 따라서 다음과 같은 대기관리를 위한 고객의 인식관리기법을 충분히 활용해야 할 것이다.

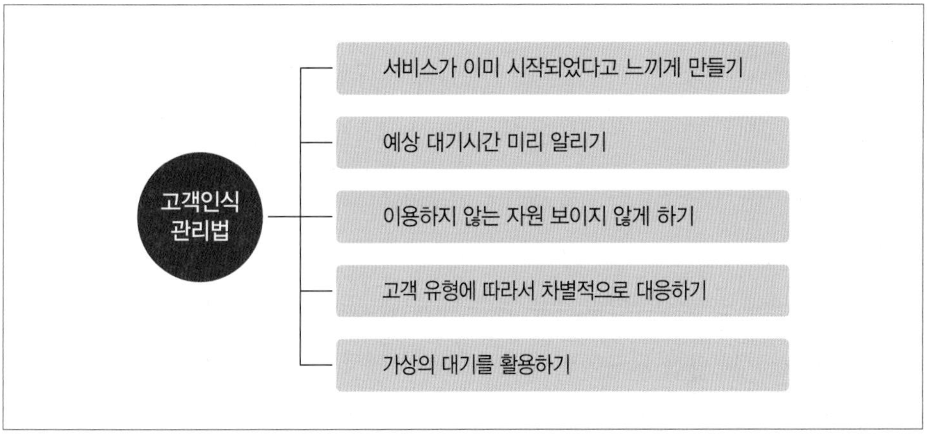

그림 6-15 고객인식관리를 위한 대기관리법

첫째, 서비스 제공 이전의 대기가 서비스 과정 중의 대기보다 더 길게 느껴지기 때문에 고객에게 서비스가 이미 시작되었다는 인식을 주는 것이 필요하다. 아무 것도 하지 않고 기다리는 것은 무엇인가를 하면서 기다리는 것보다 더 지루하므로 볼거리나 먹을거리를 제공하는 것이 필요하다. 예를 들어 크리스피 크림 도너츠는 도넛이 생산되는 과정을 고객이 직접 볼 수 있도록 함으로써 대기시간의 지루함을 덜어주고 있다. 그리고 대기시간에 간단한 업무를 볼 수 있도록 페이저를 이용한 호출서비스를 제공하는 것도 고객의 지루함을 덜어주는 방법에 해당된다.

둘째, 예상되는 대기시간을 미리 알려주는 것은 고객이 더 기다려야 할지 아니면 대

그림 6-16 고객 대기관리를 위한 나우웨이팅

기를 포기해야 할지를 선택할 수 있는 기회를 제공해 줌과 동시에 기다림의 지루함도 어느 정도 줄이는 효과가 있다. 예를 들어, 전화주문 서비스를 제공하는 경우 대기시간관리의 중요성을 인식하고 정확하게 알려 주는 서비스를 제공하고 있으며, 배달 피자 전문점의 경우 주문에서 배달까지의 시간을 보증하는 제도를 도입함으로써 고객이 대기시간을 미리 예측하는데 도움을 주고 있다.

셋째, 이용되고 있지 않는 자원은 보이지 않도록 하는 것이 고객의 대기에 대한 인식을 관리하는데 필요하다. 예를 들어 직원들이 바쁘게 열심히 일하는 모습을 보이는 상황에서 고객은 대기시간에 크게 신경 쓰지 않는다. 하지만 직원이 고객에게 관심을 보이지 않으면서 일도 하고 있지 않다면 고객은 화를 내게 될 것이다. 고객과의 상호작용이 아닌 일을 해야 하는 경우에는 가능하면 보이지 않는 곳에서 처리하는 것이 좋다. 위와 같은 방법 이외에도 고객의 대기시간에 대한 인식을 관리하기 위한 방법은 다양하게 존재할 수 있다. 고객의 성격유형에 따라서 차별적으로 대응한다든가 가상대기를 활용하는 방법 등이 존재한다. 하지만 서비스 기업에서 다양하게 활용되는 관리법이 모두 가능하지는 않다. 따라서 마케터는 다양한 대기에 대한 인식을 관리하는 방안을 개발하려는 노력이 필요하다.

③ 마이스터의 대기관리 기본 원칙

이상의 인식관리법 외에도 마이스터(David Maister)의 대기관리 기본원칙을 참고하면 도움이 될 것이다.

첫째, 사람은 무엇인가를 할 때보다 아무것도 하지 않을 때 대기를 더 길게 느낀다. 따라서 고객이 대기하는 시간을 지루하게 느끼지 않도록 편안한 좌석과 읽을거리나 간단한 차 등을 제공하는 게 좋다.

둘째, 일반적으로 소비자는 구매가 시작되기 전의 대기를 더 길게 느낀다. 가능하면 미리 메뉴북이나 기타 소개자료 등을 제공하여 살펴보도록 하면 구매가 시작된 것으로 인식하게 만들 수 있다.

셋째, 근심이 있으면 더 길게 느껴진다. 고객이 대기하는 동안 즐거운 마음을 가질 수 있도록 대기 장소의 분위기를 밝고 경쾌하게 꾸미면 좋다.

넷째, 언제 서비스를 받을지 모른 채 기다리면 더 길게 느껴진다. 따라서 얼마나 기다려야 하는지 고객에게 정확하게 알려주거나, 대기표 등을 제공하여 서비스 받을 시간에 대한 예측이 가능하도록 해주는 것이 좋다.

다섯째, 원인을 알 수 없는 대기는 더 길게 느껴진다. 왜 기다려야 하는지 이유나 근거를 정확히 밝혀주고, 양해를 구하는 직원의 서비스 정신이 필요하다.

여섯째, 불공정한 대기는 더 길게 느껴진다. 고객의 대기 시간은 항상 누구에게나 평등하게 순서대로 지켜져야 한다. 최근에는 VIP 고객과 일반 고객의 대기 장소가 서로 접촉을 할 수 없도록 격리하게 만들기도 한다.

일곱째, 가치가 적을수록 대기는 더 길게 느껴진다. 서비스의 가치를 높여 고객의 대기 시간에 대한 불만을 잠재우는 것도 하나의 방법이다. 맛집으로 소문난 경우 대기 시간이 길더라도 불평 없이 기다리는 것을 볼 수 있다.

여덟째, 혼자 대기하면 더 길게 느껴진다. 대기 고객의 일행 인원수를 파악하고 1인 고객일수록 더 관심을 가지는 게 필요하다.

(2) MOT관리 개념과 방법

① MOT의 이해

스웨덴 학자 리처드 노먼(Richard Norman)이 최초로 사용한 MOT(Moments Of Truth)는 '진실의 순간' 또는 '결정적 순간'이라고 하며, '고객이 기업의 직원 또는 특정 자원과 접촉하는 15초의 순간'을 의미한다. 이 순간에 제공되는 서비스는 고객의 품질인식에 절대적인 영향을 미치는 상황으로 정의한다. 진실의 순간은 서비스 품질인식에 결정적인 역할을 하기 때문에 결정적 순간으로도 불린다. 결정적 순간은 서비스 제공자가 고객에게 서비스의 품질을 보여 줄 수 있는 기회로써 지극히 짧은 순간이지만 고객의 서비스에 대한 인상을 결정하는 매우 중요한 순간이 된다.

스칸디나비아 항공사의 얀 칼슨(Jan Carlson) 사장은 《고객을 순간에 만족시켜라: 진실의 순간》이라는 책에서 1년에 1천만 명의 승객이 각각 5명의 스칸디나비아 항공사의 직원과 접촉하였음을 강조하였다. 1회의 접촉시간이 평균 15초인 순간순간이 항공사의 성공을 좌우하기 때문에 직원들은 이와 같은 결정적 순간이 항공사의 전체 이미지를 결정한다는 사실을 인식해야 한다고 역설하였고, 실제 결정적 순간 개념을 실무에 도입한 지 1년 만에 스칸디나비아 항공사를 연 800만 달러의 적자에서 7,100만 달러의 이익을 내는 기업으로 전환시킨 바 있다.

② MOT관리의 필요성

외식프랜차이즈 기업의 직원이나 기타 유형적 요소가 고객과 접촉하는 순간 발생하는 결정적 순간에 고객이 경험하는 서비스 품질이나 만족도는 곱셈의 법칙이 적용되는 것으로 알려져 있다. 이것은 많은 수의 결정적 순간에서 단 한 번이라도 실수를 하면 한 순간에 고객을 잃어버리게 된다는 의미이다. 단순 업무로 인하여 소홀하게 생각할 수 있는 경비원, 주차원, 전화예약 담당자 등이 한순간의 실수로 전반적으로 높게 인식되었던 서비스 품질을 최저수준으로 떨어뜨릴 수 있다. 서비스의 제공과정에서 지속적으로 발생하는 진실의 순간(MOT), 결정적 순간 또는 서비스 접점 관리는 매우 복잡한 문제이다. 하지만 순간순간의 관리가 최적으로 결합됨으로써 서비스 품질을 높일 수 있다.

일반적으로 서비스 품질은 기술적 품질과 기능적 품질로 구분한다. 기술적 품질은 식사 후 느끼는 포만감 등을 사례로 들 수 있으며, 기능적 품질은 직원의 서비스 능력, 단정한 복장 등으로 표현할 수 있다. 서비스 접점을 효과적으로 관리하게 되면 열악한 기술적 품질이나 기능적 품질에 의하여 부정적인 인상을 가질 수 있는 상황을 극복하는 데 도움이 된다. 예를 들어 메뉴의 맛이 없거나 직원의 부적절한 서비스, 지저분한 복장으로 인하여 불만족한 고객에게 계산을 하려는 순간 카운터에서 캐셔가 무료식사의 기회나 할인쿠폰 등을 제공한다거나 고객을 만족시키기 위하여 최선을 다하는 모습을 보인다면 고객은 만족도가 급격하게 높아진다.

실제로 점포에서 서비스의 제공과정에는 여러 사람이 관여하기 때문에 지각된 품질을 통제하는 것은 매우 어렵다. 따라서 MOT를 충분히 인지하고 마지막까지 주의 깊게 관리할 때, 고품질의 서비스 유지가 가능하다.

③ 서비스 청사진

MOT를 관리하여 서비스 실패를 줄이고, 서비스 실패를 복구하기 위해 서비스업에서는 서비스 청사진 기법을 활용한다. 서비스 청사진은 서비스 시스템을 정확하게 묘사하여 그 서비스를 제공하는 데 관계된 사람들이 분담된 역할과 관점에 상관 없이 서비스 프로세스를 이해하고 객관적으로 처리할 수 있도록 도와주는 그림이다(〈그림 6-17〉 참조).

서비스 청사진은 서비스 프로세스를 고객의 입장에서 가시적 요소와 비가시적 요소로 구분하고 각각의 단계마다 서비스 실패 가능 지점들을 분석하여 실패를 미연에 예방하고 보다 높은 품질의 서비스를 제공하도록 설계하여 그 성과를 분석하고 보완하는 작업으로 이루어진다.

이러한 서비스 프로세스의 개발은 본질적 서비스 요소에 집중하고 비본질적 요소를 제거하여 생산성과 고객의 만족도 모두를 높일 수 있도록 하는 데 의의가 있다.

(3) 피쉬본 다이어그램을 이용한 구매 후 관리

인과관계도표로 잘 알려진 요인분석도(fishbone diagram)는 잘못된 결과에 대한 원인을 찾아서 연결하는 일종의 도표이다. 이것은 일본의 품질관리 전문가인 카오루 이시가와에 의하여 개발되었으며 기업이 고객의 불만을 직접 추적하는 도구로도 활용한다. 물고기의 뼈 구조 형태에 문제점을 기술하는 형태의 도표로 구성되는 이것은 물고기의 머리에 해당되는 부분에는 직면하고 있는 문제점을 기술하고 머리에서 꼬리까지의 중심 뼈를 그린 후 여기서 갈라져 나온 뼈들에 문제를 일으키는 중요 요소를 표시한다.

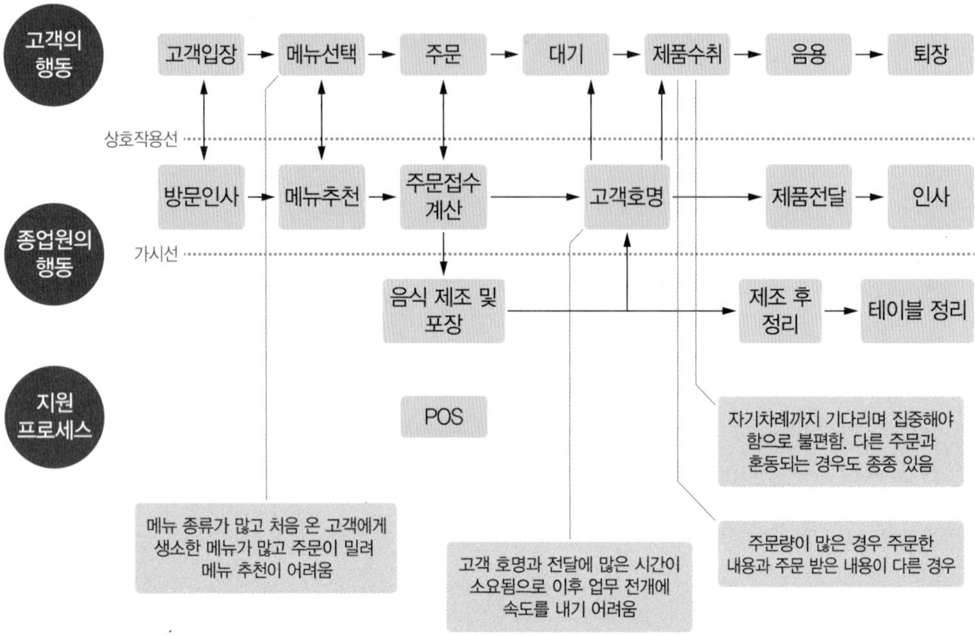

순번	실패 가능 요인	서비스 실패 내용	개선 방안	성과 예측
1	메뉴 종류가 다양함	처음 온 고객에게 생소한 메뉴가 많아 익숙한 메뉴만 주문하거나 반복적 방문 유도 실패	메뉴 POP 제작 홍보	저렴한 비용으로 시즌 강조 메뉴 매출 상승 기대
		메뉴를 추천하기 위해 확보할 수 있는 시간이 부족함	기다리는 동안 볼 수 있는 상세 메뉴판 제작	고객에게 제품에 대한 상세 정보 교육 가능
2	단시간 주문량이 많음	주문 내용과 주문 받은 내용이 다른 경우 있음	포스를 듀얼 모니터로 변경하여 주문내용 고객이 직접 확인하도록 유도	신속하고 정확한 주문, 직원의 피로도 감소 기대
3	고객 호명 후 전달방식	직원은 고객 호명 후 대기시간 길어져 업무 전개에 속도를 내기 어렵고, 고객은 자기 차례까지 기다리며 집중해야 함으로 불편하고, 다른 고객의 주문과 혼동되는 경우 불만이 가중됨	진동 호출벨 도입	직원의 업무 효율과 고객의 만족도 향상

그림 6-17 커피전문점의 서비스 청사진을 통한 서비스 실패 가능성 예측과 개선 방안 도출 예시

자료 : 박인정(2012), 한양사이버대학교 대학원 호텔관광외식 MBA보고서

그리고 마지막으로 각 원인에 대한 상세한 이유를 뼈에 가지를 치듯이 기술한다.

이처럼 요인분석도를 이용하면 서비스 과정에서 문제를 일으킨다고 의심이 되는 요인과 그에 관계되는 부수적인 요인들을 함께 검토하여 이 중 어떤 것이 문제를 야기하는지 확인할 수 있다.

지금까지 고객이 방문해서 구매를 하고 돌아가기까지의 구매관리를 살펴보았다. 구매관리는 '구매 전 관리, 구매 중 관리, 구매 후 관리'로 크게 나누어지는데, 각각의 단계에서 물리적인 방법과 인식을 관리하는 방법에 어떤 것이 있으며 어떻게 활용해야 하는지에 대하여 정의하고 사례를 통해 적용방법을 제시하였다. 본 글에서 언급된 내용이 모든 외식프랜차이즈 기업에 동일하게 적용될 수는 없다. 자신의 브랜드와 점포의 상황을 고려하여 응용하고 새로운 개발을 위한 노력을 해야 한다. 최근에는 구매관리를 효율적으로 처리해 주는 다양한 프로그램이 개발되어 출시되고 있다는 점도 기억해 둘 필요가 있다.

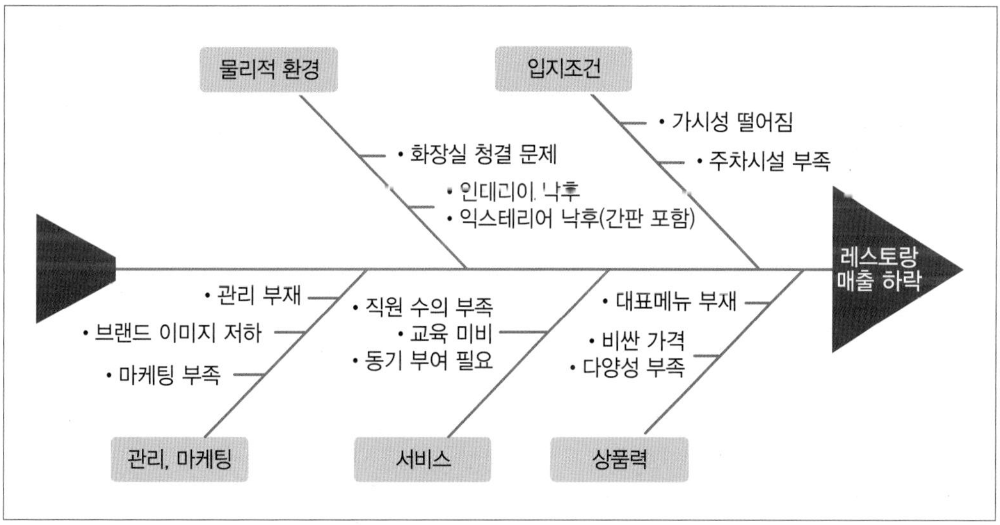

그림 6-18 **외식업체의 피쉬본 다이어그램 사례**

(4) 판매 방식의 확장

전통적인 외식업체는 홀 서비스를 기본으로 하였으나 외식 산업의 발전과 함께 제한적 면적의 점포에서 수익성을 극대화할 수 있는 서비스들이 고안되고 있다. 그 대표적인 예는 테이크아웃과 배달 서비스, 그리고 케이터링 서비스 등이다.

① 테이크아웃

테이크아웃(Take Out) 서비스는 판매되고 있는 메뉴를 고객이 가져가는 것을 의미한다. 메뉴 중 일부를 테이크아웃이 가능하도록 만들고 싶다면, 약간의 가격인상이 필요하다. 만약 퀵 서비스 형태로 운영하고 싶다면, 테이크아웃 서비스는 기본이 될 것이다. 이와 같은 경우 메뉴는 이러한 서비스를 고려하여 가격을 설정해야 한다. 그러나 만약 테이블 서비스를 테이크아웃 서비스로 제공하기 위해서는 홀서비스와 충돌을 방지하기 위한 서비스 설계와 포장비 같은 비용이 소요된다. 또한 전화주문시스템의 비용은 물론이고 추가 인건비도 고려해야 한다.

반면에 테이크아웃 고객은 테이블을 점유하지 않으므로 운영상의 번잡함을 초래하지 않으면서 고객의 수를 증가 시킬 수 있는 좋은 방안이기도 하다. 중요한 점은 포장재 등의 모든 원가를 포함시켜야만 적정가격을 산출할 수 있다는 점이다. 만약 필요하다면, 혼란을 피하기 위하여 테이크아웃용 메뉴를 별도로 준비할 수도 있다.

최근에 많은 피자 전문점이 테이크아웃 메뉴의 경우 20%를 추가로 할인해 주는 정책을 도입, 시행하고 있다. 배달서비스가 많은 피자전문점의 경우 배달로 인하여 발생하는 추가비용을 절감할 수 있다는 점에서 테이크아웃을 권장하기 위한 전략적 판단이라 할 수 있다.

② 배달 서비스

배달 서비스(Delivery Service)는 고객의 수를 늘리기 위한 또 다른 운영방식이다. 그러나 일부 점포에서는 이러한 서비스가 적절하지 않을 수도 있으므로 경영자는 신중한 결정이 필요하다. 배달은 방문한 고객에게 메뉴를 제공하는 것보다 오랜 시간이 걸린다. 따라서 메뉴의 품질이 점포에서와 동일하게 유지될 수 있는 메뉴를 선정하고 그에 적합한 포장재를 사용해야 한다. 경우에 따라서는 배달지역을 제한해야 하는 경우도 있다.

배달은 충분한 데이터가 누적되기 전까지는 수요를 예측하기 어려운 서비스 중 하나이다. 인력고용이나 인력 활용에도 많은 어려움이 따른다. 오토바이나 차량 그리고 배달직원에 대한 별도의 보험가입도 필요하다. 최근에는 배달 대행 서비스를 활용하는 업체도 늘고 있어 비교적 편리하게 배달서비스를 시작할 수 있지만 배달대행비가 높은 편이기 때문에 이 점을 고려하여 판매가격을 설정해야 한다.

③ 케이터링 서비스

케이터링(Catering) 서비스는 특정 모임을 위한 메뉴와 음료, 식기 등을 고객이 지정한 장소에 운반하여 제공하는 일종의 출장연회 서비스를 뜻한다. 케이터링 서비스는 그동안 출장뷔페나 케이터링 전문업체에 의해 주도되어 왔지만 외식프랜차이즈 기업에서는 이미 형성된 브랜드 인지도를 바탕으로 케이터링 전문 업체보다 좋은 만족도를 기대하며 시장 진입이 가능하며 매장 외의 공간에서 단체 고객을 확보하여 추가적인 수익을 올릴 수 있다는 장점이 있다.

케이터링은 점포 외부에서 메뉴를 제공해야 하기 때문에 점포와 동일한 서비스와 메뉴의 품질을 유지할 수 있는 준비가 매우 중요하다. 점포 외부에서 장시간 보존 후에도 품질의 차이가 발생하지 않는 메뉴 위주로 케이터링 세트 구성을 따로 하는 것이 바람직하다. 또한 대량의 메뉴를 운반할 수 있는 보온, 보냉 용기와 규모에 따라 보온, 보냉 차량이 필요하기도 하고 브랜드 인지를 강화시키고, 고객 만족도를 높일 수 있도록 디자인 된 패키지 등을 갖추는 것이 좋다. 또한 케이터링은 기업체나 단체의 행

그림 6-19 스타벅스의 케이터링 서비스

자료 : 한국경제

표 6-13 스타벅스의 케이터링 매뉴얼

1	담당자를 점포당 두 명씩 선정해 주문에 대한 모든 권한을 위임함으로써 전문성과 효율을 높인다. 이는 처리 단계의 최소화와 시간 단축으로 이어진다.
2	고객주문 시 응대과정으로는 손님이 원하는 케이터링 스타일을 확인해 행사에 맞는 음료에 대한 조언을 한다. 또 견적서를 신속히 제공하고 연락처 장소 시간 등 세부사항도 철저히 확인한다.
3	케이터링 준비물 리스트를 작성해 담당자가 없어도 준비가 가능하게 항상 구비해 놓는다. 또, 대량 음료 제조에 관한 레시피를 구비하고 숙지한다.
4	케이터링 장소에는 15분 전에 도착하고 주문자에게 제시간에 도착했다는 것을 알려 안심을 시킨다. 서비스가 끝난 후에는 반드시 명함을 건네고 고객의 정보를 데이터베이스화한다.

자료 : 한국경제

사를 위한 주문이 많기 때문에 고객의 문의에 대응할 수 있도록 제공 기준과 할인, 예약 방법, 현장 지원 등에 대한 매뉴얼을 먼저 제작하고, 직원에게 교육해야 한다.

6 가격

고객이 어떤 제품이나 서비스를 선택할 때 고려하는 요소를 '선택속성'이라고 한다. 선택속성을 경영자 입장에서 바라보면 마케팅 믹스가 된다. 이는 '제품(Product), 가격(Price), 유통채널(Place), 촉진(Promotion), 서비스프로세스(Process), 물리적 증거(Physical evidence,) 사람(People)'와 같은 7가지 요소(7P)로 구성된다. 그렇다면 마케팅 믹스 7P에서 고객의 구매의사결정에 가장 강력한 영향을 미치는 것은 무엇일까? 대부분의 전문가들은 주저하지 않고 가격을 선택한다. 그 이유는 다음과 같다.

1) 가격의 중요성

(1) 구매 결정과 수요에 가장 큰 영향력 행사

가격은 고객의 구매의사결정과정에 가장 큰 영향을 미치는 요인이다. 고객은 구매를 결정할 때 다양한 요인을 고려하지만 최종적으로는 가격에 가장 큰 영향을 받는다. 예를 들어 서로 이웃한 A와 B라는 동일한 품질의 칼국수를 판매하고 있다. A점포는 5,000원에 판매하고 B점포는 4, 000원에 판매하고 있다면 고객은 어떤 것을 선택할까? 보통은 가격이 저렴한 B점포를 선택하게 된다.

(2) 기업 이익에 가장 큰 영향력 행사

가격은 외식프랜차이즈 기업의 이익극대화에 가장 큰 영향을 미치는 변수이다. 예를 들면, 변동비를 1% 절감하면 영업이익이 7.8% 높아지고, 고정비를 1% 절감하면 영업이익이 2.3% 높아진다. 매출을 1% 높이면 영업이익은 3.3% 높이지는 반면, 가격을 1% 올렸을 때 영업이익은 11.1% 높아지는 것으로 조사된 바 있다. 결과적으로 가격이 영업이익

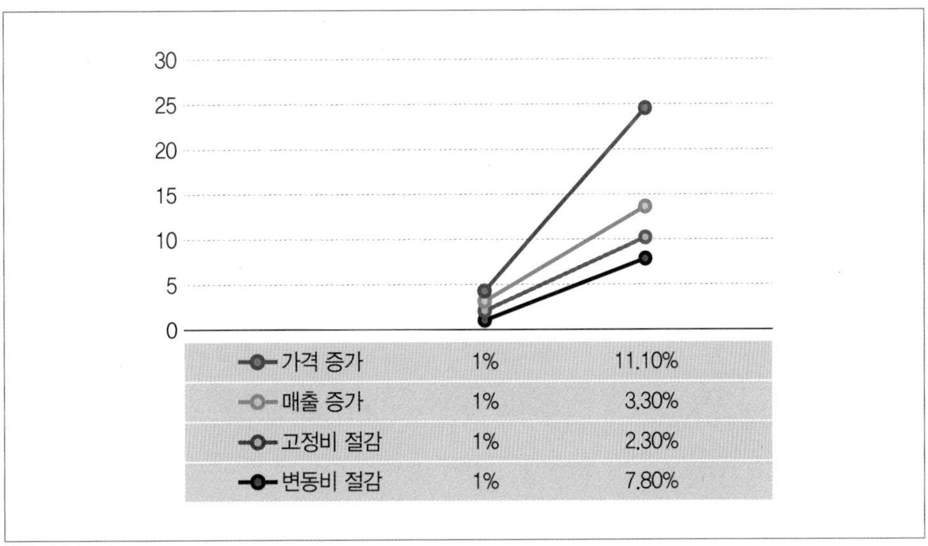

그림 6-20 영업이익에 영향을 미치는 변수의 영향력 비교

에 가장 큰 영향을 미치고 있음을 알 수 있다. 외식프랜차이즈 기업은 고객 수요가 줄지 않는다는 확신만 있다면, 다른 어떤 변수보다도 가격을 올리는 것이 가장 높은 이익을 달성할 수 있음을 알 수 있다.

(3) 쉬운 변경, 즉각적인 효과

마케팅 믹스의 요소 중 가장 가시적 성과를 나타내는 요소는 가격이다. 가격은 변경이 쉽고 그 효과도 신속하게 파악할 수 있다는 점에서 매우 강력하게 적용될 수 있다. 그래서 비교적 마케팅 역량이 부족한 업체에서 가장 손쉽게 선택하여 적용하는 마케팅 요소이기도 하다. 그러나 과학적인 기법보다는 경험이나 추측에 의존하여 가격을 결정하고 있다. 예를 들면, 단순히 식재료와 부자재 등의 원가만을 고려하거나 경쟁업체의 가격을 그대로 따라하는 경우가 다반사이다.

그러다 보니 외식프랜차이즈 기업들은 종종 파산에 직면할 정도로 낮은 가격을 설정하는 실수를 한다. 최근 국내의 외식프랜차이즈 업계에서 이루어지고 있는 무분별한 가격파괴현상이 이를 잘 설명하는 사례이다. 만약 어떤 가맹점포가 폐업한다면 그 이유 중 하나는 부적절한 가격설정 때문일 수도 있다. 이런 현상은 소규모 외식업체에서 실제로 쉽게 일어날 수 있는 일이다. 또한 가맹본부의 이익만 앞세우고 가맹점의 이익은 고려하지 않는 외식프랜차이즈 시스템은 이런 사례를 더욱 극대화시킬 것이다.

2) 가격 결정 시 고려할 사항

가격을 결정할 때는 고객이 지불하고자 하는 가격, 경영자가 원하는 만큼의 이익을 낼 수 있는 수준의 가격, 경쟁사와의 경쟁에서 우위를 차지할 수 있는 가격의 최적 지점을 도출해 내되 경험이 아닌 과학적 방법에 의해 결정해야 한다. 특히 외식프랜차이즈 본부는 다수의 가맹점의 수익과 직결되는 가격 결정의 의무가 있으므로 더욱 신중해야 한다.

이 외에도 가격 결정 시 고려해야 하는 사항들에 대하여 알아본다.

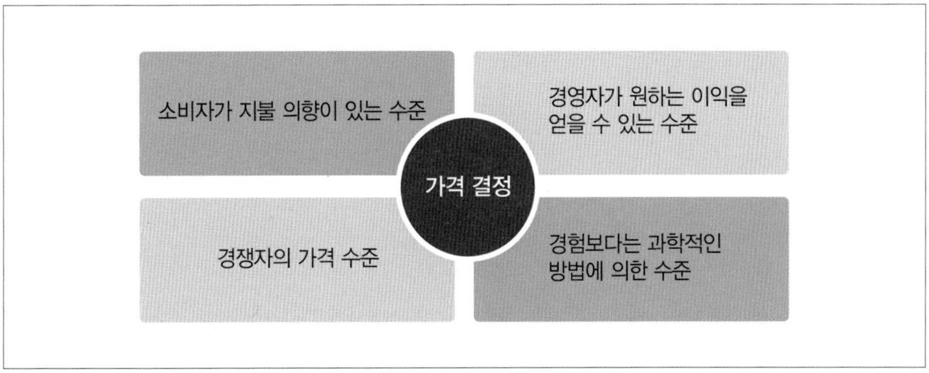

그림 6-21 가격을 결정할 때 고려해야 할 사항

(1) Price Line, Price Point, Price Zone

메뉴 카테고리 내의 모든 메뉴는 가장 높은 가격에서 가장 낮은 가격까지의 Price Zone(가격범위 또는 가격분산)이 합리적으로 설정되어야 한다. 그 범위는 고객의 수용가격범위를 기준으로 설정하는 것이 이상적이다. 예를 들어 햄버거 전문점에서 고객이 지불할 용의가 있는 가격수용범위와 지불 용의가 있는 적정가격 수준(적정수용가격)에 대한 조사가 다음과 같이 이루어졌다고 가정해 본다.

햄버거 전문점의 고객 조사 사례

1. 가격수용범위 : 1,000~7,000원
2. 적정수용가격 : 4,000원

햄버거 전문점의 Price Zone은 고객의 가격수용범위를 크게 벗어나지 않는 것이 좋다. Price Zone이 확정되면 고객의 적정수용가격 수준인 4,000원을 참고하여 목표객단가를 정하고 Price Point를 정한다. 경영자는 Price Zone과 Price Point를 기준으로 다양한 메뉴를 이용하여 Price Line을 만들어서 고객의 차별화된 제품과 서비스 그리고 가격에 대한 욕구를 충족시켜 줄 필요가 있다. 구체적인 내용은 〈그림 6-22〉와 같다.

앞에서 살펴본 메뉴의 수와 각 메뉴들의 기능과 가격을 접목시켜서 분석해 보면 〈그

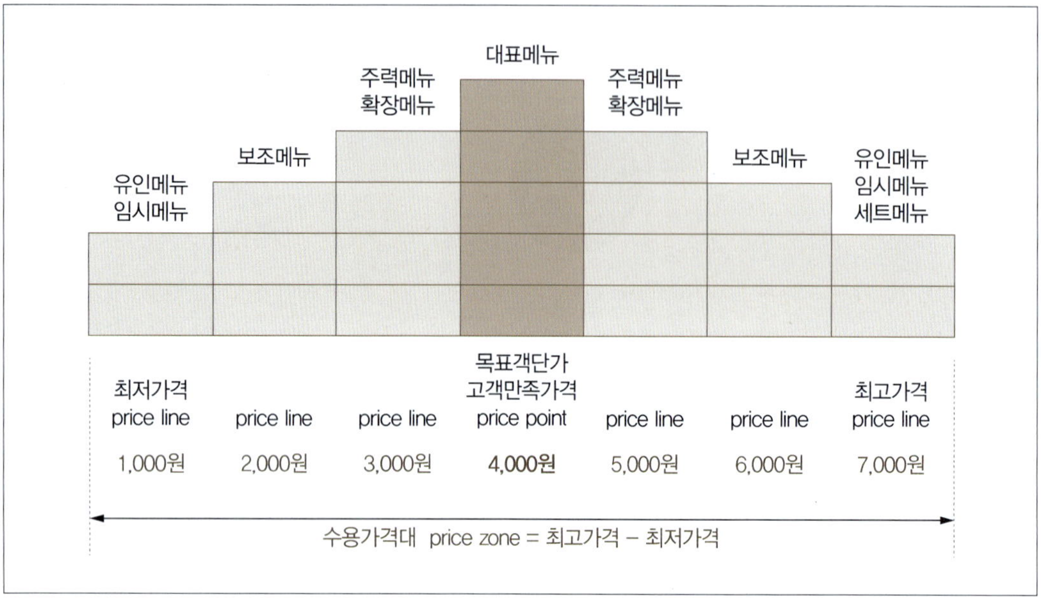

그림 6-22 메뉴의 가격 구조

유인메뉴 임시메뉴	보조메뉴	주력메뉴 확장메뉴	대표메뉴	주력메뉴 확장메뉴	보조메뉴	유인메뉴 임시메뉴
최저가격 (4,000원)	price line (5,000원)	price line (7,000원)	목표객단가 고객만족가격 (8,000원)	price line (10,000원)	price line (11,000원)	최고가격 (25,000원)
			(떡)만두설렁탕 8,000			
		신선한만두 4,000	만두설렁탕 8,000	신선별미김치전 9,000		
	어린이순설렁탕 5,500	설렁탕 7,000	순사골국 8,000	명품두부구이 9,000	백세설렁탕 11,000	
신선요구르트 2,000	어린이설렁탕 5,000	떡국설렁탕 7,500	두부야채설렁탕 8,000	마늘설렁탕 10,000	순사골국(대) 11,000	모듬수육 25,000
신선한만두 6,000				설렁탕(대) 10,000	고기듬뿍설렁탕 13,000	도가니수육 28,000
					도가니탕 15,000	

그림 6-23 신선설농탕의 메뉴 기능과 Price Zone에 의한 메뉴 분류

림 6-23〉과 같이 나타난다.

(2) 가격 결정의 목표는 무엇인가?

가격수준의 결정은 외식프랜차이즈 기업의 수익성을 결정하는 데 매우 중요하다. 외식프랜차이즈 본부는 최적의 가격을 설정하기 위하여 원가를 정확하게 산출할 수 있어야 한다. 다음으로 가격결정의 목표가 무엇인지를 확인하여야 한다. 변동원가만 보전하면 되는지, 고정원가 부분도 커버해야 하는지, 모든 원가에 적정한 이익까지 추구할 것인지 결정해야 한다.

준거가격(reference price)은 고객이 제품 또는 서비스에 대하여 마음속으로 기대하는 기준가격(standard price)이다. 이것은 고객이 실제 제품이나 서비스가격을 평가하는 데 있어 기준점이 되며 특정 제품이나 서비스의 가격을 비교하는 데 이용되는 준거틀(frame of reference) 또는 기준의 역할을 한다. 따라서 고객은 현재 가격이 높은지 또는 낮은지를 평가할 때 비교기준으로서 준거가격을 활용한다. 만약 어떤 제품의 가격이 고객이 인식하고 있는 준거가격보다 낮다면 고객은 싸다고 인식하게 되며, 반대로 인식하고 있는 가격보다 높으면 비싸다고 생각하게 된다. 그러므로 준거가격이 어느 수준이고 어떻게 형성되는가는 가맹본부와 마케터의 중요한 관심사임에 틀림없다.

일반적으로 고객은 제품이나 서비스를 구매하고자 할 때 가격이 얼마가 되어야 한다고 단일의 제품가격을 가정하지는 않는다. 고객은 일정범위의 가격을 수용 가능한 것으로 받아들이는데, 이를 수용가능 가격범위(acceptable price range)라고 한다. 예를 들어 고객이 햄버거를 구매하고자 한다면 수용가능 가격범위는 1,000~5,000원이 될 수 있는데, 고객이 지불하고자 하는 최소가격 1,000원은 최저수용가격으로 그 이하의 가격으로 판매되는 제품은 품질이 의심스러워 구매를 꺼리게 되는 가격대이다. 또한 최대수용가격인 5,000원은 고객이 지불하고자 하는 최고 가격으로 유보가격(reservation price)이라 한다. 일반적으로 고객은 유보가격 이상의 제품가격에 대해서는 수용하기에 너무 비싼 것으로 판단한다.

(3) 경쟁사의 가격 수준은 어떠한가?

경쟁업체의 가격은 가맹본부의 가격결정에 커다란 영향을 미치게 된다. 경쟁관계에 있는 외식프랜차이즈 기업 수가 많을수록 가격은 매우 중요한 역할을 한다. 결과적으로 가맹본부와 큰 차별성이 없다면 가격수준은 경쟁자와 유사하거나 그 이하로 결정되어야 한다.

만약 경쟁 외식프랜차이즈 기업과 최고가격이 가맹본부의 최저가격보다 낮다면 마케터는 두 가지 전략을 선택할 수 있다. 첫째, 가맹본부의 차별성이 없다고 판단되면 판매를 중단하거나 더 높은 가격으로도 경쟁이 가능하도록 차별성을 부가시키는 것이다. 둘째, 메뉴를 경쟁자보다 낮은 가격으로 판매할 수 있도록 원가를 낮추는 노력을 하는 것이다.

(4) 고객이 가격의 가치를 인지하는가?

외식프랜차이즈 기업에서 식사를 하려고 할 때 고객은 그 제품에 대한 대가를 화폐로 지불해야 한다. 모든 거래가 이루어지는 시장에서 가격은 제품이나 서비스의 교환가치이며 고객이 제품이나 서비스를 구매함으로써 얻게 되는 효용가치이다. 따라서 가격은 반드시 고객이 인식하는 제품과 서비스의 가치로 결정되어야 한다. 바꿔 말하면 높은 가격을 받기 위해서는 가맹본부의 메뉴와 서비스가 가치 있다고 고객이 인지할 수 있게 해야 한다는 의미이다. 아무리 좋은 재료로 메뉴를 만들고 최고의 셰프를 고용한다 하더라도 이를 인지하지 못한 상황에서 비싼 금액을 지불할 용의가 있는 고객은 흔치 않다.

고객이 품질을 평가하는데 이용되는 요인은 다차원적이다. 제품의 품질은 제품의 물리적 속성인 내재적 요소와 제조업자나 유통업자가 부가한 제품의 특성인 외재적 요소로 구성된다. 외식프랜차이즈 기업의 내재적 요소는 제품을 구성하고 있는 식자재, 식기류(및 포장용 패키지 디자인), 푸드스타일링 등이 포함될 것이며 외재적 요소는 가격, 브랜드, 점포 이미지 등이 될 수 있다.

따라서, 고객에게 어떻게 전달할 수 있을지에 대한 전략이 뒤따라주느냐 그렇지 않느냐의 차이는 가격 결정에서 매우 중요한 요소가 된다. 그런데, 이 가치는 고객의 다양한 배경에 따라 다르게 인지될 수 있다. 따라서 대상 고객에 따라 가격 차등화 전략이 동반되는 것이 좋다.

(5) 가격 차별화 전략을 수립하라

가격결정은 단 하나의 최적가격을 찾는 과정이다. 하지만 여기서 단 하나의 최적가격은 고객에 따라서 다를 수 있다. 실제로 가격결정은 단순히 숫자적인 가격을 정하는 문제가 아니다. 외식프랜차이즈 기업의 이익을 극대화하는 일련의 전략을 만드는 과정이다. 따라서 단 하나의 최적가격을 기초로 가격결정을 내리면 딜레마에 빠질 수 있다. 즉 너무 높은 가격을 책정하면 더 낮은 가격일 때 구매의지가 있던 잠재고객을 잃게 되고, 반면에 가격이 너무 낮으면 더 높은 가격을 지불할 용의가 있는 사람으로부터 얻을 수 있는 이익을 잃게 된다. 따라서, 단 하나의 완벽한 가격을 찾는 것은 불가능하다. 결과적으로 외식프랜차이즈 기업은 같은 상품이라도 각각의 고객에게 다른 가격을 받을 수 있는 전략을 끊임없이 찾아야 한다.

또한, 같은 메뉴라도 고객이 각각 다른 가치를 느낄 수 있다는 사실을 바탕으로 이익과 꾸준한 성장이 가능한 가격을 결정해야 한다. 예를 들어 아침 일찍 방문하는 고객을 위한 조조할인, 아침과 점심 사이 고객을 위한 브런치 메뉴, 실버 세대를 위한 경로할인, 연간 모든 식사에 대하여 30%의 할인해 주는 특별회원제, 코스식사에 대한 할인,

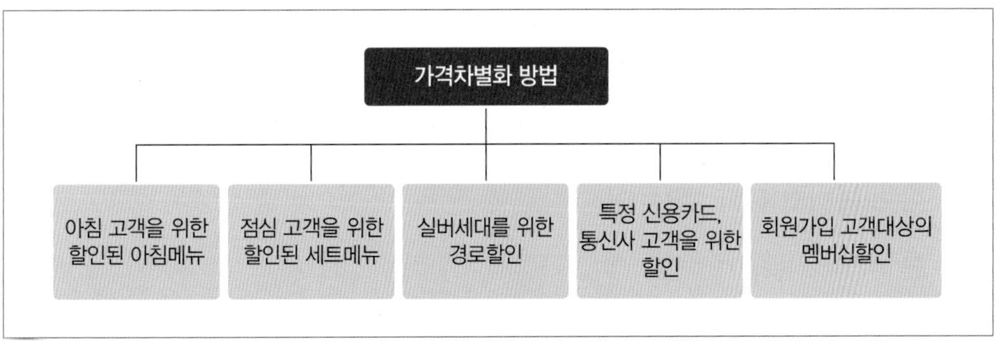

그림 6-24 다른 가격으로 판매하는 가격차별화 방법

특별함을 제공하는 프리미엄 가격 등을 통하여 가맹본부는 다양한 고객에게 다양한 가격을 받을 수 있어야 한다. 올바른 가격전략은 많은 고객을 확보하고 그들로부터 이익을 거둘 수 있게 도와준다.

(6) 할인은 전략적으로 하라

한번 설정한 가격을 할인하는 것은 매우 신중한 접근이 필요하다. 가격할인은 그 동안 고객이 가지고 있던 준거가격을 낮추는 결과를 초래함과 동시에 경쟁자의 추종으로 인하여 수요가 늘어나지 않는 경우 수익성만 악화시키는 결과를 초래한다. 다만 전체적인 할인이 아닌 특정 고객 집단에 대한 차별적인 가격할인은 신규시장을 개척하고, 잠재고객의 수요를 보완할 중요한 기회를 제공할 수도 있다. 가격할인은 다양한 세분시장의 가격탄력성을 이해함으로써 가격에 민감한 고객을 유인하기 위하여 고안된 제도이다. 예를 들어 회사의 돈으로 회식을 하는 고객은 가격에 민감하지 않다. 이러한 고객에게는 할인이 불필요하므로 단체회식용 메뉴를 개발하여 만족을 높이면서 정상가격을 높이는 전략이 필요하다.

고객의 준거가격에 큰 영향을 미치는 사례로 소셜커머스를 들 수 있다. 평소에 50,000원에 판매하던 제품을 50% 할인된 25,000원에 구매하다 보면 어느 순간 고객의 준거가격이 내려가게 된다. 이후 정상가격인 50,000원으로 가격이 환원되면 절대 구매하지 않게 될 가능성이 높아진다. 따라서 소셜커머스를 활용한 마케팅에서는 준거가격을 지킬 수 있는 방법을 강구해야 한다. 할인이 된 이유를 고객이 이해할 수 없다면 해당 제품의 준거가격은 할인된 가격으로 고정되기 때문이다.

3) 비금전적 원가 구성 요소

외식프랜차이즈 기업을 이용하는 고객의 구매행동에 영향을 미치는 요인은 식사를 하고 지불하는 금전적 가격만이 아니다. 물리적 노력이나 심리적 비용 등의 비금전적인 희생도 가격에 포함된다. 이러한 비금전적인 원가에는 '투자한 시간, 물리적 노력, 감각적 원가, 심리적 원가 등'이 있으며, 상세한 내용은 다음과 같다.

(1) 투자한 시간

외식프랜차이즈 기업을 이용하는 고객은 음식을 먹는 시간 외에도 다양한 형태의 시간을 소비하게 된다. 고객이 많이 몰리는 외식프랜차이즈 기업을 이용할 때는 줄을 서서 기다리는 시간이 많이 걸리기도 하고 일단 좌석에 착석했다 하더라도 주문하고 나서 먹을 때까지도 어느 정도의 시간을 기다려야 한다. 이와 같은 대기시간은 공산품과 같은 제품의 구매에 드는 시간에 비하여 매우 길게 느껴져서 추가된 가격으로 인지하게 된다.

(2) 물리적 노력

최근 노무비를 절감하여 가격을 낮추려는 외식프랜차이즈 기업이 많아지면서 셀프서비스를 도입하는 곳이 많아지고 있다. 이러한 유형의 외식프랜차이즈 기업은 고객이 직접 서비스의 생산활동에 참여하게 된다. 또한 인터넷이 발달하면서 고객은 맛있거나 차별화된 외식프랜차이즈 기업을 찾기 위해 많은 정보탐색을 하는 노력을 투자하는데 결과적으로 이런 노력이 높은 가격을 지불한 것으로 인식하게 만드는 역할을 한다.

(3) 감각적 원가

소음, 불쾌한 냄새, 좌석, 환경, 맛 등으로 인하여 발생하는 원가이다. 예를 들면 연기가 많이 나고 냄새가 옷에 배는 구이전문 외식프랜차이즈 기업의 경우 이를 꺼리는 고객이 감소하는 것을 들 수 있다.

(4) 심리적 원가

메뉴의 맛이나 가격 기타 외식프랜차이즈 기업을 이용하기 전에 예상하기 힘든 다양한 불확실성으로 인한 원가가 이에 해당된다. 예를 들면, 비싼 가격의 불확실성에 대한 불안 등이 심리적 원가를 구성한다. 실제로 외식프랜차이즈 기업은 고객의 시간과 다

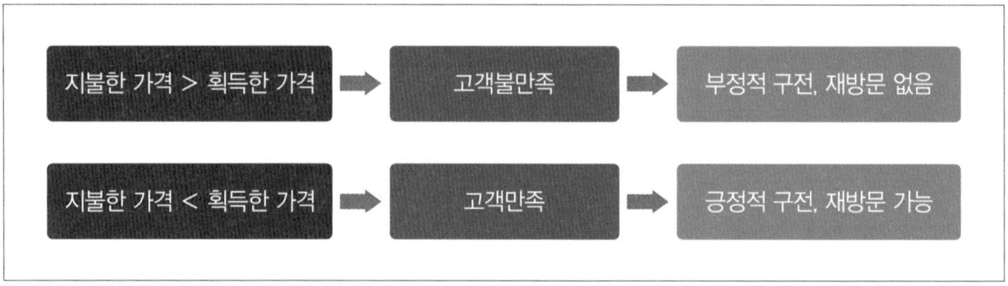

그림 6-25 가격과 편익의 관계가 고객만족에 미치는 영향

른 원가를 감소시키는 대가로 금전적인 가격을 더 많이 받을 수 있다. 예를 들어, 풀 서비스를 제공하는 외식업체가 제한된 서비스나 셀프서비스를 제공하는 외식프랜차이즈 기업에 비하여 가격이 높은 것이 일반적이다.

그럼에도 불구하고 가장 중요한 것은 외식프랜차이즈 기업의 가격결정에 있어서도 고객이 얻는 혜택에 대비하여 지불하는 가격이 상응해야 한다. 일반적으로 고객은 자신이 지불하는 가격(비용)에 대해 얻는 편익(효익)을 매우 중요하게 생각한다. 만약 고객이 지불한 가격만큼의 편익을 얻지 못하였다고 판단하면 불만족을 느껴서 다시는 방문하지 않게 될 것이다. 즉, 고객만족의 열쇠는 가격보다 큰 편익의 제공에 있다.

7 물리적 환경의 구축

업태의 세부 항목이 결정되면 목표고객의 취향과 감각을 고려하여 오감(미각-맛, 시각-색상, 청각-음악, 요리하는 소리, 후각-냄새, 촉각-테이블웨어의 소재와 음식의 식감 등)을 만족시킬 수 있는 물리적 요소를 구성한다.

1) 물리적 환경의 이해

(1) 물리적 환경의 정의

물리적 환경이란 가맹점이 고객에게 음식과 보이지 않는 서비스를 전달하는 데 작용하는 모든 유형적 요소를 포함하는 마케팅 믹스 중 하나이다. 즉 가맹점의 내·외부 환경을 구성하는 모든 설비, 설비 배치, 가구, 매장의 온도, 공기 상태, 소음, 음악, 향기, 도형, 기호, 조형물, 장식물 등이 여기에 포함된다.

필립 코틀러는 소비자가 구매의사 결정을 위해 활용하는 단서로 '시각, 후각, 청각, 촉각을 포함한 분위기'라는 개념을 제시하였으며, 이후 여러 학자에 의해 물리적 환경을 구성하는 요소들에 대한 연구가 이루어져왔다. 비트너는 서비스 스케이프라는 개념을 처음 도입하였으며, 외식프랜차이즈 기업을 비롯한 서비스 접점에서의 서비스 환경은 '인간에 의해 만들어진 물리적 환경'이라고 정의하였다.

가맹점의 물리적 환경이란 분위기, 인테리어라는 단어로 활용되는 경우가 많았다. 하지만 물리적 환경은 분위기나 인테리어보다 더 총체적인 환경을 뜻한다. 물리적 환경은 물리적 증거(Physical Evidence), 서비스 스케이프(Servicescape), 유형적 단서, 분위기 등의 용어와 유사한 의미로 사용된다.

(2) 물리적 환경의 중요성

물리적 환경은 매장의 이미지를 형성하고, 보이지 않는 서비스를 유형적으로 인지하고, 해당 서비스에 대해 고객 감정을 형성하는 데 도움을 주어 고객의 구매 결정에 직접적 영향을 준다. 잘 갖춰진 물리적 환경은 그 공간에 있는 고객과 직원에게 기대되는 역할과 행동을 하도록 유도하는 역할도 한다. 즉 같은 파스타를 판매하는 레스토랑이라 하더라도 최고급 레스토랑과 캐주얼 레스토랑에서는 고객이 방문할 때의 복장이나 고객을 대하는 직원의 태도가 격식을 중시하거나, 좀더 친근한 방식으로 차이를 나타내기도 한다. 이것은 물리적 환경을 통해 고객과 직원 모두 사회화가 되는 사례로 볼 수 있다.

또한 쾌적한 물리적 환경은 고객과의 최접점에서 근무하는 직원의 근무 만족도를 높이고, 동료와의 협동심을 증진시켜 생산성을 높인다. 항공사나 고급 외식업체가 직원의 유니폼에 많은 투자를 하는 이유가 여기에 있다.

2) 물리적 환경의 구성 요소

국내외의 연구를 통해 물리적 환경은 다양하게 분류되어 왔지만 크게는 ① 주변환경, ② 공간 배치, ③ 기타 유형적 요소로 구분할 수 있다.

이유재(2009)는 물리적 환경을 외부환경, 내부환경, 기타 유형적 요소로 구분하였으며, 비트너(1992)는 주변 환경, 공간의 배치 및 기능성, 사인·심벌·조형물 등으로 구분하였으며, 구체적인 내용은 아래와 같다.

표 6-14 물리적 환경의 구성 요소

학자	내용	
베이커(1987)	① 주변 요소(온도, 색상, 음악, 조명, 향기) ② 디자인 요소(건축미, 색상, 레이아웃, 안정성) ③ 사회적 요소(고객과 직원의 특징과 행동)	
비트너(1992)	① 주변 환경(온도, 공기상태, 소음, 음악, 향기 등) ② 공간의 배치 및 기능성(설비 배치, 설비 장치, 가구 등) ③ 사인·심벌·조형물(도형·기호, 개인적 조형물, 장식의 스타일 등)	
이유재·김우철(1998)	① 공간의 접근성 ③ 시설물의 청결성	② 미적 매력성 ④ 편의성
이형룡·왕상·김태구(2002)	① 오락성 ③ 쾌적성 ⑤ 편의성	② 공간성 ④ 청결성 ⑥ 심미성
김성혁·최승만·권상미(2009)	① 청결성 ③ 편리성	② 매력성 ④ 오락성
최영환·최화열·김성훈(2012)	① 디자인 환경 ③ 감각적 환경	② 인적환경 ④ 쾌적한 환경
이재호·정진수(2012)	① 입지환경(주변환경, 건물 내 위치, 규모) ② 실외환경(파사드, 로고, 심벌, 사인, 외부조명, 조경) ③ 실내환경(공간형태, 레이아웃, 가구, 조명, 색채, 마감재, 패턴)	

자료 : 김영갑(2015), 성공창업을 위한 음식점 마케팅

물리적 환경의 구성 요소(이유재)

외부환경
- 시설의 외형, 간판 및 안내 표지찬, 주차 공간, 풍경, 기타 주변환경

내부환경
- 내부 장식과 벽의 색상, 가구, 장비와 시설물, 공기의 질, 온도, 냄새 등

기타 유형적 요소
- 직원의 외모, 유니폼, 광고물, 메모지, 입장 티켓, 영수증, 명함, 문구류, 사이버 공간

물리적 환경의 구성 요소(비트너)

주위 환경
- 실내 온·습도, 조명, 소음, 음악, 냄새, 색상, 실내외의 풍경과 전망 등과 같은 환경의 배경적 특성을 가짐
- 인간의 오감에 영향을 미침

공간배치와 기능성
- 식탁의 위치, 가구 스타일, 장비와 기계의 크기, 형태, 배치
- 기능성은 성취하려는 목표와 성취를 용이하게 하기 위한 품목들의 기능을 의미함

사인 · 심벌 · 조형물
- 도형 · 기호, 개인적 조형물, 장식의 스타일 등
- 고객에게 장소의 명시적 · 묵시적 정보를 제공함

그림 6-26 이유재, 비트너의 물리적 환경 구성 요소 비교

여기에서 비트너의 물리적 환경 구성요소를 기초로 세부적인 요소들을 살펴보자.

3) 주변요소

주변요소란 물리적 환경의 배경적 특성으로, 실내 온도·습도, 조명, 소음, 음악, 냄새, 색상, 실내외의 풍경과 전망 등을 의미한다. 이러한 요소들은 점포 배경의 역할을 하면서, 인간의 오감에 영향을 미친다. 예를 들어 고파장의 색상(붉은색, 노란색, 오렌지색 등)을 이용한 점포와 저파장의 색상(파란색, 초록색 등)을 이용한 점포는 각기 다른 감성을 자극한다. 고파장의 색상을 사용하면 고객의 강한 흥미와 각성을 불러일으키며, 저파장

의 색상을 사용할 경우 차분한 분위기를 연상시킨다. 점포에 흘러나오는 음악은 곡의 속도나 장르에 따라 고객의 식사를 늦추거나, 빠르게 할 수 있으며, 브랜드 아이덴티티에 적합한 음악을 사용하는 브랜드는 음악을 아예 사용하지 않거나, 어울리지 않는 음악을 사용하는 브랜드에 비해 소비자가 기억할 확률을 96%나 높인다는 연구 결과도 있다.

주변요소는 고객 만족도와 매출액, 그리고 직원의 업무성과와 만족도에도 영향을 미친다. 쾌적한 환경에서 근무하는 경우에 업무 성과는 물론 직원의 근무 만족도도 높게 나타난다.

4) 공간배치 및 기능성

공간배치와 기능성은 가구의 배치, 장비의 크기와 형태, 배치 등과 관련되어 있으며, 기능성은 성취하려는 성취를 용이하게 하기 위한 품목들의 기능을 말한다. 다시 말해 공간배치는 장비, 기기, 가구 등의 크기와 모양, 배열 방법과 그들의 공간적 관계를 말하며, 기능성은 점포의 목표를 달성하기 위해 필요한 장비, 기기류, 가구류 등의 성능을 의미한다.

점포의 디자인 요소로서의 공간 배치와 기능성은 고객의 행동에 영향을 미친다. 즉 식사하는 공간을 협소하게 만들거나 개방형으로 만들면 고객의 체류 시간이 줄어든다.

스타벅스는 초기(1999년)에는 빠른 회전율을 의도한 딱딱한 나무 의자와 좁은 테이블 위주로 좌석을 구성하였다. 이후 카페에서 공부를 하거나 업무를 보는 이른바 '코피스족'이 보편화되면서 무료 무선 인터넷과 노트북 사용자를 위한 전기 콘센트를 설치한 대형 테이블과 1인 테이블을 배치하였다. 스타벅스는 단순히 커피를 파는 곳이 아닌 복합문화공간으로 고객들에게 포지셔닝하였고, 이를 통해 고객 만족도와 브랜드 선호도에서 경쟁 브랜드가 따라올 수 없을 정도의 큰 차이로 부동의 1위를 유지하고 있다.

5) 사인, 심벌, 조형물 등

사인, 심벌, 조형물, 유니폼 등은 고객에게 장소의 명시적·묵시적 정보를 제공하는 기능을 한다. 특히 표지판, 상징물, 조형물 등은 고객에게 제공하는 특별한 의미를 가지는 서비스의 일부이기도 하다. 점포의 로고가 그려진 간판이나 다양한 게시물은 점포의 콘셉트와 이미지를 전달하는 중요한 역할을 한다. 또한 바닥이나 벽, 천장 등 점포 내부를 장식한 그림이나 조형물은 미적 이미지와 차별화된 상징성을 전달하는 매체로 작용한다.

그림 6-27 미국계 중국 레스토랑 P. F. Chang's의 상징인 말 조형물

자료 : en. wikipedia. org

6) 외식프랜차이즈 기업의 디자인 구성요소와 전략

외식프랜차이즈 기업의 디자인은 콘셉트 구성 요소들이 정리된 후에 진행되어야 효율적인 개발이 가능해진다. 목표 고객에게 어떤 메뉴와 서비스를 어떠한 환경에서 어느 정도 가격에 판매할 것인지가 결정된 후에 구체적 물리적 환경 요소들을 도입해야 기획된 콘셉트를 적재적소에 가장 명확하게 구현할 수 있기 때문이다.

뇌에 전달되는 자극의 2/3는 시각적인 것이다. 고객의 감성적 반응은 자극에 노출된 후 3초 이내에 형성되고, 5초 안에 해당 자극을 받아들일지, 받아들이지 않을지를 결정하게 된다. 이러한 인간의 특성은 디자인의 중요성으로 이어진다. 외식프랜차이즈 기업의 물리적 환경의 디자인은 매출 등의 성과에 큰 영향을 미친다. 예를 들어 공간의 동선 설계와 가구의 선택은 좌석 회전율을 좌우한다. 뿐만 아니라, 외식프랜차이즈 기업의 뛰어난 디자인을 반영한 물리적 환경은 고객은 물론 가맹점주의 모집에도 큰 영향력을 발휘한다.

(1) 외식프랜차이즈 기업의 디자인 구성 요소

물리적 환경이 구체적인 형태로 구현되기 위해서는 디자인이 필요하고, 디자인의 구성 요소 측면에서 물리적 환경을 검토해야 한다. 외식프랜차이즈 기업의 디자인의 구성 요소는 다음과 같이 시각디자인, 제품디자인, 공간디자인, 온라인 디자인 등으로 나눌 수 있다.

표 6-15 외식프랜차이즈 기업의 디자인 구성요소

구분	세부 항목
시각디자인	로고, 심벌, 색채, 캐릭터, 전용 서체, 시그니처, 유니폼, 사무집기, 패키지, 간판, 수송물, 유도사인물
제품디자인	식기, 커트러리, 푸드스타일링, 테이블 리넨, 센터피스, 메뉴판
공간디자인	점포 정면(파사드), 대기실 인테리어, 실내 섬유 및 직물, 실내 가구, 조명, 인테리어 색상, 바닥재, 소품 및 액세서리, 외관 환경디자인, 벽지, 테이블 및 의자, 파티션
온라인 및 기타 디자인	웹상의 로고, 심벌, 웹컬러, 서체, 이미지(음식 및 매장 사진), 스타일과 이미지, 홈페이지 UI/브랜드 앱 UX, 레이아웃, 아이콘, 메뉴바, 내비게이션, 배너, SNS 계정, 콘텐츠 스타일, 소리(징글*), 아이덴티티 영상 등

*징글(Jingle)은 영어로 '딸랑'을 의미하는데, 소비자에게 브랜드를 알리려는 음악적 또는 청각적 전달 수단으로 잘 만들어진 징글은 듣는 즉시 소비자가 해당 브랜드를 상기하게 하는 역할을 한다. 우리에게 익숙한 징글은 맥도날드 광고의 마지막 부분에 나오는 짧은 멜로디, SK텔레콤의 통화연결 시 나오는 멜로디, 인텔 프로세서의 광고와 함께 등장하는 짧은 멜로디 등이 있다.

자료 : 김인화(2012), 레스토랑 디자인 구성요소가 디자인 수행도에 미치는 영향에 관한 연구 재구성

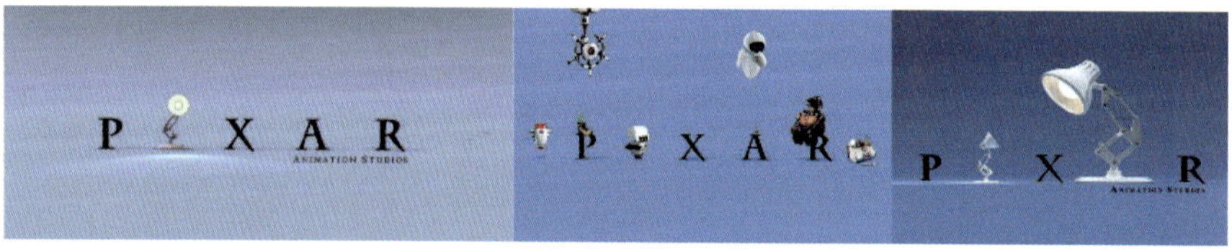

그림 6-28 애니메이션 스튜디오인 픽사의 아이덴티티 영상

물리적 환경의 디자인 요소와 함께 고려해야 하는 것은 기능성이다. 물리적 환경의 효과적 계획을 위해서는 먼저 소비자 심리와 구매 행동 등을 이해해야 하며 무엇보다 각 요소들의 기능적 측면을 고려해서 효과적으로 메뉴의 조리와 서비스 제공이 이루어

질 수 있고 직원과 고객 모두를 만족시킬 수 있는 설계가 필요하다. 이와 같은 목적 달성을 위한 외식프랜차이즈 기업의 디자인 전략을 위한 명제들은 〈표 6-16〉과 같이 정리할 수 있다.

표 6-16 디자인 전략을 위한 요소와 적용 예시

물리적 환경 구성요소	구분	내용
주변요소	색채	매장 외부는 고객의 주의를 끌고 유인하기 위해서 밝은 조명과 따뜻한 색채로 디자인
		높은 회전율을 추구하는 외식업체는 따뜻한 색채와 밝은 조명으로 디자인
	음악	높은 회전율을 추구하는 외식업체는 음악의 볼륨은 크게, 템포는 빠르게 함
		낮은 볼륨의 느린 음악은 소비자의 매장 체류 시간을 늘려 매출을 높임
공간배치와 기능성	공간배치	높은 회전율과 빠른 서비스를 추구하는 외식업체는 개방형 공간, 좁은 좌석, 고정좌석 배치가 유효함
	기능성	서비스 품질을 높이기 위해서는 동선의 단순화, 넓은 통로, 장치의 효율적 배치가 필요
사인, 심벌, 조형물	디자인	사인, 심벌, 인공물, 유니폼 등은 상품, 서비스와 일치하도록 통합적으로 디자인 해야 소비자들이 서비스 품질을 높게 인식함

8 브랜드 아이덴티티의 개발과 적용

과거에는 제품의 품질이 구매에 가장 큰 영향을 주었지만 기업간 경쟁이 치열해지면서 기업마다 자사의 브랜드를 고객에게 각인시키기 위한 마케팅이 폭발적으로 성장해 왔다. 이에 따라 1980년대 후반부터 브랜드 마케팅, 브랜드 아이덴티티, 브랜드 이미지 등 브랜드와 관련한 요소들이 마케팅과 디자인의 큰 축이 되고 있다.

외식산업에서는 1980년대 이후 해외 브랜드들의 국내 유입이 증가하면서 소비자의 선택속성은 맛있고, 양 많고, 저렴한 가격의 메뉴에 대한 선호에서 브랜드 이미지를 소비하는 형태로 진화하고 있다. 이러한 양상은 1999년 스타벅스 커피가 한국에 진출하며 '된장녀' 열풍으로 정의될 만큼 브랜드에 열광하는 고객들을 통해 외식산업에 신선한 충격을 제공했다.

이제 외식프랜차이즈 기업의 생존은 브랜드에 걸려 있다고 말해도 과언이 아니다. 여기서 말하는 브랜드는 단순한 상호와 로고의 개념이 아니다. 가맹점과 가맹본부의 브랜드 이미지는 고객의 브랜드 선호도와 구매 의사로 직결된다. 따라서 가맹본부는 브랜드 아이덴티티를 구축하고, 이를 일관성 있게 고객에게 전달할 수 있는 방법을 연구해야 한다.

1) 브랜드 아이덴티티의 이해

브랜드란 특정 판매자나 판매자 집단의 제품이나 서비스를 식별하게 하고, 다른 경쟁자들과 차별화하기 위한 명칭, 용어, 사인, 심벌, 디자인이나 이러한 요소들의 조합을 의미한다(Kotler & Armstrong, 1999).

브랜드 분야의 세계 최고의 권위자인 데이비드 아커(David A. Aaker)는 브랜드 아이덴티티란 브랜드에 대한 성향, 목표, 의미 등을 제공해 주는 개념으로, 궁극적으로 고객에게 기능적, 정서적, 자아 표현적 편익과 관련한 가치 제안을 만들어 내 브랜드와 고객 사이의 관계가 형성되게 하는 개념이라고 정의하였다.

즉 브랜드 아이덴티티를 구축하는 것은 고객의 현재와 미래의 니즈를 파악하여 자사의 브랜드가 충족시킬 수 있는 니즈를 제시하고 궁극적으로 우리 브랜드와 타깃 고객이 지속적이고 깊은 관계를 맺도록 하는 것이다.

2) 브랜드 아이덴티티의 구성 요소

켈러(2007)는 브랜드 아이덴티티의 구성 요소를 브랜드명, 인터넷 주소, 브랜드 로고와 심벌, 캐릭터, 슬로건, 징글, 패키지 등으로 보고, 이러한 요소들을 구축할 때 기억 용이성, 유의미성(Meaningfulness), 호감도, 전달 가능성, 적용 가능성(Adaptability), 보호

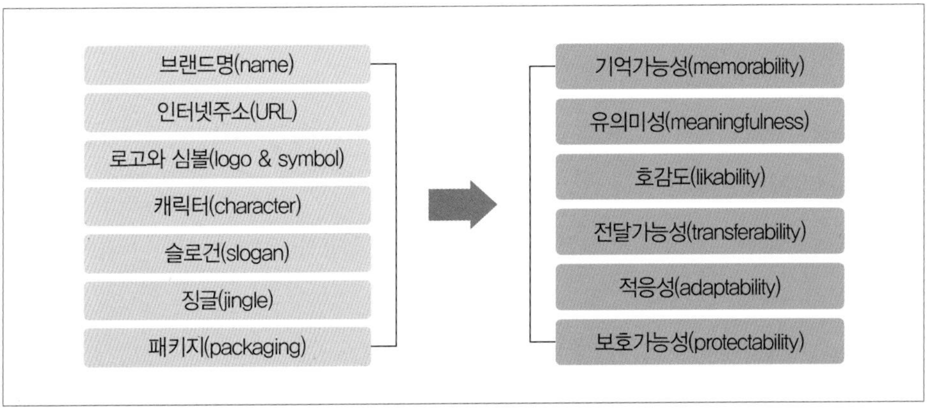

그림 6-29 켈러의 브랜드 아이덴티티 요소

자료 : Keller(2007), Strategic Brand Management(3rd edition), Prentice Hall, pp.140-165

가능성(Protectability)과 같은 기준들을 가지고 구축해야 한다고 했다.

본 서에서 브랜드 아이덴티티 개발 부분을 모두 다루기에는 지면의 한계가 있어 기본적 고려사항을 언급하고 이 부분은 다음 기회에 좀더 구체적으로 다루고자 한다. 브랜드 아이덴티티 중 물리적 환경과 관련이 높은 요소를 외식업의 콘셉트와 접목시키면 시각적 영역인 비주얼 아이덴티티(Visual Identity)와 이것이 매장 환경으로 나타나는 스토어 아이덴티티(Store Identity)로 정리할 수 있다.

3) 비주얼/스토어 아이덴티티 구축 시 고려 사항

비주얼 아이덴티티란 기업이 고객에게 전달하고자 하는 철학과 콘셉트를 구현하고 고객과 소통하는 시각적 브랜드 요소를 총칭하며, 스토어 아이덴티티란 '공간으로서의 브랜드 요소'를 의미하는 단어이다.

비주얼/스토어 아이덴티티를 구성할 때는 브랜드 기획의 의도가 고객에게 전달되어 긍정적 이미지를 갖게 하는 전략이 필요하다. 이러한 아이덴티티는 네 가지의 요소를 고려하여 설계해야 한다.

- **기능성 :** 고객의 선호 감성을 자극하여 친밀감과 인지도를 상승시켜 고객 만족도를 높일 수 있어야 한다.
- **연속성 :** 고객의 인지 및 외식프랜차이즈 사업의 지속적 경쟁력 확보를 위해 디자인은 연속성이 있어야 한다.
- **통일성 :** 일관성 있고 효율적인 마케팅의 기획과 적용을 위해 아이덴티티는 매장간 통일성이 있어야 한다.
- **편리성 :** 아이덴티티 시스템은 체계적이고 효율적 이미지 관리 시스템에 의해 운영될 수 있어야 한다.

4) 브랜드 아이덴티티 개발

브랜드 아이덴티티 개발 절차는 업체마다 접근 방식이 다를 수 있는데 일반적으로는 환경분석과 STP 전략 도출을 통한 디자인 및 마케팅 커뮤니케이션 방향성 설정, 디자인 개발, 검증단계로 나누어 볼 수 있다.

환경분석은 앞에서 살펴본 PEST분석과 소비자 분석, 자사와 경쟁사 분석으로 갈음할 수 있다. 그러나 브랜드 아이덴티티 개발을 위하여 추가적으로 분석을 진행할 경우, 이 단계에서는 디자인과 물리적 환경, 마케팅 커뮤니케이션 요소, 트렌드와 소비자 선호 성향 등에 높은 비중을 두고 분석하여 향후 디자인과 마케팅 방향성을 결정하는 참고자료로 활용한다.

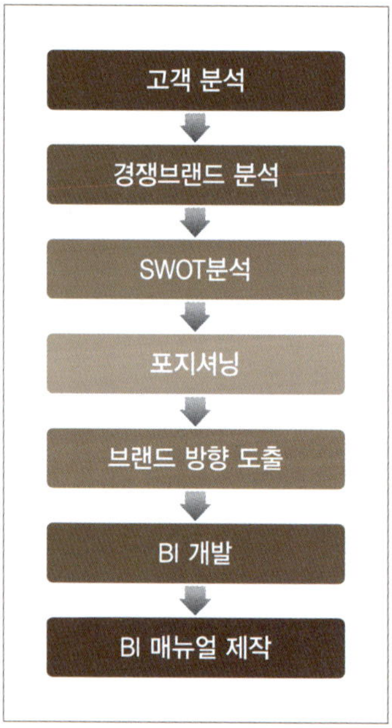

그림 6-30 브랜드 아이덴티티 개발 절차의 예

① 고객 분석

본부분은 '4. 이용목적과 상황'에서 살펴본 고객의 욕구를 더욱 구체화시켜 구체적 브랜드 개발로 충족시킬 수 있는 부분을 찾아내고, 이를 브랜드 아이덴티티 개발에 적용할 수 있도록 한다.

이 단계에서는 이용고객 페르소나를 설정한다면 좀더 구체적인 콘셉트 개발과 마케팅이 가능해진다. 고객 페르소나란 어떤 제품이나 서비스를 사용할 고객의 유형을 대표하는 가상의 인물을 의미한다. 페르소나(persona)란 연극에서 배우가 쓰는 탈을 의미하는 그리스어에서 유래한 단어로 심리학에서는 무의식 세계, 자아의 어두운 면을 뜻하는 용어로 사용되며, 영화에서는 감독이 작품의 의도를 드러내기 위해 반복적으

표 6-17 타깃 고객의 설정과 고객 페르소나

A카페의 타깃 고객	A카페의 고객 페르소나
고품질의 합리적 가격의 커피를 선호하는, 테이크아웃 커피를 선호하는 바쁜 2, 30대의 여성 사무직 종사자	 • 이름: 강지영(여, 29세) • 지역: 서울시내 중소기업 근무 • 직업: 사무직, 연봉 3,000만 원 • 가족관계: 미혼, 독신, 원룸 거주 • 특징 – 최근 유행하는 맛집이나 메뉴에 대해 관심이 많아 SNS를 통해 지속적으로 업데이트를 받아보는 편이다. – 건강한 음식에 대한 관심이 커지고 있다. 샐러드나 디톡스 주스 등을 식사 대신 먹기도 한다. – 마음에 드는 매장이나 브랜드는 자발적으로 추천하는 편이다. • 구매 행동 – 점심식사, 퇴근 후 친구와 만날 때 주로 카페를 이용한다(일평균 1.5회). – 점심식사 후에는 직원들과 함께 이용하기 때문에 매장 선택권이 별로 없는 편이고, 늘 가던 작은 외식프랜차이즈 브랜드를 방문한다. 음료 품질의 편차가 있는 편이라 비싼 돈을 지불하고 싶지 않다고 생각하게 된다. – 친구와 만날 때는 내가 맛집 정보 앱을 검색해 평판이 좋은 카페를 찾아서 방문하자고 제안하는 편이다. – 하루 평균 카페에서 지출하는 금액은 최대 1만 원 이하 – 아메리카노나 카페라떼 등의 단맛 없는 커피와 디저트류를 함께 구매하는 것을 선호한다. – 선호하는 카페 브랜드는 품질관리가 잘된다고 생각되는 스타벅스와 빈브라더스 • 니즈 – 북적거리지 않는 분위기에 기본에 충실한 커피와 디저트가 있는 편안한 카페가 필요해. – 건강한 식사대용 푸드를 구매할 수 있는 곳이 가까이에 있었으면 좋겠는데… – 자주 이용할 수 있는 가격대의 스티일리시한 카페 브랜드가 가까이 있었으면 좋겠다.

로 등장시키는 배우를 의미한다. 마케팅 측면에서는 어떤 제품이나 서비스를 사용할 고객의 유형을 대표하는 가상의 인물을 의미한다.

고객 페르소나는 STP전략 기획 단계에서 설정한 목표 고객의 정보를 바탕으로 타깃 고객이 실제로 존재하는 사람이라면 어떤 사람일지를 구체화 시켜 실제 서비스나 브랜드의 스타일을 개발할 때 그 사람이 좋아하는 스타일과 서비스 등을 개발하는 것이다.

페르소나는 주로 마케팅 커뮤니케이션에서 활용하는 경우가 일반적이나 콘셉트 개발 단계에서 이를 설정하면 이용고객을 좀더 구체적으로 이해할 수 있기 때문에 타깃 고객의 특성과 취향을 반영할 수 있어 경쟁력 있는 콘셉트 개발이 가능해진다.

② 경쟁 브랜드 분석

경쟁사를 조사할 때는 경쟁 브랜드의 테마와 경영철학, 경쟁력, 로고 디자인과 인테리어, 브랜드 아이덴티티 적용 시스템 등을 다음과 같은 방식으로 분석한다.

이러한 브랜드 분석은 우선 개별 경쟁브랜드를 〈표 6-18〉과 같이 분석한 후 〈표 6-19〉와 같이 핵심적인 내용을 종합한다. 이를 통해 자사의 브랜드 아이덴티티에서는 어떤 부분을 강조하고, 어떻게 표현하고 인식시킬 것인지에 대해 논의한다.

표 6-18 개별 브랜드 분석의 예

동종업계인 '본죽'의 인테리어는 식탁과 의자의 수평적 배치에 따라 벽면의 일부 또한 수평적으로 전면에 배치되어 있다. 따라서 벽면을 크게 두 부분으로 구분된 컬러가 확연히 대비되지 않고 자연적인 느낌의 밝은 컬러로 적용되어 있다. 전면에 있는 벽면의 소재가 패브릭으로 처리되어 따뜻한 느낌과 편안한 느낌을 준다. 인테리어 디자인의 포인트는 벽면에 있는데 돌출된 벽면의 윗부분을 장식의 공간으로 사용하여 지루함을 없애고, 의자는 푹신한 소재를 사용하여, 편안한 식사를 할 수 있도록 유도하였다. 포인트 된 벽면 외에 밝은 컬러 속에 Dark tone 컬러의 식탁이 배치됨으로써 전체적으로 단조로운 느낌을 없애고 음식이 돋보이도록 하였다.
브랜드 디자인의 경우 전체적으로 본 죽만의 아이덴티티를 부각시켜 컬러나 디자인으로 시선을 끈다. 이유식을 판매하고 있는 패키지 디자인은 Vivid tone yellow 컬러를 적용하고 소비자들을 고려한 디자인이 될 수 있도록 하였다. 쇼핑백은 타이틀에 맞게 메뉴 음식 이미지를 깔끔하게 삽입하여 본 죽의 아이덴티티를 부각시켰다. 패키지 용기의 경우 다른 부분은 단조로우나 리드(lid)에 갈색 컬러를 적용하여 본죽임을 다시 인식하도록 디자인되었다.

전통건강죽/영양맛죽의 名家 본죽	항목	내용
	테마	자연의 신선한 재료로 정성을 다해 만든 웰빙 슬로우 푸드
	의미	본(本)에 충실하자는 뜻_기본에 충실한 것이 가장 중요하다는 것
	경영철학	맛, 재료, 양, 서비스 등에서 기본을 지킨다.
	경쟁력	기본과 원칙을 고수하며 스피드를 뛰어넘는 경쟁력

인테리어 디자인

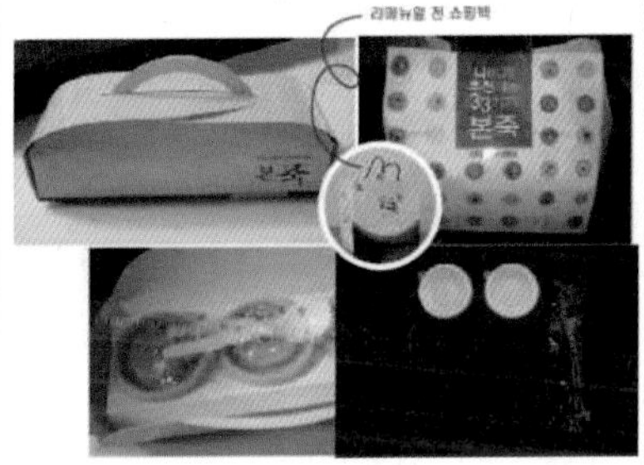

브랜드 디자인 시스템

자료 : 신재욱, 구만재, 송영은(2013)

표 6-19 브랜드 분석 후 브랜드 종합 정리 예시

디자인 요소 / 브랜드 이름	브랜드 로고	패키지 디자인	인테리어 디자인
BBQ	정형화된 글자의 틀을 벗어나 그림에 가까운 모습을 갖춤	제품 및 이벤트 콘셉트에 맞게 위생적이며 재활용이 가능하도록 깔끔하게 제작	프리미엄 카페를 지향하는 클래식하고 도시적인 세련됨과 심플함이 절충된 에클레틱 공간
교촌치킨	-로고타입과 숫자의 혼용 -숫자를 상징적으로 활용하여 전통성과 새로움을 표현	자연친화적 이미지를 구현하기 위한 천연 펄프 용지 사용	자연의 대표적인 소재가 주는 순수한 이미지를 적극적으로 활용
네네치킨	빨간색의 하트와 고급스러운 브라운 계열의 리본, 깔끔한 로고타입으로 네네치킨 브랜드 아이덴티티를 부각	피자의 포장박스에서 아이디어를 착안하여 새로운 형태의 치킨 포장박스를 개발, 특허 획득	멀리서도 네네치킨의 브랜드를 한눈에 알아볼 수 있도록 파사드와 일관성 있게 제작
페리카나 치킨	페리카나만의 일러스트를 만듦으로 신속하고 정확하게 배달하는 이미지를 표현	브랜드 네임보다는 전면에 기용한 모델과 메뉴 이미지를 부각	배달 중심 브랜드이며, 창립한 지 오래된 브랜드로 인테리어는 브랜드 아이덴티티 통일성이 부족함
굽네치킨	식욕을 돋우는 빨강, 신선하고 안전한 원료의 초록색, 로스트 치킨의 갈색이 상징적 의미를 지님	-양문형 방식을 선택하여 개폐가 용이하도록 제작 -칸을 나눠 구획별로 소스나 피클 등이 들어가도록 깔끔하게 제작	편안하고 따뜻함을 느낄 수 있도록 벽돌, 목재 등을 활용하여 마감
멕시카나 치킨	고딕체보다는 서체에 라운딩 처리를 하여 부드럽고 심플하게 표현	-로고 색상의 오렌지 계열을 활용하여 브랜드 아이덴티티 부각 -독특한 지기구조 형태로 편의성 추구	멕시카나를 부각시킬 수 있는 윈도우 시트지를 부착하여 멀리서도 브랜드를 알아볼 수 있도록 표현
맘스터치	빨간색, 오렌지색을 메인 색상으로 선정하여 요리를 해 주는 어머니의 따뜻한 손길을 상징적으로 보여주는 디자인 표현	로고와 패턴을 적용한 상자로 산뜻하고 고급스럽게 연출	-젊은 느낌의 컬러와 소재 활용 -고객 동선을 고려한 동선 설계 -깔끔하고 세련된 느낌 부각
치킨매니아	여러 가지 오브제 요소가 불필요하게 표현되어 있어 브랜드 이미지 전달력이 오히려 떨어짐	로고를 부각시킨 형태로 음료를 보관할 수 있는 수납공간이 있어 편의성이 높음	주 사용중인 한글 브랜드 아이덴티티와 맞지 않는 영문 로고 타입이 주로 적용된 매장으로 통일성이 떨어짐

자료 : 신재욱(2014)

③ SWOT분석

본 단계에서의 분석은 신규 브랜드의 개발이나 기존 브랜드의 개선 등 의사결정의 참고자료로 활용될 수 있다. 즉 강점-기회 요소의 결합을 통해 자사의 강점을 더욱 강화하기 위한 전략을, 강점-위협 요소의 결합을 통해 위협 요소를 극복할 수 있는 전략을, 약점-기회 요소의 결합을 통해 약점을 강점화할 수 있는 기회를 모색하고, 약점-위협 요소의 결합을 통해 위험을 최소화하며 새로운 사업으로의 전환 등을 준비한다.

표 6-20 SWOT분석을 통한 외식프랜차이즈 브랜드 개발 방향성 도출

	강점(S)	약점(W)
	-고급화되고 차별화된 맛 -R&D 부서 확충 -관리체계의 활성화 -O년간 O개의 직영점을 운영하며 누적된 경영 노하우 -경쟁력 있는 원재료 공급가격 확보 가능	-포화상태인 치킨 시장의 후발주자로 브랜드 인지도 낮음 -입지조건이 중요하므로 점포비용 과다로 수익성 약화 위험 있음
기회(O)	**SO**	**WO**
-외식인구 증가 및 1회 지출 비용의 증가 -건강식에 대한 관심 증대 -소비성향 양극화로 저가/고급화 제품 시장 세분화 준 -테이크아웃 시장의 활성화	-고급화 및 차별화된 건강 치킨 포지셔닝 -프리미엄 메뉴의 개발 -원재료 공급 경쟁력과 고급화 브랜드 전략으로 가맹점 유치	-고급 치킨 시장의 브랜드 개발 후 공격적 마케팅 진행 -'집에서 즐기는 프리미엄 치킨'의 콘셉트로 발전시켜 임차료 낮은 매장 개설 및 테이크아웃, 배달 수요 개발
위협(T)	**ST**	**WT**
-대형 업체의 브랜드 다각화 -시장 포화도 높음 -경기 악화로 인한 소비 침체 가능성	'가치 소비를 위한 최상의 선택'으로 마케팅 커뮤니케이션 메시지 전달	치킨 전문 레스토랑과 테이크아웃 및 배달 전문 매장의 2타입의 매장 운영 시스템 개발
OO치킨의 운영 노하우와 제품경쟁력을 기반으로 한 프리미엄 브랜드(레스토랑/테이크아웃 전문형)의 개발 필요		

자료 : 신재욱, 정보민, 김성필(2012) 재구성

④ 포지셔닝

자사와 경쟁사, 고객을 분석한 후 경쟁 브랜드들을 〈그림 6-31〉과 같이 공통적 요소로 묶을 수 있는데, 도출되는 요소들 중 자사의 핵심적 경쟁력과 관련이 있는 요소들을 기준으로 하여 자사의 경쟁시장과 경쟁시장 내에서의 위치를 설정한다(〈그림 6-32〉 참조).

그림 6-31 경쟁사의 경쟁적 준거 기준의 예시

자료 : 신재욱(2014)

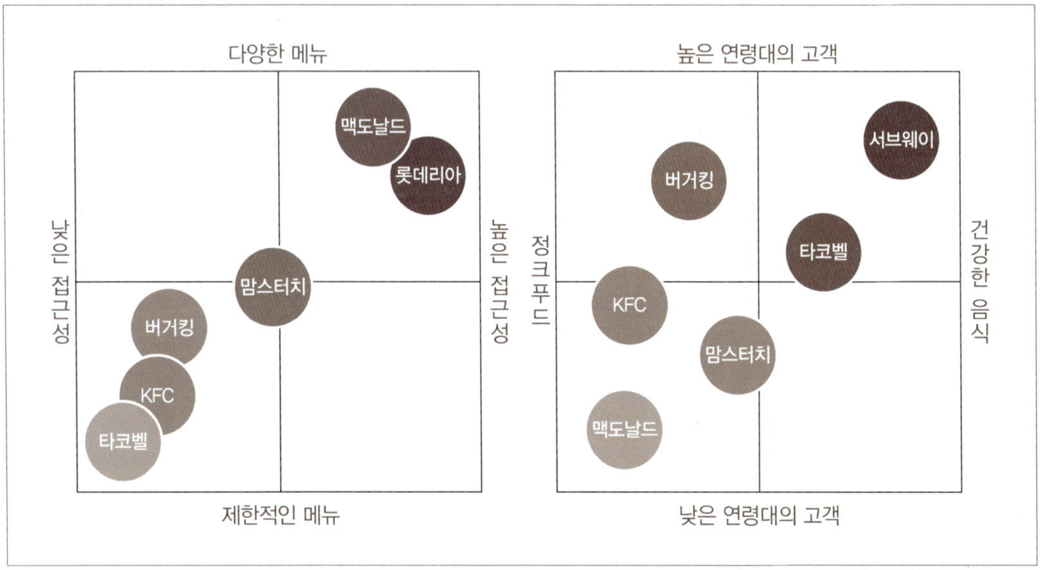

그림 6-32 같은 브랜드의 다른 포지셔닝 맵

⑤ 브랜드 방향 도출

포지셔닝이 완료된 후에는 자사의 브랜드 개발의 방향성을 도출한다. SWOT분석을 통해 도출할 수 있는 자사를 설명하는 키워드를 나열한 후 여기서 부정적인 단어를 빼고, 이를 보완할 수 있는 키워드를 추가하며, 경쟁 브랜드와는 다른 자사 브랜드의 강점과 차별점을 정리하면 〈그림 6-33〉과 같다.

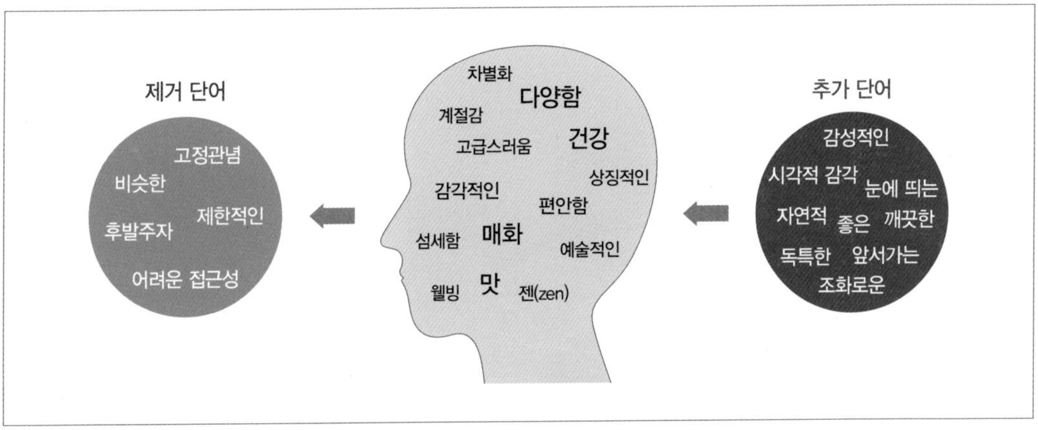

그림 6-33 일식 전문점의 브랜드 키워드 선정 예시

자료 : 최영옥, 송연은(2013)

이렇게 도출된 키워드는 설명이 가능한 문장 또는 단어 조합 형태로 구성하고, 이를 다시 몇 개의 단어로 단순화하여 로고 개발과 활용, 마케팅 커뮤니케이션의 주요 키워드로 사용하도록 한다.

⑥ 브랜드 아이덴티티 개발

이렇게 도출된 키워드를 바탕으로 브랜드 아이덴티티 디자인 개발에 착수하는데, 여기서 개발하는 항목으로는 로고 및 캐릭터, 패키지, 인테리어 등의 시각적 요소와 마케팅 커뮤니케이션을 위한 키워드를 개발하고, 이를 적용한 홍보물과 메뉴북 등의 디자인 등이 포함된다.

브랜드 로고나 캐릭터 등을 개발한 후에 고객에게서 브랜드의 일관된 인지를 이끌어 낼 수 있도록 인테리어와 패키지, 인쇄물 등에 적용한다.

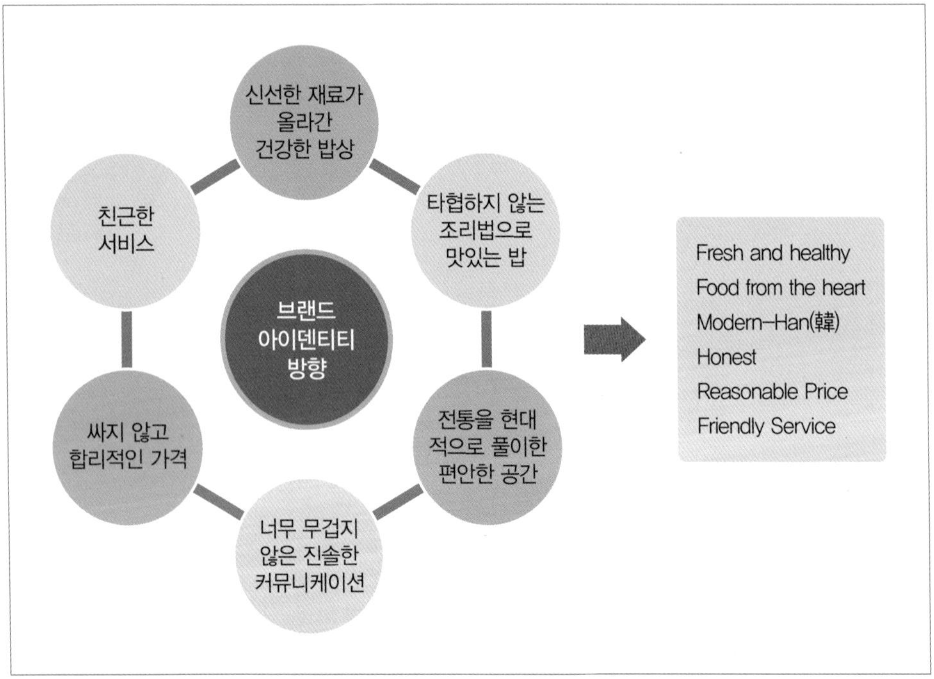

그림 6-34 캐주얼 한식 브랜드의 브랜드 아이덴티티 키워드 도출 예시

⑦ 브랜드 아이덴티티 매뉴얼

브랜드 아이덴티티는 궁극적으로 다양한 상황에서 고객에게 일관성 있는 브랜드를 인지시키려는 목적이 있기 때문에, 이를 매뉴얼로 만들어 브랜드 요소의 적용 가이드라인을 제시하면 일관성 있는 브랜드 관리가 용이해진다. 따라서 다음과 같은 부문에 브랜드 아이덴티티의 세부적인 비주얼·스토어 아이덴티티의 적용이 가능하다.

표 6-21 브랜드 아이덴티티 적용(어플리케이션) 요소

<table>
<tr><td>운영시스템</td><td rowspan="2">-대외적 사업전개를 위해 개발되는 비즈니스 그래픽으로 회사의 이미지를 담는 형태로 제작한다.
-고객에게 홍보 정보전달의 수단으로 활용할 수 있다. 스토어 아이덴티티의 기본요소를 응용하여 다양한 형태로 제작한다.
-외식프랜차이즈 시스템으로서 일관성 있는 분위기를 연출하는 통합적 디자인 툴의 개발이 이에 속한다.</td><td>명함·회원 카드·회사 소개 자료 뉴스레터 포맷, 홈페이지·SNS 디자인</td></tr>
<tr><td>외식프랜차이즈 가맹점</td><td>유니폼, 포장 패키지류(포장지, 상자, 쇼핑백, 리본, 종이컵 등)</td></tr>
<tr><td>사인시스템</td><td>방향의 유도, 인지, 집객, 정보 전달 등의 기능 이외에 이미지상승과 브랜드제고 효과를 극대화할 수 있도록 제작한다.</td><td>옥외용 메인 패널 사인, 실내용 사인, 배너 유도 사인, 규제 사인, 출입구 사인</td></tr>
</table>

자료 : 외식프랜차이즈 인테리어, 디자인, 디스플레이 사례연구

일례로 브랜드 관리를 잘 하는 기업은 브랜드 아이덴티티 매뉴얼을 세세하게 작업하는데, 피자헛이 1999년부터 2013년까지 사용한 로고의 브랜드 아이덴티티 매뉴얼은 〈표 6-22〉와 같이 구성되어 있다. 피자헛은 다음과 같은 브랜드 아이덴티티 매뉴얼 책자와 각 요소가 담긴 파일을 함께 제공해 디자이너가 활용할 수 있도록 했다.

표 6-22 브랜드 아이덴티티 매뉴얼 구성

섹션 1 : 소개	1.0 Going Forward 브랜드 로고의 의미와 책의 기능 소개 1.1 Table of Contents 목차 1.2 Manual Purpose 매뉴얼의 목적
섹션 2 : 브랜드의 기본	2.0 Our Logo 기본 로고 소개 2.1a Master Logo 기본 로고 요소 소개 2.1b Reverse Logo 배경이 반전된 로고의 사용 가이드 2.2 Clear Space 로고 주변 여백의 가이드와 최소 사이즈 기준 2.3 Colour Palette 로고에 사용된 컬러 팔레트와 보완 컬러 2.4 Logo Colours 기본 4도와 3도, 2도, 그레이스케일, 1도 등의 로고 컬러 가이드 2.5 Spot vs. Process Colour 4도 인쇄 시 인쇄 절차의 가이드라인 2.6 Colour Printing 정확한 컬러 사용 검토를 위한 컬러칩 사용 안내(섹션 7.1에 컬러칩이 포함되어 있음) 2.7 Background Control 로고와 뒷배경의 조화에 대한 가이드라인 2.8 Logo Misuse 잘못된 로고 사용의 예 2.9 TYpeface Usage 서체의 사용 가이드
섹션 3 : SECONDARY ELEMENTS 부수적 요소들	3.0 Topping Icons 피자 토핑 아이콘 소개와 그 기능 이해 3.1 Fresh Topping Icons 토핑 아이콘 세트 소개 3.2 Arte Topping Icons 새롭게 변화된 토핑 아이콘 세트 소개 3.3 Topping Colour Palette 토핑 컬러 팔레트 3.4 Topping Icon 1Colour 1도 인쇄 시 토핑 컬러 가이드 3.5 Topping Icon Misuse 잘못된 토핑 아이콘 사용의 예
섹션 4 : BRAND PROTECTION 명확한 브랜드 인지를 위한 가이드라인	4.0 Trademark Standards 트레이드마크의 기본 4.1Trademark Purpose 트레이드마크의 목적 4.2 Trademark Defined 트레이드마크의 정의와 국가별로 등록된 피자헛 트레이드마크의 요소들 4.3 Legal Matters 트레이드마크 사용의 법적 요소들 4.4 Let Us Know 트레이드마크의 사용 가이드
섹션 5 : PREMIUMS & WEARABLES 상품 및 의복류 적용 가이드	5.0 Linking Up To Good Times 로고의 상품 및 의복류 적용의 의미 이해 5.1 Logo Usage 상품 및 의복류의 로고 컬러 적용 가이드
섹션 6 : COMPANY DOCUMENTS 기업문서 적용 가이드	6.0 Communicating Outward 기업문서에 로고 적용의 의미 이해 6.1 Overview 피자헛과 얌! 브랜드 기업 로고가 적용된 문서의 의미 이해 6.2 Pizza Hut 4 Colour 피자헛 4도 컬러 사용 문서 양식 6.3 Pizza Hut 2 Colour 피자헛 2도 컬러 사용 문서 양식 6.4 YUM Letterhead 얌! 브랜드 사용 문서 양식 6.5 YUM Business Card & Envelope 얌! 브랜드 명함과 봉투의 형태
섹션 7 : PRODUCTION RESOURCES 로고 활용 작업을 위한 자료	7.0 Production Files 피자헛 로고와 브랜딩 가이드가 담긴 CD-Rom 안내 7.1 Colour Swatches 피자헛 레드 색상 컬러 스와치(실제 인쇄물 결과와 비교할 때 활용) 7.2 Colour Swatches 피자헛 그린, 옐로 색상 컬러 스와치(실제 인쇄물 결과와 비교할 때 활용) 7.3 Colour Swatches 피자헛 다크레드, 블랙 색상 컬러 스와치(실제 인쇄물 결과와 비교할 때 활용)

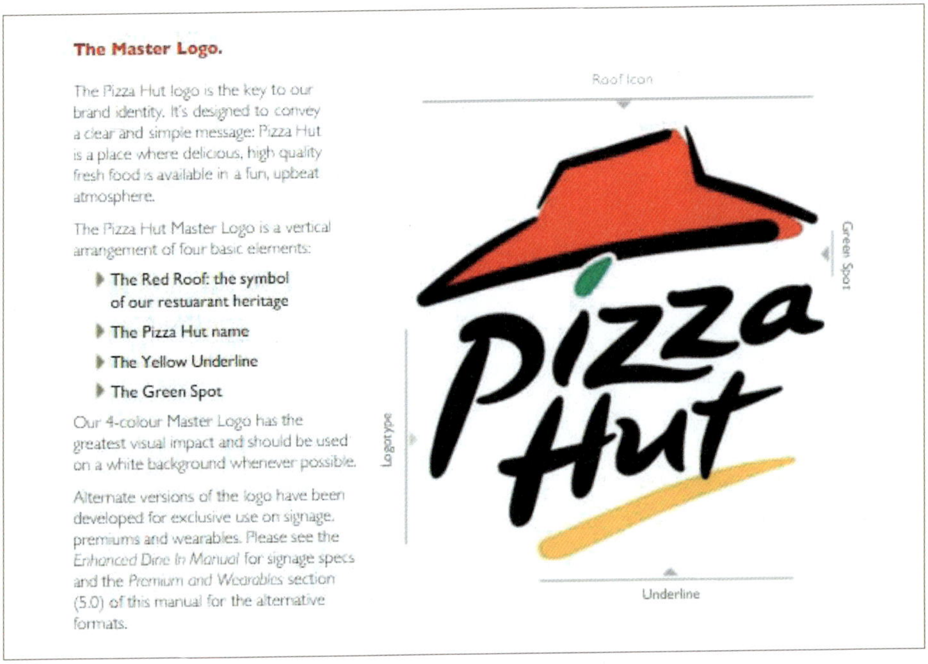

The Master Logo.

The Pizza Hut logo is the key to our brand identity. It's designed to convey a clear and simple message: Pizza Hut is a place where delicious, high quality fresh food is available in a fun, upbeat atmosphere.

The Pizza Hut Master Logo is a vertical arrangement of four basic elements:

- The Red Roof: the symbol of our restuarant heritage
- The Pizza Hut name
- The Yellow Underline
- The Green Spot

Our 4-colour Master Logo has the greatest visual impact and should be used on a white background whenever possible.

Alternate versions of the logo have been developed for exclusive use on signage, premiums and wearables. Please see the *Enhanced Dine In Manual* for signage specs and the *Premium and Wearables* section (5.0) of this manual for the alternative formats.

그림 6-35 피자헛 기본 로고의 구성 요소 설명

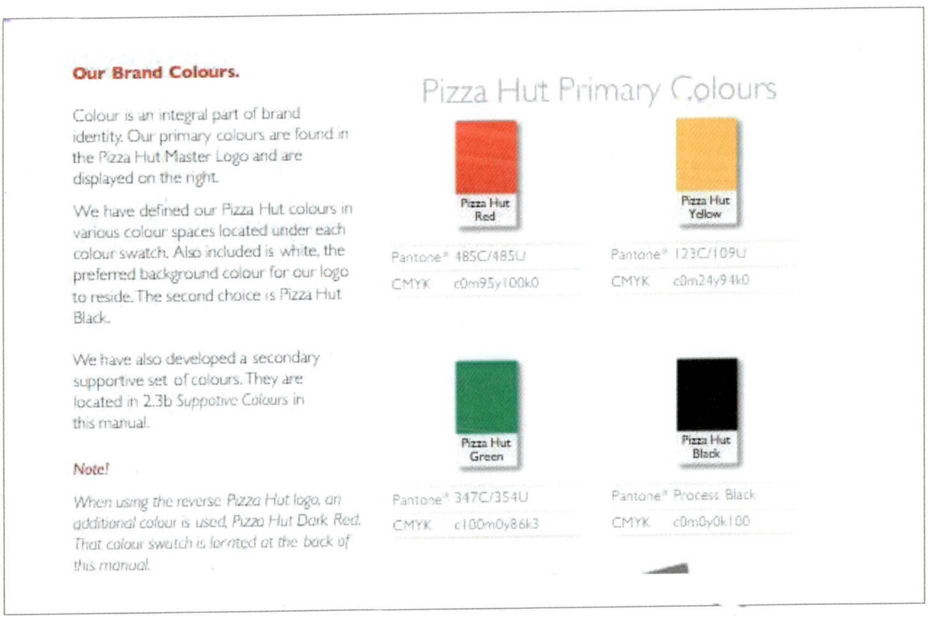

Our Brand Colours.

Colour is an integral part of brand identity. Our primary colours are found in the Pizza Hut Master Logo and are displayed on the right.

We have defined our Pizza Hut colours in various colour spaces located under each colour swatch. Also included is white, the preferred background colour for our logo to reside. The second choice is Pizza Hut Black.

We have also developed a secondary supportive set of colours. They are located in 2.3b *Suppotive Colours* in this manual.

Note!

When using the reverse Pizza Hut logo, an additional colour is used, Pizza Hut Dark Red. That colour swatch is located at the back of this manual.

Pizza Hut Primary Colours

Pizza Hut Red	Pizza Hut Yellow
Pantone® 485C/485U	Pantone® 123C/109U
CMYK c0m95y100k0	CMYK c0m24y94k0

Pizza Hut Green	Pizza Hut Black
Pantone® 347C/354U	Pantone® Process Black
CMYK c100m0y86k3	CMYK c0m0y0k100

그림 6-36 피자헛 로고의 컬러 가이드

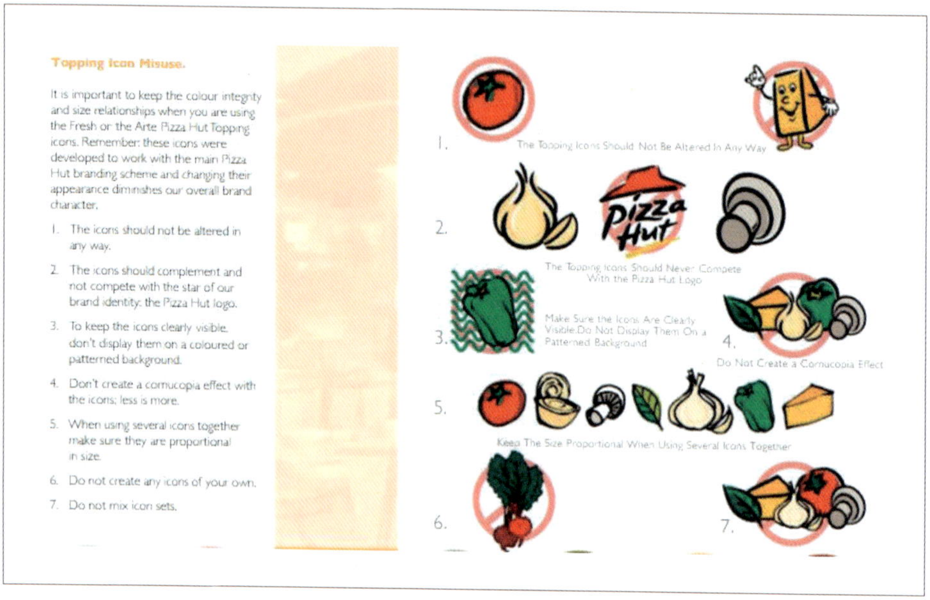

그림 6-37 피자헛 토핑 아이콘의 잘못된 사용 예시

자료 : pjanto on www.scribd.com

5) 브랜드 아이덴티티의 적용

외식프랜차이즈 기업의 콘셉트는 브랜드라는 명목 하에 체계화되어야 하며, 그것은 유형적이고 물리적 단서들로 구체화되어 우리가 기획한 고객에게 다른 경쟁사와 차별화되는 브랜드로 인지시킬 수 있게 해야 한다. 브랜드 아이덴티티는 초기 브랜드 기획 단계뿐만이 아니라 지속적으로 적용되고, 고객의 감각을 자극하도록 설계되어야 고객의 인지 속에서 강하게 자리잡게 된다.

커피빈과 스타벅스의 브랜드 아이덴티티의 물리적 환경 적용 사례 비교를 통해 외식프랜차이즈 기업에서는 이러한 브랜드 아이덴티티가 물리적 환경에 어떻게 적용되고 있는지를 살펴보자.

표 6-23 스타벅스와 커피빈의 브랜드 아이덴티티 적용 사례 비교(2016년 8월 기준)

스타벅스의 브랜드 분석		커피빈의 브랜드 분석
기존의 로고 주변에 "STARBUCKS COFFEE"라는 문구 생략. 그린 배경색에 화이트로 여신 '사이렌'을 새김	로고/심벌	로고에 상호와 차 잎, 원두의 모양을 두어 원재료와 음료 본래의 내용을 중시하는 것을 표현
스타벅스 / STARBUCKS COFFEE 소설 '모비딕'에 나오는 선장의 이름인 'Starbuck'에서 따옴	브랜드 네임	**커피빈 / The Coffee Bean & Tea Leaf** 원두커피와 차 두 가지의 본질에 집중하는 브랜드 방침을 보여줌
 여름 시즌의 메뉴와 캠페인에 맞춘 강렬한 색상과 이미지를 사용. 사용하는 컬러는 시즌에 따라 유연하게 사용하나, 핵심 컬러인 녹색을 돋보이게 연출함 메인 하단에서는 마이스타벅스 리워드, 신제품 원두, 사이렌 오더, 드라이브스루 매장 순으로 배열 반응형 웹 디자인으로 메인은 상하 스크롤로만 구성하여 모바일도 최적화된 홈페이지 구성을 보여줌	홈페이지	 클래식한 분위기의 색상을 주로 사용하며, 쇼핑몰의 기능도 함께 탑재 반응형 웹 디자인을 사용하면서 메인은 좌우 슬라이드로 15주년, 신메뉴인 콜드브루 커피 두 가지 이미지를 돌려가며 보여줌 메인 하단도 쇼핑몰 신제품과 커피빈 멤버십 카드 등의 좌우 슬라이드-신제품-이벤트 좌우 슬라이드-인스타그램 커피빈 관련 태그 이미지 순으로 보여줌. 최근 모바일 UX를 고려해 좌우 슬라이드는 사용을 꺼리는 추세인데, 메인의 모든 메뉴에 가로 슬라이드를 활용한 UX가 아쉬움
"브랜드의 중심은 조직원의 열정"이라는 문구를 브랜드를 소개하는 페이지에 적어 놓음. 영국에서 가장 선호하는 회사 중 하나일 정도로 종업원을 중시하는 기업문화가 있음	슬로건 및 특징	1963년에 캘리포니아에 처음으로 개점하여 "Simply the Bes."라는 슬로건으로 최고의 커피와 차를 제공하는 것을 추구함
	파사드	

(계속)

<table>
<tr><th>스타벅스의 브랜드 분석</th><th></th><th>커피빈의 브랜드 분석</th></tr>
<tr><td>

매장마다 조명과 모양 색상, 천정 장식 등의 일관성보다는 다양성을 추구하되, 대체적으로 밝고 부드러운 분위기를 연출함</td><td>조명과 천정</td><td>
매립 할로겐으로 낮은 조도의 부드럽고 정적인 이미지를 표현하고, 어두운 색의 천정 마감</td></tr>
<tr><td>
매장마다 목재, 유리 등의 다양한 소재와 캔버스 인쇄 사진 액자, 드로잉 액자 등이 활용되어 다양성을 추구하되, 편안하고 전문적인 커피 회사의 이미지를 보여줌</td><td>벽면</td><td>
밝은 오크 또는 메이플 색상의 마감재를 사용. 상단부에 커피빈 로고와 커피원두 자루가 연상되는 패턴을 사용. 매장에 따라 노출벽돌을 사용하기도 함</td></tr>
<tr><td>
바를 중심으로 고정형과 이동형 테이블, 안락한 의자와 딱딱한 의자를 다양하게 배치함</td><td>가구</td><td>
플라스틱 등나무 의자와 메이플 색의 나무 의자를 중심으로 사용하며, 안락의자는 제한적으로 사용. 의자 등받이와 테이블에 로고 스텐실을 한 경우가 많음</td></tr>
</table>

(계속)

<table>
<tr><th>스타벅스의 브랜드 분석</th><th></th><th>커피빈의 브랜드 분석</th></tr>
<tr><td>
자기질 타일과 카펫, PVC타일 등을 매장 콘셉트에 따라 사용하며, 영역별로 다른 마감재를 사용하여 공간을 구분함</td><td>바닥</td><td>
바닥재는 대리석 질감과 나무 질감의 PVC 타일로 마름모 패턴으로 시공함</td></tr>
<tr><td>벽, 바닥 천정에 특별한 무늬 없이 마감재의 색이나 재질의 변화로 역동적인 이미지를 살 림. 벽면의 액자 등의 데코레이션과 조명의 베리에이션으로 편안하면서도 세련된 분위기를 연출함</td><td>공간의 특징</td><td>클래식한 커피 전문점으로서의 브랜드 아이덴티티 강조. 몇 년이 지나도 크게 변화가 없어 보는 이에 따라서는 고루하다고 느낄 수도 있음</td></tr>
</table>

요약

1. 외식업에서의 업종이란 한식, 양식, 일식 등 제공하는 음식의 종류를 가리키며, 업태는 공급자 중심에서 음식점을 메뉴의 종류로 분류하던 시대에서 발전하여 고객 중심으로 성숙된 시장에서 나타나는 사업의 분류 기준이다.

2. 메뉴와 메뉴의 수는 콘셉트를 기획할 때 가장 핵심적인 변수에 해당한다. 목표고객과 동행하는 다양한 고객의 취향도 고려하여 전문성을 기반으로 다양성이 가미된 메뉴구성을 만들고 메뉴의 수는 인력, 공간, 비용을 고려하여 최적화해야 한다. 점포의 메뉴는 그 기능에 따라 대표메뉴, 주력메뉴, 보조메뉴 등으로 구분할 수 있는데, 이러한 메뉴 구성은 목표 고객에 따라 조밀하게 기획될수록 효과적으로 매출을 증진시키고, 고객의 만족도를 높일 수 있다.

3. 외식프랜차이즈 사업 기획자는 제공되는 메뉴의 수와 제공되는 방식 등에 따라 예상되는 식사시간을 예측하여, 적절한 가격과 서비스를 함께 기획해야 한다.

4. 고객은 외식업체를 이용하게 되는 다양한 변수들에 의해 업종과 업태를 다르게 선택한다. 다시 말해 방문하는 목적과 함께 방문하는 사람, 상황 등에 따라 메뉴나 서비스 스타일, 분위기 등을 고려해 선택하는 경향이 있다. 따라서 타깃 고객을 대변하는 페르소나를 개발하면 효과적인 콘셉트 개발이 가능하다.

5. 서비스는 생산과 소비가 동시에 이루어지는 고유한 특성을 가지고 있어 서비스의 구매 전 관리(대기관리), 구매/서비스 과정 관리(MOT관리), 구매 후 관리(피쉬본 다이어그램)'를 통해 서비스 실패를 방지하고, 고객의 만족도와 충성도를 높여야 한다.

6. 가격은 구매 결정과 수요, 기업 이익에 가장 큰 영향력을 행사하며, 변경이 쉽고, 효과도 즉각적이라는 특성 때문에 마케팅 믹스 중 가장 중요한 요소로 이해된다. 가격 결정은 고객이 지불하고자 하는 가격, 경영자가 원하는 만큼의 이익을 낼 수 있는 수준의 가격, 경쟁사와의 경쟁에서 우위를 차지할 수 있는 가격의 최적 지점을 도출해 내되, 경험이 아닌 과학적 방법에 의해 결정해야 한다.

7. 물리적 환경이란 고객에게 메뉴와 보이지 않는 서비스를 전달하는 데 작용하는 모든 유형적 요소들을 포함하는 마케팅 믹스 중 하나이다. 즉, 내·외부 환경을 구성하는 모든 설비, 설비 배치, 가구, 매장의 온도, 공기 상태, 소음, 음악, 향기, 도형, 기호, 조형물, 장식물 등이 여기에 포함된다.

연습문제

1 외식프랜차이즈 사업을 위해서는 업종과 업태를 기준으로 사업의 내용과 범위를 결정해야 한다. 성공한 외식프랜차이즈 기업을 대상으로 업종과 업태를 정리한 후, 어떤 방법으로 자신의 사업을 정의하는 것이 좋을지 평가해 본다.

2 본장에서 외식프랜차이즈 사업을 위한 콘셉트 구성요소와 각 요소별 구성방법을 학습하였다. 자신이 관심 있는 브랜드 또는 자신이 계획하는 브랜드의 콘셉트를 학습한 내용을 기준으로 정리해 본다.

3 외식프랜차이즈 기업은 메뉴의 구성이 곧 경쟁력이라 할 수 있다. 본장에서 사례로 제시한 메뉴의 구성과 같이 성공적인 메뉴구성 사례를 제시해 본다. 그리고 제시한 사례의 우수성과 개선해야 할 사항을 정리한다.

4 외식프랜차이즈 기업이 개발하는 다양한 서비스 제공 방식이 최근 늘어나고 있다. 자신이 경험한 서비스 프로세스와 서비스 철학을 정리해 본다.

5 최근 인기를 얻고 있는 외식프랜차이즈 기업의 물리적 환경과 독립 점포들의 물리적 환경을 비교하고 장단점을 정리해 본다. 외식프랜차이즈 기업이 독립 점포에 비하여 물리적 환경 측면에서 경쟁력을 갖추려면 어떻게 해야 할지 방안을 제시해 본다.

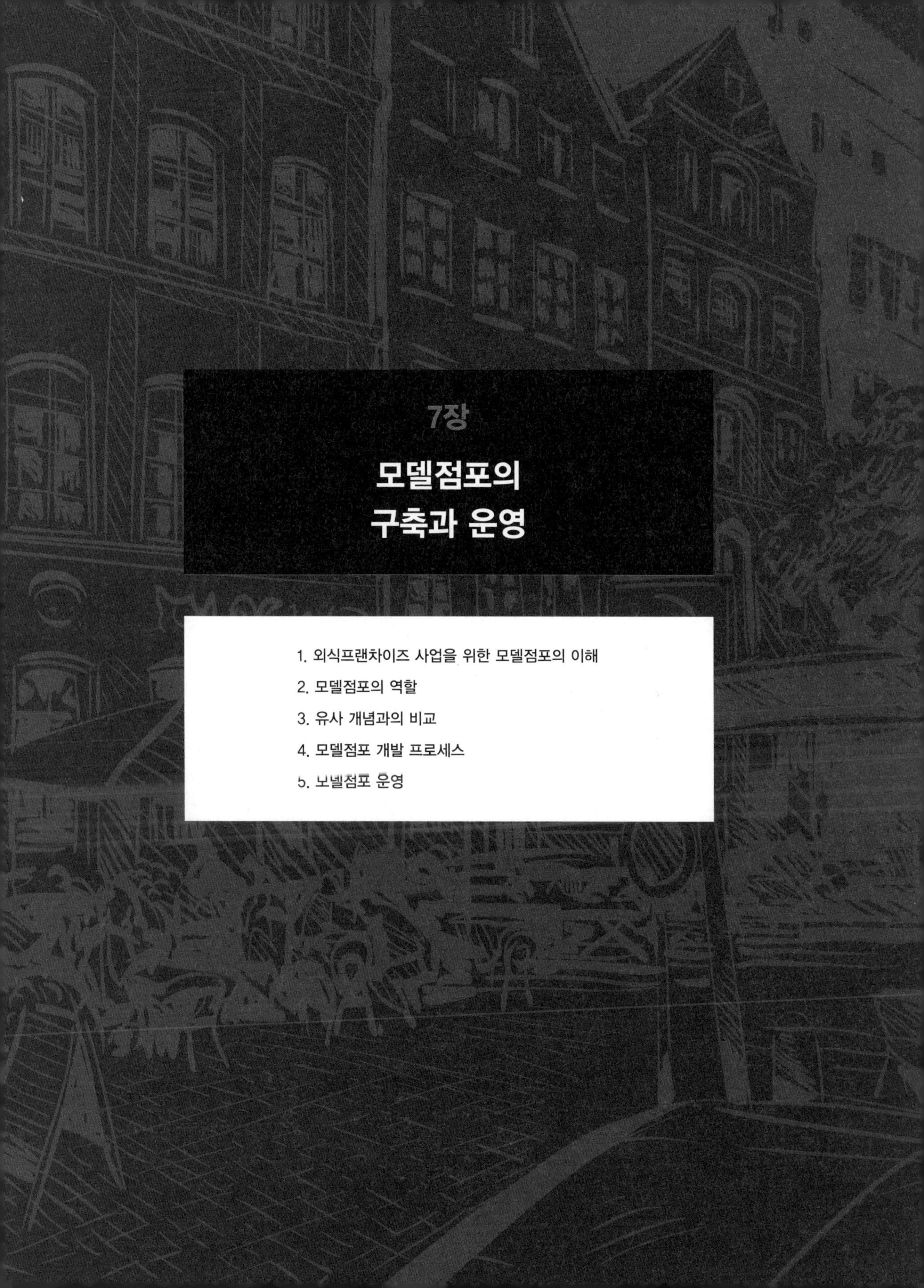

7장

모델점포의 구축과 운영

1. 외식프랜차이즈 사업을 위한 모델점포의 이해
2. 모델점포의 역할
3. 유사 개념과의 비교
4. 모델점포 개발 프로세스
5. 모델점포 운영

학습목표

1. 외식프랜차이즈 사업을 위한 모델점포의 개념과 역할을 이해하고 설명한다.
2. 외식프랜차이즈 사업을 위한 모델점포 개발 절차를 이해하고 설명한다.
3. 외식프랜차이즈 사업을 위한 모델점포 운영의 고려사항을 이해하고 설명한다.

1 외식프랜차이즈 사업을 위한 모델점포의 이해

외식프랜차이즈 사업을 위한 모델점포는 모델점, 모델샵(Model Shop)이라는 명칭으로도 불린다. 모델점포는 구상중인 사업 모델을 실제화한 매장으로 가맹본부는 모델점포를 통해 해당 사업 모델이 외식프랜차이즈화가 가능한지를 검토하고, 다양한 시스템을 구축하며, 외식프랜차이즈 사업화하였을 때 발생할 수 있는 문제를 미리 파악하고, 그 대응전략을 준비하는 역할을 한다.

모델점포는 사업모델의 특성과 가맹본부의 다양한 상황을 고려해 점포 수를 조절하여 운영하되, 최소 1년 이상의 운영을 통해 계절적 요인, 상권 입지별 변수 등을 고려한 수익모델과 매장 운영 시스템, 본사 지원 시스템 등을 갖추는 데 활용하는 것이 바람직하다.

미국 뉴저지에서 처음 시작된 샌드위치 전문점인 블림피는 1964년에 첫 매장을 연 후 가맹사업을 시작하기 전 직영점을 13년 간 운영하며 제품 개발과 고객을 통한 검증은 물론 매장 운영 절차와 시스템을 구체화 했다. 현재 블림피는 790개 이상의 매장을 운영하고 있다.

그림 7-1 1964년 개점한 블림피의 첫 번째 매장과 최근의 매장

자료 : 블림피 홈페이지(www.blimpie.com)

모델점포는 가맹본부가 운영한다는 점에서 직영점과 동일한 의미로 인식될 수 있으나, 모델점포는 단순히 본부의 자원이 투자될 뿐만 아니라, 외식프랜차이즈의 표준을 제시하고, 운영의 모범이 되어야 한다는 측면에서 더욱 엄격하게 관리되어야 한다. 모든 모델점포는 직영점이 될 수 있지만, 모든 직영점이 모델점포로 운영 관리되는 것은 아니다.

2 모델점포의 역할

1) 외식프랜차이즈 시스템의 모체

외식프랜차이즈 시스템 구축에 있어 모델점포의 역할은 절대적이다. 혹자는 모델점포의 운영 경험 없이 절대 외식프랜차이즈 사업을 시작하지 않도록 권할 정도다.[1] 모델점포는 해당 브랜드의 매장 오픈 및 운영방식과 가맹본부 지원 방식, 제품(메뉴), 서비스, 마케팅 방식 등의 표준을 구성하고 다른 곳과 다른 가맹점사업자가 운영하는 조건에서도 적용될 수 있도록 매뉴얼화하기 위한 매장이다. 따라서 모델점포의 운영 기준은 최소 1개 매장이지만, 높은 성공 가능성을 검증하고 의사결정을 위한 데이터 오류를 최소화하기 위하여 가능하면 많은 매장을 운영하는 것이 이상적이다. 또한 오픈 준비부터 운영 기간은 본사 운영의 현실적 측면을 고려하여 6개월 이하로 진행하는 경우가 다반사이나 1년 이상 운영을 통해 충분한 운영 노하우를 쌓는 것을 추천한다.

모델점포는 구상했던 외식프랜차이즈의 모든 콘셉트 요소가 응집된 매장으로 오픈되어 해당 콘셉트의 현실성 여부를 판단할 수 있어야 한다. 그리고 미처 예상하지 못했던 요소들을 점검하여 원활하게 운영될 수 있는 시스템을 구축함으로써 본격적으로 가

1 Seid, Thomas, Franchising for Dummies 2nd Edition, Wiley Publishing, Inc(2006).

맹사업을 시작할 때, 가맹점의 성공적 운영을 지원할 수 있는 외식프랜차이즈 시스템의 모체라 할 수 있다. 모델점포에서는 실제 고객에게 사업의 콘셉트와 제품이나 메뉴 그리고 독자적인 서비스를 제공하면서 타깃 시장에서 사업 모델이 현실화될 수 있는지를 분석해야 한다. 또한 수익구조를 확고히 하여 실제 가맹사업 시작 후 가맹점의 성공 가능성을 극대화시켜야 한다.

2) 상권과 입지조건의 표준 역할

가맹본부는 기획단계에서 도출한 상권과 입지의 표준에 따라 모델점포를 개발하고 실제 매장으로 운영을 하면서 운영수익률을 도출할 수 있어야 한다. 만일 가맹점의 면적이나 분위기 등으로 콘셉트를 차등화한 모델을 3가지로 기획하였다면, 최소 3가지의 모델을 해당 모델이 적합한 상권과 입지에 모델점을 운영하면서 그 실효성을 파악하여야 한다. 그리고 이를 통해 사업 모델의 적용이 가능한 곳과 적용이 어려운 곳의 기준을 정해야 한다.

3) 가맹점사업자 모집과 훈련 지원

가맹본부는 초기 가맹점 모집 시에 가맹을 희망하는 예비 가맹점사업자에게 운영 중인 모델점포를 방문하게 하여 콘셉트와 상권 및 입지, 운영방법을 직접 보여줌으로써 계약성사에 도움을 받을 수 있다. 초기 가맹본부는 가맹점사업자를 위한 교육훈련장소가 따로 준비되지 않는 경우가 많은데, 이럴 때 모델점포에서 OJT(On the Job Training) 방식으로 가맹점사업자 교육을 진행하기도 한다.

또한 본격적으로 가맹사업을 시작된 후에도 모델점포를 지속적으로 운영하여 가맹점들의 품질관리를 위해, 프랜차이즈화된 가맹점의 모범적 운영 모델 역할을 하게 해야 한다. 이를 통해, 가맹본부의 정책 담당자와 가맹점사업자 간의 이해의 간극을 좁힐 수 있도록 해야 한다. 또한 가맹본부는 현실적 운영 정책을 수립하게 하고, 가맹점은 가맹본부의 품질관리 지침을 따를 수 있게 해야 한다.

4) 변화 예측과 대응을 위한 레이더 역할

몇몇 외식프랜차이즈 가맹본부는 가맹점 영업이 본격적으로 시작된 후 모델점포로 활용할 수 있는 직영점을 매각하거나, 정리 수순을 밟아 본부의 운영비를 줄이기도 한다. 그러나 직영점은 가맹점에서 실행되어야 하는 신제품 판매나 마케팅 프로모션의 실효성을 파악할 수 있는 테스트베드이며, 소비자의 구매 성향을 가맹점보다 신속하게 파악할 수 있는 레이더 역할을 할 수 있다. 또한 가맹본부의 안정적 수익구조를 위해서도 가맹점이 충분히 확보된 후에도 모델점은 반드시 운영되어야 한다.

3 유사 개념과의 비교

모델점포, 모델점은 외식프랜차이즈 브랜드의 초기 론칭 단계에 전략적으로 오픈하여 활용된다는 점에서 플래그십 스토어(또는 안테나 숍)와 혼동하기 쉽다. 그러나 이는 상이한 개념과 기능으로 이해해야 한다. 유사한 개념과의 차이점을 자세히 살펴본다.

1) 플래그십 스토어

플래그십 스토어(Flagship Store)란 한 브랜드의 주력 상품들을 전시하고, 판매하는 매장으로, 차별화된 브랜드 아이덴티티를 구축하고 최신 트렌드와 관련된 체험 기회를 제공하면서 브랜드 인지도를 높이는 것을 목적으로 만들어지는 매장이다. 소비자의 반응을 파악한다는 점에서 안테나 숍(Antenna Shop)이라 부르기도 한다.

플래그십 스토어는 소비자 경험에 초점을 맞춘 매장을 선보이기 때문에, 매장 규모가 크고, 오감을 자극하는 다양한 요소를 결합한 화려한 매장을 선보이는 경우가 많다. 플래그십 스토어는 패션, 화장품 기업에서 주로 신규 브랜드 론칭을 위해 활용하는 경우가 많은데, 상대적으로 투자비용이 적은 외식업체에서는 시도하기 어려운 매장 형태이다. 다만, 최근에는 CJ, SPC등의 외식전문그룹이 자사 브랜드로 업종을 구성한 플래그십 스토어를 운영하거나 캐릭터브랜드, 엔터테인먼트 기업과 콜라보레이션(협업)을 통해 매장을 운영하기도 한다(〈그림 7-2〉 참조).

플래그십 스토어는 강남역, 홍대, 가로수길, 삼청동 등 권리금과 임차료가 높지만 유동인구가 많은 상권에 고정비를 감수하고도 입점하여, 실제 매장의 운영과 판매를 통한 수익 추구가 아닌 브랜드 이미지 제고와 인식 극대화를 추구하기 때문에 사업성을 검증하기 어렵다.

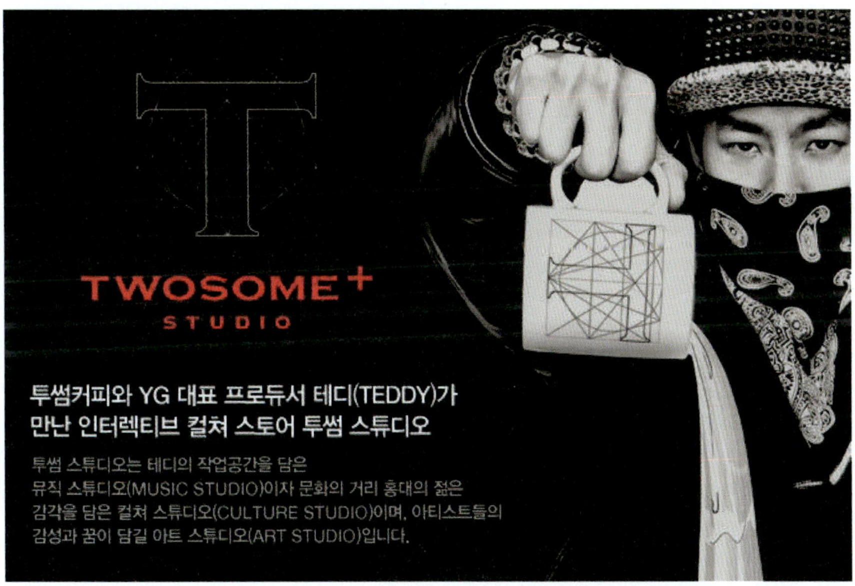

그림 7-2 CJ에서 선보인 콜라보레이션 플래그십 스토어 투썸 스튜디오

자료 : 투썸플레이스 홈페이지(www.twosome.co.kr)

2) 플래그십 스토어와 모델점포의 비교

표 7-1 플래그십 스토어와 모델점포의 비교

	플래그십 스토어	모델점포
개점 목적	해당 브랜드의 인지도 상승	해당 사업모델의 수익성 검증(반드시 성공시켜야 함)
상권 및 입지	타깃 유동인구가 많은 대형상권	해당 사업 모델에 적합한 표준 상권 및 입지
매장 규모	비교적 대형	매장 콘셉트에 맞는 규모로, 플래그십 스토어에 비해 작은 편
수익성	낮음. 전략적으로 운영적자 감수하기도 함	수익성 검증을 위해 개점하기 때문에 수익성이 높음
기능	소비자 반응 파악, 브랜드 홍보 기능	외식프랜차이즈 시스템 표준 제시, 영업 및 교육장소
운영 기간	짧음	비교적 장기간 운영

4 모델점포 개발 프로세스

모델점포 개발은 크게는 콘셉트 개발 단계, 점포 준비단계, 가오픈, 그랜드 오픈 단계로 나눌 수 있다. 모델점포 개발 단계는 구상중인 외식프랜차이즈의 콘셉트의 대부분이 발전되는 시기로 적어도 70-80%의 외식프랜차이즈 콘셉트가 구현된 형태의 모델점포를 오픈하는 것을 목표로 한다. 모델점포는 매장 오픈 후 실질적인 수익을 확보하고 모범적 운영의 실례를 보여주는 것을 목표로 하는 매장이라는 점을 염두에 두고 치밀한 준비과정이 필요하다.

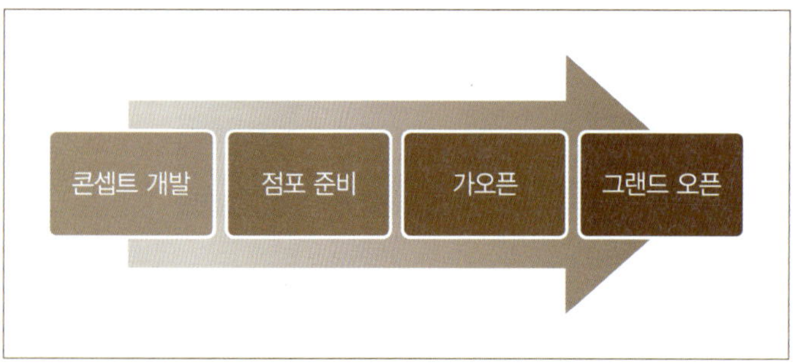

그림 7-3 모델점포 개발 절차

각각의 단계마다 수행하는 업무의 내용과 순서는 해당 사업 모델의 속성과 외식프랜차이즈 기업의 운영 방식 등에 따라 달라질 수 있으나 다음과 같은 내용을 골자로 한다.

1) 모델점포 콘셉트 개발 단계

모델점포 콘셉트 개발 단계에서는 전체 콘셉트 개발 단계에서 확정된 상호와 로고에 대한 상표출원 및 등록절차를 밟는 것이 급선무이다. 상표출원과 등록은 몇 개월 이상 소요되고, 유사 상표나 경쟁사의 이의 제기 등으로 출원이나 등록이 거절당할 수도 있기 때문에 본격적 가맹사업 시작 후에 불이익을 당하지 않기 위해서는 상표권을 획득하는 것이 최우선 업무가 되어야 한다.

본 단계에서는 앞에서 확정된 콘셉트를 실제 매장에 적용하기 위한 작업을 주로 진행한다. 즉 타깃 고객층과 가장 효과적으로 접촉할 수 있는 상권과 입지를 선정하여 점포를 계약하는 업무를 비롯하여 모델점포의 기틀을 잡는 업무들이 진행된다. 구체적으로는 다음과 같은 작업들이 실행되어야 한다.

- 브랜드개발(상호, 로고 디자인) 및 상표등록
- 상권분석, 입지 선정, 계약
- 메뉴(메뉴 콘셉트, 구성, 레시피, 원가, 가격) 확정
- 디자인 콘셉트(인테리어, 익스테리어, 사인물, 인쇄물, 각종 집기류)
- 기자재 및 식부재료와 물류 공급방식 확정
- 운영방식 기획(운영시간, 운영인원, 서비스 방식 등)
- 직원 교육 기획
  - 메뉴 제조, 상품관리
  - 서비스
  - 운영 : 매장관리, 재고관리, 인력관리, 위생, 매출손익관리

2) 점포 준비단계

점포 준비단계에서는 시공사 선정 후 인테리어, 익스테리어 시공이 진행되며 각종 매장 관련 계약업무도 함께 진행된다. 또한 다양한 물품의 발주, 제작이 이 단계에서 이루어지는데 주문 제작되는 포장재나 유니폼 등은 완성된 제품이 기대와 다르게 나오거나

여러 이유로 일정이 지연되는 경우가 종종 있기 때문에 넉넉한 기간을 확보해야 한다.

본단계에서는 직원 채용과 교육이 매우 중요한데, 모델점포의 운영자료를 근거로 외식프랜차이즈 시스템이 개발되기 때문에 모델점포 직원의 업무 이해도와 업무 역량은 향후 일반 직영점에서 매장관리를 담당하는 직원보다 높은 것이 유리하다. 만일 가맹본부 내에 실무교육을 위한 시설이 준비되어 있지 않을 경우, 본 단계에서는 이론적인 교육을 중점적으로 진행한 후, 조리와 서비스를 비롯한 실무교육은 모델점포가 완공된 후에 진행하기도 한다. 이 외에도 점포 준비단계에서의 일반적 업무는 다음과 같다.

- 시공사 선정 및 공사비 확정 후 공사 진행
- 직원 채용 및 교육(이론교육 위주)
- 식부재료 초도 물량, 각종 집기 및 홍보물 제작 및 발주
- 각종 점포 관련 계약사항 진행(포스, 카드, 인터넷, 보험, 무인경비, 세무기장, 방역 등)
- 점포 오프닝 프로모션 기획(사은품, 시식, 홍보계획 등), 홈페이지, SNS 등 개설 후 오픈 일정 공지

3) 가오픈

가오픈(Pre-Opening) 단계는 프리 오프닝 또는 소프트 오프닝(Soft-Opening)이라고도 하는데, 직원의 숙련도를 높이고, 고객의 반응을 점검하는 과정을 의미한다. 그랜드 오픈 시기에 방문 고객의 만족도 향상을 위해 권장하는 단계인데, 다음과 같은 업무들이 가오픈 과정에서 이루어진다.

- 완공 후 집기 입고
- 포스 상품등록
- 점포 내 현장 교육(포스 이용, 조리, 판매서비스 등)
- 점포 운영시설 점검
- 시범판매 진행 및 고객 반응 점검
- 그랜드 오픈 관련 홍보

4) 그랜드 오픈(Grand-Opening)

가오픈을 통해 점검 및 보완이 완료되었다고 판단될 때, 정식 오픈에 해당되는 그랜드 오픈 단계를 실행하는 것이 가장 이상적이다. 그랜드 오픈 이후에는 개별 점포의 운영수익을 확보하는 것도 중요하지만, 프랜차이즈 시스템을 구축하기 위한 데이터와 운영 노하우 확보가 더욱 중요하다. 따라서, 그랜드 오픈 후에는 점포를 운영하는 직원 이외에도 미시적, 거시적 안목으로 볼 수 있는 슈퍼바이저를 선발하여 주기적으로 점포를 방문하게 하며, 완성도 높은 운영 시스템과 본사의 지원 시스템을 기획하는 것이 필요하다.

그랜드 오픈 이후에 진행되는 업무들로는 다음과 같은 내용들이 있다.

- 그랜드 오픈 행사 진행
- 슈퍼바이징 담당자 지정, 슈퍼바이징 기획
- 점포 오픈 후 슈퍼바이저 관리 시작
- 오픈 후 판매촉진전략 기획 실행
- 매출, 손익 관리
- CRM 기획
- 타당성 검토 자료 확보

5 모델점포 운영

외식프랜차이즈 모델점포의 운영은 일반 점포 운영과 여러 가지 측면에서 큰 차이가 없다. 다만 모델점포는 운영 목적이 일반 점포와 다르다. 즉 모델점포가 오픈된 후 점포의 운영은 단일 점포 운영수익의 확보만큼이나 외식프랜차이즈 시스템을 구축하기 위한 데이터와 노하우 축적이 중요하다는 것이다. 따라서 그랜드 오픈 후에는 운영하는 점장, 매니저 등의 관리직원 외에도 미시적, 거시적 안목으로 볼 수 있는 슈퍼바이저가 지정되어 주기적으로 점포를 방문하여 완성도 높은 운영 시스템과 가맹본부의 지원 시스템을 기획하는 것이 필요하다.

1) 모델점포에 있어 점장과 슈퍼바이저의 중요성

모델점포 운영의 총 책임자인 점장(명칭은 달라질 수 있음)은 외식프랜차이즈의 대표 직원으로서의 책임감을 갖고 해당 브랜드의 콘셉트와 점포 운영 방침 등을 가장 잘 이해하고 운영해야 한다. 또한 가맹점사업자의 입장에서 점포를 운영하며 점포의 시설과 메뉴나 상품 그리고 가맹본부의 지원 시스템의 미비점을 감지하고 이를 가맹본부에 보고하여 지원 시스템이 개발될 수 있게 하며, 고객의 요구사항과 경쟁업체의 움직임 등을 신속 정확하게 인지하고 전달하여 가맹본부가 대응 전략을 준비하도록 해야 한다.

가맹점사업자와 가장 빈번하게 소통을 하게 되는 슈퍼바이저는 가맹점사업자에게는 가맹본부의 얼굴이며 가맹점사업자의 입장을 대변하는 역할을 한다. 모델점포의 운영 시기에는 가맹점사업자가 아닌 모델점포의 점장과 긴밀한 협조와 교류를 통해 외식프랜차이즈 시스템을 구축하는 일의 주축이 되어야 한다. 슈퍼바이저는 모델점포 운영 기간 동안 점장의 의견 수렴 및 가맹본부의 운영안 전달 교육, 매출 분석, 소비자 분석, 운영시스템 분석과 보완점의 제안 등을 비롯해 거시적 안목으로 모델점포를 관리하여 향후 시스템 구축에 있어 핵심적 역할을 해야 한다.

2) 모델점포 운영 시 점검 및 개발 사항

모델점포는 실제 외식프랜차이즈 창업에 투자하는 가맹점사업자와 계약하기 전 이를 수정 보완할 수 있는 유일한 기회라 할 수 있기에 모델점포 운영을 하지 않거나 플래그십 스토어 개념으로 가맹상담자에게 보여주기 식으로 운영해서는 안 된다.

모델점포의 운영을 통해 실제 가맹점에서 발생할 수 있는 문제점을 해결하고, 노하우를 확보해야 한다. 새로운 메뉴나 상품, 장비와 디자인, 설계 등이 적용과 검증 절차를 거쳐야 한다. 또한 경영방침과 브랜드의 정체성, 마케팅 기법 등을 실행하여 확정시켜야 한다. 가맹본부의 구축과 운영에 적합한 인력을 훈련시켜야 한다. 모델점포 운영을 통해 확정해야 할 최소한의 내용들을 정리하면 다음과 같다.

① 해당 콘셉트와 타깃 고객의 정확성은 어떠한가? 수정보완이 필요하지는 않은가?
② 이 콘셉트를 적용하기에 적합한 상권과 입지의 선정 기준은 어떻게 결정할 것인가?
③ 인테리어, 익스테리어 디자인과 사인물 디자인 스타일에서 수정이나 보완할 부분은 어떤 것이고 어떻게 매뉴얼화할 것인가?
④ 점포 공사에 포함되어야 하는 요건은 무엇이며 표준 공사비용은 얼마인가?
⑤ 집기와 기타 구성품의 목록에서 더하거나 뺄 부분은 없는가?
⑥ 가맹 상담 시 안내할 표준 투자비용은 얼마인가?
⑦ 제품 구성 및 가격 전략, 프로모션의 수정보완 사항은 어떤 것인가?
⑧ 제품 공급처와 원가 및 메뉴 레시피는 확정해도 좋은가? 로스율은 몇 %인가?
⑨ 우리의 경쟁사는 누구이며, 우리의 경쟁력은 무엇인가?
⑩ 브랜드 이미지는 초기 콘셉트에서 어떻게 발전시킬 것인가? 그에 따른 마케팅은 어떻게 진행할 것인가?
⑪ 점포 표준 운영비 및 표준 손익분기점은 정확하게 산출되었는가?
⑫ 사업 성수기와 비수기는 언제이며 그에 따른 프로모션은 어떻게 계획하고 실행할 것인가?
⑬ 교육훈련시스템의 구조와 일정 교육에 필요한 조건은 어떤 것들이 있는가?
⑭ 가맹점사업자 및 직원 선정 기준은 어떻게 설정할 것인가?
⑮ 슈퍼바이징 방식 및 점포 평가 기준은 무엇인가?

지금까지 살펴본 바와 같이 모델점포는 단순히 가맹점사업자를 모집하기 위한 광고용 플래그십 점포가 되어서는 곤란하다. 외식프랜차이즈 사업을 위하여 기획한 콘셉트가 실제 가맹본부와 가맹점사업자 모두가 목표한 성과를 얻을 수 있는 구조인지, 만약 부족한 면이 있다면 개선은 가능한지 등을 점검하여 최종적으로 원하는 수준의 외식 프랜차이즈 시스템을 구축하기 위한 과정이라는 점을 잊지 않아야 한다.

요약

1. 모델점포는 구상중인 외식프랜차이즈 사업 모델을 실제화한 점포로, 가맹본부는 모델점포를 통해 해당 사업 모델이 외식프랜차이즈화가 가능한 지를 검토하고, 다양한 시스템을 구축하고, 외식프랜차이즈화되었을 때 나타날 수 있는 문제들을 파악하고, 그 대응을 준비하는 역할을 한다.

2. 모델점포 개발은 크게 콘셉트 개발 단계, 점포 준비단계, 가오픈, 그랜드 오픈 단계로 나눌 수 있다. 모델점포 개발 단계는 구상중인 외식프랜차이즈의 콘셉트의 대부분이 발전되는 시기로, 적어도 70~80%의 외식프랜차이즈 콘셉트가 구현된 형태의 모델점포를 오픈하는 것을 목표로 한다. 모델점포는 오픈 후 실질적인 수익을 확보하고 모범적 운영의 실례를 보여주는 것이 목표라는 점을 염두에 두고, 면밀하게 준비해야 한다.

3. 모델점포의 운영은 일반 점포 운영과 운영 측면에서는 큰 차이가 없다. 다만, 모델점포는 단일 점포 운영수익의 확보만큼이나 외식프랜차이즈 시스템을 구축하기 위한 데이터와 노하우 축적이 중요하다.

연습문제

1 국내외 외식프랜차이즈 기업 중 모델점포를 개설하여 운영한 사례를 수집하여 정리해 본다.

2 귀하가 예비 가맹점사업자라면 모델점포를 운영한 외식프랜차이즈 기업과 모델점 운영 경험이 없는 외식프랜차이즈 기업 중 어떤 기업을 선택할지 정하고, 그 이유를 설명해 본다.

3 외식프랜차이즈 기업이 모델점포를 운영한다면 어떤 과정을 거쳐야 하는지 그리고 각각의 단계마다 어떤 과업을 수행해야 하는지 정리해 본다.

8장

사업타당성 분석을 통한 투자 규모와 콘셉트의 확정

1. 사업타당성 분석 이해
2. 정성적 사업타당성 분석
3. 정량적 사업타당성 분석
4. 매출액 및 수익성 추정
5. 사업타당성 검토
6. 콘셉트의 정리

학습목표

1. 사업타당성 분석의 정의와 필요성을 이해하고 설명한다.
2. 사업타당성 분석의 절차를 이해하고 설명한다.
3. 콘셉트를 정리하는 방법을 이해하고 설명한다.

본 장에서 다루는 사업타당성 분석은 모델점을 대상으로 하는 내용이다. 가맹본부는 모델점의 사업타당성이 검증된 후, 이를 바탕으로 실제 개설하게 될 가맹점과 가맹본부의 사업타당성을 확인하는 과정이 필요하다.

투자 규모 확정 단계에서는 개발된 콘셉트를 실현할 수 있는 상권과 입지의 유형, 점포의 규모와 좌석 수 등을 결정하고 콘셉트를 적용했을 때의 투자 금액, 즉 외식프랜차이즈 가맹점 개설 비용을 산정한다. 그리고 투자규모의 적정성은 가맹점을 개설하여 달성할 수 있는 매출액과 해당 매출액을 달성하기 위해 소요되는 비용을 차감한 순이익을 기준으로 판단해야 한다. 다만 가맹점의 사업타당성은 투자수익률과 같은 정량적인 기준만으로 이루어지는 것은 아니고 정성적인 기준도 함께 고려해야 한다.

1 사업타당성 분석 이해

1) 사업타당성 분석의 정의

사업타당성 분석이란 창업에 앞서 사업의 성공 여부를 판단 또는 분석하기 위하여 사업추진능력, 기술성, 시장성, 상품성, 수익성, 안정성, 위험 정도 등을 분석하고 평가하는 총체적 활동을 뜻한다. 사업타당성 분석은 창업 이후 어느 정도의 매출을 달성하여 목표수익률을 달성할 수 있을까를 판단하는 과정이며, 창업아이템과 선별된 상권과 입지 사이의 적합성을 고려하여 사업 실행 여부를 결정하는 과정이다. 외식프랜차이즈 가맹본부의 입장에서는 모델점의 사업타당성 검토를 통해 가맹사업의 실행을 판단하는 단계가 된다.

그림 8-1 사업타당성 분석의 구성 요소

2) 사업타당성 분석의 필요성 및 중요성

사업타당성 분석은 창업 요소를 정확히 파악하고 객관적, 체계적인 분석을 통해 효율적이며 성공적인 창업이 가능하게 도와 준다. 또한, 경쟁이 치열해지고 변화의 속도가 빨라지는 현대사회에서는 이에 대응할 수 있는 철저한 준비가 필요한데, 사업타당성 분석은 창업자가 이러한 환경변화를 준비하고 대응할 수 있게 도와준다.

3) 사업타당성 분석 절차

사업타당성 분석은 정성적 요소와 정량적 요소로 크게 나눌 수 있는데, 정성적 요소는 상품성, 시장성, 수익성과 안전성 등에 대한 비수치적 요소들을 검토하는 방식이며, 정

필요성

- 객관적, 체계적 분석을 통해 창업 성공률을 높일 수 있음
- 창업요소의 정확한 파악을 통해 창업기간을 단축 할 수 있음
- 철저한 준비를 통한 효율적 창업을 할 수 있음
- 경영지식 습득과 능력 향상의 기회를 얻을 수 있음

중요성

- 치열한 경쟁, 급격한 변화에 대응하기 위한 철저한 준비가 가능함
- 성공가능성이 낮은 사업을 회피할 수 있게 도와줌
- 미래 위험상황에 대처하기 위한 사전정보 수집의 기회가 될 수 있음
- 사업의 지속 여부와 포기를 결정하는 데 도움이 됨

그림 8-2 **사업타당성 분석의 필요성과 중요성**

정성적 요소 분석

창업자(본사)역량 | 상품성 | 시장성 | 수익성 | 안전성

정량적 요소 분석

비용항목 분석 | 총 투자비 추정

매출액 및 수익성 추정

최종 입지의 매출액 추정 | 예상 손익계산서 작성 | 손익분기점 분석

사업타당성 검토

투자수익률법, 회수기간법 등으로 타당성 판단 | 사업 실행 또는 포기 최종 결정

그림 8-3 **사업타당성 분석 절차**

표 8-1 외식프랜차이즈의 정성적 사업타당성 분석을 위한 체크리스트

항목	평가요소	세부검토사항	평가			종합
			상	중	하	
제품성	제품의 적합성	조리방법의 교육 및 습득 편의성				
		주력메뉴(제품)의 대중성				
		주력메뉴(제품) 가격의 적절성				
		식재료 수급의 편의성				
		주력메뉴 수명주기의 적절성(도입기, 성장기)				
	제품의 독점성	주력메뉴 및 식자재의 독점성				
		독자적 기술과 노하우의 보유를 통한 차별성				
시장성	시장의 규모	예상되는 고객의 수				
		시장규모 평가				
	경쟁성	경쟁업체의 세력 및 분포도				
		경쟁제품과의 품질 및 가격의 비교우위				
		차별화 가능 여부				
	시장의 장래성	잠재고객수의 증가 가능성				
		대기업의 침투가능성				
		소비자의 성향 및 필요성				
수익성	제품생산 및 판매 효율성	식재료 비용의 가격대비 비율				
		조리의 효율성				
		배달 및 테이크아웃 판매 가능성				
	적정이윤 보장성	식재료 조달방법 및 금액				
		임차료 및 인건비의 적정성				
		원가, 인건비, 관리비를 제한 적정이윤의 보장성				
안정성	위험수준	불황 적응력				
		경쟁업체 출현 시 대처능력				
	자금투입 적정성	초기 투자액에 대한 자금조달 범위				
		손익분기점의 수준 및 기간				
		예비비의 보유 여력				
	재고관리	식재료 재고관리의 용이성				
		수요의 계절성				
합 계						

량적 요소의 분석은 구체적 비용항목들과 투자비의 추정 후 최종적으로 매출액과 수익성을 추정하는 단계로 이루어진다. 외식프랜차이즈 사업을 위한 모델점의 사업타당성 분석은 〈그림 8-3〉과 같은 순서로 진행하는 것이 이상적이다.

2 정성적 사업타당성 분석

정성적 사업타당성 분석은 다음과 같은 요소들을 점검하여 사업의 성공가능성을 판단하는 과정이다. 일반적으로 정성적 사업타당성 분석은 의사결정의 편의를 위하여 체크리스트를 활용하여 진행하고, 최종적인 의견을 도출한다.

- **제품성 :** 외식프랜차이즈 사업을 위한 제품이 적합성과 독점성을 가지고 있는가?
- **시장성 :** 외식프랜차이즈 사업을 위한 콘셉트가 시장 규모가 크고, 경쟁성과 장래성을 가지고 있는가?
- **수익성 :** 외식프랜차이즈 사업을 위한 제품의 생산과 판매에 효율성이 있으며 적정 이익률은 달성 가능한가?
- **안전성 :** 외식프랜차이즈 사업에 따른 위험수준이 낮은가?

3 정량적 사업타당성 분석

정량적 사업타당성 분석에서는 다음과 같은 요소들을 검토한다. 본단계에서는 구체적인 비용부분이 언급되기 때문에 이미 모델점으로 운영하고 있는 점포가 있을 경우 기존 데이터를 근거로 분석하거나 신규 모델점의 개설을 위한 조사 정보들을 기입하여 분석한다.

1) 시설비용 추정

정량적 사업타당성 분석을 위해서는 가장 먼저 모델점 또는 가맹점의 개설을 위한 시설비용을 추정해야 한다. 시설비용은 특수한 경우보다는 표준적인 상황을 가정하여 산정한 후, 특별하게 발생할 수 있는 시설비는 옵션 항목을 이용하여 보완한다(〈표 8-2〉 참조). 시설비용의 추정은 향후 모델점 개설이 완료되면 해당 점포의 인테리어와 익스테리어에 소요된 비용을 기준으로 수정이나 보완을 할 필요가 있다.

표 8-2 외식프랜차이즈 사업타당성 분석을 위한 시설비용 추정 사례

구분	내용		소계
외부공사 (파사드, 간판 등)	베이스		
	사인		
	외부조명		
	야장		
	외부 문		
	어닝		
인테리어	평수 대비 변동		
	천장/벽체	목공, 조적, 미장, 금속/유리	
	칸막이		
	주방	설비배관방수	
	바닥	타일, 데코타일, 장판	
	전기조명		
	공조	닥트, 급배기, 냉난방	
	예상 전기 승압 비용		
	수장 공사	도배 등	
	디스플레이	조경, 커튼, 소품, 가구	

(계속)

구분	내용		소계
홀 기물	탁자	OO개	
	의자	OO개	
주방기물	집기	예 : 냉동 냉장고, 테이블 냉장고, 반찬냉장고, 가스렌지, 생선그릴, 튀김기, 오븐, 씽크대, 작업 선반, 기타 관련 기기, 제빙기	
	그릇류	조리기구	
		식기, 커트러리	
옵션	철거		
	화장실		
	인허가	소방, 복구공사	
	용도변경	정화조	
		창고	
	민원공사	소음	
	건물하자	누수, 방풍	
	냉난방기		
	순간온수기		
	닥트입상		
	호출벨		
	포스		
	영상	프로젝트, 케이블TV	
	음향	오디오, 스피커	
	방범	CCTV	
	전기승압		
	수도승수		
	가스	도시가스(LNG)	
		LPG	
	카드단말기		
합계			

2) 총투자비 추정

모델점 또는 가맹점 개설을 위한 시설비용 추정이 마무리되면, 이를 기초로 총투자비를 산정한다. 이미 모델점이 개설되어 운영되고 있는 경우에는 해당 점포의 총투자비를 기준으로 추정하면 된다. 총투자비는 〈표 8-3〉과 같이 점포에 소요되는 금액, 시설비 외에 개점을 위한 운영비와 개점 이후 6개월 정도의 예비비를 포함하여 산출한다. 다만, 예비비는 모델점 또는 가맹점이 목표이익을 달성하는 데 소요되는 기간을 기준으로 산출하는 것이 이상적이다.

표 8-3 외식프랜차이즈 사업타당성 분석을 위한 총투자비 추정 사례

<table>
<tr><th>구분</th><th colspan="2">항목</th><th colspan="3">내용</th></tr>
<tr><td rowspan="21">총투자비</td><td rowspan="4">점포비
(%)</td><td>보증금</td><td colspan="2"></td><td rowspan="4"></td></tr>
<tr><td>권리금</td><td colspan="2"></td></tr>
<tr><td>임차료</td><td colspan="2"></td></tr>
<tr><td>관리비</td><td colspan="2"></td></tr>
<tr><td rowspan="9">시설비
(%)</td><td>설계비</td><td colspan="2"></td><td rowspan="9"></td></tr>
<tr><td>인테리어</td><td colspan="2"></td></tr>
<tr><td>외부간판</td><td colspan="2"></td></tr>
<tr><td>옵션</td><td colspan="2"></td></tr>
<tr><td>공조</td><td colspan="2"></td></tr>
<tr><td>주방기물</td><td colspan="2"></td></tr>
<tr><td rowspan="3">홀 기물</td><td>탁자, 의자</td><td></td></tr>
<tr><td>메뉴판, 유니폼</td><td></td></tr>
<tr><td>빌지, 인쇄물</td><td></td></tr>
<tr><td rowspan="7">초기 운영비
(%)</td><td rowspan="3">초도비</td><td>식재료비</td><td></td><td rowspan="8"></td></tr>
<tr><td>초도물품비</td><td></td></tr>
<tr><td>초도홍보비</td><td></td></tr>
<tr><td rowspan="4">운영비</td><td>인건비</td><td></td></tr>
<tr><td>제 경비</td><td></td></tr>
<tr><td>금융비용</td><td></td></tr>
<tr><td>기타비용</td><td></td></tr>
<tr><td>예비비
(%)</td><td>6개월</td><td colspan="2">임차료, 고정인건비, 관리비, 고정식재료비, 광고비 등</td></tr>
<tr><td colspan="3">합계</td><td colspan="2"></td><td></td></tr>
</table>

4 매출액 및 수익성 추정

시설비와 총투자금액의 추정이 마무리되면, 모델점 또는 가맹점의 매출액을 추정해야 한다. 일반적으로 사업타당성 분석은 모델점이나 가맹점이 개설되기 전에 수행하게 되므로 매출액 및 수익성 추정은 기존의 매출자료가 없다는 가정 하에 진행한다.

1) 최종 상권과 입지의 매출액 추정

모델점 또는 가맹점의 개설을 위해 최종 선택한 상권과 입지에서의 매출액은 다양한 방법을 통하여 최소 매출액과 최대 매출액을 추정하며 평일과 휴일의 매출액이 차이가 나는 경우 별도로 추정하여 월매출액을 추정한다. 매출액 추정 방법은 경쟁점 현장조사법과 상권분석시스템 활용법 등이 있으며, 자세한 추정방법은 다음과 같다.

(1) 경쟁점 현장조사를 통한 매출액 추정

외식업체의 매출액을 추정하는데 가장 적합한 방법은 동일 상권 내 가장 유사한 경쟁점포의 방문객 수를 기초로 매출액 추정을 하는 것이다. 즉 최고 매출액은 해당 상권 내에서 가장 호황을 누리는 경쟁점포의 방문객 수를 시간대별(점심, 저녁), 요일별(평일, 주말)로 파악하여 자신이 창업하려는 점포의 객단가를 반영해 추정하고, 고객이 가장 적은 경쟁점포의 고객 수를 이용하여 최소의 매출액을 추정해 최고 매출액과 최소 매출액의 평균을 통해 보통의 매출액을 추정할 수 있다.

이러한 조사 방법을 통해 〈표 8-4〉와 같은 내용을 작성하여 예상매출액을 도출한다.

(2) 상권분석시스템을 이용한 추정

중소기업청 소상공인시장진흥공단의 상권정보시스템(sg.sbiz.or.kr/main.sg)과 나이스지니데이터의 나이스비즈맵(www.nicebizmap.co.kr)을 이용하여 상권 내 월매출 자료

표 8-4 매출액 추정의 예

<table>
<tr><th>항목</th><th colspan="3">내용</th></tr>
<tr><td>테이블 수</td><td colspan="3">20개</td></tr>
<tr><td>객단가</td><td colspan="3">점심(10,000원), 저녁(15,000원)</td></tr>
<tr><td>예상회전 수</td><td>– 점심 : 최저 1회전, 최고 2회전
– 저녁 : 최저 0.5회전, 최고 1.5회전</td><td>이용동기</td><td>– 점심 : 주부모임, 직장인 점심 목적
– 저녁 : 연인, 친구 친교 목적</td></tr>
<tr><td>일매출액</td><td colspan="3">최저
– 점심 : 20테이블×2.5인×객단가 10,000원×1회전=50만 원
– 저녁 : 20테이블×2.5인×객단가 15,000원×0.7회전=52.5만 원
– 합계 : 50만 원+52.5만 원=102.5만 원</td></tr>
<tr><td>일매출액</td><td colspan="3">최고
– 점심 : 20테이블×2.5인×객단가 10,000원×2회전=100만 원
– 저녁 : 20테이블×2.5인×객단가 15,000원×1.5회전=112.5만 원
– 합계 : 50만 원+52.5만 원=212.5만 원</td></tr>
<tr><td rowspan="2">월매출액</td><td>최저</td><td colspan="2">102.5만 원×30일=3,075만 원</td></tr>
<tr><td>최고</td><td colspan="2">212.5만 원×30일=6,375만 원</td></tr>
</table>

를 통해 상권 내 유사업종의 평균 월매출과 해당 업종의 추정 매출을 확인할 수 있다.

(3) 기타 유사 경쟁업체 매출 추정

직접적인 경쟁관계는 아니지만 고객층이나 유사한 업태로서 경쟁관계에 있다고 생각되는 업체를 대상으로 현장조사 등을 통하여 매출을 추정하여 반영할 수 있다.

표 8-5 상권분석시스템을 이용한 매출액 추정의 예

구분		금액
상권정보시스템 월매출	평균	4,000만 원
나이스비즈맵의 월매출	최저	3,645만 원
	최고	5,919만 원
해당 업종의 추정 매출	최저	2,019만 원
	최고	5,919만 원

표 8-6 기타 유사 경쟁업체 매출액 추정의 예

구분	금액
최저	2,700만 원
최고	6,000만 원

(4) 총평균법에 의한 매출 추정

지금까지 살펴본 다양한 방식으로 확인한 최저/최고 매출액의 평균을 계산하여 최종적인 추정 매출액을 구한다. 그 후에 의사결정에 반영할 만한 사항을 함께 기재한다.

표 8-7 최종 매출액 추정과 의사결정을 위한 참고사항 예시

구분	금액
최저	(3,075만 원+3,645만 원+2,019만 원+2,700만 원)/4=2,859만 원
최고	(6,375만 원+5 919만 원+5,919만 원+6,000만 원)/4=6,053만 원
평균	(2,859만 원+6,053만 원)/2=4,456만 원

주: 계산의 편의상 상권분석시스템 매출액은 최저와 최고가 있는 정보만을 활용했으며, 실제 실무에서는 다양한 시스템의 매출 정보를 활용할 필요가 있음.

- 해당 점포의 매출 추정치와 기타 원천으로부터 수집한 매출액 추정치의 평균값을 이용해 해당 점포의 매출액 추정치를 확정함
- 해당 업종의 전문점을 창업할 경우 초기에는 약 3,000만 원의 매출 달성이 가능함
- 사업 시작 후 1년 내외의 기간이 경과하여 성장기에 접어들면 약 4,500만 원의 매출 달성이 가능함
- 브랜드 인지도가 높이지고 성숙기에 접어드는 2년 내외의 기간에는 약 6,000만 원의 매출을 달성할 것으로 예상됨

2) 예상 손익계산서 작성

위에서 산정한 월 추정 매출액을 근거로 점포 운영에 소요되는 비용항목을 기업회계기준의 손익계산서 계정과목을 이용하여 계산한다. 비용항목은 구체적으로 매출원가(식

재료비, 조리인력 인건비), 판매비와 관리비(홀직원 인건비, 지급임차료, 수도광열비, 신용카드수수료 등), 영업외 비용(지급이자) 등으로 구분한다.

일반적으로 외식업체의 주요 비용항목인 식재료비, 인건비, 임차료, 기타경비 등으로 구분하기도 하며 세부항목을 고정비와 변동비로 구분할 수 있어야 한다. 그 이유는 손익분기점 분석을 하기 위함이다. 또한 대부분의 외식업체가 부가가치세(VAT)를 가격에 포함하여 수납하므로 이를 매출액에서 차감하여 '부가가치세 예수금'으로 처리해야 한다.

매출액과 비용의 추정은 기업회계기준에서 지정한 계정과목을 중심으로 아래의 손익계산서 형식을 활용한다. 손익계산서 상의 항목들은 다음과 같이 산출한다.

- **월매출액 :** 월매출액은 영업가능 일수를 감안하여 산출하되 "총매출 = 메뉴 매출 + 주류 및 음료 매출" 또는 "총매출 = 현금 매출 + 카드매출" 등으로 구분한다.
- **매출 원가(원재료 비율) :** 매출 원가는 메뉴 제조에 소요되는 식재료(양념류 포함), 주류, 음료 원가로 원칙적으로 조리인력에 대한 인건비는 매출원가이나 구분이 불분명하고 어려운 경우 모든 인건비는 판매비와 관리비(인건비)로 분류한다.

  전통적으로 외식업체의 매출원가율(원재료 비율)은 30% 내외가 적절했으나 식재료의 원가 상승과 지속된 불황으로 인한 가격파괴 매장의 경쟁으로 원가율은 40%대까지 상승하기도 하며, 이는 가맹점의 운영난으로 이어지기도 한다. 따라서 가맹본부는 경쟁력 있는 가격의 식부재료 수급을 위하여 노력해야 한다.
- **매출 총이익 :** 매출 총이익은 매출액에서 매출원가를 차감한 금액을 뜻한다.
- **판매비와 관리비**
  - 영업이나 관리에 소요된 모든 비용은 판매비와 관리비에 속한다. 여기에는 임차료, 급여(인건비), 감가상각비, 연구개발비, 광고선전비, 수도광열비(수도, 가스, 전기료), 통신비(전화, 유선), 소모품비, 수선비, 각종 수수료, 세금과 공과금 등이 속한다.
  - 최근 신용카드 매출이 증가하면서 카드수수료를 반드시 비용으로 고려해야 한다.
  - 부가가치세 납부액은 계산의 편의상 판매비와 관리비로 가정하여 처리한다.
- **영업이익 :** 매출이익에서 판매비와 관리비를 차감한 금액을 뜻한다.

표 8-8 월 추정 손익계산서 작성 사례

구분		금액	비율	비고
매출액	합계	48,130,000	100.00%	
	현금	9,409,500	19.60%	
	카드	38,720,500	80.40%	
매출원가	식재료비	16,218,390	33.70%	
매출 총이익		31,911,610	66.30%	
판매비와 관리비	합계	27,114,282	56.34%	
	인건비	11,104,150	23.10%	경영자 인건비 포함
	임차료	4,840,000	10.10%	
	감가상각비	2,500,000	5.20%	투자비 15천만 원 가정
	수도광열비	2,603,210	5.40%	관리비 포함
	소모품비	123,800	0.00%	커피, 쓰레기봉투 등
	수선비	500,000	1.00%	
	통신비	114,160	0.00%	전화, 인터넷
	복리후생비	1,177,950	2.40%	회식비, 고용보험 등
	광고선전비	500,000	1.00%	
	신용카드수수료	968,012	2.00%	카드 매출액의 2.5%
	부가가치세 예수금	2,000,000	4.20%	
	보험료	200,000	0.40%	화재보험료
	지급수수료	183,000	0.40%	렌탈료, 세무사, 매트
	잡비	300,000	0.60%	
영업이익		4,797,328	9.96%	
영업 외 이익	수입이자	0		
영업 외 비용	지급이자	0		
경상이익		4,797,328		
소득세	종합소득세	–		
월 당기 순이익 (감가상각비 제외 시)		4,797,328 (7,297,328)		투자수익률 : 3.20% (투자수익률 : 4.86%)

주 1) 감가상각비는 임차보증금을 제외한 투자비(1억 5천만 원)를 5년(60월)으로 상각하는 금액
2) 신용카드수수료는 지급수수료에 포함해야 하지만 별도 표기함
3) 매출원가에는 메뉴의 제조에 투입된 인건비와 경비도 포함되어야 하지만 식재료비만 계상함
4) 임차보증금을 제외한 1억 5천만 원을 투자하였다고 가정하면 감가상각비 제외 시 월 투자수익률은 약 5%임

- **영업 외 수익 :** 영업 외 수익은 영업활동 이외의 수익으로, 이자수익 등이 해당되며, 일반적인 경우 발생할 항목은 거의 없다.
- **영업 외 비용 :** 차입금액(대출)에 대한 이자 비용을 의미한다.
- **경상이익(세전이익) :** 영업이익과 영업 외 수익의 합에서 영업 외 비용을 차감한 이익금이다.
- **법인세 또는 종합소득세 :** 법인사업자는 법인세로, 개인사업자는 종합소득세 항목을 넣는다.
- 월 당기순이익은 경상이익에서 법인세 등의 금액을 뺀 순이익을 뜻한다.

3) 손익분기점 추정

매출액과 비용을 추정함으로써 이익을 산정하는 수익성 분석이 끝나면 가맹본부는 이미 산출된 비용항목을 고정비와 변동비로 구분하여 손익분기점 분석을 할 수 있다. 손익분기점이란 이익이 제로가 되는 매출액이나 매출수량을 의미하는 것으로 창업 후 적자를 면할 수 있는 최소의 매출액을 확인하기 위한 방법이다. 즉, 외식사업을 지속적으로 유지하기 위해서는 이익은 없더라도 적자는 면해야 되므로 적자를 면할 수 있는 매출액 수준을 파악해야 한다. 이를 좀 더 구체적으로 살펴보면 다음과 같다.

- 외식업체의 매출액과 총비용이 같아지는 지점을 의미한다. 즉, '매출액-총비용=순이익'에서 순이익이 제로가(0)가 되는 매출액이나 매출수량이다.
- 손익분기 매출액은 '고정비/(1-변동비율)' 공식으로 산출 할 수 있다.
- 손익분기점을 낮추는 것이 외식업체 성공의 핵심이다. 예를 들어 고정비를 줄이면 손익분기점이 낮아지므로 이익이 발생할 가능성이 높아진다.

외식업체의 손익분기점 분석 이해

손익분기점이란 매출액이 그 이하가 되면 손실이 나고, 그 이상이 되면 이익이 나는 기점을 의미한다. 따라서 손익분기점이란 이익이 제로(0)가 되는 매출액이나 매출수량을 의미한다. 이를 다시 표현하면 매출액과 레스토랑의 총비용이 같아지는 지점을 말한다.

일반적으로 손익분기점 매출액이나 매출수량을 구하기 위한 공식이 제공되지만 여기서는 기본적인 손익계산 공식을 이용하여 손익분기점 매출수량을 먼저 구해 보기로 한다.

순이익 = 매출액 − 총비용

손익분기점이란 '순이익 = 0'이 되는 기점이므로 매출액과 총비용이 같아지는 지점으로

매출액 = 총비용

매출액은 매출수량과 단위당 가격을 곱하여 계산되고, 총비용은 변동비와 고정비를 합하여 구할 수 있다. 따라서 위 공식을 다음과 같이 구할 수 있다.

매출수량 × 단위당 가격 = 변동비 + 고정비

다시 변동비는 단위당 변동비에 매출수량을 곱하여 구할 수 있으므로

매출수량 × 단위당 가격 = (단위당 변동비 × 매출수량) + 고정비

위 식을 매출수량을 기준으로 다시 정리하면 다음과 같다.

매출수량 × (단위당 가격 − 단위당 변동비) = 고정비
매출수량 = 고정비 / (단위당 가격 − 단위당 변동비)

여기서 (단위당 가격 − 단위당 변동비)를 단위당 공헌이익이라고 한다. 따라서

손익분기 매출수량 = 고정비 / 단위당 공헌이익

으로 표현이 가능하다. 아래와 같은 정보를 주어진다면, 이를 기초로 손익분기 매출수량을 구해보자.

메뉴 판매가격(단위당) = 10,000원
메뉴당 변동원가(단위당) = 3,000원(식재료비, 판매비와 관리비 등)
외식업체의 고정원가(1개월) = 7,000,000원(임차료, 인건비, 지급이자, 보험료, 감가상각비 등)

공헌이익은 10,000 – 3,000 = 7,000(원)이 된다. 따라서 손익분기 매출수량은

7,000,000 / 7,000 = 1,000

외식업체는 한 달에 1,000개의 메뉴를 판매하면 손익분기점에 도달하게 된다. 또한 여기에 단위당 가격을 곱하면 손익분기 매출액을 구할 수 있다.

1,000개 × 10,000원 = 10,000,000원

즉, 한 달에 10,000,000원의 매출을 올려야만 최소한 손실은 면할 수 있다는 의미이다. 여기서 일정한 목표이익을 달성할 수 있는 매출수량과 매출액을 구할 수도 있다. 예를 들어, 위 외식업체가 한 달에 순이익 7,000,000원을 달성하려는 목표를 세울 경우 이런 목표를 달성하기 위한 매출수량과 매출액은 다음과 같이 산출 가능하다.

매출액 – 총비용 = 7,000,000원
매출액 = 7,000,000원 + 총비용
(매출 수량 × 단위당 가격) = 7,000,000원 + (매출수량 × 단위당 변동비) + 고정비
매출 수량(단위당 가격 – 단위당 변동비) = 7,000,000원 + 고정비
매출 수량 = (7,000,000 + 고정비) / 공헌이익

위의 사례를 그대로 적용하여 목표이익 달성을 위한 매출수량을 계산하여 보면 다음과 같다.

목표 이익 달성을 위한 매출 수량 = 14,000,000 / 7,000 = 2,000

한 달에 2,000개의 메뉴를 판매하면 목표이익 7,000,000원을 달성할 수 있다는 결과를 얻을 수 있다.

4) 가맹점 창업비용 산정

높은 매출액을 달성하고 비용을 낮추어 많은 이익을 낸다고 하더라도 투자금액이 과다하여 투자수익률이 낮다면 그런 사업은 수익성이 높다고 할 수 없다. 따라서 외식프랜차이즈 콘셉트와 시스템을 개발할 때는 가맹점사업자의 성공적 창업을 통해 가맹본부의 성공으로 연결시킬 수 있도록 치밀하고 철저한 자금계획을 통해 손익분기점을 낮추고 투자금 회수기간을 단축시켜야 한다.

표 8-9 가맹점사업자의 투자비(창업비용) 항목

구분	항목
가맹 관련 비용	프랜차이즈 가맹비, 로열티, 채무이행보증금
점포 임차관련 비용	임차보증금, 권리금, 부동산 중개비용
점포 인테리어 비용	설계비, 간판설치비, 주방설비 공사비, 내외장 인테리어, 전기용량 증설비, 상하수도 공사비, 도시가스 공사비, 공조시설 공사비
집기, 비품 구입비	냉난방기, 장식품, 식기류, 유니폼, 소모품, 사무용품, POS 시스템, 의자와 테이블, 조리용구, 기계류, 메뉴북 등 디자인 출판비
원재료 구입비	초도 원재료 구입비
마케팅비	판매 촉진을 위한 비용(광고비, 판촉물 비용, 개점 이벤트비용, 기타 인쇄비)
기타 비용	전화 및 인터넷 설치비, 시장조사비, 교통비, 상담비, 접대비, 보험료, 지급수수료 등
예비비	6개월 정도의 점포 운영비(인건비, 재료비, 경비 등)

5 사업타당성 검토

일반 기업경영에서 투자 계획을 검증하기 위한 사업타당성의 분석 기법은 회수기간법(payback period method), 평균회계이익률법(average return on book value method), 순현가법(NPV method), 수익성지수법(profitability index method), 내부수익률법(IRR method) 등 다양하다.

그 중에서 외식업에서는 전문성을 요구하는 감가상각비를 고려하지 않고, 간소화된 월 투자수익률법이나 회수기간법을 활용하는 경우가 일반적이다. 즉 월 순이익을 총 투자금액으로 나눠 월 투자수익률을 구하여, 투자비 회수에 걸리는 기간을 추정하고, 이를 통해 사업성을 검토하는 것이다.

투자수익률은 순이익(매출-비용)을 투자금액으로 나누어 산출되는 결과치로 1억 원을 투자하여 월 순이익 4백만 원을 달성하면 월 투자수익률은 4%가 된다. 월 투자수익률이 4% 이상이면 외식업체 기준의 사업타당성은 매우 양호한 수준이다.

월 투자수익률(%) = (월 매출액 - 월 지출액) / 총 투자금액×100		
사업성 판단기준	**월 투자 수익률**	**투자비 회수기간**
우수	3~4% 이상	2~3년 이내
보통	2~3% 이상	3~5년 이내
불량	2% 미만	5년 이상

그림 8-4 투자수익률에 따른 의사결정 지표 예시

주 : 투자수익률과 회수기간의 우수, 보통, 불량에 대한 판단기준은 가맹본부와 가맹점사업자의 상황에 따라서 달라질 수 있으므로 가맹본부가 합리적인 기준을 설정할 필요가 있음

위의 사업타당성 판단 기준 사례에서 '매우 양호'는 투자비를 2년 이내에 회수하는 것을 가정하고 있다. 어떤 근거로 이런 기준이 만들어진 것일까? 월 투자수익률이 4%일 경우 연으로 환산하면 48%가 되므로 2년이면 96%의 투자수익률을 달성한다. 이런 상황이라면 모든 투자비를 회수한다고 가정할 수 있다. 예를 들면 약 2억 원을 투자하여 외식업체를 창업한 경우 임차보증금 5천만 원을 제외한 1억 5천만 원이 소모성 투자라고 가정하자. 월 4%의 투자수익률을 달성하려면 월 순이익이 6백만 원이 되어야 하고, 창업자는 이 금액을 한 푼도 쓰지 않고 모으면 2년 이내에 투자원금을 회수하게 된다.

사실 이런 수준의 투자수익률은 일반적인 기업의 창업에서는 상상도 할 수 없는 투

표 8-10 사업타당성 분석 결론의 예

사업타당성 분석 결론	
투자비 분석	경쟁점포 대비 양호한 투자비 지출이 가능함
수익성 분석	유사 업종의 매출액을 기준으로 한 추정매출이 손익분기 매출을 초과하고, 월 투자수익률로 환산할 때 최소 3. 4% 이므로 2~3년 내 투자금의 회수가 가능한 매우 양호한 수익성이 예상됨
결론	동일상권 내 경쟁업체 대비 메뉴 및 서비스의 차별성을 갖추고 향후 진입이 예상되는 유사업종 대비 경쟁력 유지를 위한 연구개발이 계속된다면, 본 사업은 3년 내 투자금의 회수가 가능하고 지속적인 발전성이 예상되므로 조속한 투자와 개점이 필요함

자수익률임에 틀림없다. 그런데 소규모 외식업에서는 이런 수준의 투자수익률을 가정할 수밖에 없다. 이는 대부분의 외식업체 수명주기가 2년임을 감안한 것이기도 하다. 우리나라에서 외식업체들이 2년이면 수명을 다한다는 슬픈 현실을 받아들여야 한다.

이러한 방법으로 월 투자수익률과 투자비 회수 기간을 검토한 후에는 투자비와 수익성 분석에 대한 의견을 종합하고 사업의 진행 여부를 결정한다.

이렇게 결정된 투자비용은 가맹영업 시 투자비용의 예시로 제시할 때 활용할 수 있는데, 예상매출을 공개할 때는 서면으로 그 산출 근거를 제시하여야 하므로 신중한 분석이 필요하다.[1]

가맹사업법 시행령 제9조 제1항에 의하면 예상매출액 정보의 산출근거 자료는 다음과 같다.

- 현재수익 또는 예상수익의 산출에 사용된 사실적인 근거와 예측에 관한 자료
- 현재수익 또는 예상수익의 산출근거가 되는 가맹사업의 점포(직영점과 가맹점 포함)의 수와 비율
- 최근 일정 기간에 가맹본부나 가맹중개인이 표시 또는 설명하는 현재수익 또는 예상수익과 같은 수준의 수익을 올리는 가맹점사업자의 수와 비율(최근 일정 기간에 대해 시작하는 날짜와 끝나는 날짜를 표시) 등에 관한 자료

---

1 가맹사업 거래의 공정화에 관한 법률(가맹사업법)상 원칙적으로 가맹본부가 가맹희망자에게 예상매출액 등을 제공할 의무는 없으나, 일정 규모 이상의 가맹본부일 경우 가맹사업법에서 예외적으로 가맹계약 체결 시에 예상매출액의 범위 및 그 산출근거를 서면(예상매출액 산정서)으로 제공토록 규정하고 있음(가맹사업법 제9조 제5항).

의무적으로 예상매출액 정보를 제공해야 하는 가맹본부는 △중소기업기본법(제2조 제1항 또는 제3항)상의 중소기업자가 아닌 가맹본부, △직전 사업연도 말 기준 가맹본부와 계약을 체결 · 유지하고 있는 가맹점사업자 수가 100개 이상인 가맹본부로, 두 가지 중 하나에 해당하는 가맹본부는 가맹계약을 체결할 때 가맹희망자에게 가맹희망자의 점포예정지에서 영업 개시일부터 1년 간 발생할 것으로 예상되는 매출액의 최저액과 최고액으로 획정된 범위 및 그 산출근거를 서면으로 제공해야 하며, 이때 예상매출액의 최고액은 그 매출액의 최저액의 1. 7배를 초과해선 안 됨(동법 시행령 제9조 제3항).

부엉이돈가스의예상수익성은?

(단위 : 만원)

기준 20평형						
영수단가	평균 2만원					
결제건수	65건		50건		40건	
일평균 매출	130	100%	100	100%	80	100%
월매출(30일)	3,900	100%	3,000	100%	2,400	100%
식자재 원가	1,404	36%	1,080	36%	864	36%
인건비	820	21%	630	21%	520	21%
공과잡비	273	7%	210	7%	168	7%
임대료	300	8%	300	10%	300	12%
예상 월 수익	1,103	28%	780	26%	548	23%

• 점주의 근무(인건비 제외) 를 포함합니다. • 가상자료로 시장환경과 매장 운영에 따라 변동될 수 있습니다. • 세전 수익 금액입니다.

그림 8-5 외식프랜차이즈의 예상수익 공개 예시

자료 : 부엉이돈가스 홈페이지(www.owlscutlet.co.kr)

6 콘셉트의 정리

모든 단계가 완료되면 관련 업무를 담당할 이들이 이해하고 적용할 수 있도록 〈표 8-11〉과 같이 정리한다. 이렇게 정리된 자료는 추후 가맹영업을 위한 다양한 소개자료와 교육자료 제작에 활용하여 자사의 브랜드를 신속하게 이해할 수 있도록 도와준다.

표 8-11 외식프랜차이즈 콘셉트의 정리 예시-미국 치폴레 멕시칸 그릴

<table>
<tr><th>구분</th><th colspan="2">내용</th></tr>
<tr><td>업종</td><td colspan="2">퀵 서비스 레스토랑(Quick Service Restaurant)
상호 : 치폴레 멕시칸 그릴(Chipotle Mexican Grill)</td></tr>
<tr><td>목표고객</td><td colspan="2">유기농 식품 위주의 건강한 메뉴를 선호하는 밀레니얼 세대(1980-2000년대 생)</td></tr>
<tr><td>정체성과 슬로건</td><td colspan="2">파인 다이닝 수준의 요소들을 즐길 수 있는 퀵 서비스 레스토랑
진정성 있는 메뉴(Food with Integrity)</td></tr>
<tr><td rowspan="7">업태</td><td>What
(주메뉴, 보조메뉴)</td><td>-주메뉴 : 부리또, 부리또볼
-보완메뉴 : 타코
-보조메뉴 : 샐러드, 칩 & 구아카몰, 칩 & 살사, 키즈 메뉴</td></tr>
<tr><td>Why
(이용동기)</td><td>-빠르게 식사를 즐기고 싶지만 건강한 메뉴에 대한 욕구를 포기하고 싶지 않음
-동물복지나 GMO 식재료에 대한 관심이 높음
-좋은 품질의 멕시코 요리를 간편하게 즐기고 싶음</td></tr>
<tr><td>Who(주요고객)
When(주요이용시간)</td><td>-20, 30대의 건강에 관심이 많은 고객
-영업시간: 보통 오전 11시-오후 10시</td></tr>
<tr><td>Where
(상권과 입지)</td><td>오피스, 대학가, 고속도로 등 다양한 상권과 입지에 위치(2015년 기준 2천 개 이상의 매장 운영 중)</td></tr>
<tr><td>How
(점포의 형태)</td><td>주문 후 제조에 최적화된 바 구성. 매장의 형태는 일반 매장, 드라이브스루, 쇼핑몰 등의 입지에 따라 다양하게 나타남</td></tr>
<tr><td>How much
(가격)</td><td>-메인 메뉴(부리또, 부리또 볼 등) $6-7(한화 7,000-8,000원)
-사이드 메뉴(칩 & 구아카몰, 칩 & 살사 등) $1.35-3.5(한화 1,500-3,700원)
-세트메뉴(메인 메뉴+칩+음료) $11-15(한화 12,000-17,000원)</td></tr>
<tr><td>서비스 수준과
판매방법</td><td>-패스트 캐주얼(제한된 서비스)
-케이터링 가능(완제품 형태 및 직접 만들어 먹을 수 있는 세트 구성 가능)</td></tr>
<tr><td>디자인과 분위기</td><td colspan="2">현대적이며 쾌적한 공간</td></tr>
<tr><td>핵심경쟁력</td><td colspan="2">동물복지인증을 받은 육류, 매일 공급되는 신선한 유기농 식재료, GMO 식재료의 최소화 등 최상의 식재료와 훌륭한 요리 테크닉, 차별화된 인테리어 디자인 등 파인 다이닝 수준의 요소들을 퀵 서비스 레스토랑에서 즐길 수 있게 함</td></tr>
</table>

요약

❶ 사업타당성 분석이란 창업에 앞서 사업의 성공 여부를 판단 또는 분석하기 위하여 사업추진능력, 기술성, 시장성, 상품성, 수익성, 안정성, 위험 정도 등을 분석하고 평가하는 총체적 활동을 뜻한다. 사업타당성 분석은 창업 이후 어느 정도의 매출을 달성하여 목표수익률을 달성할 수 있을까를 판단하는 과정이며, 창업아이템과 선별된 입지 사이의 적합성을 고려하여 최종적 사업 실행 여부를 결정하는 과정이다. 외식프랜차이즈 본사의 입장에서는 모델점의 사업타당성 검토를 통해 가맹사업의 실행을 판단하는 단계가 된다.

❷ 사업타당성 분석은 창업 요소를 정확히 파악하고, 객관적, 체계적 분석을 통해 효율적이며 성공적 창업이 가능하게 해 준다. 또한 경쟁이 치열해지고, 변화의 속도가 빨라지는 현대에서는 이에 대응할 수 있는 철저한 준비가 필요한데, 사업타당성 분석은 창업자가 이러한 환경변화를 준비하고, 대응할 수 있게 도와준다.

❸ 사업타당성 분석은 정성적 요소와 정량적 요소로 크게 나눌 수 있는데, 정성적 요소는 상품성, 시장성, 수익성과 안전성 등에 대한 비 수치적 요소들을 검토하고, 정량적 요소의 분석은 구체적 비용항목들과 투자비의 추청 후 최종적으로 매출액과 수익성을 추정하는 단계로 이루어진다.

❹ 개발된 외식프랜차이즈의 콘셉트는 전달하기 쉬운 형태와 용어를 사용하여 자사의 사업 모델의 세부적 요소, 핵심 경쟁력과 분위기 등을 정리하여 개발된 브랜드에 대해 내부 직원과 가맹점사업자는 물론 창업상담과 브랜드 홈페이지, 교육 등에서 활용할 수 있도록 한다.

연습문제

1 본장에서 학습한 사업타당성 분석은 가맹점사업자를 기준으로 설정된 내용이다. 가맹본부의 입장에서 사업타당성분석을 한다면, 기존의 구조와 내용에서 삭제되거나 추가될 수 있다. 귀하가 가맹본부만을 대상으로 사업타당성을 분석한다고 가정하면 구조와 내용을 정리해 본다.

2 가맹점사업자의 매출액을 추정하기 위한 방법으로 가맹사업거래의 공정화에 관한 법률에서 규정하는 '예상매출액 산정서의 표준양식에 관한 규정'을 활용할 수 있다. 해당 규정에 따른 예상매출액 산정 방법을 정리해 본다.

3 가맹점사업자의 사업타당성을 확보하더라도 가맹본부의 사업타당성이 확보되지 못한다면 외식프랜차이즈 시스템은 유지, 발전할 수 없다. 가맹점사업자와 가맹본부가 상생할 수 있는 사업타당성 확보를 위해서는 현재 개선해야 할 부분을 정리해 본다.

4 외식프랜차이즈 기업이 제시하는 가맹점사업자를 위한 추정손익계산서를 조사하여 신뢰성과 타당성을 판단해 본다. 만약 제시된 추정손익계산서가 현실성이 떨어지는 부분이 있다면 어떤 부분에서 문제가 있는지 정리하고 개선책을 제안한다.

3부

외식프랜차이즈 본부 구축

RESTAURANT FRANCHISE
BUSINESS THEORY

9장 외식프랜차이즈 본부 구성

10장 외식프랜차이즈 시스템 구축

11장 외식프랜차이즈 본부 구축 실제

1 외식프랜차이즈 본부 구성

외식프랜차이즈는 좋은 사업 아이템과 시스템을 가지고 있는 경우 가맹점사업자의 참여가 없어도 사업 확장이 가능한 매력적인 사업 모델이라는 인식 때문에 많은 사람이 외식프랜차이즈 사업을 하려고 한다. 그런데 문제는 경쟁력 있는 사업 아이템과 노하우의 축적이 없는 상태로 외식프랜차이즈 사업에 뛰어들게 되면 기대와는 달리 사업의 어려움을 겪을 수 있다.

독립점포를 오픈한 후 외식프랜차이즈 문의가 들어오면 충분한 검증과 시스템 개발이 우선되어야 하지만 성급하게 외식프랜차이즈 사업을 진행하거나 외식프랜차이즈 사업에 대한 법적 이해가 전혀 없는 상태로 사업을 하는 경우를 볼 수 있다. 이러한 경우 많은 광고비를 들여 단시간에 다수의 가맹점을 모집하여 가맹개설비를 확보하고도 원활한 지원이 되지 못하는 경우 가맹점 사업이 어려워지거나 폐점이 많아져 분쟁이 발생하기도 한다.

2010년 지식경제부와 대한상공회의소의 실태 조사에 따르면 국내 프랜차이즈 가맹본부의 평균 존속 기간은 5.22년으로 5년 이하 존속된 가맹본부의 수는 전체 프랜차이즈 가맹본부 중 63.1%를 차지한다. 미국 내 프랜차이즈 가맹본부의 평균 존속기간이 15년을 넘는 데 비해 1/3밖에 되지 않는다. 즉 가맹점의 운영을 위한 적절한 지원이 5년 이상 이루어지지 못하는 프랜차이즈 본부의 비율이 60%가 넘는다는 것을 의미하며, 이는 가맹점의 높은 폐점률로 이어진다.

많은 연구에서 체계적이고 합리적이지 못한 경영은 가맹본부와 가맹점 간의 계약불이행과 부실한 자금력, 외식프랜차이즈 가맹점 운영에 관한 전문 인력의 부족, 판매 상품의 식자재 공급을 위한 공장설립 등 공급 인프라 미비, 지속적인 메뉴개발 지원 미흡 및 매뉴얼 부족과 직원의 교육훈련 부족 등의 문제점이 폐점률을 높이고 있다(김성은 2000; 외식산업연감 2006; 이재한 외 2010).

외식프랜차이즈는 기본적으로 가맹본부와 가맹점 그리고 협력업체, 고객 간의 이해관계가 얽혀 있는 공동체로 볼 수 있다. 아무리 좋은 콘셉트와 경쟁력을 가진 브랜드라 하더라도 네 가지 요소 중 하나라도 제 기능을 하지 못하거나 관계가 약화되면 외식프랜차이즈 사업은 존속되기 어렵다. IMF 이후 퇴직자들과 취업난으로 창업에 뛰어드는 20, 30대 등 이들은 퇴직금과 대출 등을 활용하여 창업을 시도하기 때문에 제대로 준비되지 않은 외식프랜차이즈 사업은 가맹본부의 성패로 가맹점 희망 사업자와 협력업체 등의 운명이 갈리기도 하기 때문이다.

따라서, 외식프랜차이즈 본부는 자신만의 사업목표 달성과 함께 가맹점과 상생을 통한 공동의 발전을 추구하는 것을 목표로 삼아야 한다. 가맹본부가 가맹금과 초기 개설비, 로열티, 식재료 매출 등의 수익을 올리기 위한 점포 수 확대에 주력하는 것은 바람직하지 않다. 가맹본부와 가맹점이 함께 브랜드 가치를 높이고 제품과 서비스 품질을 강화하여 지속적인 수익과 성장이 이루어질 수 있도록 경쟁력 있는 시스템을 구축하는 것이 우선되어야 한다.

1) 외식프랜차이즈 본부의 이해

법률적인 의미에서 가맹본부는 가맹점사업자에게 가맹점 운영권을 부여하는 사업자를 뜻한다. 가맹본부는 프랜차이즈 시스템을 바탕으로 상품과 서비스를 생산하여 공급하는 경제적 기능을 가맹점과 함께 실현하는 프랜차이즈 사업의 주체이다(장재남 2012). 가맹본부는 일반적인 기업으로의 역할과 기능에 외식프랜차이즈 구조의 특성을 감안한 기능이 더해져야 한다.

경영이란 기업의 경영자원을 잘 활용하여 경영과정을 수행함으로 경영조직이 수립한 목표를 달성하는 일련의 과정을 뜻한다. 여기서 경영자원이란 생산을 위한 물리적 자원과 자본, 인적자원, 기술 및 정보 등이다. 경영자는 유한한 자원의 효용성을 극대화하여 최적의 제품, 최적의 서비스, 고객 만족 등의 기업의 목표에 도달하기 위해 경영과정을 수행한다. 이를 도식화하면 〈그림 9-1〉과 같다.

외식프랜차이즈 가맹본부는 중앙통제적 형태를 갖는 일반기업 경영과 달리 가맹점과

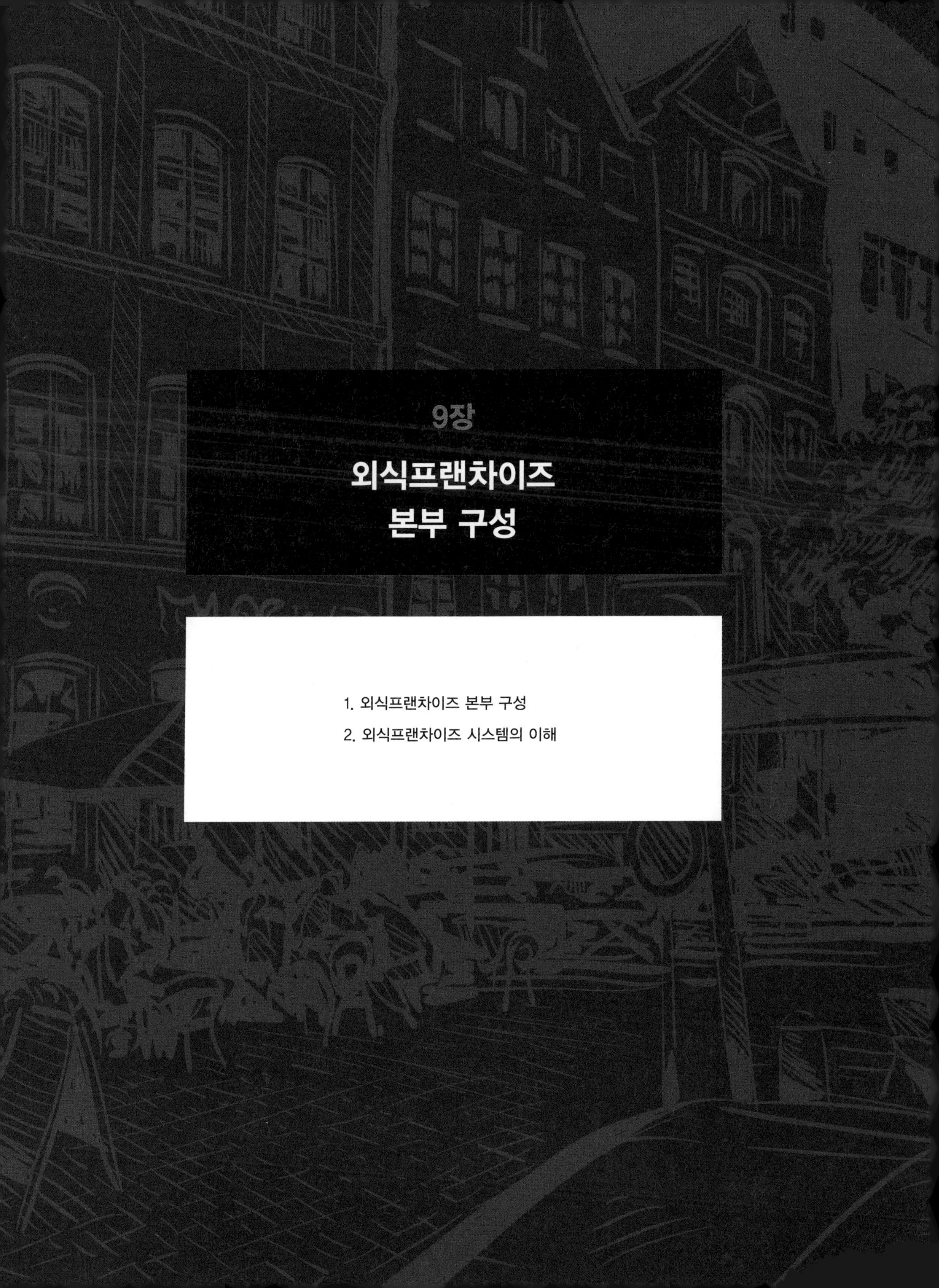

9장

외식프랜차이즈 본부 구성

학습목표

1. 외식프랜차이즈 본부의 경영 특성을 이해하고 설명한다.
2. 외식프랜차이즈 본부의 기능을 이해하고 설명한다.
3. 외식프랜차이즈 시스템의 구성 요소를 이해하고 설명한다
4. 외식프랜차이즈 본부 구축 프로세스를 이해하고 설명한다.

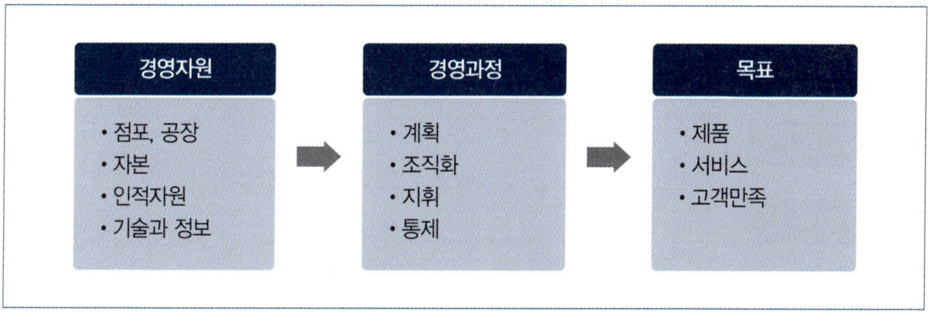

그림 9-1 기업의 경영활동

협력업체라는 동반자와 함께 사업목표를 달성하는 특수한 형태의 기업인 점을 고려할 때 경영자원의 취득, 경영과정의 기획, 목표수립에서 어려움을 겪을 수 있다. 무엇보다도 프랜차이즈 제도는 가맹본부가 다른 사업방식보다 빠른 사업 확장을 목표로 가맹점의 경영자원을 활용한다는 측면에서 더욱 신중하고 보수적인 접근이 필요하다. 가맹본부는 경영활동의 계획과 실행에서 가맹본부와 가맹점의 다층적 구조를 이해한 경영활동의 기획과 관리를 통해 공동의 목표 실현을 위한 큰 그림을 그려야 한다.

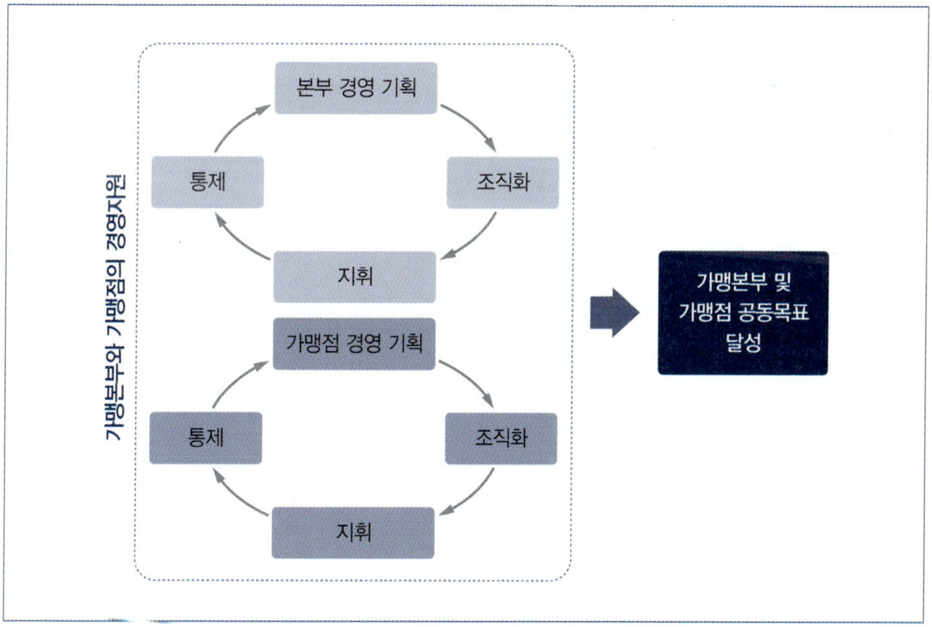

그림 9-2 외식프랜차이즈 본부의 경영 이해

그림 9-3 기업의 계획 수립 단계

경영과정에 있어서도 가맹본부는 독단적으로 계획을 세우기보다 가맹점과의 공동 발전을 도모하기 위한 계획을 수립해야 한다. "계획이 없으면 결과도 없다."는 격언처럼 모든 조직에서 계획의 중요성은 아무리 강조해도 지나치지 않다.

계획을 심층적으로 이해하기 위하여 구조화시킨 계층을 살펴보기로 한다. 〈그림 9-3〉은 기업이라면 반드시 준수해야 하는 계획수립의 체계이다. 이는 조직의 목표를 시작으로 미션과 비전을 수립한 후 전략, 전술, 규정, 지침, 예산 등의 세부항목으로 구성되어 있다. 가맹본부는 이러한 계획 수립 과정에서 단기, 중기, 장기적 측면에서 가맹본부만의 목표뿐만 아니라 가맹점 집단의 목표를 함께 수립해야 한다. 또한 실행계획을 수립하는 과정에서 슈퍼바이징 부서와의 긴밀한 소통을 통해 전체 가맹점 및 개별 가맹점의 목표를 고려하여 계획을 수립하고 관리하여야 한다.

2) 외식프랜차이즈 본부의 기능

외식프랜차이즈 가맹본부의 목표는 가맹점 개설 후 가맹점의 성공적 운영을 도와 장기적이고 지속적 관계를 유지하며 이를 통해 가맹본부의 수익을 확보하고 신규 가맹점을 추가적으로 계속 확보하는 것이다. 이 목표를 달성하는 방법은 가맹점의 성공을 돕고 가맹점의 계약 만료 후 이탈을 막는 데 있다.

이재한 외(2010)는 가맹본부의 가맹점 개점 후의 지원활동이 가맹점의 경영성과와 장기 지향성에 영향을 준다고 밝히고 있다. 가맹점 개점 후 지원활동은 제품(메뉴)개발, 물류지원, 판매촉진 및 광고홍보, 정보제공 및 문제해결능력의 제공, 슈퍼바이징, 재교육 및 훈련 지원 등이다. 또한 이러한 지원활동은 가맹점사업자가 가맹 본사에 대한 신뢰와 만족도를 향상시켜 가맹본사와 지속적으로 계약관계를 유지하는 몰입의 단계로

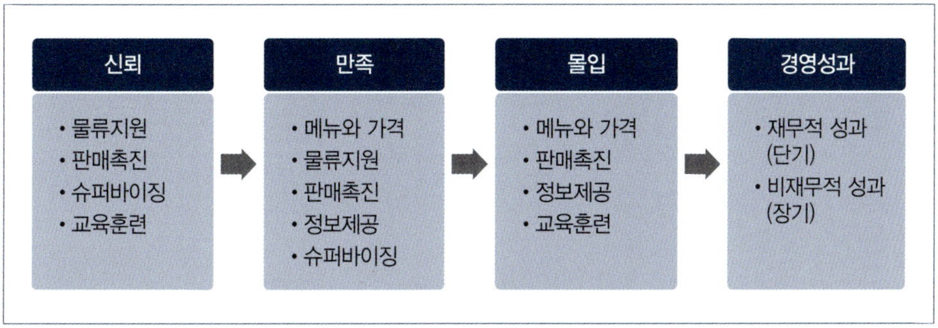

그림 9-4 가맹본부의 가맹점 지원으로 인한 영향

자료 : 이재한, 이용기, 한규철(2010), 프랜차이즈가맹본부의 사후 지원서비스가 가맹점의 관계품질과 경영성과에 미치는 영향, 유통연구, 15(3), 1-28

유도한다. 결과적으로 이는 단기적으로는 매출액, 시장점유율, 운영과 공헌이익, 투자수익률 등의 재무적 성과를 가져오고 장기적으로는 재무적 성과를 기반으로 신제품 개발, 신 시장 개척, 연구개발과 인력개발 등을 통해 기업의 장기적 생존에 긍정적 영향을 미친다.

따라서 가맹점에 대한 적극적 지원은 외식프랜차이즈 본부의 성장을 위한 필수 조건이라 할 수 있다. 이러한 이해를 바탕으로 가맹본부의 기능에 대해 좀더 자세히 알아보자.

(1) 외식프랜차이즈 시스템의 개발과 관리

외식프랜차이즈 가맹본부의 고유하고 가장 중요한 기능은 경쟁력 있는 외식프랜차이즈 시스템을 개발하고 관리하는 것이다. 즉 브랜드와 제품, 서비스, 원부재료의 관리, 트렌드에 따른 제품 개발과 마케팅 노하우, 점포 운영과 관련한 노하우 등을 지속적으로 축적하고 이를 가맹점사업자에게 전달하는 것이다. 이것은 기업의 운명 공동체인 가맹점사업자와 가맹본사 모두의 장기 존속과 매우 깊은 관계를 갖기 때문에 변화무쌍한 시장의 변화에 대응하는 외식프랜차이즈 콘셉트와 시스템의 구성요소의 지속적 연구개발이 필요하다.

다음은 커피 외식프랜차이즈 업계 1위인 스타벅스가 어떻게 콘셉트를 개발하고 관리하는지를 잘 보여주는 예이다.

스타벅스 리저브 브랜드 리뉴얼 실시

커피 외식프랜차이즈 중 매출 규모로 시장 점유율 1위를 유지하고 있는 스타벅스는 2014년 단일 원산지에서 극소량만 재배되어 한정된 기간에만 만나볼 수 있는 최상급의 커피를 전문적으로 다루는 '스타벅스 리저브' 점포를 국내 시장에 처음으로 선보인 후 2016년 기준 12개 시도 55개 점포로 지속적으로 점포 수를 확대하며 스페셜티 커피 브랜드로서의 입지를 굳혀왔다.

스타벅스 리저브 커피는 상대적으로 적은 점포 수로 인해, 초기에는 커피애호가 중심으로만 고객층이 형성되어 왔지만 현재 고객들의 호평이 점점 입소문을 통해 이어지면서 30대 중심의 젊은 고객층을 중심으로 리저브를 즐기는 비중이 늘어나고 있는 추세로 나타났다. 현재까지 95만 잔의 음료가 판매된 바 있으며, 첫 구매 후 한달 내 재구매율은 50%를 넘는 것으로 나타났다. 이러한 데이터 분석을 근거로 스타벅스코리아는 고품질의 프리미엄 커피에 대한 고객경험의 확대를 위한 브랜드 리뉴얼을 발표하고, 110년 전통의 이탈리아 '빅토리아 아르두이노(Victoria Arduino) 사(社)의 최상급 핸드메이드 에스프레소 머신으로 일컬어 지는 '블랙이글'을 도입하기 시작했으며, 보다 많은 고객들과 커피에 대한 열정과 전문성을 공유할 수 있도록 변화를 모색하기 위해 원두 패키지와 리저브 전용 잔 등에 대한 리뉴얼을 실행하였다.

또한 보다 깊은 고객과의 소통을 위해 리저브 원두의 선택은 물론, 추출방식 선택을 통해 더욱 풍부하고 특별한 커피 경험을 제공하고 있다.

자료 : 신세계 블로그(www.ssgblog.com)

(2) 경쟁력 있는 상품 개발 및 공급

창업 희망자가 개인 창업 대신 외식프랜차이즈를 선택하는 이유는 창업 비용과 노하우와 해당 브랜드의 상품력이라고 할 수 있다. 외식프랜차이즈 가맹본부는 고객의 니즈에 부합하는 신메뉴의 개발과 경쟁력 있는 가격의 원부재료 공급을 통해 가맹점의 성공을 창출해야 한다.

(3) 차별화된 디자인 개발 기능

외식프랜차이즈 시스템에서의 디자인은 고객이 차별화된 브랜드를 일관성 있게 인지하도록 하는 역할을 한다. 디자인은 점포 내외부의 물리적 환경과 인쇄물, 용기와 온라인 채널 등에서 광범위하게 활용되어야 한다. 하지만 트렌드에 따라 고객의 니즈가 바뀌듯이 디자인의 선호도도 달라지기 마련이다. 그리고 디자인 선호도는 고객의 브랜드 선호도에 밀접한 영향을 미치기 때문에 외식프랜차이즈 가맹본부는 브랜드 리뉴얼, 점포 리

그림 9-5 파리바게트의 로고 디자인 변화

자료 : 한국디자인진흥원

뉴얼 등을 시행할 때 고려해야 하는 중요한 요소이다. 이미 가맹본부와 가맹점의 분쟁 사례 중에서 가맹점의 과도한 점포 리뉴얼 문제가 불거진 바 있었기 때문에 고객 지향적이면서도 가맹점사업자의 부담을 최소화할 수 있는 방안을 연구해야 할 것이다.

(4) 교육 및 훈련 기능

외식프랜차이즈는 보통 비숙련자도 손쉽게 창업할 수 있는 사업 모델로 알려져 있다. 외식프랜차이즈 본부는 한편으로는 점포 운영 시스템과 조리 등을 표준화, 간편화를 통해 비숙련자도 쉽게 익혀 창업이 가능하도록 개발함과 동시에 이를 가맹점사업자와 직원을 대상으로 충분히 훈련하여 품질 유지가 가능하게 해야 한다. 또한 교육과 훈련은 가맹점 개설 시점 이후 반복적이고 지속적으로 재교육과 점검이 이루어져야 한다. 숙련도가 떨어지는 가맹점의 서비스와 제품 제공은 브랜드 전체에 대한 고객 신뢰도와 선호도 하락으로 나타날 수 있기 때문에 교육과 훈련을 통한 숙련도 강화는 필수적인 사항이다.

그림 9-6 제품 간접광고(PPL)를 통해 온라인 고객 참여를 유도한 달콤커피

자료 : 달콤커피 홈페이지(www.dalkomm.com)

(5) 판매촉진과 광고홍보 기능

가맹점의 매출 목표는 가맹점사업자의 개인 역량이나 점포 자체의 힘만으로 달성되는 것이 아니라 가맹본부의 판매촉진과 전국 단위의 광고와 홍보 기능이 지원될 때 극대화될 수 있다. 판매촉진, 다른 말로 프로모션은 신규고객 유치, 판매량 증대 등과 직결되며, 광고와 홍보는 창업희망자와 소비자 모두에게 브랜드를 인지시켜 가맹점 유치와 가맹점 단위 매출의 상승 효과를 가져온다. TV, 신문광고, 인터넷 광고 등은 가맹점과 본사의 광고비 분담을 통해 효율적으로 집행할 수 있어 단일 점포보다 강력한 인지도를 제고할 수 있는 효과가 있다. 다만 이러한 광고홍보의 집행은 가맹점 단위의 즉각적인 매출과는 연관이 없는 이미지 광고로만 인지될 수 있기 때문에 가맹점사업자는 광고비 지출에 대해 비협조적 일 수 있다. 따라서 가맹본부는 가맹점사업자에게 광고 집행의 목적과 기대효과를 명확히 밝히고, 광고 후 핵심 성과 지표(KPI)를 공유함으로 광고비 지출에 대한 오해를 줄이면서 보다 효과적인 브랜드 홍보가 지속될 수 있도록 노력해야 한다.

(6) 가맹점 관리 기능

가맹점 관리는 단일 점포와 차별화되는 외식프랜차이즈의 고유한 기능으로 가맹점의 효과적인 운영을 지원할 수 있도록 지원 시스템과 숙련된 슈퍼바이저를 통해 이루어져야 한다. 충실한 가맹점 관리는 가맹점의 만족도와 신뢰도를 향상시켜 계약관계를 강화하는 매우 중요한 요소이다.

가맹점 지원을 위한 시스템은 가맹점관리시스템과 슈퍼바이징시스템, 경영정보시스템, 상권입지분석시스템, 오픈지원시스템, 교육시스템 등이 있다.

2 외식프랜차이즈 시스템의 이해

1) 프랜차이즈 시스템의 이해

시스템이란 용어는 다양한 범주에서 활용되며 다양한 분야의 사전에서 언급되고 있다. '시스템'의 정의를 종합하면 '특정한 목적의 달성을 위해 모여 서로 작동하는 집합 또는 조직'이라 할 수 있다. 외식프랜차이즈 시스템은 가맹본부와 가맹점사업자 양자간의 이윤 추구를 위하여 특정한 계약을 맺고 가맹본부가 계약에 근거한 제품과 서비스, 다양한 경영 노하우를 제공하고 가맹점은 그에 상응하는 대가를 지불하는 상호적 관계로 정의할 수 있다.

프랜차이즈 시스템은 '프랜차이즈 패키지'라는 명칭으로 불리기도 하는데, 프랜차이즈 패키지란 프랜차이즈 계약을 기반으로 특정형태의 사업을 수행하기 위하여 사용하는 프로그램 계획으로 가맹본부가 가맹점 사업자에게 제공하는 지적 재산과 실질적 지원의 집합으로 정의할 수 있다. 다시 말하면 외식프랜차이즈 시스템은 외식프랜차이즈 가맹본부가 가지고 있는 상호와 상표, 경영 노하우와 제품 그리고 다양한 지원 서비스 등을 하나의 패키지로 묶어 가맹계약을 근거로 가맹본사가 가맹점사업자에게 제공하는 것이다. 그리고 이를 통해 가맹점사업자는 직접 사업을 하는 것보다 상대적으로 적은 시간과 비용을 지출하여 사업을 시작할 수 있다. 또한 가맹본부의 지속적 관리와 서비스를 통해 사업을 운영할 수 있으며 그 대가로 가맹점사업자는 가맹본부에게 가맹비와 로열티 등의 금전을 지불하는 것이다.

(1) 외식프랜차이즈 본부의 수익 이해

외식프랜차이즈 사업은 양자간의 이윤 추구를 위하여 특정한 계약을 맺고 가맹본부가 계약에 근거한 제품과 서비스, 다양한 경영 노하우를 제공하고 가맹점은 그에 상응하는 대가를 지불하는 상호적이며 유기적으로 결합한 집합체로서 바꿔 말하면 가맹본부는 가맹본부의 외식프랜차이즈 시스템을 판매하는 대가로 가맹비와 로열티 등을 받는 사업구조이다.

① 가맹비

가맹비는 가맹점이 외식프랜차이즈 가맹본부와 계약을 맺을 때 일회성으로 지불하는 비용으로서 상표와 노하우 사용권, 가맹점 개설 관련 비용이 포함된다. 가맹비는 해당 브랜드의 가치와 가맹점 인지도, 영업지역의 범위, 가맹본부가 제공하는 외식프랜차이즈 시스템의 품질과 제공하는 서비스의 품질 등 다양한 요소에 따라 달라질 수 있다. 따라서 외식프랜차이즈 시스템이 전문화되고 많은 가맹점을 통해 사업성이 검증되었을 뿐만 아니라 폭 넓은 고객의 지지를 받는 기업이라면 신규 외식프랜차이즈에 비해 가맹비는 높아질 수 있다. 가맹본부 차원에서도 높은 품질의 외식프랜차이즈 시스템을 운영하기 위해 적절한 수준의 가맹비 책정과 가맹비 인상을 고려할 수 있어야 한다.

② 로열티

로열티는 외식프랜차이즈 본부의 지속적 운영관리의 대가로 가맹점이 계약 종료 시점까지 지불하는 비용이다. 로열티는 외식프랜차이즈 시스템과 본부의 관리 및 지원, 신제품의 개발, 교육 등에 대한 비용으로 높은 품질의 안정적인 가맹본부 유지를 위해서는 반드시 필요한 항목이다.

일례로 맥도날드는 1960년대 프렌치 프라이의 조리법을 완성하고 감자의 모양을 결정하는 데 300만 달러(한화 33억 8천만 원 상당)를 투자했다. 외식프랜차이즈 가맹본부의 고유한 경쟁력을 지닌 상품과 서비스의 개발과 품질 유지는 로열티가 없이는 불가능 하다고 볼 수 있다. 이 외에도 가맹본부의 수익원과 그 용도 등은 〈표 9-1〉과 같다.

가맹본부는 이러한 내용을 숙지하여 가맹본부와 가맹점 모두에게 합리적 수준의 비용 체계를 구축하여야 한다.

표 9-1 가맹본부의 수익원 이해

구분	내용	비고
가맹비(Initial fee)	상표사용권, 노하우 사용권, 가맹점 개설 관련 비용(입지선정, 점포개발 등의 비용)	–가맹가입비 평균 872만 원(2002년 기준) –가맹비를 받지 않는 본부 24%
로열티(Royalty)	외식프랜차이즈 본부의 시스템, 지속적 운영관리 노하우 제공 대가(국내 로열티 지급 34% 불과)	매출액 또는 수입의 퍼센트 방식 1~10%[총매출 5~10%(수익)]
광고 분담금	공동광고시행(광고비, 홍보비, 판촉비) 일정 비율 가맹점 부담	본부 전액 부담이 74%
채무이행보증금	상품 공급 및 거래 시 채무액이나 손해배상 지급의 담보성 보증금(채권확보차원/환불가능)	브랜드의 인지도, 사업의 규모, 거래량 등에 따라 보증금 차등
인테리어 및 설비	통일된 이미지 관리와 구축을 위한 인테리어 및 설비투자비(외식프랜차이즈 본부 매뉴얼)	–투자 규모의 약 50% 차지 –인테리어 비용에 대한 분쟁소지가 많음(공개 또는 비공개)
초도 상품비	신규 오픈 시 소요되는 상품 및 소모품 등	초도 상품 계획과 구성이 적정해야 함(체화 재고 방지)
상품(물류) 공급 수수료	상품, 원재료, 소모품, 비품	외식프랜차이즈 본부 수익 모델의 원천(물류, 상품 공급 수익 및 수수료)
용역 서비스	경영지도, 자금알선, 교육, 디자인 등	실비로 청구 또는 무상지원

③ 국내 가맹본부의 로열티 및 가맹비 문제

국내 가맹본부의 비용 문제는 너무 과하거나 현실을 고려하지 않은 데서 발생한다. 과다한 가맹비나 로열티, 불합리한 시공 비용 문제는 최근 몇몇 브랜드에서 문제가 불거져 정부 차원의 규제는 물론 가맹본부 내부적으로도 자제하는 분위기가 조성되어 가고 있다.

반대로 가맹본부 간의 가맹점 유치 경쟁이 치열해지면서 가맹비나 로열티 등을 무리하게 인하하거나 아예 받지 않는 경우도 빈번하다. 이러한 경향은 특히 외식프랜차이즈 기업에서 두드러지게 나타나고 있다.

이러한 파격적 제안을 앞세운 가맹점 영업은 단기적으로는 가맹점을 확보할 수는 있지만 장기전략의 미흡으로 인한 미봉책일 가능성이 있다. 가맹본부가 유지되기 위한 여러 수익 요소를 검토하여 가맹점 모집 정책에 반영해야 한다.

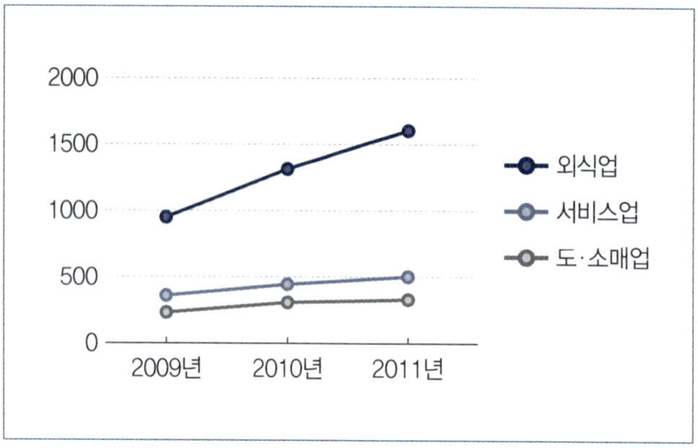

그림 9-7 국내 주요 업종의 가맹본부 수 추이

그림 9-8 가맹점 유치를 위한 가맹본부의 과다 경쟁

(2) 외식프랜차이즈 패키지의 구성 요소

외식프랜차이즈 시스템은 쉽게 말하면 해당 브랜드의 운영권을 구매할 때 제공되는 제품과 서비스, 노하우의 총합이라 할 수 있으며, 특정 기업의 사업 노하우를 체계화한 것으로 기업에 따라 이를 체계적 시스템으로 구축하는 사람의 역량과 경험, 지식 등에 의해 다양한 형태와 방식으로 나타날 수 있다. 다음은 다양한 방식으로 정리한 외식프랜차이즈 시스템의 구성 요소이다.

A사	B사	C사
• 브랜드 아이덴티티 • 상품 구성과 가격 • 상품 제조와 원부재료 관리방법 • 디자인 • 점포 레이아웃 • 점포 운영 방법 • 판매촉진기술 • 고객관리 및 서비스 방법	• 브랜드 아이덴티티 • 입지선정과 점포 디자인 • 교육 – 오픈 전 교육 – 오픈 후 지속 • 마케팅 지원 • 운영지원 및 현장지원 • 재무관리 지원 • 시장조사 및 제품개발 • 지역사회 참여 지원	• 브랜드 • 점포 운영 노하우 – 입지 및 출점기준 – 타깃 – 상품 및 서비스 – 영업스타일 – 운영 방식 • 수익구조 – 투자비 및 손익모델 • 마케팅

그림 9–9 외식프랜차이즈 시스템의 구성 요소

2부의 '콘셉트 개발'에서 외식프랜차이즈 패키지의 구성 요소들을 다루었기 때문에 본장에서는 가맹본사의 가맹점 지원 시스템 구축을 위주로 다루겠다.

2) 외식프랜차이즈 본부 구축 프로세스

외식프랜차이즈 가맹본부는 가맹점이나 직영점과는 또 다른 사업체로서, 가맹본부의 구축은 사업계획을 수립하는 것에서 출발한다. 사업계획 수립 후 가맹본부 구축은 가맹점의 운영 효율을 극대화하는 각종 시스템의 구축으로 이루어진다.

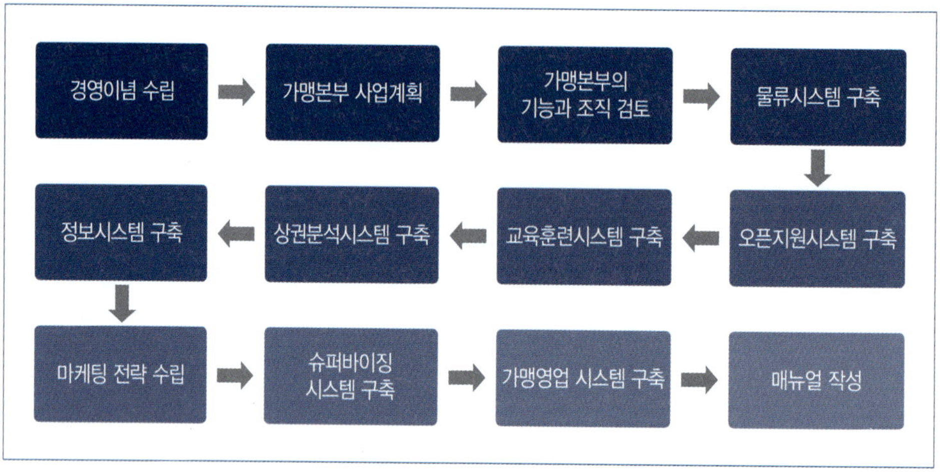

그림 9-10 외식프랜차이즈 본부 구축 프로세스

요약

❶ 외식프랜차이즈 본부는 가맹본부는 일반적 기업의 경영활동과 가맹점과 협력업체라는 동반자와 함께 사업목표를 달성하는 두 가지 역할을 충족시킬 때 성공적 경영이 가능하다.

❷ 외식프랜차이즈 본부의 기능은 크게 외식프랜차이즈 시스템의 개발과 관리, 경쟁력 있는 상품의 개발과 공급, 차별화된 디자인의 개발, 교육과 훈련의 주체 역할, 판매촉진과 광고홍보 기능, 가맹점 관리 기능 등으로 정리할 수 있다.

❸ 외식프랜차이즈 시스템은 가맹본부가 가지고 있는 상호와 상표, 경영 노하우와 제품 그리고 다양한 지원 서비스 등을 하나의 패키지로 묶어 가맹계약을 근거로 가맹본사가 가맹점사업자에게 제공하는 것이다. 그리고 이를 통해 가맹점사업자는 직접 사업을 하는 것보다 상대적으로 적은 시간과 비용을 지출하여 사업을 시작할 수 있다. 또한 가맹본부의 지속적 관리와 서비스를 통해 사업을 운영할 수 있으며 그 대가로 가맹점사업자는 가맹본부에게 가맹비와 로열티 등의 금전을 지불하는 것이다.

❹ 가맹본부는 가맹점에 제품과 서비스, 노하우 등을 제공하고, 가맹비와 로열티를 비롯한 금전적 대가를 가맹점으로부터 받는다. 적절한 수준으로 책정된 가맹비나 로열티, 시공 비용 등은 가맹본부와 가맹점 양자의 지속 경영을 위해 꼭 필요한 요소이다.

❺ 외식프랜차이즈 패키지는 해당 브랜드의 운영권을 구매할 때 제공되는 제품과 서비스, 노하우의 총합으로, 기업마다 다양한 형태와 방식으로 나타날 수 있다.

연습문제

1 외식프랜차이즈 본부의 구성과 기능에 대하여 국내외 대표적인 외식프랜차이즈 기업을 대상으로 사례를 정리해 본다.

2 외식사업 외식프랜차이즈를 중심으로 본서에서 제시한 외식프랜차이즈 본부 구축 프로세스를 정리한 후, 불필요한 단계나 추가해야 할 단계를 찾아서 그 이유와 내용을 정리한다.

10장

외식프랜차이즈 시스템 구축

1. 경영이념 수립
2. 물류관리시스템 구축
3. 정보시스템 구축
4. 상권분석시스템의 활용
5. 교육훈련시스템 구축
6. 오픈지원시스템 구축
7. 마케팅 전략
8. 슈퍼바이징시스템 구축
9. 매뉴얼 제작과 적용

학습목표

1. 경영이념의 구성 내용과 외식프랜차이즈 경영이념의 개발방법을 설명한다.
2. 물류관리시스템과 정보시스템의 기능을 설명한다.
3. 상권분석시스템의 기능과 활용 방안을 설명한다.
4. 교육훈련시스템의 개발방법을 설명한다.
5. 오픈지원시스템을 이해하고, 설명한다.
6. 외식프랜차이즈의 마케팅 전략의 기획과 실행을 설명한다.
7. 슈퍼바이징의 개념과 중요성을 설명한다.
8. 외식프랜차이즈 매뉴얼의 작성 원칙과 매뉴얼의 종류를 설명한다.

1 경영이념 수립

1) 경영이념의 이해

(1) 경영이념의 정의

경영이념 또는 경영철학(Managerial Philosophy)이란 기업 경영에 대한 가치 체계를 뜻하는 말로서 창업자나 경영자 관점에서의 정의, 기업 관점에서의 정의로 나누어 볼 수 있다.

① 창업자 또는 경영자 관점에서 경영이념의 정의

경영이념이란 경영자의 정신적 가치로서 기업활동을 통해 경영자가 이뤄야 할 지침이며 윤리적 기준이다(고광명, 2010; 김성수, 1999; 이광로, 2009; Mee, 1964; Thompson, 1953).

경영자는 회사가 무엇을 위해 존재하며 회사를 어떤 방향으로 이끌어 어떤 모습으로 만들어 나갈지에 대해 스스로 묻고 그에 대한 답을 내릴 수 있어야 한다. (중략) 일상의 작은 결단은 손익계산만으로 충분해도 최고의 전략은 그것으로 부족하다. 중요한 것은 '무엇이 옳은가' 하는 관점에 입각하여 판단하는 자세이다. 이때 그 밑바탕을 이루는 것이 바로 올바른 경영이념이다. 경영자는 항상 올바른 경영이념에 비추어 판단을 내려야 한다. 머리로만 생각한 경영이념은 진정한 경영이념이 될 수 없다. 경영자의 인생관이나 인간관, 세계관 같은 깊은 신념을 바탕에 두어야 한다(마쓰시타 고노스케, 2013).

② 기업 관점에서 경영이념의 정의

경영이념이란 기업의 경제적 가치 창출의 극대화와 사회적 가치 실현을 위한 활동의 근거가 되는 경영 조직의 사상과 가치 체계이며 기업 공동의 목표를 명시한 것으로 기업 내부 조직을 통합하고 기업의 사회적 역할을 위한 원칙을 제공하는 것이다(고광명, 2010; 조현준, 1995; Chappel, 1993).

일반적으로 기업은 창업자에 의해 시작되고 창업자의 세계관에 따라 기업의 의사 결정이 이루어지기 때문에 기업의 초기 단계에서는 기업의 경영이념을 형성하는 데 1인 또는 소수 창업자들의 인생관이나 세계관 등이 영향을 미치기 마련이다.

경영이념은 창업자 개인의 신념과 가치 기준에서 시작되었다 할지라도 기업 구성원의 통합을 추구하고 공동의 가치를 실현하며 사회적 가치 실현의 영역으로까지 확대 및 적용되어야 한다. 기업의 구성원이 늘어나고 조직이 다변화됨에 따라 다양한 의사결정의 요구가 있기 마련인데, 경영이념이 조직의 공통가치 기준으로 명시되어 있지 않으면 기업은 공동의 목표를 이루는 일에 어려움을 겪을 수밖에 없기 때문이다.

이를 종합해 보면 경영이념이란, 창업자의 기업 경영에 대한 가치관이 기업 구성원과 나아가 사회적으로 용인될 수 있는 항목으로 명시되어 기업 경영활동 전반의 의사결정의 기준이 되며, 조직의 통합을 유도하는 것으로 사회적 가치 실현이 가능하게 하는 가치 체계로 정리할 수 있다(박인정, 2015).

(2) 경영이념의 기능

> 오직 명확하게 정의된 미션과 기업의 목적만이 기업의 목표를 현실로 이룰 수 있게 한다.
>
> –피터 드러커, 《매니지먼트(Management)》

경영이념은 전략적 경영활동의 근본적 근거로, 의사 결정의 기준을 제공해 주고, 기업의 통일된 가치 기준을 제시함으로 경영 행위의 통제기준을 제시하여 조직 구성원이 경영 활동의 체계성과 일관성을 유지하게 하며, 기업의 사회적, 도덕적 가치를 명확하게 해 준다. 또한 인적자원을 관리하는 관점에서는 기업 구성원의 내적 통합을 촉진시켜 조직화하며 조직 문화를 형성하게 돕는 기업의 핵심적 가치 체계이다(고광명, 2010; 김윤수, 1997; Davis, 1958).

① 의사 결정의 기준

기술의 발전, 국제화의 가속화, 업종간의 경계가 모호해지는 일이 일반화되면서 기업은 완전경쟁 상태에 놓이게 되었다. 특히 외식업종에서는 진입장벽이 낮은 업종 특성 때문에 갈수록 그 경쟁이 심화되고 있는 것을 알 수 있다.

이러한 환경 속에서 기업들은 생존과 번영을 위한 전략적 경영이 요구되고 있다. 전략이란 기업 환경 변화 속에서 기업의 존속과 성장을 도모하기 위해 냉철한 판단력과 체계적인 기획력, 신속하고 유연한 대처 능력을 기반으로 경영활동을 하는 것을 의미한다. 경영이념이란 이러한 전략적 의사 결정을 신속하게 처리하는 근본적 기준이 된다(Altiok, 2011; Swayne et al., 2008).

② 조직의 통합과 만족도 상승

경영이념은 기업 경영의 방향성을 제시할 뿐만 아니라 조직의 통합된 가치관과 미래에 대한 방향성을 제시함으로 조직 구성원을 통합하고 조직의 동일한 목표를 달성하기 위한 동기를 부여한다. 결과적으로 경영이념은 조직 구성원이 직무에 집중할 수 있게 유도하는 것이며 직무 만족도를 향상시키기 위한 것으로 기업 충성도를 향상시키는 역할을 하게 된다(김홍길, 강호욱, 1984; Altiok, 2011; 김기근, 문명, 조윤형, 2013; Li, 2005; Wang, 2010). 이 외에도 경영이념은 주식회사에서 주주를 비롯한 이해관계자에게 긍정적 영향을 주는 것으로 연구되었다(Campbell, 1989).

특히 외식프랜차이즈 기업에서는 일반 기업에 비해 복잡한 조직 구조를 가지고 있기 때문에 경영이념이 잘 수립되어 있고, 그 전달 체계가 잘 구성되어 있을 경우 가맹본부와 가맹점이 좀더 효율적으로 기업 공통의 목표 달성을 위해 나아갈 수 있을 것으로 기대된다.

③ 재무적 성과와 기업 생존율 향상

이 외에도 경영이념은 실제적으로 재무적 성과에 긍정적 영향을 줄 수 있으며(Pearce II & David, 1987), 결과적으로 기업의 장기 생존율을 높일 수 있다(안세연, 조동성, 2011).

실제로 우리나라와 일본, 미국의 외식프랜차이즈 경영이념의 체계와 그 충실성을 비교했을 때 미국과 일본의 경영이념의 충실성은 우리나라에 비해 월등히 높은 것으로 나타난다. 아직 경영이념의 충실성과 외식프랜차이즈 가맹본부의 업력과의 관계에 대하여 조사한 연구는 없으나, 이것은 기업의 장기 생존과 재무적 성과에서도 영향을 미칠 수 있을 것으로 보인다.

2) 경영이념의 체계

경영이념은 이를 명시하고 활용하는 기업이나 연구자마다 다양한 언어로 나타내고 있지만 경영철학, 경영신조, 사시, 사훈, 경영원리, 미션, 비전, 핵심가치 등 다양한 언어로 치환되거나 혼용되어 문서화하거나 공표하는 형태로 사용되고 있다(박인정, 2015). 이번 과정에서는 경영이념을 세분화한 미션과 비전, 핵심가치에 대하여 이해해 보자.

(1) 미션

기업 경영에서의 미션(Mission)이란 기업의 존재의 이유, 경영활동의 궁극적 목적에 대한 정의를 뜻한다. 사명이라는 단어로도 활용되는 미션은 기업의 가장 근본적 정체성을 설명하는 요소이기 때문에, 장기적 관점에서 기술되고, 큰 변화가 없는 것이 특징이다. 미션은 미션 선언문(Mission Statement)이라는 명칭으로 경영이념을 대신하여 주로 활용되며, 아직까지 우리나라보다는 미국을 비롯한 글로벌 기업에서 활용도가 높은 편이다.

미션에 포함되어야 할 주요 개념으로는 고객, 상품의 포지셔닝, 기술, 시장, 그리고 경쟁자에 대한 정의와 이해관계자와의 관계, 재무적 목표와 가치, 철학, 대외적 이미지, 의사 결정의 우선순위 등이 있다(Genç, 2012, Kemp & Dwyer, 2002; Pearce II & David, 1987; Wang & Lin, 2011).

기업 미션의 예시

3M : 풀리지 않는 문제를 혁신적으로 해결한다.
구글 : 세계의 정보를 조직해서 누구에게나 접근 가능하고 유용하게 한다.
애플 : 사람들에게 힘이 되는 인간적인 도구들을 제공해 우리가 일하고 배우고 소통하는 방식을 바꾼다.
페이스북 : 세상을 보다 개방적이고 잘 연결된 곳으로 만든다.
HP : 인류의 발전과 안녕을 위해 기술적으로 공헌한다.
월마트 : 보통사람들이 부자들과 동일한 제품을 구매할 수 있도록 돕는다.

(2) 비전

비전은 보통 3년, 5년, 10년 등으로 성취 가능한 현실적인 목표를 제시하는 것이다. 또한 비전은 제시되었던 목표가 달성되었거나 내·외부 환경의 변화 등을 반영하여 변경될 수 있다(박홍윤, 2008; Altiok, 2011; Horovitz & Corboz, 2007; Jones & Kahaner, 2004). 비전은 기업의 정신적 가치 체계를 제시하면서도 실질적인 목표를 제시함으로 위로는 미션, 아래로는 전략이나 핵심가치와의 관계를 이어주는 역할을 한다(Jones & Kahaner, 2004). 비전도 미션과 마찬가지로 비전 선언문(Vision Statement) 또는 비전 기술서라는 명칭으로 명문화되어 활용된다. 비전 선언문에 포함되어야 할 요소로는 시장, 환경, 고객, 경쟁자에 대한 현실적이며, 조직구성원이 동기 부여할 수 있는 내용으로 구성되어야 한다(Altiok, 2011).

기업 비전의 예시

마이크로 소프트(1987) : 모든 책상 위에 컴퓨터를
포드(1900년대 초) : 자동차를 대중화하자.
소니(1950년대) : 전 세계에 퍼져 있는 '일본 제품은 싸구려'라는 인식을 바꾸는 가장 유명한 기업이 된다.
보잉(1950) : 민간항공계의 최고가 되어, 세계를 제트엔진 시대로 이끈다.
삼성전자(비전 2020) : 연간 매출액 4천억 달러, 브랜드 가치 세계 5위 이내를 달성한다.

(3) 핵심가치

핵심가치란, 기업이 추구하는 근본적 목표 또는 원칙이며, 기업이 추구하는 가치에 대한 명시와 함께 직원들이 수행해야 할 업무 방식에 대한 지침이다(Arnolds, 2012; Edmunds, 2014; McNamara, 2007). 핵심가치도 가치선언문 형태로 제시하는 것이 이상적인데, 가치선언문에서는 정직, 공정함, 근면함, 다양성 등의 원칙과 환경, 직원 평등, 지역사회 공헌 등의 일반적 가치들을 포함하기도 한다. 또한 기업의 특정한 가치를 반영한 실제적 행동 원칙들을 기록한다(Edmunds, 2014). 경영컨설팅 업체인 부즈 알렌 해밀턴과 아스펜 연구소는 89%의 글로벌 기업들은 미션, 비전 선언문처럼 가치 선언문도 보유하고 있는 것으로 밝혔다(Mirvis et al,, 2010).

표 10-1 기업 핵심가치의 예시

스타벅스(전세계 공통)	본아이에프(본죽 모회사)
모두가 환영 받을 수 있는 따뜻하고 친밀한 문화를 만든다. 현재로부터 투명성과 품위와 존경을 상호 연결해 나간다. 우리가 할 수 있는 모든 것에 최선을 다하며, 결과를 얻기 위해 스스로 책임감을 가진다. 용기를 가지고 행동하고, 현재에 안주하지 않고 도전하며, 회사와 서로가 성장할 수 있는 새로운 방법을 찾는다. 우리의 핵심을 지켜나가며 파트너와 커피, 고객과 함께하는 가치들을 실행한다. 인간애에 기반해 우리의 행동을 주도해 나간다.	경쟁보다 협력 성공보다 사명 개인보다 우리 계약보다 약속 이윤보다 가치 빨리보다 멀리

3) 경영이념 구성 요소 간의 관계

실제로 기업들이 자사 홈페이지나 다양한 채널을 통해 제시하는 경영이념을 살펴보면, 미션, 비전, 가치 등을 그 의미와 기능을 정확하게 이해하고 활용하지 않는 경우가 많다. 그러나 이 항목은 엄연히 그 기능이 구분된다. 단순히 '경영이념'이라는 지면을 채우기 위한 것이 아니라 이를 정확히 이해하고 수립하고 활용해야만 앞에서 살펴본 성과들을 기대할 수 있을 것이다.

다시 한 번 정리하자면 미션은 기업의 궁극적인 존재 이유를 제시하는 가장 근본적인 경영이념의 요소이며 비전은 미션을 성취하기 위한 단기적으로 달성 가능한 구체적 목표를 말한다. 마지막으로 핵심가치란 미션과 비전을 이루기 위해 실질적으로 기업의 구성원이 수행해야 하는 세부적인 업무에 대한 지침을 의미하는 것이다. 이 세 가지 요소는 서로 유기적인 관계를 이루고 있으며, 이를 그림으로 표현하면 〈그림 10-1〉과 같다.

4) 경영이념의 개발

(1) 경영이념의 수립, 워크숍을 통한 개발

경영이념의 각 요소를 수립하기 위한 프로세스는 크게 창업 초창기에 경영자 중심으로

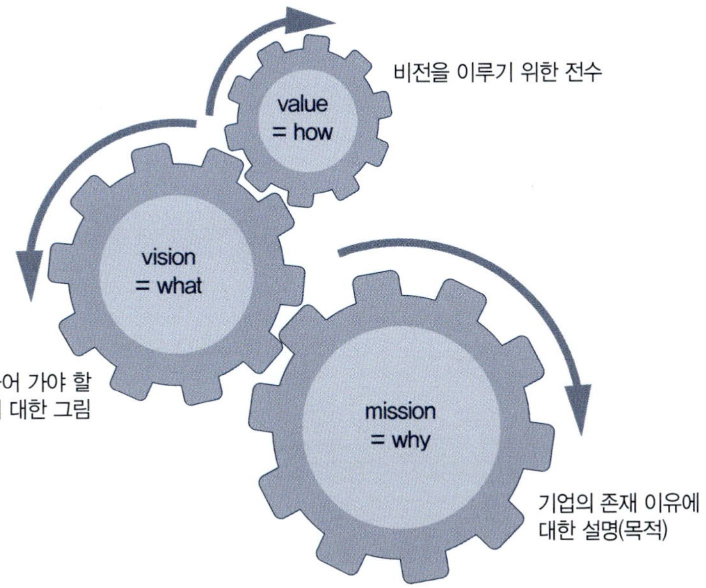

그림 10-1 경영이념 구성 요소 간의 관계

자료 : 이동호(2013), 국내 수산 관련 기업의 주요 경영철학에 대한 내용분석-상장사의 미션과 비전을 중심으로, 수산경영론집 44(3). p.90

운영될 때와 어느 정도 조직의 틀을 갖춘 상황으로 나눠서 이해할 수 있다. 전자의 경우 자연히 경영자 또는 창업자의 이념이 많이 반영될 수밖에 없다. 그러나 조직이 어느 정도 형성된 상황이라면 경영자 중심의 경영이념은 직원들의 공감을 얻지 못하는 등의 문제를 야기할 수 있다. 따라서 이런 경우에는 기업의 문화와 자사 조직에 대한 이해가 충분한 중간관리자 이상의 직원들과 면담이나 워크숍 등을 통해 경영이념을 공유하는 것이 바람직한 방법이다. 이런 방식은 중간관리자를 통해 경영이념을 하위 조직에 좀더 빠르고 안정적으로 공유되고 인지되게 할 수 있게 하는 장점이 있다.

워크숍을 통해 경영이념을 수립하는 프로세스는 다음과 같다.

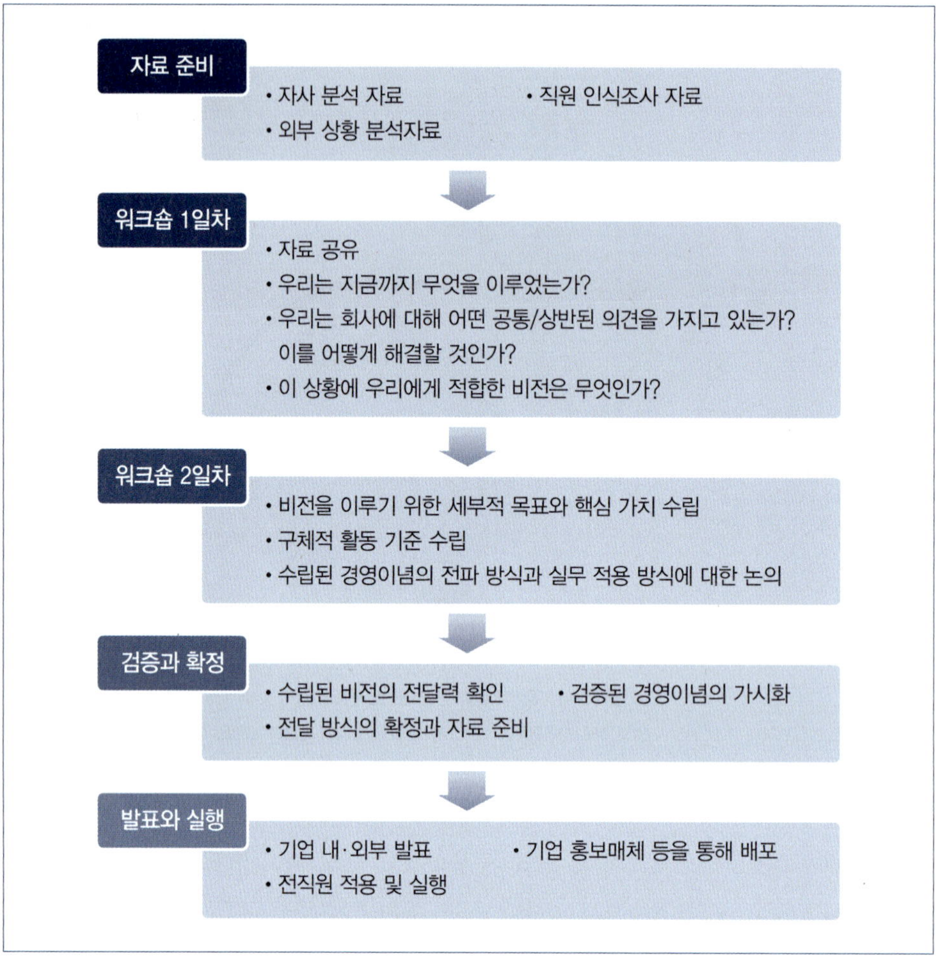

그림 10-2 경영이념 개발 워크숍 진행 절차

자료 : 호로비츠 외, 기적의 비전 워크숍 재구성

(2) 경영이념의 수립, 질문법을 활용한 개발

만일 이러한 워크숍을 통해 경영이념을 개발하기 어려운 상황이라면 근본적으로 아래와 같은 내용을 토대로 중간관리자급 이상의 직원과 논의를 통해 진행할 수도 있다.

① 미션

- 우리 기업과 조직의 존재 이유는 무엇인가?

- 우리가 하는 일은 일반적으로 어떻게 정의할 수 있는가?
- 그리고 우리는 일반적인 일의 정의를 부정하고 우리만의 일에 대해 무엇이라고 정의할 것인가?

시계 브랜드 스와치는 '시계는 정확한 시간을 알려주는 정밀기계이다.'라는 일반적 정의를 부정하고 '패션소품으로서의 시계'를 시장에 성공적으로 안착시켰다.

그림 10-3 전통적 시계에 대한 정의와 스와치의 시계의 정의가 가져온 제품의 차이

자료 : 스와치 홈페이지(www.swatch.com)

② 비전

- 우리는 어떤 사업을 하고자 하는가? 우리의 경쟁상대는 누구인가?
- 우리만의 차별점은 무엇인가?

본 내용은 3C분석에 의하여 기본 의제(agenda)를 도출하되 여기에 창의적 논의를 추가해야 한다. '우리는 메뉴를 푸짐하게 제공하는 외식업체가 된다.'라는 내용을 도출하는 것과 '우리는 3년 내 젊은 직장인에게 어머니가 만들어 주시는 집밥 같은 메뉴를 제공하여 동종업계 인지도 1위의 한식 전문점 브랜드로 자리잡는다.'라고 도출하는 것과는 지향점이 다를 수밖에 없다.

이러한 차별화를 통해 기업이 이루고자 하는 모습을 보여주는 것이 바로 비전이다.

③ 핵심가치

• 우리가 중요하게 생각하는 의사결정의 핵심적인 가치는 무엇인가?

핵심가치를 도출하는 또 하나의 방법은 '우리 조직의 롤 모델이 될 만한 직원은 누구이며 어떻게 그 사람을 묘사할 수 있을까?'에 대한 의견을 모아보는 것이다.

세계적 경영석학인 짐 콜린스는 '성공하는 기업의 8가지 습관'에서 '기업 가치관은 경영진의 뜻대로 만들어낸 단어 중에서 골라내는 것이 아니라 구성원 사이에 존재하는 내용 안에서 발견하는 것이다'라고 말한 바 있다. 즉 핵심가치는 조직 구성원에게 암묵적으로 형성되어 온 가치일 가능성이 매우 높다.

예를 들어 신속한 서비스를 필요로 하는 커피 전문점에서 롤 모델이 될 만한 직원은 '신속 정확하게 음료를 제조하는 직원'이 될 것이며, 업스케일 레스토랑에서 근무하는 모범적인 사원은 '메뉴와 와인, 고객 응대에 대한 전문성을 갖추고 세련되게 응대할 수 있는 직원'으로 달라질 수 있다.

(3) 하우스 모델을 활용한 경영이념의 도식화

① 하우스 모델의 이해

호로비츠와 코보즈는 비전과 그 실행을 위한 핵심 가치를 집 모양으로 도식화한 '하우스 모델'을 제안하였는데(2007) 그 모델의 형태와 그 구성 요소, 그리고 그 평가 기준은 〈그림 10-4〉와 같다.

하우스 모델에서는 단기적인 기업의 목표(비전) 제시와 그것을 이루기 위한 핵심 가치를 가시화하여 기업 경영이념을 주제로 한 내외부의 커뮤니케이션에 활용하고 이해시키는 데 용이한 모델이다.

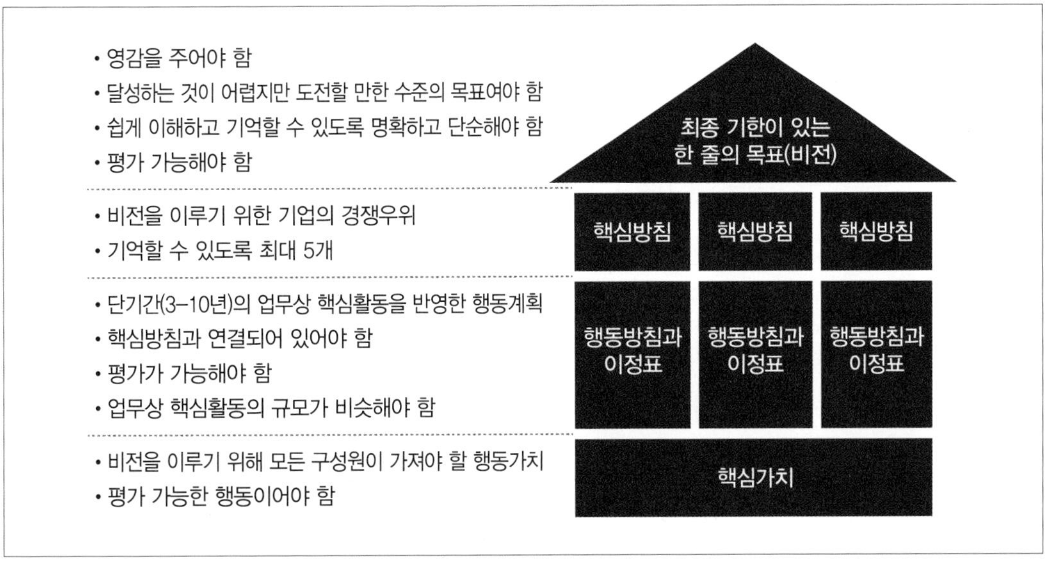

그림 10-4 하우스 모델의 개요와 구성 요소

② 수정된 하우스 모델

단, 본 모델에서는 기업의 궁극적 존재 목적인 미션을 포함하고 있지 않아 기업의 영속적 가치 지향성을 고려했을 때는 완벽한 모델이라 보기는 어렵다. 따라서, 이와 미션과의 관계를 만들면 〈그림 10-5〉와 같이 그릴 수 있다.

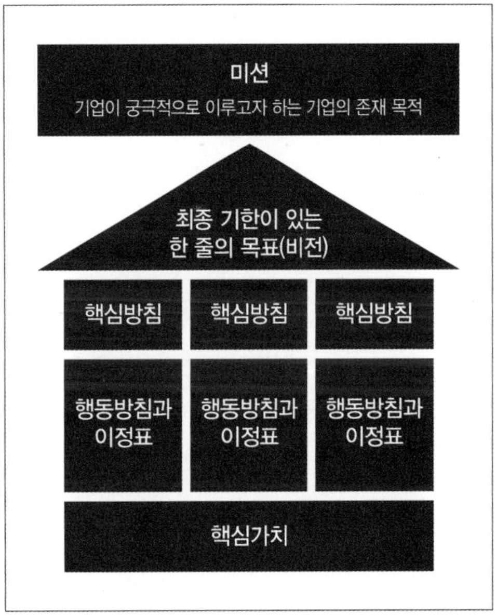

그림 10-5 수정된 하우스 모델

③ 하우스 모델의 활용 실례

하우스모델은 국내외에서 이미 많은 기업이 활용하고 있는데, 아쉽게도 국내 외식프랜차이즈 기업에서 활용 사례를 찾기는 어려웠다.

이 외에도 하우스 모델의 형태로 경영이념을 홈페이지 등에서 공유하는 사례는 국내외에서 어렵지 않게 찾아볼 수 있는데 표준화된 모델보다는 기업의 이해를 바탕으로 하여 응용된 형태로 활용되는 경우가 많다.

여기에는 세 가지 정도 이유를 찾아볼 수 있는데, 첫 번째로 앞에서 살펴본 바와 같이 하우스 모델에는 기업의 궁극적 목표인 미션에 대한 언급이 없기 때문이다. 두 번째로 비전은 기업의 영업 전략과 긴밀하게 연결되어 있어서 보안 등의 문제로 인식하여 기업 내부에서만 공유될 가능성이 있다. 세 번째로 기업마다 미션과 비전 등의 정의와 기능에 대한 이해가 다르기 때문이다.

따라서, 향후 학계와 기업에서는 경영이념을 수립하고 이를 직관적으로 도식화하여 경영 현장에서 손쉽게 적용할 수 있는 방향에 대한 논의와 연구가 필요해지고 있다.

(4) 하우스 모델을 활용한 외식프랜차이즈의 경영이념 구축

하우스 모델을 이해하고 활용할 때의 장점은 기업 조직의 공통된 경영이념을 개발하게 되면 하위 조직에서도 각자의 하우스모델을 수립할 수 있다는 것이다.

특히 다브랜드 전략을 취하는 외식프랜차이즈 기업의 가맹본부에서는 기업 공동의 미션을 지향하는 전사적 비전을 제시하고 하위 브랜드나 사업부서별로 각 브랜드의 성장 단계에 따라 비전을 수립하는 하우스 모델을 수립할 경우 각각의 브랜드 간의 개별성과 가맹본부의 거시적 경영 방침을 조직 구성원에게 전달하기 용이하다(〈그림 10-8〉 참조).

(5) 경영이념의 활용

경영이념을 수립하는 것보다 중요한 것은 이를 전사적으로 적용하는 것이다. 경영이념 수립의 궁극적 목표는 전직원이 경영이념에 자발적으로 따르게 할 뿐만 아니라, 직원 개개인의 가치관까지 긍정적 영향을 미치는 것이다.

수립된 비전은 조직의 장·단기적 실행계획과 연계가 되어 있고 궁극적으로는 기업의 존재 목적을 향해 나아가기 때문에 이를 활용하고 발전시키는 좀더 세부적인 내용들에 대해서만 간단히 언급하고자 한다.

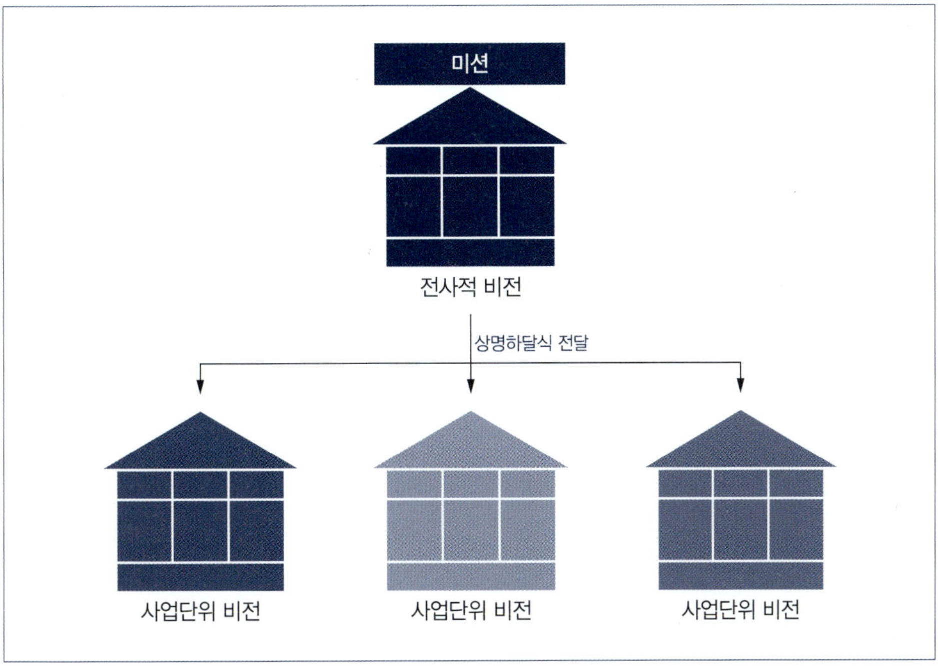

그림 10-6 외식프랜차이즈 기업의 경영이념 체계 예시

① 전사적이며 전직원의 의사 결정 기준으로 적용

한번 수립되어 발표된 경영이념은 전 직원에게 예외 없이 적용되어야 한다. 특히 직급이 높은 임직원 및 가맹본부 소속 직원 모두 그 원칙에 충실해야만 내부 통합을 유도할 수 있다.

또한 경영이념은 의사결정과 활동의 기준이 되는데 외식프랜차이즈 기업에서는 직원 채용, 점포 운영 서비스, 점포와 직원, 가맹점주 등의 성과의 평가 기준 등으로 자리잡도록 매뉴얼화하고, 그에 따라 각 부서를 운영할 수 있어야 한다.

② 경영이념의 안착을 위한 직원 포상 제도

경영이념의 각 요소들은 직원 내부에 이미 자리잡고 있었다 하더라도 그것이 구체적으로 의사결정의 모든 기준으로까지 적용되는 것은 쉬운 일은 아니다. 따라서, 조직 구성원의 태도나 성과 등에 대해 평가, 포상하는 제도를 통해 기업 이념에 적합한 모범사원을 선정하는 전략이 필요하다. 모범사원에게는 자부심과 애사심을 향상시키고, 조직 구성원에게는 모범사례를 좀더 실제적으로 이해할 수 있도록 도와줄 수 있기 때문이다. 특히 가맹점의 경우 가맹본부의 영향력이 지속적으로 전달되기 어려운 부분이 있기 때문에 교육과 슈퍼바이징을 통해 기업의 경영이념을 제대로 이해하고 적용하는 우수한 점주를 선정, 포상함으로써 여타 가맹점사업자에게 모범적 사례로 알리고 격려하는 전략을 시행하는 것이 바람직하다.

③ 소통을 위한 채널과 제도

만일 새로운 비전이 발표된 후 이것이 기업의 문화로 정착되기에는 상당한 시간이 소요될 수밖에 없다. 따라서, 본사와 현장 간의 소통을 위한 정기 회의나 아이디어 제안 절차 등 실질적인 채널이 확보되어야만 현장과 본사의 괴리를 줄이고 상호 신뢰 속에 조직을 형성해 나갈 수 있다.

2 물류관리시스템 구축

물류관리시스템은 물류관리자가 물류관리 부문에서의 기획, 실행, 통제와 평가에 유용하게 활용할 수 있는 정보를 얻을 수 있도록 인적, 물적 자원과 업무절차를 구축하는 것을 뜻한다. 물류관리시스템은 인건비와 임차료, 유가 등의 상승과 경쟁 심화로 인한 수익성 악화를 보완할 수 있는 시스템으로, 효율적 식부재료 관리와 재고관리, 나아가 수요 예측에 이르기까지 기업의 수익성 보완과 강화에 중요한 열쇠를 지니는 시스템이다.

물류시스템 구축을 하게 되면 이전까지 가맹점의 업무량을 증가시키며 가맹점 단위의 사입 후 관리 소홀로 인한 품질 저하의 위험이 있는 개별 사입을 최소화하고 대량 구매가 필요한 제품을 적정 단위로 소분하여 공급하는 등의 방법으로 가맹점에서 소비되는 제품의 신선도를 유지할 수 있는 장점이 있다. 또한 가맹점을 통해 얻게 되는 물류수익은 가맹본부의 중요한 수익원이 된다. 특히 CK(Central Kitchen)를 통해 자사 전용 소스나 반조리 제품 등을 공급하게 될 경우 물류체계 구축은 필수적이다.

외식산업에서 물류 관리는 관리 주체에 따라 크게 직영과 외주(아웃소싱)로 분류할 수 있는데, 외식프랜차이즈 물류는 전국 단위의 가맹점 개설 시 물류거점 확보부터 가맹점 공급을 위한 차량 수배, 직원 선발, 효율적 재고관리, 수발주 관리 등의 다양한 과제를 해결해야 한다. 즉 물류관리시스템은 전문성과 규모의 경제 실현이 중요한 분야이기 때문에 전문업체에 외주를 주는 것이 일반화되고 있는 추세이다.

가맹본부의 물류체계 구축은 초기부터 하는 경우도 있고 어느 정도 안정궤도에 오른 후부터 검토하는 경우로 구분할 수 있다. 보통은 초기 수익 확보를 위해 가맹사업 초창기에는 가맹점 유치에 주력하고 이후 물류체계를 구축하여 장기적 성장을 위한 발판을 갖춰 나가는 방식으로 진행한다.

표 10-2 물류관리시스템의 직영과 외주의 관리 편의성 비교

구분	직영	외주
인사노무관리	–3D업종에 해당되어 구인난 발생 –인사관리 인력 필요 –산재 등의 사고에 대한 책임 존재	–인사 업무 일체를 외주업체가 수행 –별도의 관리인력 불필요 –사고 발생 시 해결 주체는 외주업체
물류 비용	–규모의 경제 논리 측면에서 비용절감 어려움 –고정비의 지출로 비수기 시 물류비 부담 과중 –창고, 화물차량 등 자본투자 필요	–비용 절감 가능 –변동비 계약체결로 유동성 확보 가능 –자본투자가 필요 없음
물류 서비스	–직원의 결근, 휴가 등에 즉각적 대응이 어려워 서비스 균질성 유지 곤란 –유사시 예비 차량/인력 확보 곤란	–전문업체에서 즉각 대응 가능 –전문업체의 차량/인력 활용 가능
경영 유연성	–인력과 장비 활용의 융통성이 없음	–융통성 있는 활용 가능
기타	–기업의 핵심사업에 전력하기 어려움 –각종 사고에 대한 예방 관리가 필요	–부실업체 선정 시 물류업무 사고 발생 가능 –물류취급 수수료를 포함하여 원가 상승의 요인이 됨

자료 : 송준성(2004), 프랜차이즈 물류 구축 실무

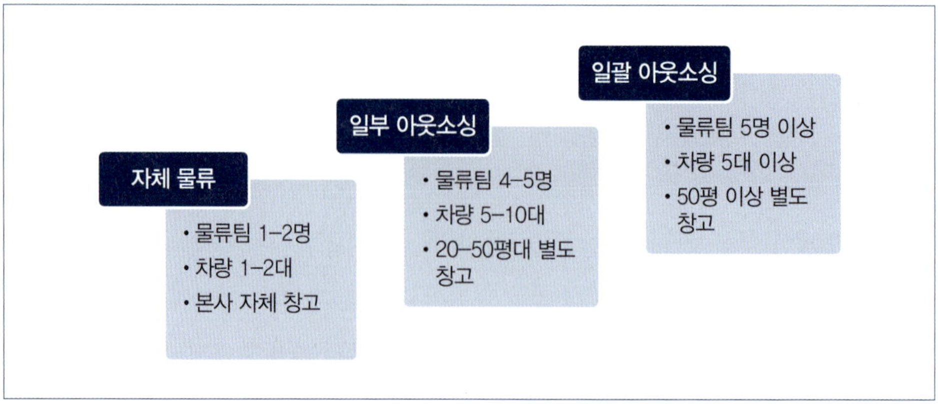

그림 10-7 물류 시스템 도입 로드맵의 예

자료 : 송준성(2004), 프랜차이즈 물류 구축 실무 자료

물류 시스템을 도입하는 기준은 다양하지만 다음과 같이 내부 수용이 가능한 역량을 근거로 하여 자체 관리가 가능한 시점과 아웃소싱이 필요한 시점 등에 대해 로드맵을 그려놓는 것이 좋다.

3 정보시스템 구축

정보시스템은 정보를 수집, 처리, 가공, 저장, 공급하여 한 조직의 활동과 의사결정, 통제 활동을 지원하는 구성요소의 집합으로 가맹본부의 경쟁력을 좌우하는 가장 중요한 요소가 되고 있다. 외식프랜차이즈 제도가 발전한 나라일수록 정보시스템 구축에 사활을 걸고 있다고 보아도 과언이 아니다. 최근 미국의 도미노피자, 피자헛, 맥도날드와 같은 글로벌 외식프랜차이즈 기업들이 IT 부문에 엄청난 투자와 노력을 기울이는 것은 이를 입증하는 대표적인 사례이다. 특히 정보시스템은 경영통제의 도구로서의 역할은 물론이고, 마케팅 성과를 좌우하는 매우 정교한 시스템으로서 가치를 인정받고 있다.

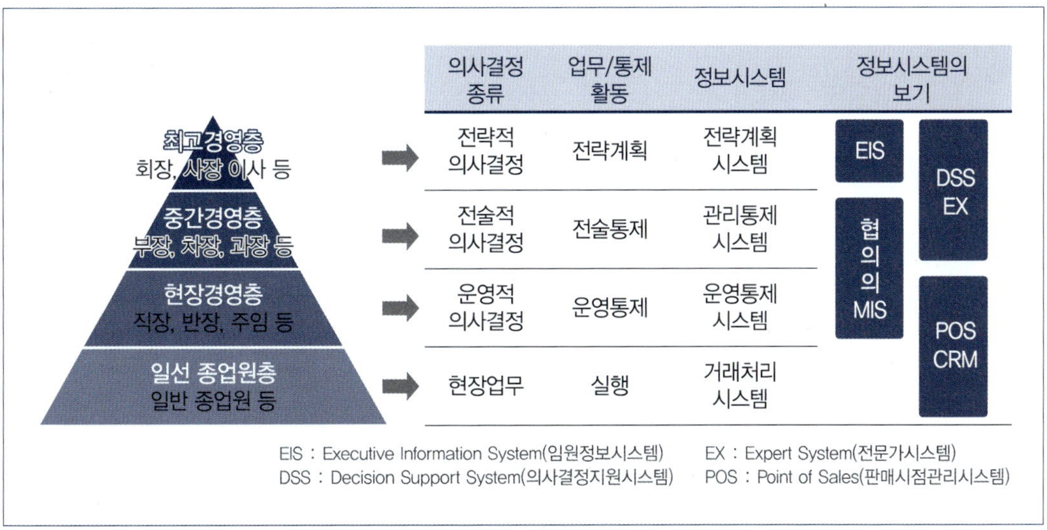

그림 10-8 기업이 갖추어야 하는 조직의 각 위계에 따른 의사결정, 통제활동과 정보 시스템의 예시

가맹본부의 정보시스템은 크게 두 가지 측면에서 살펴볼 수 있는데, 첫 번째는 계층구조에 따른 시스템이다. 최고경영자를 위한 전략계획 시스템부터 현장에서 일하는 직원을 위한 거래처리 시스템 그리고 가맹점을 위한 가맹점관리 시스템과 같은 구성이다.

두 번째는 조직 기능에 따른 시스템 분류로 재무관리시스템, 마케팅관리시스템, 인적자원관리시스템 등이 갖추어져야 한다.

이러한 정보시스템은 통합적이고 유기적으로 각각의 하부시스템과 연동되어 업무를 간소화하고 각 부서간에 정확한 정보가 전달되어 의사결정에 도움을 주어 효율적인 경

표 10-3 조직 기능에 따른 시스템의 예시

시스템명	기능
인적자원정보시스템	종업원의 모집, 배치 개발, 평가, 보상 등 인사관리기능을 지원하는 정보시스템
생산정보시스템	생산시스템의 운영 및 통제활동을 지원하는 정보시스템
마케팅정보시스템	마케팅활동의 조정 및 통제 등의 활동을 지원하는 정보시스템
재무정보시스템	투자활동과 자금조달 등 재무활동을 지원하는 정보시스템
회계정보시스템	분대에서 전기, 결산에 이르는 회계의 제반 업무 및 이와 관련된 업무를 처리하는 시스템

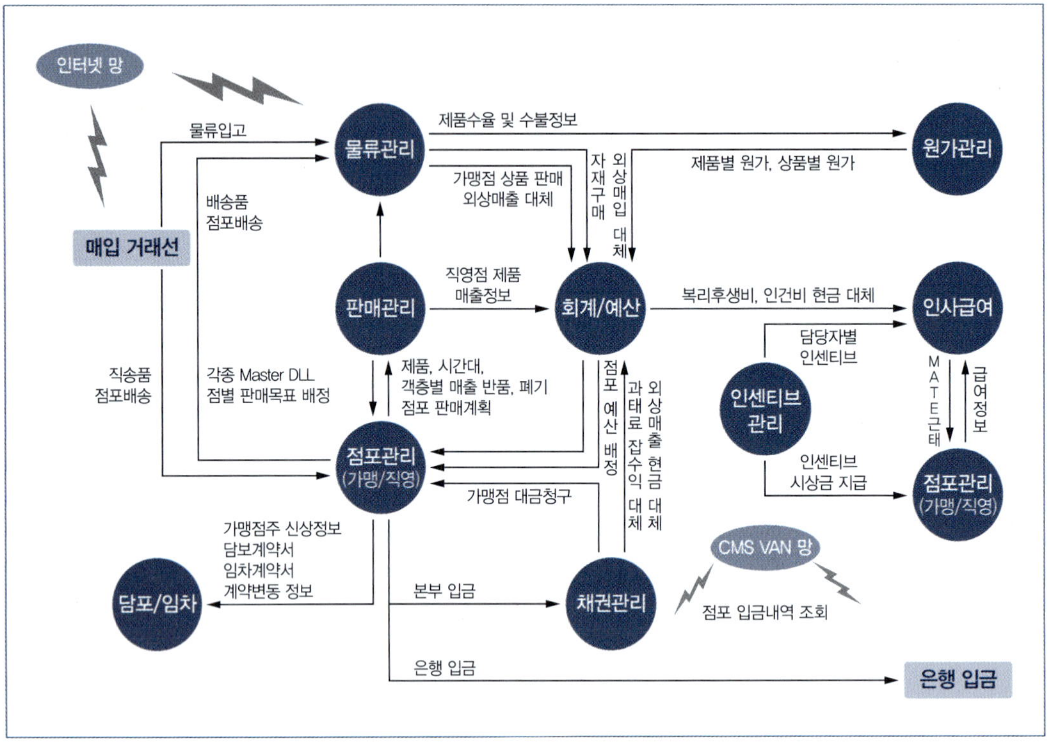

그림 10-9 롯데리아의 신정보시스템 개념도

자료 : 오세조, 이철우, 실전 프랜차이즈 마케팅 전략, 중앙경제평론사, p.250

영이 가능하게 도와준다. 〈그림 10-9〉는 모 외식프랜차이즈 기업의 시스템간의 유기적 관계를 보여준다.

이러한 전사적 자원관리 솔루션인 ERP(Enterprise Resource Planning)는 자사의 운영상황에 맞게 개발한다면 가장 좋지만 시스템 개발의 경험이 없는 본부가 무리하게 개발비용을 투자하면서 자체 시스템을 개발하는 것은 비효율적일 수 있다. 따라서 이미 많은 소프트웨어 기업이 개발해 놓은 ERP시스템 중에서 자사의 운영 구조에 적합한 제품을 선택하여 사용하면서 고도화된 정보시스템의 요구가 있을 때 이를 근거로 개발하는 것이 효과적이다.

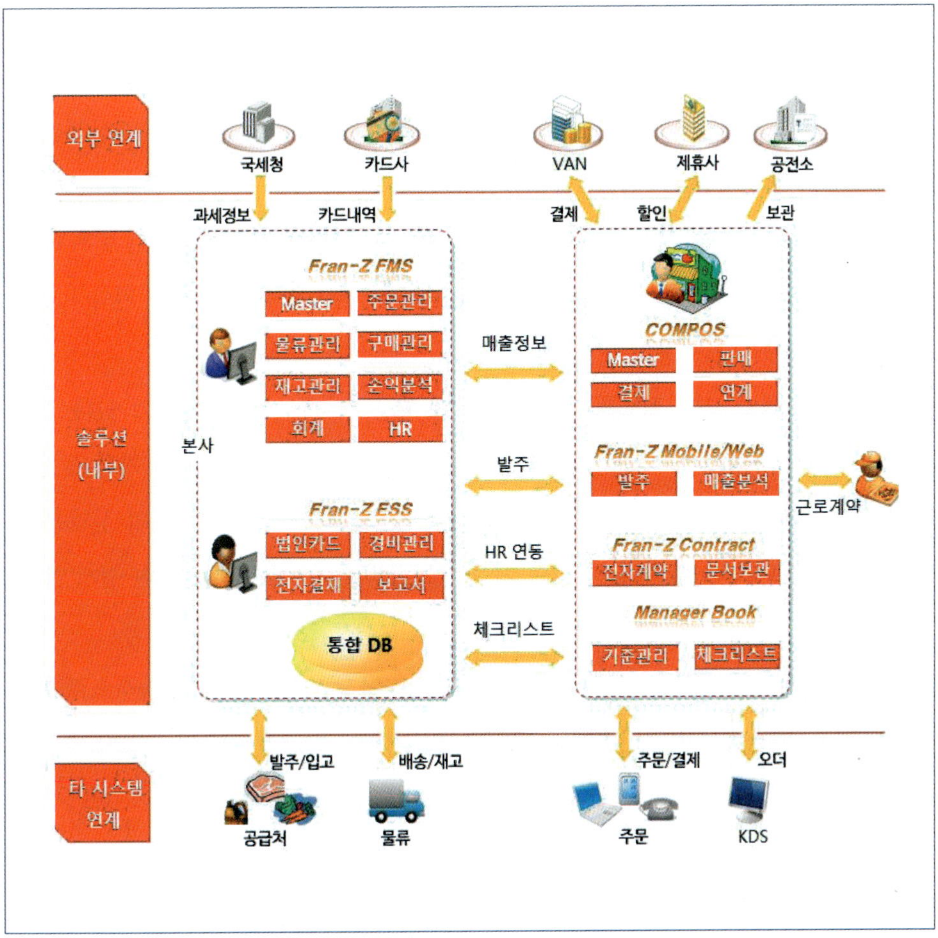

그림 10-10 프랜차이즈 ERP시스템 구성도

자료 : 콤웨어 홈페이지(www.comware.co.kr) 외식프랜차이즈 솔루션

4 상권분석시스템의 활용

기업화된 외식프랜차이즈 가맹본부에서 조차도 상권분석 개념을 명확하게 정립되지 못한 채 관행으로 이어져 온 상식 수준에서 이해하고 활용하는 경우가 많다. 더 안타까운 문제는 그런 이유로 외식프랜차이즈 브랜드의 경쟁력에 가장 큰 영향을 미치는

상권분석시스템을 구축하지 못하거나 설사 구축하였다 하더라도 전시적인 목적으로 활용되는 경우가 많다.

국내 기업 간의 경쟁을 넘어서서 글로벌 외식프랜차이즈 기업과 경쟁하는 상황을 가정한다면 외식프랜차이즈 기업의 상권분석시스템은 마케팅조사와 전략수립을 위한 필수도구로 인식해야 한다. 최근 승승장구하는 글로벌 외식프랜차이즈 기업이 모두 IT 투자에 열을 올리고 모든 고객서비스를 IT로 집적하는 것은 단순히 고객의 편의나 상품의 판매촉진을 위한 수단 그 이상의 의미를 갖는다.

여기에는 고객의 모든 정보를 수집하고 이를 활용하겠다는 의지가 담겨 있다. 경쟁브랜드가 쉽게 모방할 수 없는 차별화된 제품과 서비스를 만들고 이를 가장 효율적인 방법으로 제공하기 위한 노력의 일환이다. 그리고 이러한 노력은 재무적 성과를 이미 표출되고 있다. 지난해와 올해 그런 기업의 매출액과 순이익을 살펴보면 쉽게 알 수 있다.

그런데 이런 현상을 단순히 IT투자로 국한해서 보아서는 곤란하다. 결과적으로 이러한 시스템은 상권분석의 도구로 활용된다. 나의 고객이 어디서 어떤 목적으로 어떻게 구매의사결정을 하는지를 파악하는 것이 상권분석의 가장 중요한 목표이다. 이어서 경쟁점의 장점과 단점까지도 세밀하게 파악하는 시스템은 급변하는 상황에 효과적으로 대응할 수 있는 전략적 포인트를 찾아준다. 이런 상권분석 정보는 외식프랜차이즈 가맹본부의 모든 마케팅 믹스 요소의 활용 수준을 결정하는 데 유효하다.

결과적으로 외식프랜차이즈 기업의 상권분석시스템은 가맹본부의 장단점을 비롯하여 고객의 선호도와 구매행동 그리고 경쟁점의 위협과 시장의 기회요인을 찾아준다. 이런 정보를 이용하여 외식프랜차이즈 기업은 가장 큰 성과를 올릴 수 있는 상권을 찾고 해당 상권에 개점한 점포가 어떻게 전략적으로 운영되어야 하는지 알려줄 수 있다. 또한 지속적으로 경쟁력을 확보하기 위해 개발해야 하는 상품과 서비스의 유형, 수명주기도 제시한다. 다양한 촉진매체의 활용방안은 기본이라 할 수 있다.

1) 상권분석 개념의 발전과정

과거의 상권분석은 단순히 데이터를 수집하여 나열하는 수준이었다. 특별한 기법이나 통계분석 등은 거의 이루어지지 않았다. 이 시대의 핵심은 유동인구가 많은 상권이 장사가 잘되는 상권이고 이런 상권은 권리금이 높으므로 사업을 하려면 큰 돈을 투자해서라도 이런 상권에 들어가야 한다는 논리가 대세였다.

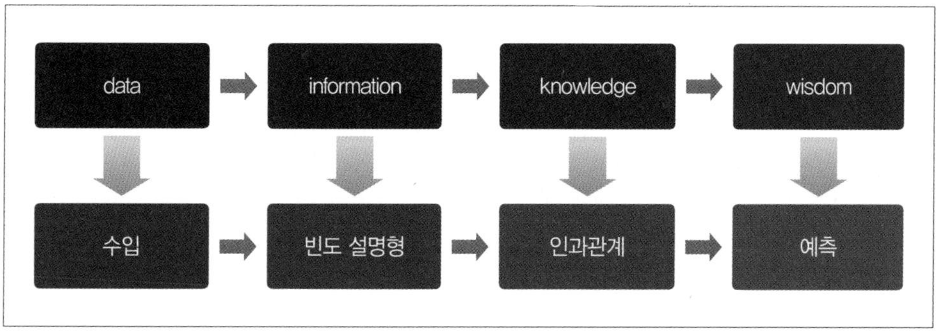

그림 10-11 상권분석 개념의 발전과정

그런데 어느 순간부터 이런 논리가 시장에서 배척되기 시작했다. 많은 유동인구와 높은 권리금이 성과로 이어지지 않는 경우가 늘어났기 때문이다.

데이터의 수집으로 한계에 다다른 전문가들은 데이터를 가공하여 정보를 산출하기 시작했다. 많은 데이터를 간단한 수준의 통계로 대푯값을 찾아내고 이러한 대푯값으로 상권을 설명하는 것이 유의미하다는 것을 발견했다. 하지만 이런 정보의 효용성도 많이 떨어지기 시작했다. 이른바 빅데이터 시대가 온 것이다. 상권을 이해하기 위해서 단순한 정보수집의 수준으로는 한계가 있으며, 이를 활용하여 해석하고, 자유자재로 활용하는 데까지 발전해야 한다. 어떤 변수가 성과에 영향을 미치는지 찾는 실력이 필요해진 시대이다. 예를 들면 매출액에 영향을 미치는 변수가 무엇인지를 이론적 고찰과 경험적 실증을 통해 확인할 수 있어야 한다. 마치 스타벅스가 은행이 많이 밀집한 상권을 가장 먼저 포화마케팅으로 점령한 것은 이런 지식의 결과라 볼 수 있다.

앞으로는 상권분석에서도 지혜의 시대가 될 것이라고 예상한다. 급변하는 환경 속에서 정확한 예측만이 살 길이고 인공지능과 같은 시스템을 갖추지 않으면 매일매일 변화하는 소비자의 욕구와 경쟁자의 공격에 적절히 대응할 수 없기 때문이다. 이렇듯 외식 프랜차이즈 기업의 상권분석시스템은 매일 아침이면 모든 직원과 가맹점의 일일목표를 기준으로, 마감시간이 되면 모든 활동과 판매결과의 평가를 통해 다음날의 목표를 설정하게 될 것이다. 시시각각으로 변화는 소비자의 가격민감도와 메뉴선호도를 파악하여 일일 메뉴북을 만드는 작업을 자동으로 처리하게 될지도 모른다.

2) 상권의 이해

(1) 상권의 개념

상권이란 단어를 국어사전에서 찾아보면 "상업상의 세력이 미치는 범위"로 정의되어 있다.

법률에서도 상권에 대한 정의를 찾을 수 있다. 가맹사업거래의 공정화에 관한 법률 제1조(정의) 12항에는 '영업지역'에 대한 개념을 정의하고 있다. 이 법에서 영업지역은 상권이란 의미로 파악할 수 있는데, "가맹점사업자가 가맹계약에 따라 상품 또는 용역을 판매하는 지역을 말한다."라고 규정하고 있다. 즉 상권을 '상품과 서비스를 판매하는 지역'이라 정의하였다고 볼 수 있다.

국어사전과 법률 이 외에 다양한 관련 문헌이나 논문 등의 상권에 대한 정의를 취합하여 정리해 보면 〈그림 10-12〉와 같다. 즉 상권이란 단어의 개념은 '점포의 세력이 미치는 범위'부터 '매출액에 기여하는 고객의 분포 지역'까지 매우 다양한 정의가 존재한다.

상권은 영어 표현에서도 여러 가지로 사용되고 있는데, 'business district, business area, business zone, trading area, marketing area' 등이다. 번역을 하면 상업지역이라고 할 수 있는데, 구체적으로는 소비자와 판매자가 만나서 상품과 서비스 거래가 이루어지는 공간적 범위라 할 수 있다.

〈그림 10-12〉에 정리된 것과 같이 상권의 정의는 매우 다양하다. 그리고 이러한 정의

상권(marketing area)

- 점포의 세력이 미치는 범위
- 고객을 흡인할 수 있는 지리적 영역(상세권)
- 마케팅 단위로서의 공간적 범위
  (마케팅 대상 범위, 실질 구매능력이 있는 유효수요의 분포 공간)
- 판매를 대상으로 설정한 일정 지역
- 지역 내 고객이 존재하는 시간적공간적 범위
- 점포 또는 직접된 점포의 흡인력
- 매출액에 기여하는 고객이 분포하고 있는 지역

그림 10-12 상권의 정의

자료 : 김영갑(2015). 창업성공을 위한 상권분석. 이프레스

는 각각 심층적인 의미를 담고 있다. 예를 들면 '지역 내 고객이 존재하는 공간적 범위'를 잘 생각해 보자. 예를 들면 〈표 10-4〉처럼 거주자와 직장인을 구분하여 공간적 범위를 정할 수 있다.

표 10-4 점포 A 고객의 공간적 범위 사례

구분	1km 이내	3km 이내	4km 이내	4km 이상
거주자	20.98%	16.55%	17.74%	44.72%
직장인	15.86%	22.96%	11.32%	49.85%

상권은 공간적 범위만을 의미하는 건 아니다. 시간적 범위도 매우 중요한 상권의 개념 중 하나이다. 예를 들면 〈그림 10-13〉은 강남역 반경 100미터 이내에 위치한 커피전문점의 시간적 범위를 조사한 결과이다. 해당 자료에 따르면, 강남역 인근의 커피전문점은 점심시간대인 12시부터 15시 사이에 일일 매출액의 약 45.5%를 달성하고 있다. 저녁시간대인 18시부터 21시까지는 하루 매출액 중 약 9.4%에 불과하다. 만약 창업자가 이러한 상권정보를 미리 알 수 있다면 자신이 시간대별로 어느 정도의 매출목표를 설

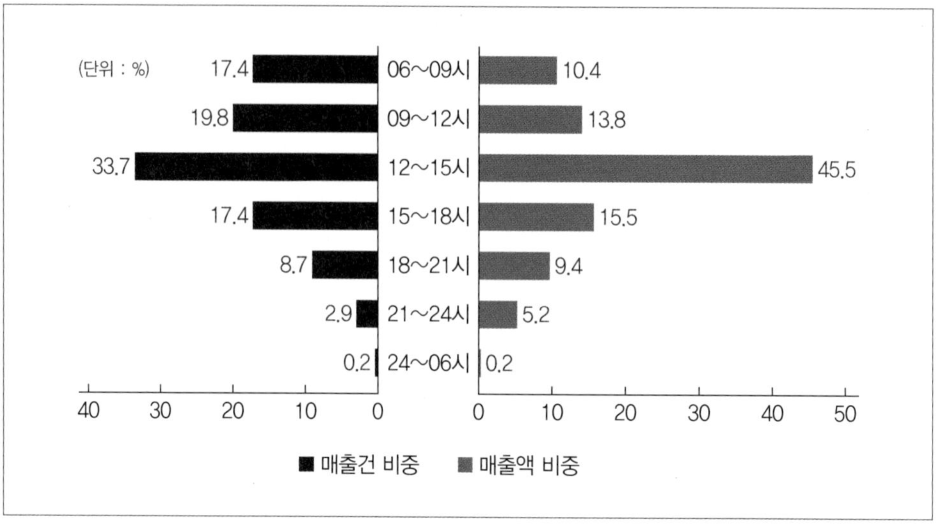

그림 10-13 강남역 인근 커피전문점의 상권(시간적 범위) 사례

자료 : 나이스비즈맵(2022)

정해야 하며, 그러한 목표를 달성하기 위해서 매장의 구조, 기물의 확보와 배치, 인력구성과 운영 등에 대한 면밀한 계획을 세울 수 있게 된다.

(2) 상가권과 상세권

이상의 상권에 대한 정의를 자세히 살펴보면, 한 가지 의문사항이 생길 수 있다. 과연 상권은 상가가 모여 있는 범위를 의미하는 것인지 아니면 상가에 와서 구매를 하는 소비자의 거주 또는 근무 지역을 의미하는 것인지 모호할 수 있다. 그래서 상권은 상가권과 상세권의 두 가지 의미를 동시에 포함하고 있다고 보인다. 이를 정리하면 〈그림 10-14〉와 같다.

상권이란 단어를 사용하면서 사람들은 두 가지 의미를 구분하지 않고 사용하는 경우가 많다. 상세권을 이야기 하면서 상권이라고 하기도 하고, 상가권을 상권이라고 말하기도 한다. 따라서, 상권이란 용어를 사용하는 상황에 따라서 어떤 의미로 사용하고 있는지 잘 파악할 필요가 있다. 왜냐하면, 상권을 상가권의 의미로 사용한다면 상가건

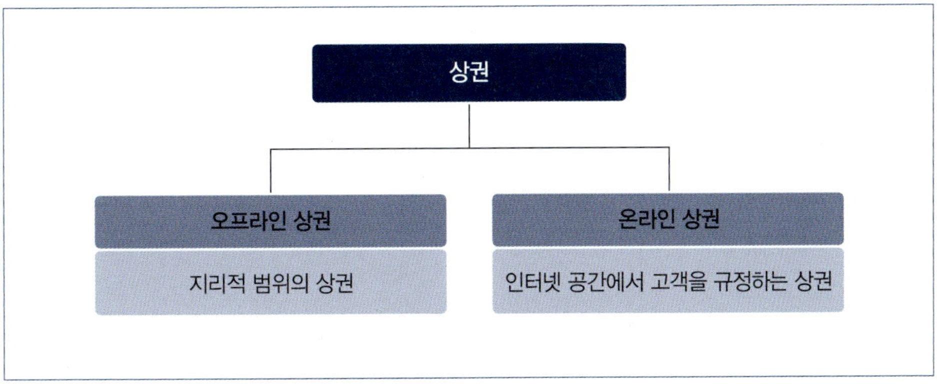

그림 10-14 상권의 구분

자료 : 김영갑(2015). 창업성공을 위한 상권분석. 이프레스

물의 집합 범위를 어디까지로 설정할 것인지가 중요한 의사결정의 대상이 될 것이며, 상권을 상세권의 의미로 사용하는 경우에는 개별 점포나 상가권을 이용하는 소비자의 범위가 중요한 의사결정의 대상이 되기 때문이다.

또한 상가권은 일반적으로 고정된 범위로 정해지는 경우가 많다. 물론 건물이 신축되면서 변동이 생기는 상황이 종종 생기지만 대부분은 한번 정해지면 고정된다. 하지만 상세권은 유동적인 범위이다. 즉 가까운 곳의 거주자만이 이용하던 점포나 상가지역이 활성화되면서 원거리의 거주자들이 찾아오면서 범위가 확장되는 경우가 많아지고 있기 때문이다. 특히 관광지의 경우 이러한 변화는 더욱 크게 일어날 수 있는 여건을 갖는다.

(3) 상권의 분류

상권은 '고객을 확보할 수 있는 지역 범위(상세권)'를 의미한다. 따라서 상권은 상황에 따라서 넓어지기도 하고 좁아지기도 한다. 즉 유동적이다. 또한 상권은 '고객의 구매욕구를 충족시킬 수 있는 제품과 서비스가 모여 있는 지역 범위(상가권)'이기도 하다. 이와 같은 상권은 규모, 고객밀집도, 주변 환경, 타깃 마케팅 가능성, 고객특성 등 다양한 기준에 따라 분류할 수 있으며, 세부적인 내용은 〈표 10-5〉와 같다.

표 10-5 상권 분류 기준 및 내용

기준	내용
상권 크기	대형, 중형, 소형 광역상권, 지역상권, 지구상권
고객 비율	1차, 2차, 3차
지역환경	오피스, 주택가, 대학가, 역세권, 상업가, 교외 등
타깃 마케팅	관리 가능, 관리 불가능
고객 특성	유동인구, 배후인구 청년층, 장년층 저소득층, 고소득층

① 상권 크기에 의한 분류

상권은 크기를 기준으로 대형상권, 중형상권, 소형상권으로 분류할 수 있다. 다만 크기를 어떻게 정의하느냐에 따라서 다양한 하위 분류가 만들어질 수 있다. 예를 들면 상가권에서 발생하는 매출액 수준을 이용할 수도 있고, 상가의 수나 상가권의 면적을 이용할 수도 있다. 〈표 10-6〉의 경우는 대형의 경우 매출액 수준을 제시하고 있지만 중형과 소형은 구체적인 통계로 공표된 자료가 없는 관계로 투자규모 측면에서 중형 프랜차이즈 브랜드와 소형 프랜차이즈 브랜드를 기준으로 기준을 제시해 보았다.

상권을 크기(규모)에 따라 구분하는 목적은 상권의 특성을 이해하고 이를 바탕으로 상권 선택의 장단점을 파악하는데 유리하기 때문이다. 예를 들면, 대형 상권은 유동인

표 10-6 상권 크기에 의한 분류

구분	특성
대형상권	상가권에서 발생하는 월매출액이 100억 원 이상이면서 제곱미터 기준으로 월매출액이 20만 원 이상인 상권. 약 100개 내외의 상권
중형상권	중형 프랜차이즈 음식점(예 : 놀부, 원할머니 등)이 위치하는 상권으로, 대형상권을 제외한 약 200~300개의 상권
소형상권	배달전문 프랜차이즈 치킨점(예 : BBQ, 교촌치킨 등)이 위치한 상권으로, 대형, 중형 상권을 제외한 약 1,000개의 상권

구가 많아서 사업의 성공 가능성은 높지만 경쟁점포의 과다한 입점으로 경쟁이 치열하다. 또한 권리금, 임차보증금, 임차료가 높아서 수익성이 낮은 경우가 많다. 실제로 대형 상권에 위치한 점포들은 높은 수익성을 보고 사업을 시작하는 점포보다는 대기업들이 브랜드 홍보 목적으로 적자를 감수하면서 출점하는 경우가 많다. 소위 '안테나 숍'이 여기에 해당한다. 따라서 소자본 창업을 고려하는 개인의 경우에는 외형적으로 근사해 보이는 대형상권보다 경쟁수준이 낮고 고정비용을 절감할 수 있는 중형 상권이나 소형 상권을 고려하는 것이 좋다. 특히 자신이 거주하면서 정확한 특성을 알고 있는 동네상권인 소형상권에서 차별성 있는 아이템을 이용하여 고정고객을 확보하는 전략을 사용한다면 저렴한 투자비용과 낮은 고정비용으로 높은 이익을 창출할 가능성이 있다.

〈표 10-7〉은 국내의 모든 행정구역을 대상으로 상가권에서 발생하는 월매출액이 100억 원 이상이면서 제곱미터 기준으로 월매출액이 20만 원 이상인 상권을 추출한 결과이다. 총 125개의 상권 중 서울에 60개의 상권이 선정되었으며, 경기 31개, 6대 광역시 21개, 타 시/도에서 13개의 상권이 포함되었다.

상권의 크기에 따른 분류 기준으로 국내 프랜차이즈 업종을 활용하는 것도 생각해 볼 수 있다. 예를 들면 〈표 10-8〉에서 프랜차이즈 편의점이 약 2만 6천 개, 후라이드 치

표 10-7 대형상권 사례

시/도	상권명	시/도	상권명	시/도	상권명	시/도	상권명
서울	가락시장	경기	고잔-중앙	인천	검단지구	경남	고현
서울	강남-신논현	경기	구리	인천	계양동	경남	양산
서울	강남-양재	경기	군포	인천	구월동	경남	장유동
서울	강변	경기	금곡	인천	부평	경남	창원시청
서울	강북구청	경기	금촌동	인천	연수	경남	통영
서울	개포동	경기	매탄	인천	옥련	제주	버스터미널
서울	건대입구	경기	모란	인천	주안	제주	연동
서울	고속터미널	경기	미금	부산	광복동	제주	제주시청
서울	교대	경기	범계	부산	덕천	충남	천안두정

(계속)

시/도	상권명	시/도	상권명	시/도	상권명	시/도	상권명
서울	구로디지털단지	경기	산본	부산	서면	충남	천안시청
서울	길동	경기	상동	부산	해운대	충남	천안터미널
서울	남대문	경기	서현	부산	화명	경북	구미인동
서울	남부터미널	경기	수내	대구	대명동	전남	목포신흥
서울	노량진	경기	수원시청	대구	동성로		
서울	노원	경기	수원영통	대구	동천동		
서울	대치	경기	수원인계	대구	산격동		
서울	대학로	경기	수원화서	대구	수성구청		
서울	도곡	경기	수지구청	대전	둔산		
서울	동대문	경기	안산	대전	서대전네거리		
서울	둔촌동	경기	안양	광주	상무지구		
서울	마포	경기	야탑	울산	삼산		
서울	명동	경기	의정부				
서울	명일동	경기	일산라페스타				
서울	목동	경기	정자				
서울	방이동	경기	주엽				
서울	사당	경기	중동				
서울	삼성	경기	진안동				
서울	상계	경기	철산				
서울	서울대입구	경기	평촌				
서울	석촌	경기	화정				
서울	선릉	경기	흥덕지구				
서울	성신여대						
서울	시청						
서울	신길						
서울	신논현-논현						
서울	신도림						

(계속)

시/도	상권명	시/도	상권명	시/도	상권명	시/도	상권명
서울	신림						
서울	신사						
서울	신천						
서울	신촌						
서울	압구정						
서울	양재						
서울	여의도						
서울	역삼						
서울	연신내						
서울	영등포						
서울	오류동						
서울	이수						
서울	인사동						
서울	잠실						
서울	종로						
서울	중계						
서울	창동						
서울	천호						
서울	청담						
서울	포스코사거리						
서울	한티						
서울	합정						
서울	홍대						
서울	화곡						
서울	60개	경기	31개	6대 광역시	21개	타 시/도	13개
총 125개 상권							

자료 : 나이스지니데이타주식회사

표 10-8 프랜차이즈 업종별 점포 수 현황

순위	업종	가맹+직영점	순위	업종	가맹+직영점
1	편의점	26,215	26	죽전문점	1,847
2	후라이드/양념치킨	24,340	27	떡볶이전문	1,818
3	어린이영어	15,771	28	국수/만두/칼국수	1,710
4	입시학원	14,427	29	여성미용실	1,694
5	커피전문점	10,165	30	건강식품	1,639
6	자동차정비/카센타	7,218	31	돈가스전문점	1,536
7	화장품	6,669	32	인터넷pc방	1,427
8	제과점	5,936	33	토스트전문	1,270
9	피자전문	5,080	34	도시락전문점	1,229
10	기타유아교육	5,079	35	종합생활용품	1,212
11	꼬치구이전문점	4,938	36	음료도소매	1,160
12	호프/맥주	3,813	37	서예/미술학원	1,111
13	약국	3,559	38	인삼제품	1,052
14	갈비/삼겹살	3,528	39	낙지/오징어	1,038
15	세탁소/빨래방	3,201	40	도너츠전문	980
16	라면김밥분식	3,092	41	순대전문점	931
17	콜택시	2,812	42	샤브샤브전문	867
18	외국어학원	2,746	43	부대찌개/섞어찌개	823
19	패스트푸드	2,725	44	비만/피부관리	793
20	소주방/포장마차	2,621	45	갈매기살	770
21	해장국/감자탕	2,301	46	동남아음식전문점	664
22	아이스크림	2,292	47	화물운송/보관	601
23	사무용품	2,106	48	슈퍼마켓	582
24	안경점	2,095	49	정통양식/경양식	559
25	족발/보쌈전문	1,904	50	중국음식	543

자료 : 공정거래위원회 정보공개서(2015년 기준)

표 10-9 프랜차이즈 개설비용 현황

순위	업종	평균 개설비용	순위	업종	평균 개설비용
1	패밀리레스토랑	1,403,750,000	27	쌈밥전문	126,396,600
2	부페	778,800,000	28	갈비/삼겹살	123,932,267
3	패스트푸드	699,778,123	29	설렁탕전문점	122,748,750
4	정통양식/경양식	401,232,000	30	이자까야	121,302,735
5	도너츠전문	237,337,188	31	샌드위치전문점	120,767,857
6	샤브샤브전문	215,804,387	32	추어탕전문	116,467,273
7	빠/카페	209,934,400	33	케□전문점	116,000,000
8	제과점	189,231,308	34	냉면집	115,236,722
9	고기부페	184,108,167	35	조개구이전문	115,210,000
10	일식	181,191,667	36	해장국/감자탕	114,957,781
11	초밥전문	178,926,333	37	스테이크전문점	114,735,308
12	나이트클럽	178,585,000	38	수산물전문음식점	113,444,286
13	동남아음식전문점	157,868,125	39	게장전문	113,391,667
14	복전문	153,540,000	40	낙지/오징어	113,257,803
15	한정식전문	152,752,429	41	순두부전문	110,246,333
16	두부요리전문	152,600,000	42	닭볶음탕전문	110,110,667
17	전통찻집/인삼찻집	151,283,333	43	아구전문	109,341,250
18	바베큐전문	151,154,167	44	찜닭전문점	107,428,571
19	커피전문점	148,694,676	45	떡/한과	105,117,800
20	삼계탕전문	146,019,063	46	중국음식	102,717,178
21	아이스크림	140,242,882	47	돈가스전문점	100,716,014
22	생과일주스전문점	137,549,455	48	매운탕전문	99,450,000
23	오리고기전문	136,574,296	49	해물찜/탕전문	99,055,368
24	일반한식/백반	136,517,444	50	돌솥/비빔밥전문점	98,869,333
25	버섯전문점	130,435,000	51	피자전문	97,597,545
26	스파게티전문점	129,752,154	52	횟집	97,163,000

(계속)

순위	업종	평균 개설비용	순위	업종	평균 개설비용
53	보리밥전문	96,800,000	74	죽전문점	74,888,750
54	샐러드전문점	96,500,000	75	바닷가재/게	74,725,000
55	참치전문점	96,135,000	76	호두과자	73,311,250
56	소주방/포장마차	94,880,768	77	곱창/양구이	71,065,929
57	콩나물국밥	93,598,333	78	라면김밥분식	69,078,287
58	족발/보쌈전문	93,330,622	79	닭내장/닭발요리	68,757,188
59	국수/만두/칼국수	92,735,899	80	도시락전문점	67,224,158
60	부대찌개/섞어찌개	89,366,400	81	막창구이	66,983,750
61	카레전문점	89,095,556	82	기타고기요리	66,633,750
62	갈치/생선구이	88,428,000	83	파전전문	65,252,500
63	생선찜전문	88,350,000	84	꼬치구이전문점	62,813,185
64	민속주점	88,216,571	85	반찬가게	62,433,125
65	곰장어전문	88,211,000	86	후라이드 치킨	60,637,756
66	닭갈비전문	85,987,607	87	철판구이전문	60,625,000
67	굴요리전문	85,610,000	88	떡볶이전문	59,499,444
68	호프/맥주	84,917,586	89	위탁급식	58,300,000
69	와플/파이	82,942,667	90	찐빵/만두	54,900,000
70	불고기전문	82,282,750	91	스낵	53,282,391
71	우동전문점	79,666,250	92	야식집	48,090,000
72	순대전문점	77,433,537	93	토스트전문	44,332,222
73	갈매기살	77,332,214	94	탕수육전문점	44,257,500

자료 : 공정거래위원회 정보공개서(2015년 기준)

킨점은 2만 4천 개, 커피전문점은 1만 개, 제과점과 피자전문점 그리고 꼬치구이 전문점이 약 5천 개가 영업을 하고 있다고 나타난다. 소형상권을 구분하는 기준으로 활용 가능한 업종이라 볼 수 있다. 물론 프랜차이즈 점포만을 조사한 내용이므로 독립 점포의 수를 고려해야 할 필요는 있다.

설비용은 2015년 현재 공정거래위원회에 등록된 프랜차이즈 정보공개서를 기초로 평균 금액을 조사한 내용이다. 여기서 개설비용은 점포 관련 비용과 일부 비용이 제외되었으므로 총개설비용은 아니다.

다만 총비용은 아니더라도 현재 조사된 현황을 기준으로 개설비용이 고액일수록 대형 상권에서 창업해야 성공가능성이 높다고 보는 데는 큰 무리가 없다. 소액으로 창업이 가능한 점포는 소형상권에서 개설이 가능하다고 볼 수 있다.

이와 같이 상권의 크기를 판단하는데 활용할 수 있는 기준은 다양하다. 자신의 상황에 따라 검증을 거치면서 명확한 기준을 만들고 의사결정을 하는데 필요한 분류를 만드는데 주력해야 한다.

② 거리와 고객비율에 따른 분류

상권은 점포를 방문하는 고객의 비율 또는 방문하는 고객과 점포와의 거래를 이용해서 분류할 수 있다. 일반적으로 1차 상권, 2차 상권, 3차 상권이라는 구분이 대표적인 사례이다. 다른 분류와 마찬가지로 국내에서 1차, 2차, 3차를 분류하는 명확한 표준은 아직 존재하지 않는다. 다만 거리를 기준으로 하는 경우 점포로부터 반경 500미터까지를 1차 상권, 반경 1킬로미터까지는 2차 상권, 그 이외의 지역을 3차 상권으로 부르는 경우가 있다.

거리와 비슷한 기준으로 고객의 비율을 이용할 수 있다. 예를 들면, 어떤 점포에 방문하는 전체 고객의 약 70%가 거주하는 범위를 1차 상권, 20%의 고객이 거주하는 지역을 2차 상권, 10%의 고객이 거주하는 지역을 3차 상권으로 구분한다. 〈그림 10-15〉를 참조하면 이해가 쉽다.

음식점에서 지역 지도를 걸어 놓고 고객의 주소지에 스티커를 붙이는 이벤트를 실시

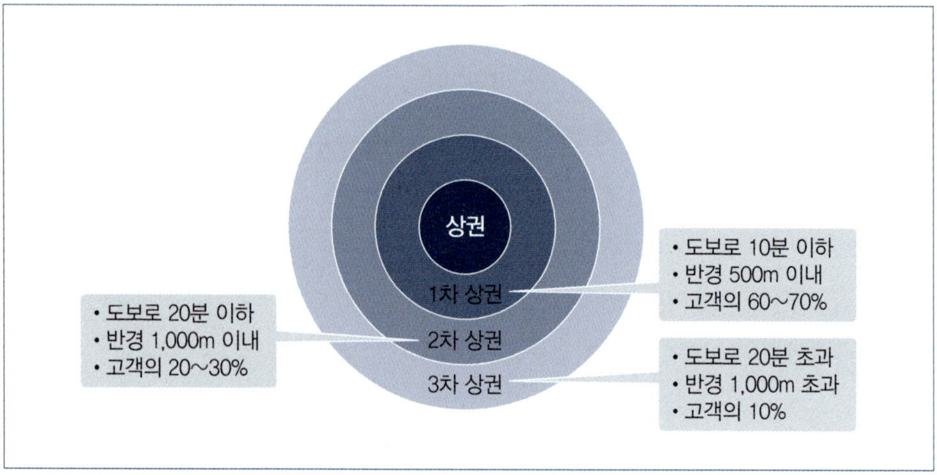

그림 10-15 고객비율에 의한 분류

하는 경우가 있다. 왜 이런 이벤트를 하는 걸까? 음식점은 자신들의 점포를 이용하는 고객들의 거주지를 파악함으로써 1차 상권을 비롯하여 2차, 3차 상권을 구분할 수 있다. 만약 1차 상권, 2차 상권에서 가망고객이 더 이상 없다고 판단하면 이벤트를 통해 확인한 3차 상권을 대상으로 집중적인 마케팅을 실시하게 될 것이다. 음식점 경영자는 고객이 위치한 상권을 정확하게 파악함으로써 효율적인 마케팅이 가능해진다.

고객의 비율이나 거리에 따른 상권 분류는 마케팅에서 가장 큰 의미를 갖는다. 상권의 범위는 유동적이므로 경영자의 능력에 따라서 좁아지기도 하고 넓어지기도 한다. 음식점의 입장에서 상권의 범위가 넓다면 매출을 높이고 이익을 증대시킬 수 있는 기회가 더욱 많아질 것이다. 상권을 파악하고 이를 적절하게 활용하는 능력이 필요한 이유이다.

이상으로 살펴보았던 상권의 분류는 판매촉진과 같이 즉각적인 효과를 바라는 경우 유용하다. 1차 상권에 거주하는 고객을 유인하는 방법과 2차 및 3차 상권에 거주하는 고객의 기대치가 각각 다를 수 있다. 상권 단계별 소비자의 요구수준과 속성을 파악하여 대응해야 한다.

그런데 실제로 고객의 거리와 비율은 지금까지 살펴본 일반적인 내용과 큰 차이가 있다. 〈표 10-11〉은 안양에 위치한 지하철 4호선 범계역 인근 상가권을 이용하는 소비

표 10-10 고객의 거리 또는 비율에 의한 상권 분류

구분	특성
1차 상권	– 점포 매출액의 70%를 구매하는 소비자가 거주하는 지역 – 소비자의 방문빈도가 주 2회 이상인 지역 – 점포로부터 반경 500미터 이내의 범위
2차 상권	– 점포 매출액의 20~25%를 구매하는 소비자가 거주하는 지역 – 소비자의 방문빈도가 주 1회 정도인 지역 – 점포로부터 반경 1000미터 이내의 범위
3차 상권	– 점포 매출의 5~10%를 구매하는 소비자가 거주하는 지역 – 소비자가 비정기적으로 방문하는 지역 – 점포로부터 반경 1000미터를 초과하는 범위

자의 거리별 비율을 조사한 현황이다. 고객의 위치는 신용카드 정보를 이용하여 추정한 것이므로 참고하여 보면 된다. 500미터 이내에서 방문하는 고객비중을 살펴보면, 도시락이 16.5%로 가장 높고, 호프/맥주 업종의 경우 약 4%만이 500미터 이내에서 방문하는 고객이다. 즉, 업종별로 방문하는 고객의 거리별 비율이 차이가 있다. 예를 들면 먼 거리에서 찾아오는 고객 비율이 가장 큰 업종은 '갈비/삼겹살'이다.

표 10-11 고객의 거리 또는 비율에 의한 상권 분류

구분		치킨	호프/맥주	갈비/삼겹살	떡볶이	제과점	커피전문점	도시락
500m 이내	비율	8.0	3.9	5.2	11.1	10.6	7.0	16.5
	순위	4	7	6	2	3	5	1
1km 이내	비율	22.3	11.0	12.0	21.6	17.1	13.1	18.4
	순위	1	7	6	2	4	5	3
2km 이내	비율	17.9	19.4	12.8	22.5	21.3	16.5	10.7
	순위	4	3	6	1	2	5	7
5km 이내	비율	20.7	28.8	26.2	20.0	23.9	24.9	15.5
	순위	5	1	2	6	4	3	7
5km 이상	비율	31.1	36.8	43.9	24.8	27.0	38.4	38.8
	순위	5	4	1	7	6	3	2

앞서 살펴본 기준에 따르면, 1차 상권이라 할 수 있는 70%의 고객이 방문하는 거리 기준은 5킬로미터이다. 시대가 발전하면서 1차 상권의 거리가 과거에 비하여 확대되고 있다는 증거이다. 따라서 앞으로는 1차 상권의 고객비중을 축소해서 정의해야 한다.

이상의 사례를 통해서 음식점은 고객의 거리나 비율에 따른 분류가 업종에 따라 차이가 있다는 사실을 확인할 수 있다.

③ 지역환경에 따른 분류

상권을 지역환경에 따라서 분류하는 것은 학문적으로나 실무적으로 가장 보편화된 분류 방법이다. 사무실이 밀집한 지역은 '오피스 상권', 거주지역에 위치한 '주택가 상권(아파트 상권)', 상가 중심지인 '번화가 상권', 지하철역을 중심으로 형성된 '역세권 상권', 대학가 주변에 형성된 '대학가 상권', 교외지역에 형성된 '교외 상권' 등이 대표적인 분류 명칭이다. 지역환경은 고객의 특성을 결정하는 중요한 변수이다. 예를 들어 대학가 상권이라면 소비성향은 강하지만 지출 가능한 소득이 없어서 용돈에 의존하는 대학생이 주고객이므로 가격에 민감한 특성이 있다. 오피스 상권은 직장인이 주 고객이므

표 10-12 지역환경에 따른 상권 분류

구분	특성
사무실(오피스) 상권	– 관공서나 회사원이 고객의 주류층을 이루는 지역 – 점심시간과 저녁 퇴근시간에 고객이 많음 – 평일에 비하여 주말에는 고객이 현저히 감소
주택가 상권	– 주로 거주지역에 위치한 상권 – 평일에는 주부, 주말에는 가족 중심의 영업이 이루어짐
번화가 상권	– 주변 집객 시설(극장, 쇼핑몰, 유흥업소) 등을 이용하는 고객 – 소비성향이 강하고 소비 연령대가 다양한 지역
역세권 상권	– 기차역이나 지하철역 주변에 형성된 상권 – 유동인구가 많고 시간적인 제약이 많아 빠른 서비스 필요
대학가 상권	– 대학교 주변에 형성된 상권 – 고정 고객이 많고 가격에 민감한 상권 – 주말, 주중의 차이가 많고 방학기간의 매출감소가 현저함
교외 상권	– 주5일 근무로 인하여 성장하는 시장 – 자동차를 보유한 중장년층이 주고객 – 가격에 둔감하지만 날씨 등의 영향이 큼

로 소득수준과 지출수준이 높은 경우가 많다. 오피스 상권에서는 점심과 저녁 모두 높은 매출을 올릴 수 있지만 주 5일제 근무 등으로 주말고객이 급속히 감소하는 특징이 있다. 이와 같은 상권의 지역환경에 따른 분류는 주 고객층을 규정하는 데 많은 도움이 되므로 상권을 판단하는 매우 중요한 역할을 한다.

그런데 지역환경에 따른 상권 분류는 앞 서 언급한 것처럼 명확한 구분이 어려워지고 있다. 예를 들면, 전철역을 끼고 있는 대학교의 인근에 주택가가 있다면 어떤 상권으로 분류를 해야 할까? 경제발전에 따른 도시의 복합화가 급속하게 증가하면서 상권을 지역특성에 따라 구분하는 것은 갈수록 어려워지는 게 현실이다. 〈표 10-13〉은 이러한 현실을 반영하여 상권 분류를 개발한 사례이다. 해당 분류에 따르면, 주택가 상권은 '고밀도주거지역, 중밀주거지역, 저밀주거지역'으로 세분화되어 있다.

표 10-13 중소기업청의 지역환경에 따른 상권 분류

유형	설명
고밀도주거지역	주거시설밀도가 매우 높은 지역으로 주로 고층 아파트 밀집 지역
중밀주거지역	상업, 업무시설 밀도가 매우 낮으며, 저층아파트가 밀집된 지역 또는 적은 수의 고층아파트가 있는 지역
저밀주거지역	상업, 업무시설 밀도가 매우 낮으며, 주거시설 밀도가 낮은 지역(단독주택 밀집지역)
고밀주거상업지역	고밀주거지역 중 상업시설이 밀집된 지역. 주로 고층아파트 밀집지역에 형성된 상업중심지역(예 : 삼성동, 사당동 일대)
고밀주거업무지역	고밀주거지역 중 업무시설이 밀집된 지역. 주로 고층아파트 밀집지역에 형성된 업무중심지역(예 : 목동, 서초, 도곡동 일대)
주택상업지역	저밀, 중밀주거지역 내 상업시설이 밀집된 지역, 주로 저층주택 중심지에 형성된 상업중심지역(예 : 서교동, 자양동 일대, 지방도시 중심지)
주택업무지역	저밀, 중밀주거지역 내 업무시설이 밀집된 지역, 주로 저층주택 중심지에 형성된 업무중심지역(예 : 여의도, 문래동 일대)
상업지역	주거시설 밀도가 매우 낮으며, 상업시설이 밀집된 지역(예 : 명동, 남포동 등)
복합지역	주거시설 밀도가 매우 낮으며, 상업시설 및 업무시설 밀집도 매우 높은 지역(예 : 종로, 강남역 일대 등)
업무지역	주거시설 밀도가 매우 낮으며, 업무시설이 밀집된 지역(예 : 여의도, 서초동 일대 등)
공업지역	공장지대
기타지역	주거, 상업, 업무, 공업 어느 타입에도 속하지 않는 지역(산, 수계, 전답 등)

자료 : 중소기업청 상권정보시스템(2015. 4 기준)

표 10-14 나이스비즈맵의 지역환경에 따른 상권 분류

유형	설명
주거지역	주거인구 비율이 높은 지역
상업지역	상업시설 비율이 높은 지역
직장오피스	직장 및 오피스 비율이 높은 지역
역세권	지하철 역 반경 250미터에 위치한 지역
기타 교통중심지	버스터미널 또는 공항 주변 지역
대학/학원가	인근에 대학교 또는 학원가가 있는 지역
특수시설	대형병원, 관공서, 휴게소 주변 지역
공업중심지역	공업용지 비율이 높은 지역
기타 지역	강, 하천, 공원 등을 포함한 지역

중소기업청 상권정보시스템과 같이 나이스비즈맵 상권분석시스템은 지역환경에 따른 상권 분류를 〈표 10-13〉 및 〈표 10-14〉와 같이 정의하고 있다.

지금까지 살펴본 것처럼 지역환경에 따른 상권 분류가 기관에 따라서 많은 차이가 있음을 알 수 있다. 상권 분류는 상권분석에 유용하게 활용하는 데 목적이 있다. 다만 환경적 요소가 복합화되면서 지역환경에 따른 분류는 갈수록 어려워질 가능성이 높다. 그럼에도 불구하고 상권분석의 효율성을 위해 전문가와 연구자들은 표준화가 가능한 분류를 만드는데 관심을 기울여야 한다.

④ 타깃마케팅 가능성에 따른 분류

상권을 타깃마케팅 가능성에 따라서 관리가능 상권과 관리불능 상권으로 구분할 수 있다. 관리가능 상권이란 소규모 음식점을 기준으로 마케팅의 관리가능성이 높은 상권을 의미한다. 예를 들면, 주택가 상권은 소규모 음식점이라도 큰 비용을 들이지 않고 다양한 방법의 마케팅 활동이 가능하다. 주 고객이 주변의 주택가에 살고 있는 거주자이므로 쿠폰을 배포한다거나 광고지를 전달하는 것이 용이하다. 하지만 서울 중심가의 역세권 등은 소규모 점포가 주 고객을 발견하고 타깃 마케팅을 하는 것이 매우 어렵다. 결국 인터넷이나 대중매체를 활용한 불특정 다수를 대상으로 한 마케팅만이 가능하므로 비용도 많이 소요되고 그 효과도 매우 제한적이다. 결국 이런 상권은 마케팅 관리 가능성이 매우 낮은 상권이 된다.

다만, 이러한 분류에도 불구하고 관리불능 상권의 단점을 극복하는 방법은 얼마든지 존재한다. 예를 들면, 강남이나 홍대와 같이 유동인구가 주를 이루는 상권에서 소비자들은 스마트폰을 이용하여 자신들이 원하는 음식점을 찾게 되므로 SNS 홍보 등을 이용하여 관리 가능성을 향상시킬 수 있다.

표 10-15 타깃마케팅 가능성에 따른 분류

구분	특성
관리가능 상권	신도시와 같이 유동인구의 거주지가 근거리에 있는 상권
관리불능 상권	강남, 홍대 등과 같이 유동인구의 거주지가 원거리에 있는 상권

⑤ 소비자에 따른 분류

상권을 분류함에 있어서 소비자를 기준으로 하는 경우도 있다. 이런 기준에 따른 상권은 '유동인구 중심형 상권'과 '배후인구 중심형 상권'이라 한다. 유동인구 중심형 상권이란 불특정 다수를 주 고객으로 하는 상권을 의미한다. 예를 들면, 역세권이나 번화가 상권, 대학가 상권 등이 대표적인 유동인구 중심형이다. 이에 반하여 배후인구 중심형은 고정고객이 중심인 상권으로 주택가나 오피스가 상권이 대표적이다. 앞서 살펴본 마케팅 관리 가능성과 연결해 본다면 유동인구 중심형 상권은 마케팅 관리 가능성이 매우 낮은 상권에 해당한다. 이유는 소비자가 상가권의 인근에 거주하지 않기 때문에 목표고객을 대상으로 마케팅을 하기 어렵기 때문이다. 배후인구 중심형 상권은 마케팅 관리 가능성이 매우 높은 상권에 해당한다. 상가권의 배후지역에 거주하는 목표고객이 명확하게 식별되어서 마케팅활동을 하기가 쉽기 때문이다.

이상의 상권 분류 이외에도 다양한 분류가 가능하다. 창업자나 경영자는 기존의 분류에만 의존해서는 곤란하다. 누구나 이런 관점을 가지고 현장에서 상권을 조사하고 분석한다면, 상권 분류에 활용할 수 있는 새로운 기준을 발견할 수 있다.

표 10-16 소비자에 따른 상권 분류

구분	특성
유동인구 중심형 상권	특정한 집객시설로 인하여 많은 유동인구가 집중하는 상권 불특정 다수를 주고객으로 하는 상권 예 : 역세권, 번화가, 대학가
배후인구 중심형 상권	목표고객이 명확하게 정해져 있는 상권 상권의 배후에 아파트, 주거지역, 회사 등이 밀집해 있음 배후지 인구의 반복적인 구매가 중요 예 : 주택가, 사무실(오피스가)

(4) 오프라인 상권과 온라인 상권

지금까지 고객을 기준으로 규정되었던 상권은 주로 오프라인 개념으로만 접근하였다. 상권의 범위를 정할 때 주로 거리의 단위인 미터나 킬로미터 등을 사용하는 것이 일반적이다. 하지만 최근에는 상권의 개념이 온라인으로 확장되고 있다. 즉 상권을 '상가권'과 '상세권'으로 구분할 수도 있지만, '오프라인 상권'과 '온라인 상권'으로 구분하는 기준도 만들어지고 있다.

오프라인 상권이란 지리적 범위와 특성을 이용하여 상권을 규정하는 개념인 데 반하여 온라인 상권이란 인터넷 또는 SNS(Social Network Service)상에서 고객을 규정하고 범위를 설정하는 개념이다. 그런데 온라인 상권은 오프라인 상권과 같이 물리적으로 범위나 크기를 정하는 것이 매우 어렵다. 특히 지금까지 이런 개념을 정의하거나 이용

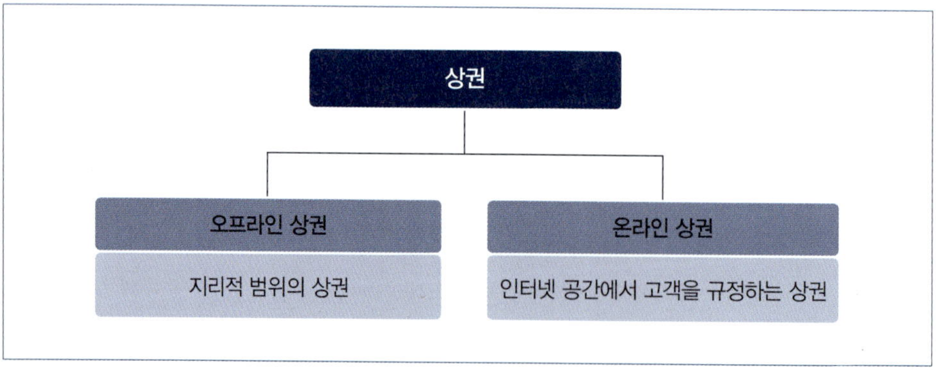

그림 10-16 오프라인 상권과 온라인 상권

한 사례가 거의 없다는 점에서 앞으로 많은 연구와 개발이 필요하다.

우리 주변에서 온라인 상권이 명확하게 정의되고 개발되어야 한다는 사실을 보여주는 몇 가지 사례를 살펴보면 다음과 같다.

첫째, 수도권 고객들이 원거리에 위치한 지방 베이커리 브랜드를 찾는 비중이 급증하는 현상을 들 수 있다. 예를 들어 대전 성심당, 군산 이성당, 전주 풍년제과, 안동 맘모스 제과 등은 최근 2~3년 사이 엄청난 매출 신장을 기록하고 있다. 이런 현상은 과거와 같은 오프라인 상권이라는 개념으로는 설명이 어렵다. 온라인을 통해 브랜드가 알려지고 온라인으로 주문이 가능한 환경이 만들어지지 않았다면 이런 성과를 거둘 수 있었을까?

그림 10-17 속초관광수산시장 닭강정 골목 상권

자료 : 네이버 지도

둘째, 좀 더 구체적인 통계를 이용하여 개인 점포의 상권이 확장되는 사례를 살펴보기로 한다. 〈그림 10-17〉은 강원도 속초의 전통시장인 '속초관광수산시장'의 위치를 보여주고 있다. 이 시장 내에는 치킨 골목이 자리하고 있으며, 다수의 점포 중에서 '만석닭강정'이라는 브랜드가 전국적인 유명세를 떨치고 있다.

속초관광수산시장 내 닭강정 골목을 이용하는 고객의 거주범위를 거리 기준으로 살펴보면 〈그림 10-18〉과 같다. 즉 반경 5km 이내 거주자의 비중은 4% 이내임을 알 수 있다. 96% 이상의 고객은 반경 5Km 외부에서 찾아오고 있다. 속초는 관광지이므로 당연한 결과라고 할 수 있다. 하지만 이런 현상이 나타나기 시작한 것은 근래의 일이다.

닭강정 골목을 비롯하여 속초관광수산시장 내의 모든 업종이 활성화된 것은 인터넷

그림 10-18 속초관광수산시장 닭강정 골목 상권

자료 : 네이버 지도

표 10-17 만석닭강정 키워드 현황

월간 검색량(PC)	월간 검색량(모바일)	월간 콘텐츠 발행량
6,000	64,300	3,000

자료 : 네이버, 2022년 7월 31일 기준

과 SNS의 영향이 크다고 할 수 있다. 이러한 현상을 잘 설명할 수 있는 네이버에서 만석 닭강정 관련 통계를 정리하면 〈표 10-17〉과 같다.

결과적으로 속초관광수산시장이라는 전통시장에 위치한 닭강정 전문점의 상권은 대한민국 전체라고 할 수 있다. 그리고 이러한 상권의 확장은 단순히 오프라인 상권에서 가능했던 것이 아니라 온라인 상권이 존재하기 시작하면서 가능했다고 볼 수 있다. 〈그림 10-19〉는 온라인 구매자를 위하여 꾸민 만석 닭강정의 홈페이지다.

최근 들어 지방에 위치한 소규모 점포들이 온라인 상권의 발달과 확장으로 인한 혜택을 받고 있다. 과거에는 매우 적은 수의 현지 방문자만이 얻을 수 있었던 혜택이 인터넷을 통해 전국적으로 알려지면서 소비자들은 기꺼이 시간과 비용을 투자하기 시작했으며, 한번 구매 후 만족한 고객들은 인터넷을 통해 온라인으로 구매하는 소비 특성도

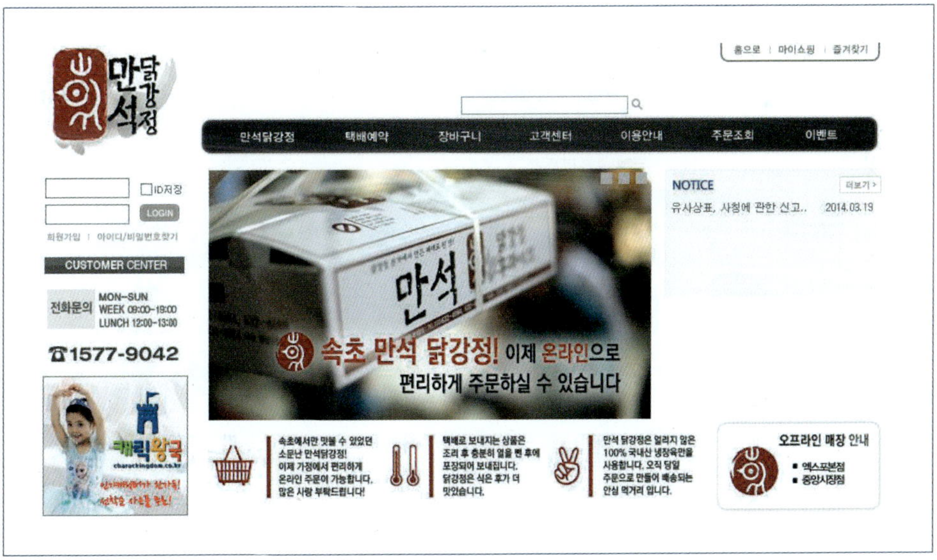

그림 10-19 만석 닭강정 홈페이지(mansuk.kr)

보여주고 있다. 앞으로도 이와 같은 온라인 상권의 발달과 확장은 계속 이어질 것으로 예상된다.

3) 입지의 이해

(1) 입지의 개념

상권은 마케팅 영역으로 정의할 수 있는데, 그 영역은 고정된 것이 아니고 경영자의 능력에 의해서 유동적으로 움직인다고 하였다. 즉 상권은 임의로 정해지는 것이 아니라 경영자가 목표를 정하고 지속적으로 성장시키는 대상이다. 사업자가 고객이 거주하거나 근무하는 범위와 수를 늘려가면 상권은 점점 넓어진다.

그런데 고객 범위와 고객의 수를 늘리려면 어떻게 해야 할까? 상권을 구성하는 요소를 명확하게 알아야 한다. 상권의 구성요소는 〈그림 10-20〉과 같이 사업자 자신, 소비자, 경쟁자이다. 즉 상권을 조사하고 분석하는 과정은 나와 경쟁자 그리고 소비자를 정

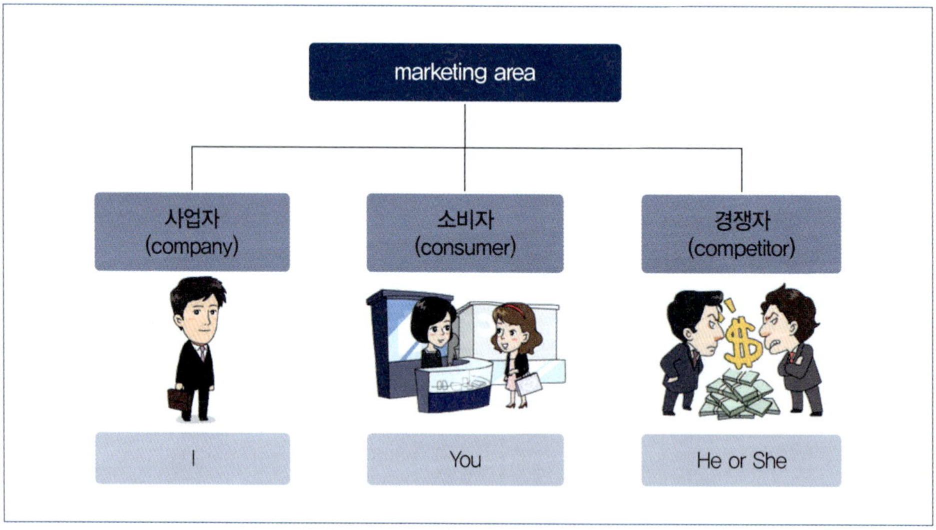

그림 10-20 상권의 구성요소

자료 : 김영갑(2015). 창업성공을 위한 상권분석. 이프레스.

입지(location)

- 상품과 고객이 만나는 장소 또는 위치
- 점포의 대지나 점포가 소재하는 위치적 조건
- 점포의 매출을 결정하는 요인(매출의 하한선과 상한선을 결정함)
- 세계에 단 하나뿐인 독점성(경쟁사의 복제가 불가능한 요인)

↓

오프라인과 온라인에서 사업자가 판매하려는
서비스와 상품이 고객과 만나는 위치적 조건

그림 10-21 입지의 개념

자료 : 김영갑(2015). 창업성공을 위한 상권분석. 이프레스.

확하게 알고 이에 대응하는 활동이라 할 수 있다.

그렇다면 입지는 무엇일까? 〈그림 10-21〉에 다양한 입지의 개념을 정리하여 보았다. '사업자가 판매하고자 하는 상품과 고객이 만나는 장소'를 입지로 정의하고 있다. 이러한 정의에 따르면, 입지는 곧 '점포'라는 생각을 하기 쉽다. 즉 고객이 찾아오는 장소인 물리적 공간을 입지라고 본다. 그러나 상품과 고객이 만나는 장소는 고객의 집이 될 수도 있고, 제3의 장소가 될 수도 있다. 또는 온라인의 특정 공간이 입지인 경우도 있다.

과거에는 물리적 장소만 입지였다면, 최근에는 입지가 오프라인뿐만 아니라 온라인의 영역으로까지 확장되고 있음을 알 수 있다. 따라서 입지는 '오프라인과 온라인에서 사업자가 판매하려는 서비스와 상품이 고객과 만나는 위치적 조건'으로 정의할 수 있다. 여기서 '조건'이라는 단어에 집중할 필요가 있다. 단순히 위치가 아닌 '위치적 조건'이라는 표현에는 상권과 마찬가지로 입지도 매우 유동적임을 의미한다.

위치적 조건을 좀 더 정확하게 이해하기 위해 예를 들어 본다. 동일한 브랜드의 상품을 판매하는 점포가 있다고 가정해 보자. A가 해당 점포에서 사업을 할 때는 매출이 낮아서 어려움을 겪다가 개선의 여지가 없다고 판단되어 B에게 사업권을 넘겼다. 그런데 B가 사업을 인수한 이후부터 실적이 개선되고 점포의 수익성이 높아지는 경우를 볼

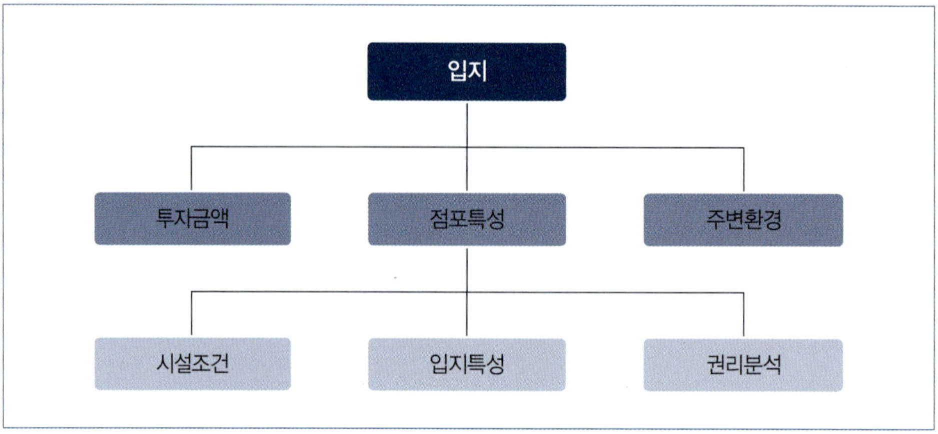

그림 10-22 입지의 구성요소

자료 : 김영갑(2015). 창업성공을 위한 상권분석. 이프레스.

수 있다. 이런 경우 단순히 위치와 상품만으로는 성과의 차이를 설명하기가 쉽지 않다. 실적이 나빴던 A와 동일 위치에서 동일한 브랜드로 실적을 개선한 B는 위치는 같지만 위치적 조건을 다르게 활용한 사례라 할 수 있다. 즉 입지는 어떻게 조건을 만들어 내느냐에 따라서 다른 결과를 만들어낸다고 할 수 있다.

입지도 상권과 같이 입지를 구성하는 요소가 있다. 입지를 선택하기 위하여 분석하는 과정은 해당 요소를 파악하고 최적의 조건으로 만들기 위한 것이므로 〈그림 10-22〉와 같이 '투자금액, 점포특성, 주변환경'과 같은 요소에 대한 이해가 반드시 필요하다. 결과적으로 창업자는 '투자금액, 점포특성, 주변환경'을 고려해 입지를 선택하게 되고, 경영자는 이미 선택한 입지를 '투자금액, 점포특성, 주변환경'을 고려해서 상권에 적합한 개선 방안을 찾아야 한다.

(2) 입지의 분류

입지를 분류하기 위해서는 개념을 명확하게 정리할 필요가 있다. 입지는 토지나 점포가 소재하는 위치적 조건을 의미한다. 즉 오프라인에서의 점포를 기준으로 한다면 정적인 개념으로 볼 수 있다. 다만 최근에 와서는 온라인 공간에서도 점포와 같은 역할을 하는 입지가 존재할 수 있다는 점에서 반드시 정적인 개념으로만 볼 수는 없다.

창업자는 사업을 하기 위하여 반드시 입지가 필요하다. 그래서 입지를 선정하는 과정을 거치게 된다. 따라서 입지선정도 정확하게 개념을 정립할 필요가 있다. 일반적으로 입지의 선정이란? 입지를 원하는 주체가 달성하려는 목적에 부합하는 오프라인 또는 온라인에서의 후보점포를 찾고 결정하는 행위라고 할 수 있다.

사업을 하려면 어떤 형태로든 입지가 필요하다. 그리고 입지는 단수가 아닌 복수의 선택대안 중 하나를 선정하는 과정을 거치게 된다. 즉 사업자가 달성하려는 목표를 가장 효과적이고 효율적으로 이룰 수 있는 최적의 입지를 선택할 수 있어야 한다. 다만 이런 의사결정은 생각보다 쉽지 않다. 확실하게 결과를 예측할 수 있는 평가기준이 모호하기 때문이다. 그래서 전문가들은 입지의 분류기준을 개발하고 이 기준에 의해 선택한 결과를 추후 평가하면서 검증 과정을 거친다.

① 상권범위에 따른 입지의 분류

입지는 상권범위를 기준으로 분류할 수 있다. 구체적인 내용을 살펴보면 다음과 같다.

첫째, 상권의 범위가 넓어서 높은 투자비와 고정비를 지불하더라도 충분한 수익을 올릴 수 있는 입지가 상권 내에 존재한다면, 1급지 또는 A급지라 할 수 있다. 예를 들면 화장품전문점이나 통신사대리점이 위치한 입지가 대표적인 1급지에 해당한다. 1급지에는 유명 베이커리와 아이스크림 프랜차이즈 점포가 위치하기도 한다. 좁은 면적에서도 높은 회전율과 부가가치를 통해서 수익성을 확보할 수 있는 브랜드만이 영업이 가능한 입지라고 할 수 있다. 이러한 입지는 멀리서도 고객이 찾아올 수 있는 상품이 판매되기 때문에 상권범위가 넓다고 볼 수 있다. 다만 공간이 좁기 때문에 고객이 체류시간이 짧아야 한다.

둘째, 1급지에 비해서 상권의 범위가 좁지만 3급지에 비해서는 상권 범위가 넓은 입지를 2급지 또는 B급지라고 한다. 2급지는 입지를 판단하는 5가지의 특성 중 2~3가지는 양호하지만 나머지가 불량한 입지가 많다. 그러한 이유로 외부에서 유입되는 인구의 절반 정도만이 접근하게 되고 나머지 고객은 주변 거주자가 이용하게 된다. 따라서

표 10-18 상권범위에 따른 입지의 분류

<table>
<tr><th>구분</th><th colspan="2">특성</th><th>상권 범위</th><th>내용</th></tr>
<tr><td>1(A)급지</td><td rowspan="3">가시성
인지성
홍보성
접근성
주차편의성</td><td>4개 이상 양호</td><td>넓음</td><td>- 상권 안으로 진입하는 외부 유입인구가 가장 먼저 발견할 수 있는 입지
- 상권을 연상하거나 설명할 때 가장 먼저 떠오르는 입지
- 도보, 지하철, 자동차 등 어떤 접근수단을 이용해도 이용이 편리한 입지
- 유명 브랜드의 소매점, 패스트푸드점, 커피전문점이 입점해도 목표수익을 달성할 수 있는 입지
- 높은 비용으로 수익성 측면에서도 불리해도 브랜드 홍보효과가 높은 입지</td></tr>
<tr><td>2(B)급지</td><td>일부 양호</td><td>중간</td><td>- 상권으로 진입하는 외부 유입인구의 50% 내외만 흡수할 수 있지만 배후지 인구가 이용하는 데 불편함이 없는 입지
- 중급 브랜드의 음식점과 주점 등이 목표수익을 달성할 수 있는 입지
- 30~40평 이상 규모의 음식점이 적절한 수익성을 확보할 수 있는 입지</td></tr>
<tr><td>3(C)급지</td><td>4개 이상 불량</td><td>좁음</td><td>- 상권으로 진입하는 유동인구가 특별한 노력을 기울이지 않으면 찾기 힘든 입지
- 가시성, 인지성, 홍보성 중 한 가지는 좋지만 접근성과 주차편의성은 매우 불량해서 특별한 노력을 기울여야만 이용 가능한 입지
- 규모 대비 투자비와 고정비가 낮아서 최소의 투자 및 개인화된 서비스로 승부하기에 적합한 입지</td></tr>
</table>

고객들의 체류시간은 1급지에 비해 길고, 객단가 또는 1회 결제금액이 다소 높은 경우가 많다.

셋째, 3급지는 해당 상권 내에서 상권의 범위가 가장 좁은 입지이다. 즉 외부에서 유입되는 고객의 수에 비하여 주변 거주자 고객이 대부분을 차지할 가능성이 높다. 다만 3급지의 일부 점포는 1급지에 비하여 더 넓은 상권 범위를 갖는 경우도 있다. 이유는 전문성과 차별성이 큰 개인화된 브랜드가 3급지에서 영업을 하는 경우가 있기 때문이다. 이러한 점포가 3급지에서 활성화되면서 온라인 구전 효과가 발생하는 경우 1급지에 비해 낮은 투자와 비용으로 큰 성과를 올리는 업체가 최근 늘고 있다는 점은 소상공인들에게 큰 시사점을 던져준다.

〈그림 10-23〉은 범계역 상권(상가권)을 대상으로 가상으로 입지를 상권범위에 따라 구분하여 표시해 본 것이다. 정확한 입지별 상권범위를 측정한 것은 아니므로 실제와는 차이가 존재할 수 있다. 다만 입지를 분류하기 위하여 전문가가 조사와 분석을 통해

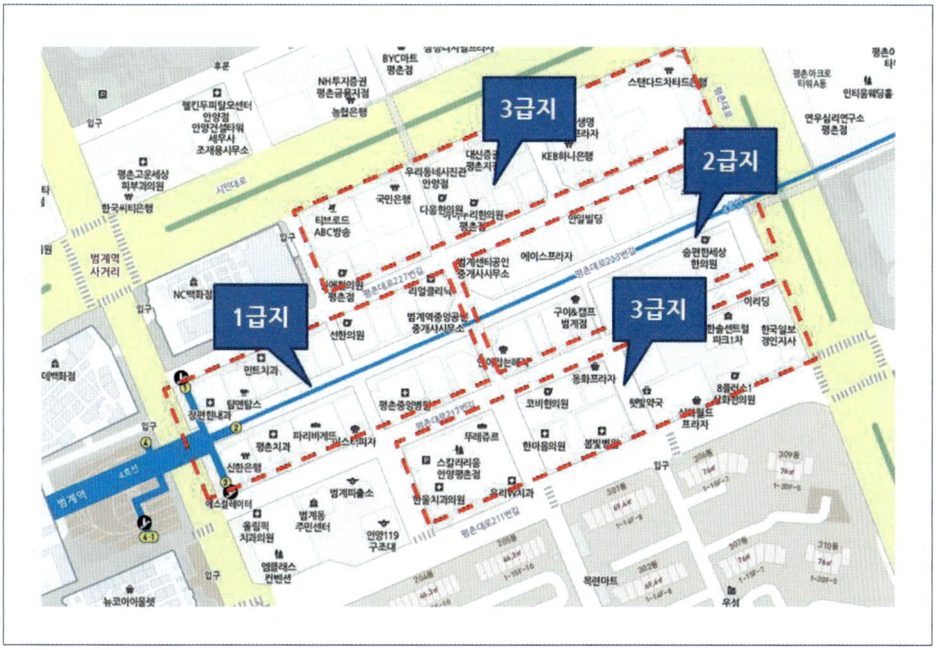

그림 10-23 상권범위에 따른 입지분류 사례

자료 : 네이버 지도

서 이와 같은 형식으로 구분할 수 있다는 예시를 들어본 것이다.

② 구매습관에 따른 입지분류

소비자의 구매습관에 따라 입지를 분류할 수 있다. 우리의 주변에서 발견되는 다음과 같은 점포들이 주로 어떤 입지에서 성공적으로 운영되고 있는지를 유심히 살펴본다면 전문가로서의 식견을 높이는데 많은 도움이 된다. 소비자의 구매습관에 따라 입지는 '편의품점 입지, 선매품점 입지, 전문품점 입지'로 구분 가능하다. 이에 대한 세부적인 내용은 〈표 10-19〉와 같다.

〈그림 10-24〉는 실제 점포들의 위치를 기준으로 구매습관에 따른 입지의 분류를 제시해 본 것이다. 전문품점이 오랫동안 유지할 수 있는 것은 적합한 입지에 개점을 하였다고 볼 수 있으며, 선매품점이나 편의품점도 마찬가지이다. 만약 해당 상품의 특성이

표 10-19 구매습관에 따른 입지의 분류

구분	특성	상권
편의품점 적합 입지	–생필품을 판매하는 점포가 위치하면 유리한 입지 –특징 : 가정용품, 주부가 주고객, 통행길목 위치, 신속한 구매결정, 낮은 가격, 낮은 이윤, 낮은 임차료, 높은 구매빈도, 표준화된 상품 –예 : 편의점, 식료품점, 제과점, 분식점	도보 5~10분 반경 1km 이내
선매품점 적합 입지	–비교구매가 필요한 상품의 판매점이 위치하면 유리한 입지 –특징 : 높은 가격과 이윤, 낮은 구매빈도, 취미와 연관, 비표준화 상품 –예 : 전자제품 판매점, 의류판매점, 패밀리레스토랑	승용차 30분 이내 거리
전문품점 적합 입지	–브랜드가 중요한 고관여 상품의 판매점이 위치하면 유리한 입지 –특징 : 높은 가격수준과 구매노력, 브랜드의 중요성 증대, 매우 낮은 구매빈도 –예 : 자동차 대리점, 골프용품점, 주요 관광지, 전문음식점	승용차 30분 이상 거리

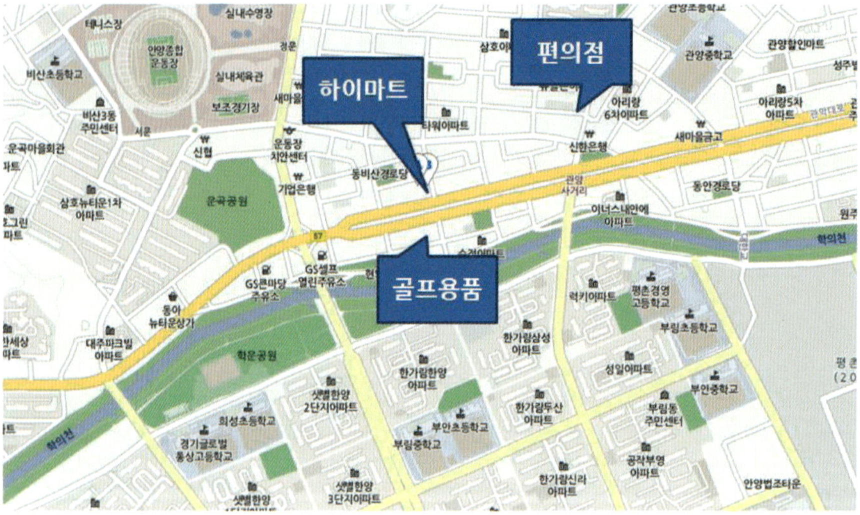

그림 10-24 구매습관에 따른 입지의 분류 사례

자료 : 네이버 지도

적합하지 않은 입지에 창업하게 되면 사업을 오래 유지하기 힘들 것이다.

이 외에도 입지를 분류하는 기준은 매우 다양하다. 주차의 편리성을 기준으로 입지를 분류한다면, 주차 가능형 입지와 주차 불편형 입지로 나눌 수 있다. 권리금의 유무로 입지를 분류하는 경우도 어떨까? 상권 내 입지를 권리금이 없는 입지, 권리금이 보통인 입지, 권리금이 높은 입지로 구분하여 살펴보면 상권에 대한 새로운 시사점을 얻을 수 있을 것이다.

고정비를 기준으로 입지를 분류하는 것도 유의미하다. 고정비가 높은 입지, 보통인 입지, 낮은 입지는 권리금으로 구분한 입지와 비교하면 상호 어떤 관계가 있는지 파악하는데 큰 도움이 된다.

입지도 상권과 마찬가지로 다양한 분류가 추가적으로 존재할 수 있다. 전문가로서 노하우를 축적하기 위해서는 입지를 다양한 특성에 따라서 세부적으로 분류하고 이러한 분류가 어떤 의미를 갖는지 연구해야 창업과 경영의 성공가능성을 높일 수 있다.

4) 상권분석의 이해

(1) 상권분석의 개념 이해

상권분석을 위해서는 개념에 대한 정의를 내리는 것이 우선되어야 한다. "정의할 수 없으면 실행할 수 없다."는 말처럼 상권분석의 개념을 정확하게 정의할 때 제대로 된 상권분석이 가능하다.

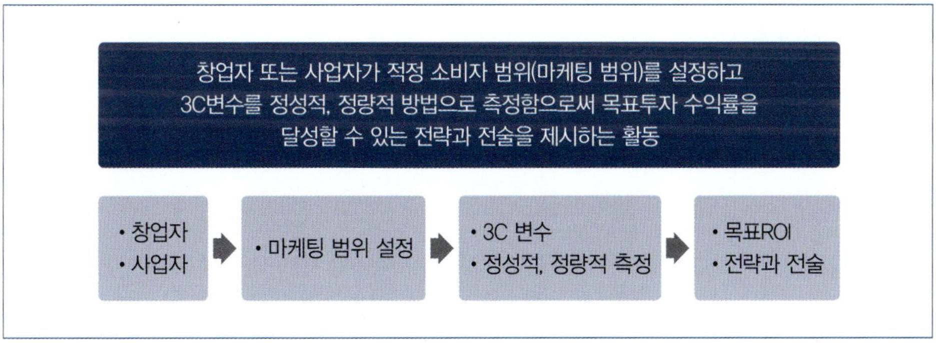

그림 10-25 상권분석의 정의

본 서에서는 상권분석을 〈그림 10-25〉와 같이 정의한다. 이러한 상권분석의 의미를 좀더 자세하게 정리하면 다음과 같다.

첫째, 상권분석은 창업자뿐만 아니라 기존 사업자도 대상으로 하며 일회성이 아니라 정기적이고 반복적으로 이루어져야 하는 필수 활동이다.

둘째, 소비자 범위란 일반화된 마케팅 영역으로 분석을 위한 공간적 범위를 의미하지만 상황에 따라서 매우 유동적이므로 기존 사업자의 소비자 범위이다.

셋째, 3C(company, competitor, consumer)는 상권을 구성하는 환경적 요인으로 실질적 분석 대상 변수를 의미한다. 특히 상권분석에서 자신과 자신의 회사에 대한 분석은 소비자와 경쟁자에 대한 분석 이전에 객관적이고 합리적으로 이루어져야 한다.

넷째, 정성적, 정량적 방법이란 3C를 실질적으로 파악하여 문제를 찾는 모든 분석법을 의미한다. 상권분석을 상권정보시스템과 같은 통계적 방법만을 사용한다거나 전문가 1인의 진단에만 의존하는 것은 피해야 한다. 상권분석을 실행하는 조사자는 현황조사법, 체크리스트법, 설문지조사법, 인터뷰, 관찰, 수학적 방법 등 다양한 방법을 분석목적에 맞게 적절히 융합하여 사용해야 한다.

다섯째, 목표투자수익률이란 사업자가 얻어야 하는 최소한의 가치 수준을 의미한다. 가치 수준은 금전적인 이익뿐만 아니라 생활의 질과 비전의 달성 등을 모두 고려한 변수이다.

(2) 상권분석의 목적

상권분석을 정확히 정의하였다 해도 실제로 어디에 어떤 용도로 사용할지 모른다면 역시 무용지물이 된다. 상권분석의 목적을 명확히 하기 위해서는 상권분석을 필요로 하는 사람이 누구냐에 따라서 달라진다.

독립창업자는 자신이 창업하려는 사업의 목표수익률을 확인하기 위하여 상권분석을 한다. 목표수익률은 창업을 해서 얻게 될 순이익을 투자금액으로 나누어 산출되므로 구체적으로는 '투자금액, 예상매출액, 예상비용, 예상이익'을 알기 위하여 상권분석을 한다고 볼 수 있다.

프랜차이즈 기업의 상권분석 목적

- 시장환경 조사
- 시장점유율 예측
- 출점타당성 평가
- 가맹계약 사전준비
- 마케팅전략의 차별화
- 우선 개점 상권 선별(전국 개점 가능 점포 수와 개점 순위 검토)
- 상권 범위와 출점 가능 상권 확장을 위한 전략 수립

그림 10-26 프랜차이즈 본부의 상권분석 목적

자료 : 김영갑(2015). 창업성공을 위한 상권분석. 이프레스.

프랜차이즈 본부가 상권분석을 하는 목적은 사업의 확장을 위한 전략 수립이라고 할 수 있다. 사업을 확장하기 위해서는 〈그림 10-26〉에 정리한 바와 같이 '시장환경 조사, 시장점유율 예측, 출점타당성 평가, 가맹계약 사전준비, 마케팅전략 차별화' 등의 다양한 분야에 대한 상권분석이 충분히 이루어져야 한다.

5) 외식프랜차이즈 기업의 상권분석 프로세스

(1) 신규 사업 확장을 위한 업종 검토

외식프랜차이즈 기업 대부분 업종이 정해져 있는 경우지만 업종은 수명주기에 따라서 전략적 판단이 필요하다. 상권분석시스템이 이런 시점에 의사결정의 열쇠가 된다. 또한 새로운 업종의 개발 등 다브랜드 확장전략을 추진 할 때 상권분석은 매우 유용한 기초정보를 제공한다. 주먹구구식으로 신규브랜드를 개발하고 확장하면서 실패하는 외식프랜차이즈 기업은 바로 이런 상권분석 지원시스템의 부재가 가장 큰 원인이라고 보면 된다.

(2) 업종에 따른 최적의 상권 탐색

두 번째 단계는 선택된 업종에 가장 적합한 상권을 찾아내는 기능이다. 이런 분석을 위해 통계분석, 수학적분석, 현황조사, 소셜분석 등이 필요하다. 상권분석을 통해서 국내 모든 상권을 대상으로 점포 개설 우선순위를 정할 수 있어야 한다. 개점을 해야 할 상권과 개점을 해서는 안 되는 상권도 나누어질 것이다. 만약 개점을 해서는 안 되는 상권에 외식프랜차이즈 기업의 제품과 서비스의 개발의 문제점을 해결하는 선택도 필요하다.

(3) 상권 내 최적의 입지 탐색

세 번째는 입지분석으로 선택한 상권의 최적 입지를 찾아 선택할 수 있도록 지원하는 단계이다. 주로 주관적 평가법, 체크리스트법, 현황조사법이 활용되지만 업력이 어느 정도 유지되어서 내부 정보를 보유한 기업은 통계적 방법을 활용할 수 있다. 입지분석시스템은 주요 상권의 모든 점포정보가 수록되어 관리될 수도 있다. 정기적인 조사를 통해서 이런 데이터베이스를 이용하여 경쟁전략에도 활용할 수 있다.

(4) 사업타당성 분석

네 번째는 사업타당성 분석 단계이다. 상권분석과 입지분석을 통해서 이미 충분한 환경분석이 이루어졌다. 그리고 원하는 결론을 얻는 데 필요한 정보도 충분히 축적되었으므로 의사결정을 할 수 있는 단계이다. 그러나 마지막으로 정성적인 사업타당성 분석에 더하여 정량적인 사업타당성 분석으로 원하는 목표수익률을 달성할 수 있을지에 대한 검증을 해야 한다.

(5) 상권전략의 수립

다섯 번째는 상권전략을 수립해야 한다. 상권전략은 그 동안 분석에서 나타난 문제점을 보완하는 단계라고 할 수 있다. 마케팅을 비롯한 다양한 전략적 방안을 이 단계에서 개발하고 적용하게 된다.

모든 분석이 마무리되면 종합적으로 정리한다. 그리고 실행 이후 평가를 하고 피드백

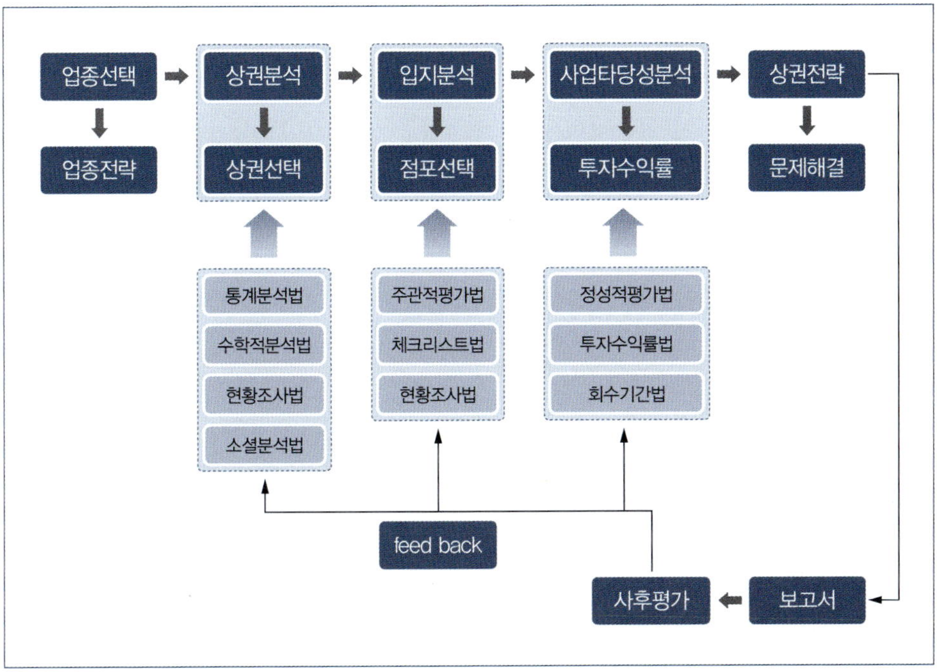

그림 10-27 상권분석 프로세스와 시스템 구성

을 통해 이전 분석과정에서 나타난 에러를 수정하는 총체적인 상권분석시스템으로 상권전략을 규정할 수 있다. 이러한 상권분석의 절차를 그림으로 나타내면 〈그림 10-27〉과 같다.

6) 외식프랜차이즈 기업의 상권분석 방법론

앞의 프로세스와 시스템 구성에서 각각의 단계마다 활용 가능한 분석방법론을 언급한 바 있다. 이 부분에 대한 좀 더 심도 있는 논의를 해 보기로 한다.

상권분석을 하기 위하여 활용하는 방법은 크게 세 가지로 구분할 수 있다. 정성적 방법과 정량적 방법 그리고 소셜분석이다. 다만 소셜분석은 개념적으로 정성적 분석에 포함시킬 수도 있지만 중요도와 내용면에서 별도로 구분하는 것에 유용성이 있다고 판단되어 별도로 구분하였다.

외식프랜차이즈 기업은 상권분석을 함에 있어서 〈그림 10-28〉과 같이 다양한 방법을 활용해야 하는지에 대하여 의문을 가질 수 있다. 가맹본부의 환경과 경험치를 기준으로 가장 효율적이며 활용성이 높은 분석법을 선택적으로 사용할 수도 있다. 하지만 각각의 상권분석 방법은 상호 배타적이거나 상호 보완적일 수 있다. 따라서 개별적으로 활용하기보다는 통합적으로 활용하는 것이 신뢰도와 타당도를 높이는 방법이다. 9가지의 상권분석방법을 세부적으로 알아본다.

첫째, 정성적 분석법은 주관적 평가법, 현황분석법, 체크리스트법으로 구분된다. 주관적 평가법이란 경험이 많은 전문가의 의견을 중심으로 상권을 분석하는 방법이다. 체크리스트법은 상권에 영향을 주는 변수에 대한 평가표를 만들고 이를 활용하여 상

구분	방법	내용
정성적 방법	주관적 평가법	경험이 많은 전문가의 의견을 중심으로 상권을 분석하는 방법
	체크리스트법	상권에 영향을 주는 요소들에 대한 평가표(checklist)를 만들어 상권을 평가하는 방법
	현황조사법	상권을 위해 누구나 쉽게 파악 할 수 있는 내용을 정리하여 상권을 조사하는 방법
정량적 방법	설문조사법	목표고객과 경쟁점포를 대표하는 표본을 추출하여 설문조사 또는 인터뷰 등의 방법으로 상권조사하는 방법
	통계조사법	지역통계분석으로 시장지역성을 기초로 상권추정하는 방법 상권분석시스템을 이용하는 방법
	수학적방법	경험적 연구를 수학적으로 이론화 규범적 모형, 확률적 모형
소셜분석	키워드분석	키워드 현황, 키워드별 조회수 및 월별 추이, 연관키워드 현황
	추세, 내용분석	내용분석(월별, 방문목적, 동반자, 음식점 브랜드, 방문시간, 구매메뉴, 만족도 및 구체적 의견 등), 추세분석(트렌드분석)
	분류분석	감성언어 및 긍정, 부정을 기준으로 분류(소셜 매트릭스)

그림 10-28 상권분석 방법론

자료 : 김영갑, 창업성공을 위한 상권분석, 교문사

권을 분석하는 방법이며, 현황조사법은 상권에 영향을 주는 변수에 대한 현황표를 만들고 이를 채워 나가는 방법이다.

둘째, 정량적 분석법은 설문조사법, 통계조사법, 수학적 방법으로 구분할 수 있다. 설문조사법은 상권을 대표하는 표본을 대상으로 설문조사와 인터뷰를 통해 상권을 분석하는 방법이다. 통계조사법은 상권분석시스템에서 제공하는 상권관련 통계수치를 이용하는 방법이다. 물론 시스템이 아닌 다른 출처의 통계수치를 활용하는 것을 포함한다. 수학적 방법은 경험적 연구를 통해 검증된 인과관계를 이용하여 회귀식과 같은 수학식을 개발하는 방법을 의미한다. 외식업체에 누적된 통계자료와 수학식을 이용하여 원하는 결과값을 과학적으로 도출할 수 있다.

셋째, 소셜분석은 블로그, 페이스북, 인스타그램과 같은 SNS에서 회자되는 내용을 이용하여 상권을 분석하는 방법이다. 세부적으로는 키워드분석, 추세분석, 내용분석, 분류 분석 등이 있다. 키워드분석은 포털사이트의 키워드 현황, 키워드별 조회수 및 월별 추이, 연관키워드 현황에서 상권과 관련된 내용을 분석하는 방법이다. 내용분석은 SNS의 내용을 월별, 방문목적, 동반자, 외식업체 브랜드, 방문시간, 구매 메뉴, 만족도 및 구체적 의견 등에서 상권과 관련된 내용을 분석하는 방법'이다. 추세분석(트렌드분석)은 포털사이트의 키워드 검색 수를 시계열로 분석하여 미래를 예측하는 방법'이다. 분류분석은 SNS의 내용을 상권과 관련된 내용을 감성언어 및 긍정, 부정을 기준으로 분류하여 분석하는 방법'을 뜻한다.

앞서 언급한 바와 같이 실제로 현장에서 상권분석을 할 때는 특정한 분석법을 집중적으로 사용하기보다는 9가지 방법을 종합적, 유기적으로 활용하여 분석하는 것이 필요하다. 특히 자신의 분석 목적에 따라서 어떤 방법론이 가장 적합한지에 대한 나름의 실증이 필요하다.

7) 외식프랜차이즈 기업의 상권정보 시스템 활용 방안

외식프랜차이즈 기업은 편의상 중소기업청의 상권정보시스템이나 유료 상권분석시스템을 이용하는 경우가 많다. 상권분석시스템을 별도로 구축하는 경우 많은 비용이 소요되고 실제로 개발한다고 해도 효용성이 있는지에 대한 의문이 크기 때문이다.

그러나 외식프랜차이즈 기업의 시스템을 구축해야 하는 이유가 있다. 공용으로 활용 가능한 상권정보시스템은 많은 유용성에도 불구하고 기업이 원하는 개별화된 실행계획과 전략을 제공하지 못한다. 특히 다음과 같은 점을 고려할 때 가능하면 자사의 환경과 특성이 반영된 시스템의 구축을 고려할 필요가 있다.

첫째, 많은 상권정보시스템이 상권의 현황을 보여주기는 하지만 구체적으로 어떤 행동을 해야 하는지 알려주지 못하고 있다. 예를 들면 매출이 낮은 사업자가 열심히 지역과 업종을 선택하고 분석 버튼을 눌러도 어떤 행동을 해야 매출이 올라가는지 알려주는 시스템은 찾기가 어렵다. 구체적으로는 상권의 평균매출액과 타 상권의 평균매출액을 비교하여 매출이 더 높은 상권을 보여주는 수준에 그친다.

둘째, 창업자가 특정지역에서 업종을 선택하면 밀집도가 높으니 창업을 조심하라는 행동 방침을 알려주는 경우도 있다. 하지만 밀집도가 높으면 위험하고 밀집도가 낮으면 유리하다고 단언하기 힘들다. 전략적 측면에서 보면 동일업종의 밀집도가 높은 경우 소비자의 유입력이 더 커지는 경우가 비일비재하다. 즉 상권은 획일적인 단일 변수로 설명이 어려운 경우가 많다는 점을 상기해야 한다.

셋째, 상권정보시스템에서 어떤 지역을 선택했을 때 창업을 하면 좋을 업종을 추천하고 특정 브랜드까지 추천하는 서비스가 존재한다. 그런데 이 서비스는 창업자가 창업을 위해 지출한 투자금을 상회하는 이익이 가능한지는 알려주지 못한다. 우리가 상권분석시스템을 통해 알고 싶은 것은 투자수익률(ROI)이 어느 정도 되는지에 대한 정보이다. 즉 창업자가 지불하게 될 비용을 상회하는 이익의 여부가 중요한 결과이다.

넷째, 기존의 시스템은 주로 신규 창업을 지원하는 구조로 설계되어 있다. 상권분석시스템의 더 높은 가치는 기존 점포의 운영을 지원할 때 얻을 수 있다. 예를 들어 매출이 하락하는 점포라면 왜 매출이 하락하는지에 대한 원인을 제시할 수 있어야 한다. 시간대별, 요일별, 월별 매출을 분석해서 좀 더 안정적이고 효율적인 이익을 얻는 방법을 제안할 수 있는 것도 상권분석시스템의 용도에 해당한다. 매월 소규모 외식업체가 선택할 수 있는 판매촉진 방안을 제시해 주는 것도 상권분석시스템의 역할이 될 수 있다. 즉 상권분석시스템은 상권 내에서 발생하는 모든 활동의 문제를 찾고 해결책을 제시하는 구조로 설계되고 활용될 수 있어야 한다.

지금까지 외식프랜차이즈 기업 입장에서 상권분석 개념, 상권분석 프로세스, 상권분석 시스템 구성, 공용 상권분석시스템의 문제점 등을 살펴보았다. 외식프랜차이즈 기업은 자신만의 이익을 추구하기보다는 가맹점의 성공과 소비자 만족도를 높여야 한다는 측면에서 상권(영업지역)을 설정하고 지속적인 관리를 해야 하는 의무를 가지고 있다.

따라서 지금까지 점포개설에만 집중되어 있던 상권분석의 관행을 깨고 개설을 위한 조사분석부터 성공을 지원하는 관리단계까지를 전반적으로 관리할 수 있는 지식정보 시스템 수준의 상권분석시스템을 갖추어야 할 시기에 와 있다. 단순히 다수의 점포를 개설하기보다는 오랜 기간 유지할 수 있는 점포를 만드는데 기여하는 시스템을 목표로 해야 한다. 그래야 국내뿐 아니라 해외에서도 성공하는 외식프랜차이즈 브랜드가 늘어날 것이다.

5 교육훈련시스템 구축

1) 외식프랜차이즈 교육 훈련의 이해

외식프랜차이즈 시스템은 비숙련자가 들어와도 효과적 교육을 통해 신속하게 점포 업무에 적응할 수 있게 하는 교육을 바탕으로 성장하는 시스템이다. 또한 외식프랜차이즈 시스템은 여러 형태와 상황의 점포와 여러 사람이 동일한 외식프랜차이즈 시스템 안에서 동일한 품질의 제품과 서비스를 제공할 수 있게 하는 데 사업 성공의 성패가 갈린다. 외식프랜차이즈 교육 훈련은 시스템이 존속하고, 성장하게 하는 핵심 요소인 만큼 체계적으로 기획되고 실행되어야 한다.

2) 외식프랜차이즈의 교육 체계 기획

외식프랜차이즈 교육훈련프로그램은 단순 노동을 위한 점포 근무자를 교육하는 것뿐만 아니라 외식프랜차이즈 시스템과 경영 스킬, 운영 노하우, 기업의 경영철학 등 경영의 모든 것에 대한 교육 체계를 수립하여 가맹점사업자를 비롯한 고객과의 접점에 있는 모든 직원까지 이를 정확히 인지하고 업무를 수행하여 최상의 브랜드 경험이 이루어질 수 있게 해야 한다.

표 10-20 외식프랜차이즈의 교육 체계 기획: A패스트푸드 브랜드 교육 체계

제1단계 파트타이머에 필요한 기초지식	• 식사 후 테이블 정리방법 • 음료의 제공방법 • 프렌치프라이의 조리방법 • 햄버거 제조방법 • 그리들 취급방법 • POS 취급방법 • 점포의 개·폐점 업무절차 • 상품의 위생관리 • 상품의 조리방법 • 점포 내의 위생관리 • 점포 관리 유지보수의 순서
제2단계 경영관리(1)	• 고용의 기준 • 트레이닝 방법 • 직원의 동기 부여 방법 • 효과적인 원가관리 방법 • 원재료, 포장재 주문방법 • 위생관리지식 • 설비 집기 비품의 취급방법 • 조리방법과 그 포인트
제3단계 경영관리(2)	• 회계의 절차 • 매출관리 • 재고 관리 방법 • 주문방법 • 효율적인 직원배치 방법 • 스케줄표의 작성 방법
제4단계 경영관리(3)	• 효과적인 커뮤니케이션과 동기 부여의 방법 • 조직, 문제해결 능력 • 매니지먼트 스킬을 몸에 익숙해지도록 하는 방법

〈표 10-20〉은 점포 파트타이머 교육에서 출발해 점포 경영에 이르기까지 교육훈련 프로그램을 구성한 A패스트푸드 브랜드의 교육 체계이다.

이 외에도 칸(Khan, 1999)은 외식프랜차이즈에 다음과 같은 교육 프로그램들을 갖추는 것을 제안하였다.

① 예비 가맹점주 교육

예비 가맹점주가 성공적으로 매장을 운영할 수 있는 자질을 가졌는지를 평가하기 위한 프로그램이다. 가맹점주와 본부 모두가 서로 잘 맞는지를 파악할 수 있기 때문에 향후 계약 이후 사업을 유지해 가는 과정에서 자칫 서로의 성향이나 목적 등이 맞지 않아 생길 수 있는 문제들을 사전에 예방할 수 있다. 본단계에서는 주로 기업이념과 조직, 매장 운영의 이해와 제조 및 서비스 실습 등을 진행한다.

② 매장 운영자 교육

가맹점주 또는 매장 관리자를 위한 교육으로, 프랜차이즈 음식점의 운영 측면의 강조점들을 주로 훈련한다. 이 훈련에서는 매장 운영과 인적자원 관리, 원가계산, 기본 장비관리 및 운영 전반과 폐점, 문서보존 등에 대해 학습한다.

③ 초기 오픈지원 프로그램

본 단계는 개점기의 매장 지원을 위해 기획된다. 가맹점의 그랜드 오픈 후 며칠간 가맹본부의 대표 또는 대표격으로 위임된 직원이 매장의 전 영역에 대해 현장에 파견되어 운영상의 문제나 부족한 점을 보완하는 맞춤형 교육이라 할 수 있다. 어떤 업체는 이 단계에서 가맹점에 채용된 직원들을 현장에서 교육하기도 한다.

④ 가맹점 직원 교육 프로그램

본 교육은 가맹점 현장에서 매장 직원을 대상으로 이루어지는 교육으로, 일 단위나

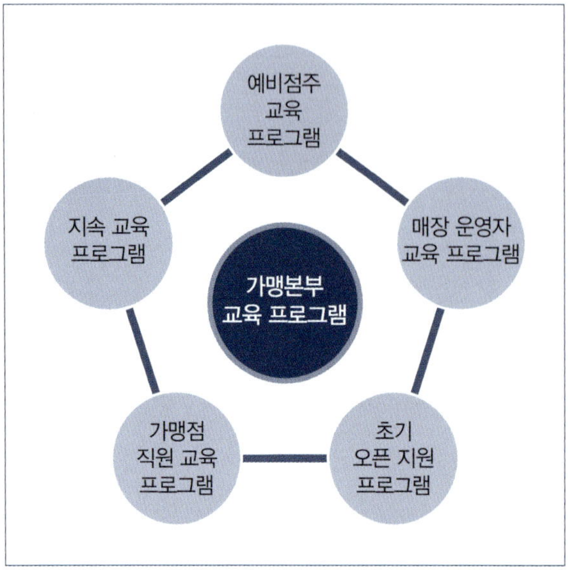

그림 10-29 칸(Khan)이 제시한 가맹본부의 교육 프로그램

주 단위 등 정기적으로 매장의 운영과 관리를 위해 알아야 할 영역(서비스나 위생 등)에 대한 교육을 중심으로 이루어진다.

⑤ 지속 교육 프로그램

이 교육 프로그램은 몇몇 가맹본부가 진행하는데, 기본 훈련 프로그램을 바탕으로 강의나 세미나, 콘퍼런스나 워크숍 등으로 프랜차이즈 사업에서 벌어지는 다양한 일들을 이해하고, 변화하는 시장에 적응하고, 대응하기 위한 내용들이 주가 될 수 있다.

3) 오픈 시 가맹점사업자 교육

국내 외식프랜차이즈의 가맹점사업자 교육은 점포 공사 기간 동안 진행되는 경우가 일반적이다. 문제는 점포 계약 후 공사와 동시에 진행되어 교육에만 전념하기 어렵고 점포 계약 후 하루라도 빨리 점포에서 영업을 시작해 임차료를 보전하겠다는 마음가짐으로 교육을 빨리 끝내기를 희망하는 점주들이 꽤 많다는 것이다.

그러나 가맹점사업자 교육은 한 가맹점의 대표자를 대상으로 하는 교육으로 한 사람의 숙련도는 해당 점포의 직원과 파트타이머 등의 숙련도와 직결된다. 또한 가맹점사업자의 교육비 부담으로 함께 근무할 직원은 가맹점사업자가 직접 교육을 하게 될 경우에 서비스나 제품의 품질 문제는 더욱 심각해질 수 있다. 한 연구결과에 따르면 가맹점사업자에 대한 교육을 평균 이상으로 실시한 외식프랜차이즈 브랜드는 보통으로 교육을 실시한 업체에 비해 사업 지속 기간이 더 긴 것으로 나타났다. 맥도날드의 경우 약

9개월이라는 기간 동안 교육을 진행하며 단순히 가맹점의 운영과 관리 인력을 위한 훈련이 아닌 '외식프랜차이즈 전문가'로 성장할 수 있는 큰 그림을 그리고 있는 것을 볼 수 있다.

국내 시장의 한계를 느끼고 해외로 진출하는 국내 외식프랜차이즈의 대다수가 실패를 경험하고 돌아오는 데는 이러한 교육과 훈련, 인력에 대한 기본적 관점의 차이도 한 몫 하는 것은 아닐지 돌아봐야 할 때이다.

[특집] 맥도날드, 가맹점사업자에게 종합적인 교육 시스템 제공

맥도날드는 예비 외식프랜차이즈 오너들을 위한 종합적인 교육 시스템을 제공하고 있다.

크게 '시프트운영(Shift Management)'과 '시스템경영(System Management)', '레스토랑운영(Restaurant Management)' 등의 프로그램으로 구성되어 약 9개월 동안 진행된다.

이 같은 교육 프로그램을 통해 예비 오너들은 점포 운영을 위한 자재 및 수급 관리와 인력관리, 고객서비스 등과 같은 점포 운영을 위한 핵심 노하우를 배우고 외식프랜차이즈 전문가로 성장하는 발판을 구축할 수 있다.

맥도날드 외식프랜차이즈 비즈니스의 핵심은 점포를 오픈한 이후 오너가 홀로서기를 했을 때도 본사가 컨설턴트 역할을 자처하고 나서 지속적으로 점포 운영에 필요한 자문을 제공한다는 점이다.

세분화된 교육과 마케팅 활동, 제품 및 품질 관리 등을 지원해 안정적인 점포 운영을 돕고 있으며 전문 컨설턴트가 지속적으로 점포를 방문해 컨설팅을 실시하고 있다.

뿐만 아니라 본사에서는 외식프랜차이즈 점포의 매니저들에게 동등한 교육 기회를 보장하고 있으며, 임대료 및 예상 현금 흐름 등의 재정적인 정보와 노동법 및 외식프랜차이즈 방침과 같은 관련 법규에 대해서도 외식프랜차이즈 오너와 함께 검토하며 필요한 부분에 대한 전문적인 자문도 제공한다.

자료 : 아주경제, 2015년 4월 9일자

6 오픈지원시스템 구축

일반적으로 가맹희망자가 외식프랜차이즈 창업을 하게 되는 단계는 〈그림 10-30〉과 같다.

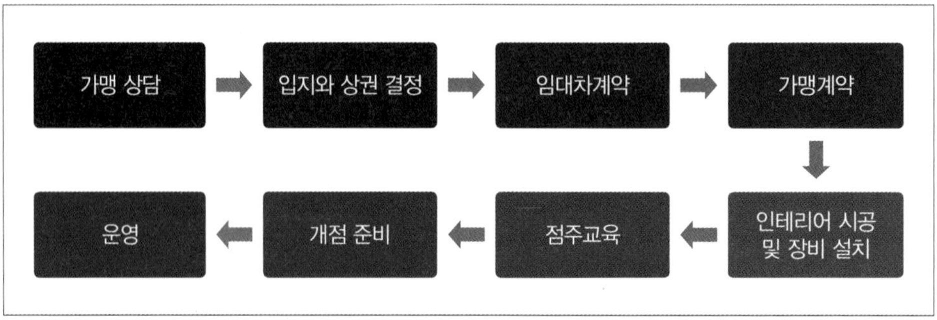

그림 10-30 외식프랜차이즈 가맹점 창업 프로세스(업체에 따라 달라질 수 있음)

1) 오픈지원시스템의 이해

오픈지원시스템은 가맹계약을 마친 후 인테리어 시공과 점주교육, 개점준비를 거쳐 가맹점이 오픈되어 슈퍼바이징 부서가 점포를 담당하기 전까지의 프로세스에 관여한다.

가맹점사업자가 가맹본사의 1차 고객이라 생각한다면 가맹계약 이후 개점이 되기까지의 기간은 가맹희망자가 가장 빈번하게 가맹본사와 접촉하며 MOT가 극대화되는 시기이다. 따라서 이 시점에 오픈지원시스템이 어떻게 제공되었느냐는 가맹점사업자가 최고의 충성도를 지닌 고객이 되느냐 불만스러운 고객이 되느냐의 문제로 이어진다. 또한 이 단계에서는 충분한 점주 교육과 개점 준비를 통해 숙련된 점포 관리자의 이미지를 형성하여 2차 고객인 소비자에게도 좋은 이미지를 전달하여야 한다. 이러한 일련의 과정은 향후 가맹점의 성공과 실패에 가장 큰 영향을 미치게 되는 단계라 할 수 있다.

2) 오픈지원시스템의 구성 요소

가맹점의 오픈을 지원하기 위해서는 〈그림 10-31〉과 같은 7가지 요소에 대한 표준화 및 매뉴얼 작업이 우선되어야 한다.

가맹본부는 업무 프로세스의 표준화, 서비스 품질에 대한 표준화에서부터 모든 유형적 요소와 무형적 요소에 대한 표준화 작업을 마치고 매뉴얼로 정리 후 현장에서 즉시 실행할 수 있는 수준의 체계를 구축해야 한다.

1. 관리자와 종업원이 목표수준에 도달하기까지의 철저한 교육
2. 점포의 설계와 사공에 대한 업무 표준화
3. 집기, 비품의 발주와 납품 등에 대한 조달 단계 표준화
4. 촉진(광고, 홍보, 판매촉진, 인적판매)의 표준화
5. 식재료 등의 발주 납품 단계의 표준화
6. 개업 전 스케줄과 활동 단계의 표준화
7. 개업 시 가맹점에 대한 가맹본부 지원 인력과 업무에 대한 표준화

그림 10-31 가맹점의 오픈지원 및 지원 프로세스

자료 : 타미야 마사히로(2008), 성공프랜차이즈전략, p.254

3) 한눈에 보는 오픈지원시스템 프로세스

가맹계약 후 오픈지원시스템은 다음과 같이 도식화할 수 있는데 이러한 일정은 인력 채용이나 시공상의 문제 등으로 항상 변동될 가능성이 있으므로 오픈지원시스템을 구축할 때는 오픈지원의 충분한 경험을 누적해 가며 보완작업을 진행하여 '당초 예상보

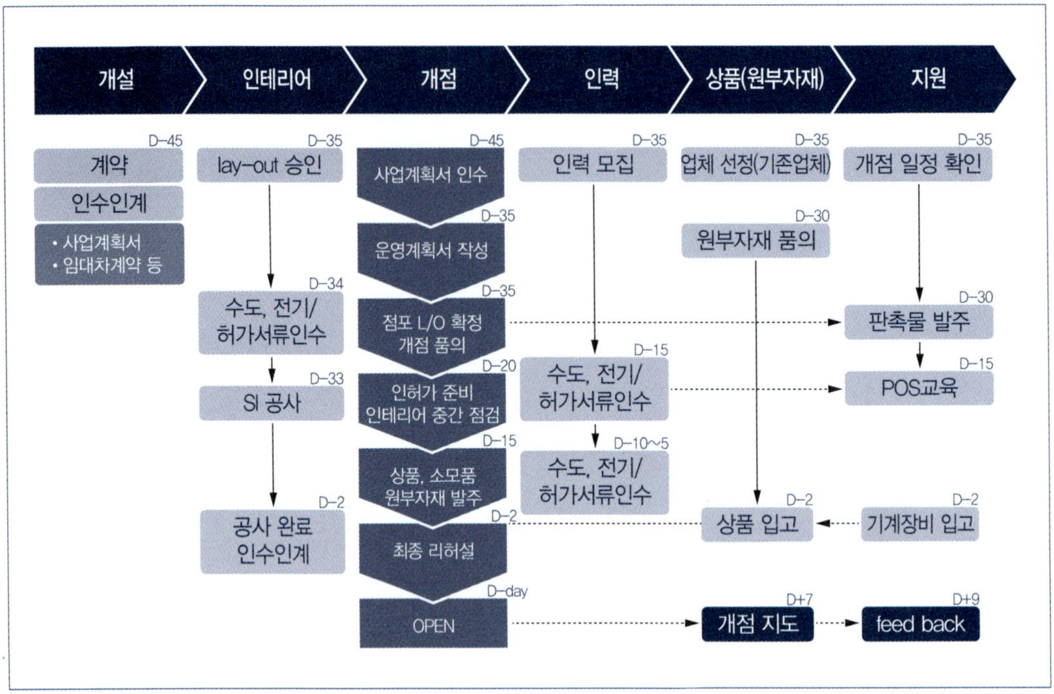

그림 10-32 오픈지원시스템의 예

자료 : 서민교, 프랜차이즈 경영론, p.184

다 OO가 늦어지는' 일이 없게 하는 데 목표를 두어야 한다. 공사 일정을 비롯한 일정의 변경은 가맹본부와 가맹점사업자에게 많은 추가비용을 감수해야 한다는 의미이며 후속 업무 일정 등에도 차질을 줄 수 있기 때문이다.

4) 개점 지도

오픈 지원시스템에서 중요한 또 하나의 부분은 개점 지도 단계이다. 점포 시공과 기자재 시공이 끝난 후 실제 가맹점에서 이루어지는 개점 지도는 리허설과 그랜드 오픈, 오픈 후 실제 운영에 문제가 없는지 점검하고, 가맹점주의 교육 훈련에서 부족했던 부분을 보완하는 교육의 마지막 단계로 볼 수 있다.

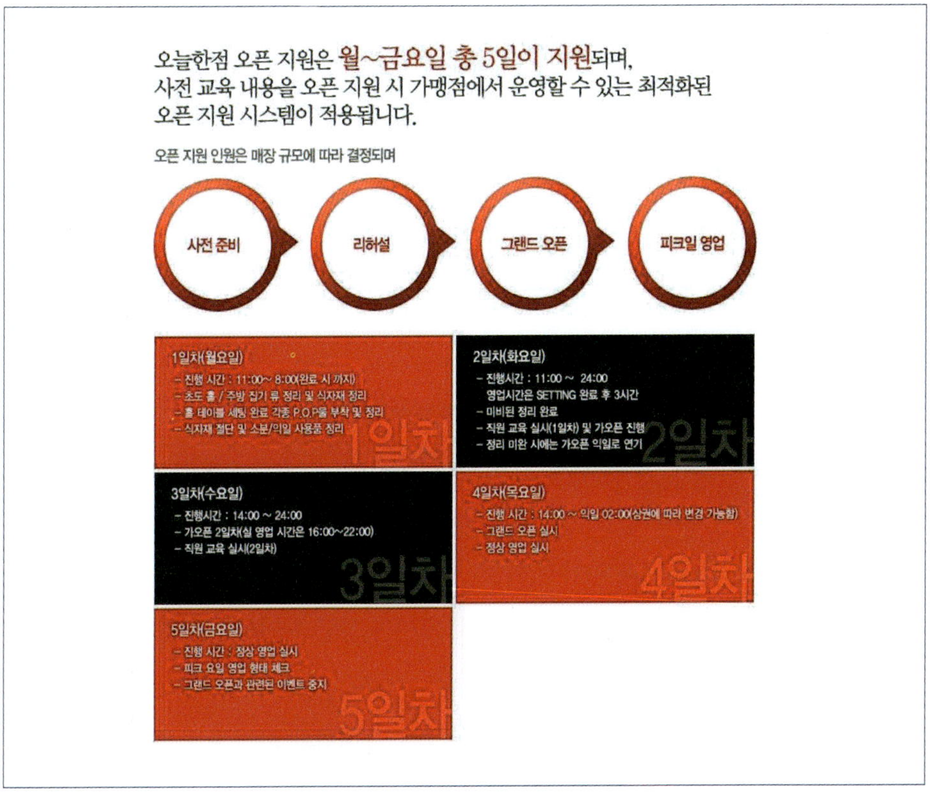

그림 10-33 오늘한점의 개점 지도 시스템

자료 : 오늘한점 블로그(wyfnb.tistory.com)

개점 지도는 본부의 운영 여력에 따라 다양하게 이루어질 수 있는데, 그랜드 오픈 전후로 3일에서 5일 정도 진행되는 것이 일반적이다. 다음은 한 외식프랜차이즈 본부의 개점 지도 일정과 그 내용이다.

7 마케팅 전략

1) 외식프랜차이즈 기업의 마케팅 믹스

현재 외식업의 폐업률이 90%를 상회하는 상황에서 개인 외식업체에서도 마케팅은 생존을 위한 필수 요소가 되었다. 날로 심해지는 경쟁 속에서 외식프랜차이즈 기업의 마케팅은 더욱 고도화될 필요가 있다.

전통적인 마케팅 믹스는 4P(Product, Price, Place, Promotion)로, 제품과 가격, 입지 또는 유통 그리고 판매촉진의 네 가지 요소의 활용으로 이루어져 왔다. 서비스 마케팅은 여기에 프로세스와 물리적 환경(또는 물리적 증거) 그리고 사람이라는 3P(Process, Physical Evidence, People)가 추가된 7P로 구성된 마케팅 믹스를 활용한다. 즉 외식업에서의 마케팅 믹스란 7P를 어떻게 활용하여 자사의 상품과 서비스를 판매할 것인지에 대한 의사결정 행위라 할 수 있다.

이러한 마케팅 믹스는 외식프랜차이즈 기업의 경영이념과 환경분석 결과 STP전략을 적용한 자사만의 마케팅 믹스로 개발되어야 목표고객의 욕구를 충족시켜 궁극적으로

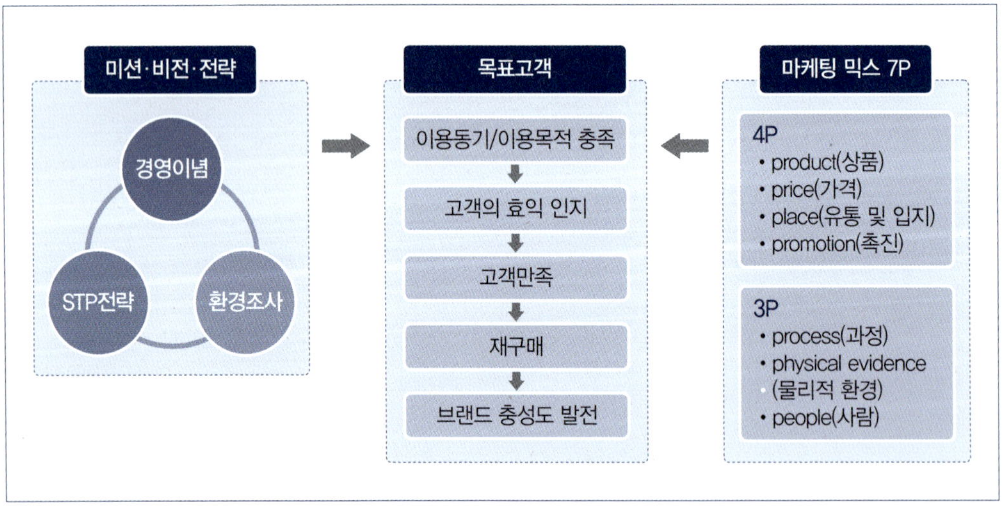

그림 10-34 서비스 마케팅 믹스의 적용

자료 : 김영갑(2014), 외식마케팅 특강 재구성

고객만족을 통한 재 구매와 브랜드 충성도 발전으로 이어질 수 있다.

마케팅 믹스의 구성요소에 대해서는 이미 2부 외식프랜차이즈 콘셉트 개발에서 다루었으므로 마케팅 믹스의 각 요소는 2부를 참고하기 바란다.

2) 미래의 마케팅 환경 이해

현재 우리가 배우고 사용하는 마케팅은 수십 년 간의 경영학의 눈부신 발전과 맥을 같이 하며 검증되어 온 훌륭한 학설에 바탕을 두고 있으나 최근 마케팅의 기법과 환경은 유래 없이 빠르게 변화하고 있기 때문에 우리는 미래의 마케팅 환경을 예측하고 대응할 수 있도록 해야 할 것이다.

과거의 마케팅이 TV나 신문 등의 대중매체를 활용하여 대중을 대상으로 단일 메시지를 전달하는 방법으로 진행되었다면 최근에는 우리가 앞에서 살펴본 대로 시장을 세분화하여 고객의 유형을 나누고 타깃 고객에게 접근하는 STP전략을 취하고 있다. 그러나 마케팅이라는 개념이 경영 현장과 경영학에 등장한 과거와 현재, 미래의 마케팅은 갈수록 개인화가 되어갈 전망이다. 이는 기술의 발전에 의해 고객에게 도달하는 매체

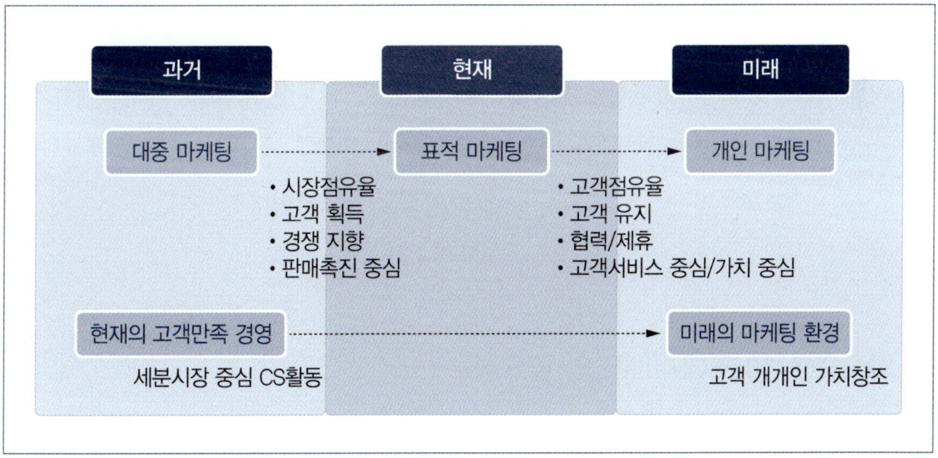

그림 10-35 미래의 마케팅

자료 : 김종훈(2015), 마케팅 기본 및 마케팅전략 프로세스의 이해, KT&G 상상 univ. 강의자료

는 물론 고객의 유형도 세분화되고 있기 때문이다.

3) 통합적 마케팅 커뮤니케이션(IMC)의 이해

기업이나 제품 간의 경쟁이 치열해지고 마케팅 기법이 고도화되며 지식의 전달 속도가 빨라지면서 더 이상 제품이나 서비스의 몇 가지 특징으로는 자사의 차별화가 어려워지고 있는 상황이다. 역설적으로 가중되는 경쟁 속에서 살아남기 위한 마케팅의 중요성은 갈수록 커지고 있으며 이제는 대중 매체가 아닌 온라인 뉴스, SNS, 블로그, 유튜브, 팟캐스트 등 새로운 매체를 이용하는 새로운 고객 커뮤니케이션이 대두되고 있다. 이는 TV, 신문, 잡지 등의 광고 단가가 지속적으로 인상되었고 그에 대한 소비자의 신뢰도는 약해졌기 때문이다. 또한 소비자층의 생활 패턴이 갈수록 세분화되고 개성이 다양해지면서 타깃에 보다 긴밀하게 접근할 수 있는 매체도 다양화되고 있는 추세이다. 이런 배경에서 기업은 다양한 타깃에게 최소 비용으로 최대의 효과를 볼 수 있는 효과적인 방안으로 통합적 마케팅 커뮤니케이션의 IMC라는 전략을 채택하게 된다.

IMC(Integrated Marketing Communication)는 통합적 마케팅 커뮤니케이션의 약자로 자사에 대 한고객 및 이해관계자의 긍정적 이미지 및 이해관계 형성을 목적으로 모든 마케팅활동을 일관성 있게 추구하고 고객과 커뮤니케이션이라는 전략을 뜻한다.

1989년 미국 광고대행사협회는 IMC를 광고, DM, 프로모션, 홍보 등의 다양한 커뮤니케이션 수단들의 전략적 역할을 비교 및 검토하여 최대의 커뮤니케이션 효과를 거둘 수 있도록 통합하여 활용하는 계획의 수립 과정으로 정의하였다.

4) 외식프랜차이즈에서 IMC의 필요성

일반 기업에 비해 외식산업은 비교적 영세한 기업들 위주로 시장이 형성돼 왔으며 외식프랜차이즈 사업으로 사세가 확장된 경우에도 대기업과 비교했을 때 기업 규모나 자본력이 약한 편이다. 최근 대기업의 시장 진입과 잇따른 사모펀드의 외식기업 인수로 비교적 영세한 외식프랜차이즈 기업은 다방면에서 경쟁력을 상실하기 쉽다. IMC의 목표는 일관성 있는 브랜드 메시지를 지속적으로 전달하여 기업의 크기나 투자된 자본의 크기와 상관 없이 소비자에게 명확한 브랜드 이미지를 제공하여 강력한 브랜드 자산을 구축하는 것이다.

따라서, 콘셉트 개발 과정에서 설정된 타깃에 절대적인 포지셔닝을 형성하겠다는 목

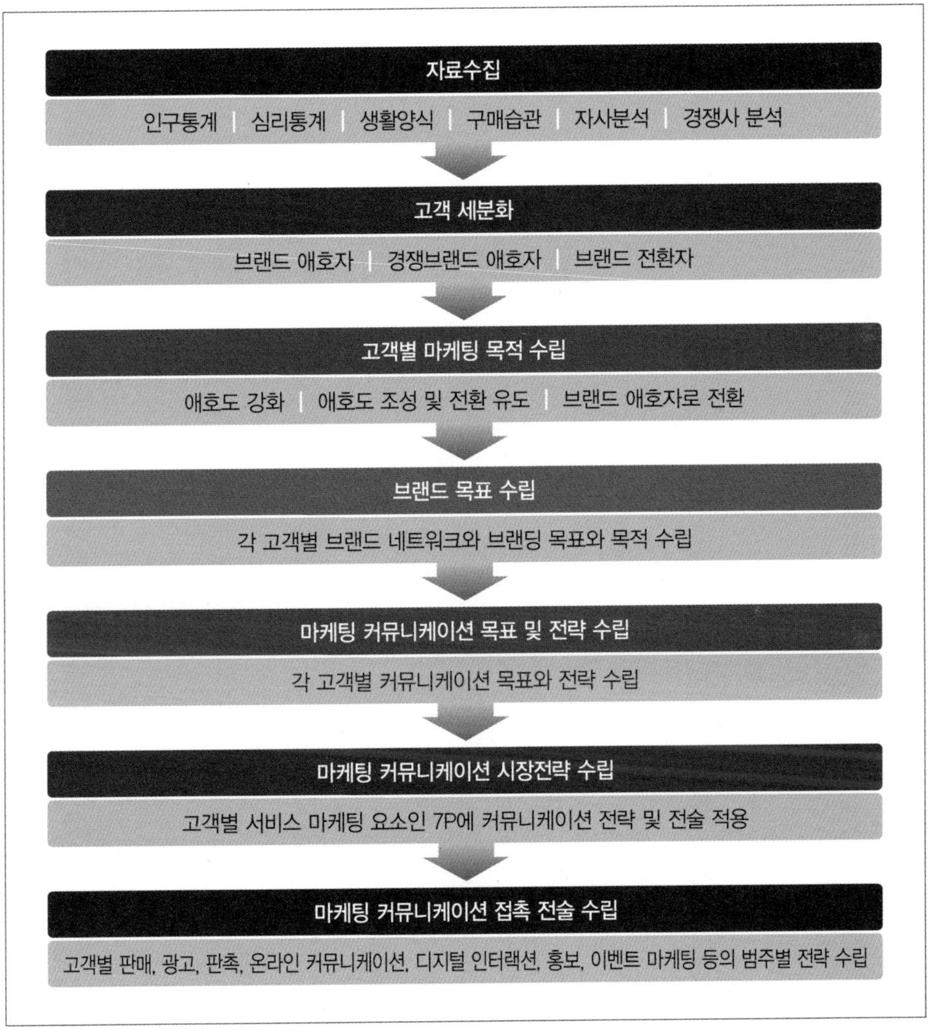

그림 10-36 IMC의 기획 과정

자료 : 광고쟁이(애드맨인포) 페이스북(www.facebook.com/admansocial)

표로 IMC전략을 구축해 나갈 필요가 있다.

5) IMC전략의 기획과 실행

IMC기획 과정은 다음과 같다. STP전략 수립 과정과 비슷하게 일차적으로 고객과 자사, 경쟁사 분석에서 시작되는데 이후에 고객을 브랜드 선호도라는 기준을 가지고 세분화하여 각각의 고객 그룹에 다른 마케팅 커뮤니케이션 목적과 목표를 수립하고 그에 따른 전략과 전술도 다르게 진행하게 된다.

외식프랜차이즈 가맹본부에서 이렇게 IMC전략을 구축하고 실행하기 위해서는 경영자와 가맹본부 구성원 모두가 장기적 브랜드 가치 형성의 중요성에 대해 동의해야 하며 장기적 투자와 전사적 협력이 요구된다는 사실에 동의할 수 있어야 한다. 내부 인력만으로 IMC전략을 수립하고 실행하는 것은 매우 어려운 일이기에 외부 마케팅 회사에 의뢰를 할 수도 있다. 그러나 어떤 방법을 선택하든 간에 중요한 것은 IMC의 수립과 실행은 전사적으로 이루어져야 한다. 외부의 도움을 받아 전략을 수립한 들 내부의 끈기 있는 계획과 실행 그리고 이를 분석하여 보완하는 작업이 뒷받침 되지 않는다면 IMC 전략의 기획은 막대한 비용을 투자하고도 전혀 효과를 볼 수 없게 된다.

8 슈퍼바이징시스템 구축

외식프랜차이즈의 꽃이라고 한다면 단연 '슈퍼바이징'을 꼽을 수 있다. 외식프랜차이즈가 시스템으로 작동하기 위해서는 가장 필수적인 부분이 바로 슈퍼바이징이기 때문이다. 외식프랜차이즈 시스템의 목적과 구성에서 이미 살펴본 바와 같이 외식프랜차이즈가 추구하는 핵심가치는 가맹본부와 가맹점이 동시에 만족하는 win-win 구조를 만드는 것이다. 그런 구조가 형성되기 위해서 반드시 가교역할을 하는 그 무엇인가가 필요한데, 슈퍼바이징이 바로 그 위치에 있다고 볼 수 있다.

1) 슈퍼바이징의 이해

(1) 슈퍼바이징의 정의

슈퍼바이징(supervising)이란 가맹본부가 가맹점을 지원할 목적으로 수행하는 가맹점 관리, 지도, 상담, 정보전달, 문제점 파악 및 해결을 포함하여 가맹점과 가맹본부가 함께 만족할 수 있도록 상호업무를 통합적으로 조정 하는 일체의 활동을 의미한다.

이상의 정의에 따르면 일부 외식프랜차이즈 기업의 경우 슈퍼바이징을 제대로 수행하지 못하고 있다는 생각을 할 수도 있다. 예를 들면 가맹본부가 자신의 이익을 위해서 가맹점이 가맹사업에 따른 내용을 가맹본부와의 계약내용이나 규정, 지침을 준수하는지 여부를 관리 감독하는 것으로 오해하고 슈퍼바이징을 실시하는 경우도 있다. 경우에 따라서는 가맹본부의 유지발전은 뒤로 하고 무조건 가맹점이 원하는 모든 것을 해주기 위하여 맹목적으로 가맹점을 지원하는 것을 슈퍼바이징으로 알고 있는 기업도 존재할 수 있다. 이러한 사례는 모두 슈퍼바이징을 잘못 이해한 데서 비롯된 일이다. 슈퍼바이징은 어느 한편의 일방적인 이익을 도모해서는 곤란하다. 가맹점과 가맹본부 모두가 만족하는 접점을 찾고 실행할 때 진정한 슈퍼바이징이 실현된다.

(2) 슈퍼바이징시스템의 이해

외식프랜차이즈 기업은 자신이 영위하는 업종과 관계없이 슈퍼바이징을 체계적으로 구조화해야 하는 임무를 갖는다. 즉 외식프랜차이즈 사업을 영위하는 기업이라면 반드시 가맹사업을 실시하기 전에 우선적으로 슈퍼바이징시스템을 구축해야 한다. 일부 기업의 경우 일단 외식프랜차이즈 사업부터 시작하고 가맹점의 수가 일정 수준에 이르면 그때서야 슈퍼바이징시스템을 갖추겠다고 생각하는 경우도 있는데, 이런 일이 벌어지는 이유는 외식프랜차이즈 사업이 곧 시스템 사업이라는 이해를 정확히 하지 못한 것에서 비롯된다고 할 수 있다.

이런 맥락에서 슈퍼바이징시스템(Supervising System)은 가맹본부가 가맹점을 지원하기 위하여 본부의 모든 업무를 조직화·체계화한 구조로, 이 구조에는 경영이념, 조직, 교육, 매뉴얼, 보상제도를 포함한다고 정의할 수 있다.

즉, 슈퍼바이징은 실제로 구현해야 하는 활동의 세부내용을 정의하는 것이고, 슈퍼바이징시스템은 슈퍼바이징을 하기 위한 구조와 체계를 의미한다. 이제는 이러한 활동과 구조를 직접 만들고 실행해야 하는 슈퍼바이저에 대해 정확하게 이해할 차례이다.

(3) 슈퍼바이저의 이해

슈퍼바이저라는 용어는 제조업의 경우 생산공장의 작업반장을 의미하는 것이고 소매업에서는 연쇄점의 감독자를 뜻하는 단어이다. 외식프랜차이즈 기업에서의 슈퍼바이저는 어떻게 정의해야 할지 고민하기 위해 전문가와 학자들의 정의를 먼저 살펴보기로 한다.

패션전문자료편찬위원회(1997)에 따르면, 슈퍼바이저를 "단순히 '감독자·관리자'를 가리키는 경우와 가게의 업무운영(Store Operation)에 대해서, 스토어 매니저에게 지도·조언을 행하는 전문가(Specialist)나 총괄책임자"로 정의하고 있다.

이상의 정의는 슈퍼바이저가 어떤 업무에 집중해야 하는지를 잘 보여주고 있다. 가맹본부보다는 가맹점의 이익을 대변해야 한다는 철학을 가진 책임자가 되어야 함을 알 수 있다. 좀 더 구체적으로 슈퍼바이저의 역할을 살펴보기로 한다.

〈그림 10-37〉은 가장 일반적인 슈퍼바이저의 역할을 정리한 내용이다. 슈퍼바이저의 가장 중요한 역할은 가맹점이 가맹본부의 경영철학을 공유할 수 있게 만드는 일이다. 서로의 이해관계가 상충되지 않기 위해서는 반드시 경영철학이 일치해야 한다. 경영철학은 사업을 하기 위한 모든 의사결정의 기준이 되기 때문이다. 예를 들어 가맹본부는 고객만족을 위해 투자하겠다고 하더라도 가맹점이 자신의 이익을 위해서 고객에게 피해가 있어도 괜찮다는 생각을 갖는다면 해당 외식프랜차이즈 브랜드는 영원히 존속하기 어려울 수 있다. 따라서 슈퍼바이저는 가맹본부의 경영철학을 충분히 전달함과 동

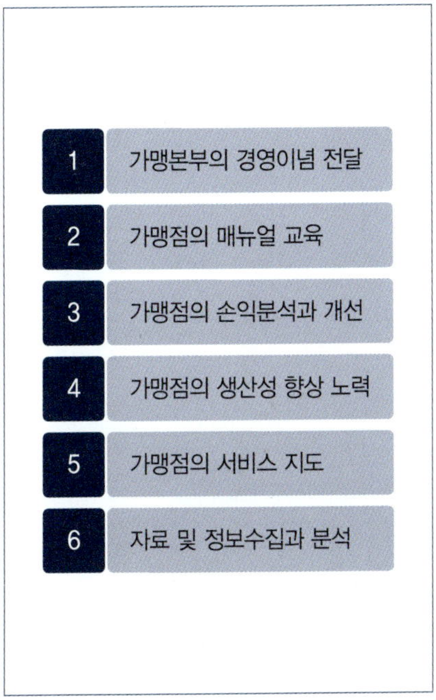

그림 10-37 슈퍼바이저의 역할

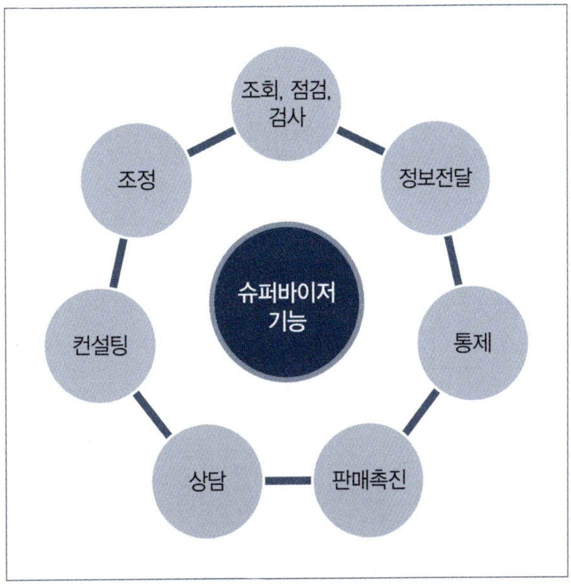

그림 10-38 슈퍼바이저의 기능

자료 : 타미야 마사히로(2008), 성공프랜차이즈전략, p.286, 서민교(2010), 프랜차이즈경영론, p.233

시에 가맹점사업자가 이 철학의 실천에 동참하게 만들어야 한다.

이 외에도 슈퍼바이저는 가맹점의 교육, 손익분석과 개선, 생산성 향상, 서비스 지도, 가맹점 운영에 필요한 모든 정보의 수집과 분석을 위하여 최선을 다해야 한다. 슈퍼바이저는 이러한 역할을 구체적이면서 기능으로 명확하게 정리하여 실행하는 것이 필요하다.

〈그림 10-38〉에 따르면 가맹본부의 슈퍼바이저는 가맹점을 대상으로 '조회, 점검, 검사, 정보전달, 통제, 판매촉진, 상담, 컨설팅, 조정'과 같은 기능을 수행하는 역할을 한다. 이와 같이 슈퍼바이저는 상당히 많은 기능을 수행해야 한다는 점에서 교육 등을 통해 지식과 역량이 어느 수준이어야 하는지 가늠할 수 있다.

2) 슈퍼바이저의 요건

슈퍼바이저는 단순히 가맹본부와 가맹점 사이를 오가며 정보전달과 행정업무에 치중하는 직원이 아니다. 점포에서 직접 고객을 접객하는 업무부터 시작해서 점포를 전반적으로 관리하는 부점장과 점장의 업무를 섭렵해야 한다.

점포에서의 접객실무와 관리업무를 익힌 후에는 실제로 점포를 개점하고 목표성과를 달성할 수 있는 실력까지 갖추어야 수행할 수 있는 업무가 슈퍼바이징이다.

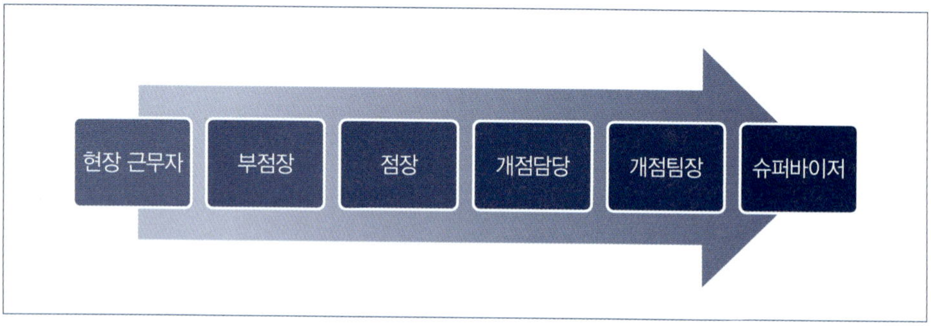

그림 10-39 슈퍼바이저가 되기 위한 경력체계

자료 : 서민교(2010), 프랜차이즈경영론, p.233

3) 슈퍼바이징시스템 구축

슈퍼바이징시스템은 〈그림 10-40〉과 같은 구조가 가장 일반적인 내용으로 받아들여지고 있다.

가맹본부의 경영이념은 슈퍼바이징시스템과 관계없이 외식프랜차이즈 기업을 설립하던 당시에 구축되었을 가능성이 있다. 따라서 외식프랜차이즈 조직에 뒤늦게 참여하는 가맹점사업자는 경영이념을 제대로 인지 및 이해를 못할 수 있다. 슈퍼바이저는 가맹본부의 철학을 가맹점도 충분히 이해하고 향후 사업을 통해 달성할 목표가 상호 합치되도록 노력해야 한다.

슈퍼바이저가 정해진 역할과 기능을 충분히 수행하려면 이를 지원하는 조직, 교육시스템, 매뉴얼, 평가와 보상제도가 함께 구축해야 한다. 그리고 이러한 지원체계는 가맹본부만의 투자가 아닌 가맹점의 지원도 병행되어야 한다. 가맹점은 가맹본부가 외식프

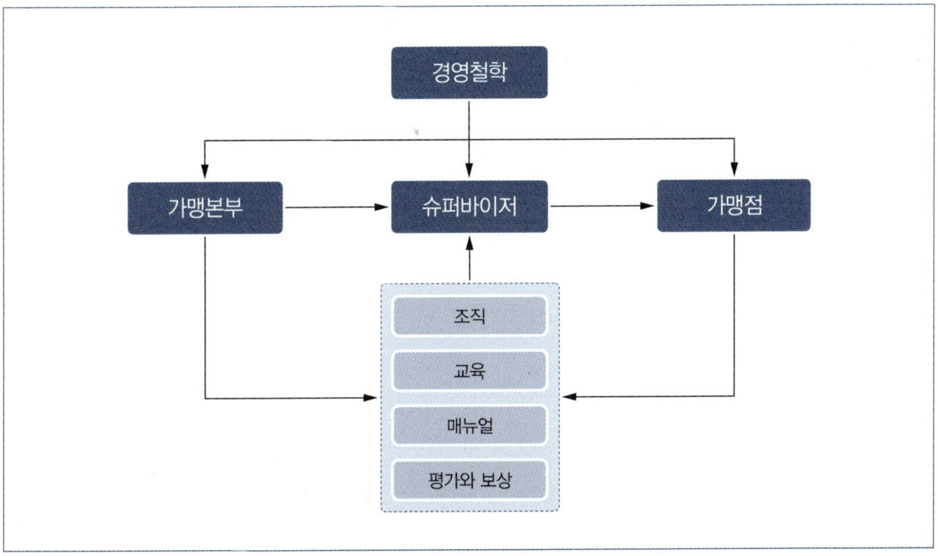

그림 10-40 슈퍼바이징시스템의 구조

자료 : 장재남(2012), 프랜차이즈 가맹본부 창업, p.398

랜차이즈 사업을 위해 다양한 시스템 구축을 위한 선행투자를 하였다는 점을 인정하고, 사후적으로 사업에 참여한 동업자의 자세를 가지는 것이 필요하다. 즉 로열티와 같은 금전적 대가의 지불은 물론이고 심정적으로도 적극 참여하는 자세와 일련의 관리체계를 합리적으로 받아들이는 심적 지원이 있어야 한다.

슈퍼바이징시스템에서 조직의 교육은 슈퍼바이저의 업무수행에 필요한 조직과 교육체계를 의미하며 매뉴얼은 슈퍼바이저의 업무 매뉴얼을 포함한 가맹점의 경영에 대한 모든 매뉴얼을 포함한다. 마지막으로 평가와 보상은 슈퍼바이저가 가맹본부와 가맹점 사이에서 적절한 역할과 기능을 수행하는지 여부를 평가하는 항목의 개발 및 평가에 따른 보상제도 등을 뜻한다.

슈퍼바이저는 가맹점이라는 외부 조직을 대상으로 가맹본부와 같은 목표를 가지고 동일한 행보를 할 수 있게 설득하고 지원 및 관리를 하는 역할을 수행하는 매우 중요한 직책이다. 따라서 가맹본부는 슈퍼바이저가 슈퍼바이징을 제대로 수행할 수 있도록 가맹점의 모집에 앞서서 슈퍼바이징시스템에 대한 선행투자를 해야 할 의무가 있다.

표 10-21 슈퍼바이징시스템 예시

구분	내용
경영이념	미션, 비전, 전략, 핵심가치, 실천과제 등
조직	총괄 매니저, 지역 매니저, 슈퍼바이저
교육	사내 및 위탁 슈퍼바이저 과정, 업무분야별 교육 및 스터디그룹 활용
매뉴얼	슈퍼바이저 매뉴얼, 각 업무별 매뉴얼
보상제도	다양한 평가기준(가맹점 매출, 가맹점 만족도 등)을 기준으로 시상 및 보상

국내의 가맹사업과 관련된 법률은 계약과 관련된 조항은 두고 있지만 아직까지 가맹계약 이후의 관계를 적극적으로 조율하는 조항은 두고 있지 않다. 슈퍼바이징은 가맹계약 이후 가맹본부와 가맹점 상호간 공동의 이익을 추구하는 시스템이라는 측면에서 법률적 구속력과 관계없이 충실하게 구축하고 실행되어야 한다.

외식프랜차이즈 시스템에서 가장 중요한 의미를 갖는 슈퍼바이징시스템의 성과는 슈퍼바이저가 수행하는 업무의 질에 의해서 결정된다. 자칫 슈퍼바이저는 가맹점을 감시하고 관리 감독하는 업무에 치중하기 쉬운데 슈퍼바이저는 가맹본부와 가맹점의 교량역할을 해야 한다. 가맹본부의 표준을 지키도록 독려하는 업무는 물론이고 판매촉진, 상담, 컨설팅, 조정 등의 역할이 상호 균형을 이룰 때 가맹점은 슈퍼바이저를 믿고 가맹본부의 정책에 적극 협조하게 된다.

4) 가맹점 관리 개요

가맹점을 관리한다는 의미는 여러 가지로 해석이 가능하다. 가맹본부가 만든 표준화된 매뉴얼을 잘 지키고 있는지 점검하는 것이 가장 일반적인 가맹점 관리이다. 하지만 더 중요한 것은 가맹점의 수익성에 대한 관리와 가맹점의 경영이 제대로 이루어지고 있는지에 대한 관리이다. 이를 알기 쉽게 정리해 보면 〈그림 10-41〉과 같다.

구체적으로는 수익성관리 항목으로 매출액, 식재료비, 인건비, 임차료, 기타 비용, 이

수익성관리 항목

- 매출액 관리
- 식재료비
- 인건비, 임차료 등의 주요 비용관리
- 이익관리
- 자금조달관리 등

경영관리 항목

- 조직운영관리
- 직원채용 및 교육훈련 관리
- 근무편성관리
- 사무처리관리
- PDS관리

그림 10-41 슈퍼바이저가 관리해야 할 가맹점의 업무

주: PDS관리는 Plan-Do-See의 경영순환관리를 의미함

익 등이 있다. 이어서 경영관리 항목으로는 '조직, 직원채용, 교육훈련, 근무편성, 사무처리, 경영관리 과정'이 있다.

이와 같은 가맹점의 수익성 항목과 경영관리 항목을 슈퍼바이저가 효율적으로 관리하기 위해서 주로 활용하는 방법은 체크리스트를 이용하는 것이다. 일반적으로 체크리스트는 가맹본부가 직접 개발하여 활용해야 하는데 다음과 같은 점을 고려하면 된다.

첫째, 가맹점의 상태를 고객의 관점에서 체크할 수 있도록 충분히 검증된 체크리스트를 사전에 준비한다.

둘째, 가맹점의 문제를 찾아내고 다수의 가맹점과 상대적으로 비교할 수 있는 측정 방법를 이용해야 한다.

셋째, 체크리스트는 단순히 점검을 하는 도구가 아니라 가맹점의 문제점을 찾아내고 개선함으로써 가맹점의 실적이 개선되도록 설계되어야 한다.

5) 가맹점 오픈 후 초기 관리

외식프랜차이즈 기업이 가맹본부의 주도하에 신규 가맹점을 개설하고 영업을 개시하면, 일정기간 동안 슈퍼바이저가 가맹점의 경영자관리 활동을 주도해야 한다. 그리고 시간이 지남에 따라서 실질적인 관리권한을 가맹점사업자에게 인수인계해 나가는 체계를 갖추어야 한다. 이 내용을 구체적으로 정리하면 〈표 10-22〉와 같다.

가맹점의 관리 권한을 슈퍼바이저에서 가맹점사업자에게 넘어가는 시점은 가맹본부가 표준 가이드라인을 만들어 본부 운영 효율을 높일 수 있는 시기를 기준으로 한다. 하지만 실제로 현장에서는 가맹점 사업자의 능력에 따라서 유동적으로 적용해야 한다. 가맹점 사업자가 충분한 능력을 갖추기도 전에 촉박하게 인수인계를 해서 가맹점 운영관리에 문제가 발생하면 가맹점의 사업에 부정적 영향을 줄 수 있으며, 심지어는 본사의 브랜드 가치에도 나쁜 영향을 미칠 수 있기 때문이다.

〈표 10-22〉에서는 슈퍼바이저의 관리활동을 점진적으로 가맹점사업자에게 이양하는 과정을 총 4단계로 구분하고 있다. 1단계는 슈퍼바이저가 주도적으로 가맹점을 관리하며 시범을 보이는 시기이다. 이후 2단계는 가맹점사업자가 점포 관리를 하면서 슈퍼바이저의 도움을 받는 시기이다. 3단계는 슈퍼바이저는 특별한 문제가 발생하는 경우만 지원을 한다. 마지막 4단계는 가맹점사업자가 충분한 경영관리 능력을 갖추었다고 판단되어 완벽한 독립경영을 하는 시점이다. 이러한 단계별 시기와 권한이양 수준은 가맹본부의 지원 역량에 따라서 달라질 수 있다. 지원 조직이 충분치 않은 본부는 가능

표 10-22 가맹점 개점에 따른 슈퍼바이저 역할의 변화

<table>
<tr><th>구분</th><th>내용</th><th>방문주기</th></tr>
<tr><td>개점 1~2개월</td><td>슈퍼바이저가 주도적으로 점포를 관리하는 시기</td><td>주 1~2회 이상</td></tr>
<tr><td>개점 2~3개월</td><td>가맹점사업자가 점포관리를 하면서 슈퍼바이저가 관리하고 점검하는 시기</td><td>주 1~2회</td></tr>
<tr><td>개점 3~4개월</td><td>가맹점사업자가 점포관리를 독자적으로 하면서 슈퍼바이저가 지원하는 시기</td><td rowspan="2">월 1~2회</td></tr>
<tr><td>개점 4개월 이후</td><td>가맹점사업자가 독자적으로 경영을 시작하는 시기</td></tr>
</table>

한 빠른 시기에 모든 권한을 가맹점사업자에게 넘기는 것을 선호할 것이다. 지원 조직은 있더라도 가맹점으로부터 수취하는 이익이 매우 적은 경우에도 많은 시간을 지원에 투자하기 힘들 수 있다.

따라서 정상적인 영업과 경영활동이 가능한 수준까지 가맹본부 슈퍼바이저의 지원을 받는 외식프랜차이즈 시스템이 구축되려면 가맹비와 로열티가 현실화되어야 한다. 즉 모든 투자와 지원은 결국 가맹점사업자가 지불한 비용에 상응하여 이루어진다는 것이다.

6) 가맹점 정기 점검 및 평가

슈퍼바이저의 주요 업무 중 하나는 가맹점을 정기 방문하여 제품품질, 서비스, 위생생태 등 점포 관리 품질을 점검하고, POS데이터 등을 활용해 경영성과를 파악하는 것이다. 업종에 따라 점검 항목은 달라질 수 있으나 아래와 같은 내용을 중심으로 정리한다. 슈퍼바이저는 보통 한정된 시간에 많은 점포를 방문하고 관리해야 하기 때문에 점포에서 점검이 필요한 사항들은 점포 방문 점검지를 만들어 기록하고 추후 정리가 필요한 부분은 보완하는 것이 효과적이다.

표 10-23 슈퍼바이저의 점포 정기 관리 항목의 예

1. 제품 관리
2. 가맹본부 시스템 충실도
  – 상품과 제품
  – 가격
  – 인테리어
  – 미수금
  – 이벤트, 프로모션 참여
3. 식자재 품질관리
	4. 매뉴얼 실천 정도
	5. 고객서비스
	6. 마케팅 활동
	7. 점포 관리
	8. 가맹점 직원 관리
	9. 가맹점 경영성과
	  – 월 손익계산서
	  – 본부 구매율에 따른 가맹점 수익공헌도 등

(1) 정기 보고 사항

슈퍼바이저가 가맹점의 정상적인 경영이 가능하도록 지원하고 관리하기 위해서는 앞서 언급한 관리항목에 대하여 정해진 시기별 체크와 점검이 이루어져야 한다. 그리고 이러한 점검 항목은 정해진 기준에 의거 정기적으로 가맹본부에 보고해야 한다. 즉 보고시스템이 완벽하게 갖추어져 있어야 한다.

보고해야 할 내용은 〈표 10-24〉와 같으며, 구체적으로 각각의 항목을 살펴보면 다음과 같다.

첫째, 대표적인 보고 항목으로 가맹점의 경영상황이다. 경영상황이란 매출, 비용, 이익을 의미한다. 각각의 항목은 일일, 주간, 월간, 시간대별, 요일별 특성과 추이를 보고하고 문제점 등이 포함되어야 한다.

둘째, 교육훈련 내용도 정기보고 사항에 포함된다. 가맹본부가 실시하는 교육훈련 이외에 별도로 가맹점의 상황에 적합하게 개별적으로 실시하는 교육의 내용과 과정, 성과 등이 보고되어야 한다. 가맹본부는 이러한 교육훈련 내용을 참고하여 향후 본부의 교육계획 수립에 반영할 수 있다.

셋째, 슈퍼바이저는 단순히 가맹점의 현황뿐만 아니라 가맹점이 속한 상권의 경쟁점 현황, 고객현황도 가맹본부에 보고 할 의무가 있다. 이러한 현황은 가맹점 스스로의 노력만으로 해결이 불가능한 환경적 요소를 확인하는데 필수 요소이기 때문이다.

넷째, 가맹점의 상품별 판매현황과 이러한 현황에 따라 이루어지는 판매촉진 활동 역시 슈퍼바이저가 챙기고 정리하여 보고해야 하는 항목에 포함된다.

다만, 이러한 보고가 슈퍼바이저에 의해서 이루어지지 않고 시스템에 의해서 이루어지는 가맹본부도 다수 존재한다. 외식프랜차이즈 가맹본부는 ERP와 같은 외식프랜차이즈 관리시스템을 구축하면서 대부분의 경영관리 요소에 대한 보고를 POS와 기타 IT

표 10-24 슈퍼바이저가 정기적으로 보고해야 할 가맹점 상황

가맹점 경영상황
가맹점 및 가맹점사업자에 대한 교육훈련 내용
경쟁업체 현황 및 상황
고객정보
상품별 판매현황
판매촉진 활동 및 현황

시스템에 의하여 자동으로 이루어지도록 설계하는 경우가 많다. 다만 이러한 시스템이 갖추어져 있는 경우라도 가능하다면 슈퍼바이저가 이 내용을 가맹점사업자와 공유하고 상호 내용을 점검하여 별도로 정리한 후 본부에 보고하는 과정은 꼭 필요하다고 판단된다. 자칫 모든 경영관리 활동을 시스템에만 의존하다 보면 슈퍼바이저가 가맹점의 현황을 제대로 파악하지 못하는 문제가 발생할 수 있다.

점포 점검 보고서의 형태는 〈표 10-25〉와 같이 작성할 수 있다.

(2) 실적 부진 가맹점의 관리

슈퍼바이저가 가맹점을 관리 또는 지원할 때 슈퍼바이저의 가장 중요한 핵심은 실적 부진 점포를 사전에 예측하고 이를 관리하는 능력이다. 경우에 따라서는 예측하지 못한 상태에서 부진에 빠진 점포를 발견하게 되고 이를 개선하여 정상화시켜야 하는 고민에 빠지는 경우도 있다. 그러나 가능하면 가맹본부 차원에서 점포가 부진에 빠지기 전에 사전에 예측하기 위한 구조를 구축할 필요가 있다.

예를 들면 2개월 연속 목표매출액을 달성하지 못하는 점포는 부진이 예상되는 점포로 규정하는 것과 같은 기준을 만드는 것이다. 그 외에도 고객 수 또는 객단가가 일정기간 이상 지속적으로 감소한다거나 서비스 미흡이 잦아서 민원이 많고 고객만족도가 지속적으로 떨어지는 점포도 부진이 예상되는 점포로 규정할 수 있다.

가맹점의 문제만이 실적부진에 영향을 미치는 것은 아니다. 가맹점과 관계없이 상권 내에 경쟁점포가 급격하게 증가하는 경우도 부진이 예상되는 점포로 규정할 수 있다. 기타 점포 매출액이나 비용항목에 이상치가 발생하는 경우도 부진이 예상되는 점포를 규정하는 항목이 될 수 있다.

가맹본부와 슈퍼바이저는 가능한 가맹점이 부진에 직면하기 전에 사전에 예측하고 이를 개선하는 활동에 돌입해야 한다. 이미 문제가 노출되어 부진이 실현되기 시작하면 안정적인 상태로 전환시키기 위해 더 많은 시간과 비용이 투자되어야 하기 때문이다.

일단 가맹점의 부진이 예측되면 가맹본부와 슈퍼바이저는 〈그림 10-42〉와 같은 단계에 따라서 개선을 위한 활동을 시작해야 한다.

표 10-25 점포 정기 점검 보고서의 예

점포 정기 점검 보고서

점포명		방문일시	월 일 요일 시- 시
점주		점검자	

점포 환경 점검

항목	관리수준				점검사항	비고
	A	B	C	D		
간판 및 익스테리어						
현관, 유리창 및 배너						
카운터 주변환경						
쇼케이스						
테이블 및 의자 배치						
벽면부착물 및 POP						
서비스 스테이션						
점포 기기						
선반, 창고, 주방기기						
화장실						
기타						

서비스 환경

항목	관리수준				점검사항	비고
	A	B	C	D		
복장·몸가짐·청결						
보건증 등 서류구비						
고객 응대 서비스						
제품 지식						
판매 기술						
BGM·냉·난방·조명						
기타						

(계속)

제품 환경

항목	관리수준				점검사항	비고
	A	B	C	D		
메뉴 품질(온도·용량)						
메뉴 데코레이션						
식재료 보관 및 취급						
메뉴 레시피 적용도						
메뉴 제조 소요 시간						

경쟁점 환경

항목	관리수준				점검사항	비고
	A	B	C	D		

매출 분석

월 단위 매출 변동	
상품별 매출 순위	
요일별 매출	
시간대별 매출	

점주 의견

슈퍼바이저 종합의견

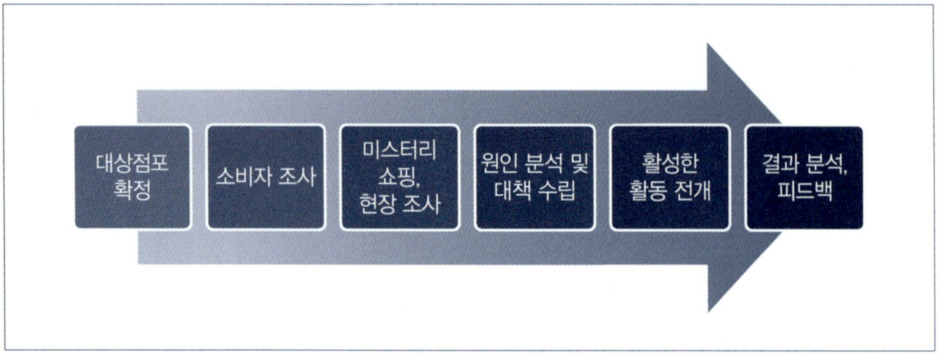

그림 10-42 매출하락 점포를 개선하기 위한 프로세스

슈퍼바이저는 향후 매출하락이 예상되는 점포에 대하여 소비자 조사를 실시한다. 소비자 조사는 다양한 방법을 사용할 수 있다. 설문조사를 할 수도 있고 고객행동을 관찰하는 것도 가능하다. 상황에 따라서는 상권분석을 통해서 소비자 조사를 대체 할 수도 있다. 소비자 조사가 끝나면 현장중심적인 조사로 내용을 보완한다. 예를 들면 미스터리 쇼핑을 통해 서비스 품질을 정밀하게 측정하고 기타 다양한 현장조사를 활용한다.

다양한 조사를 통해서 가맹본부는 가맹점의 문제점을 확인 할 수 있어야 한다. 메뉴의 문제인지 가격의 문제인지 아니면 서비스 품질의 문제인지 부진의 원인을 명확하게 찾아내야 한다. 문제가 찾아지면 이를 개선하기 위한 대책과 전략이 수립될 수 있다. 수립된 행동지침에 따라서 슈퍼바이저는 점포 활성화에 주력하면서 지속적인 과정관리와 피드백을 통해 가맹점의 성장을 주도해야 한다.

9 매뉴얼 제작과 적용

1) 매뉴얼의 개념

매뉴얼(manual)

- 직무를 수행하는데 필요한 작업상의 지식이나 작업 진행 방법 등에 관한 기본적인 사항을 체계적으로 정리한 '지도서'이다(동방디자인, 2006).
- 「편람·입문」이란 뜻으로, 활동 기준이나 업무 수속 등을 문서로 하여 명확화한 것. 경영의 의지 결정방법을 나타낸 규정서부터 안내서까지 있다. 판매원 교육의 일환으로 매뉴얼은 흔히 표준화할 수 있는 일의 작업지시서를 말한다. 작업의 수준, 방법 등을 순서를 세워서 자세하게 구체적으로 문서화한 것으로서, ① 순조로운 조직활동, ② 업무의 체계적 습득, ③ 일정 수준의 작업 확보가 그 목적이다(한국사전연구사, 1997).
- 매뉴얼이란 Q.S.C.(Quality, Service, Cleanness)에 근간을 두고 표준을 설정하여 작업의 방법을 구체적으로 지시하는 '지침서'이다. 즉 작업동작이나 수순을 도식화하는 것이다. 일반적으로 호텔의 매뉴얼은 6가지로 나누어진다. ① 조리(調理)매뉴얼(Cooking Manual), ② 서비스매뉴얼(Service Manual), ③ 청소(淸掃) 매뉴얼(Cleanliness Manual), ④ 운영(運營) 매뉴얼(Operations Manual), ⑤ 부서(部署) 매뉴얼(Department Manual), ⑥ 교육(敎育) 매뉴얼(Training Manual) 등이다(호텔용어사전, 2008).

중세유럽 로마 교회의식 절차규정

중세 유럽 로마 카톨릭 사제가 교회에서 행한 의식절차를 규정했던 것

↓

미국 군대조직관리 훈련규범 지침서/서비스 산업 확대 사용

미국 군대조직관리를 위한 다양한 계층의 인간집단을 교육시키는 통일된 훈련규범 지침서로 쓰였는데 뒤에 서비스 산업으로 확대 사용

↓

호텔서비스 최초 매뉴얼은 1890년 월도프 매뉴얼

호텔서비스 최초 매뉴얼은 1890년의 호텔맨 르샤프푸마가 만든 월도프 아스토리아 호텔의 월도프 매뉴얼

↓

외식업의 최초 매뉴얼은 1957년 맥도날드 16쪽짜리 매뉴얼

외식업의 최초 매뉴얼은 1957년 맥도날드 영업관리 담당자 프레드 터너가 16쪽짜리 매뉴얼을 만들고 다음해 75쪽짜리 편람이 나온 이래 600쪽 이상되는 방대한 분량의 서적으로 발전

그림 10-43 매뉴얼의 유래

자료 : 장재남(2011), 가맹본부 창업과 경영전략, 두남, pp.193-200

매뉴얼(manual)은 안내서, 입문서, 교범 등의 사전적 의미를 지니고 있는데 미국의 군대 조직에서 다양한 출신의 군인들을 통일된 규범으로 훈련시키기 위하여 개발하여 활용한 것이 현대적 개념의 매뉴얼이다. 외식업에서는 1957년 맥도날드의 영업관리 담당자였던 프레드 터너가 16쪽 정도로 만든 것이 시초가 되었다.

2) 외식프랜차이즈 매뉴얼의 이해

외식프랜차이즈에 있어서 매뉴얼은 외식프랜차이즈 시스템이 어떤 사람이 어떤 곳에서 운영하더라도 동일한 품질로 유지되도록 만드는 도구로 외식프랜차이즈 사업은 매뉴얼 사업이라 봐도 과언이 아니다. 외식프랜차이즈 매뉴얼은 표준에 따라 업무를 정확하고 효율적으로 처리하도록 하기 위해 이들 업무의 순서, 수행 방법 등을 구체적이고 실질적으로 기재한 것이다. 일반적으로 소책자, 편람, 필독수첩 등을 일컫기도 한다. 매뉴얼의 형식과 체계는 가맹점주와 직원이 실제로 활용하기 쉽게 해야 한다.

(1) 매뉴얼의 기능

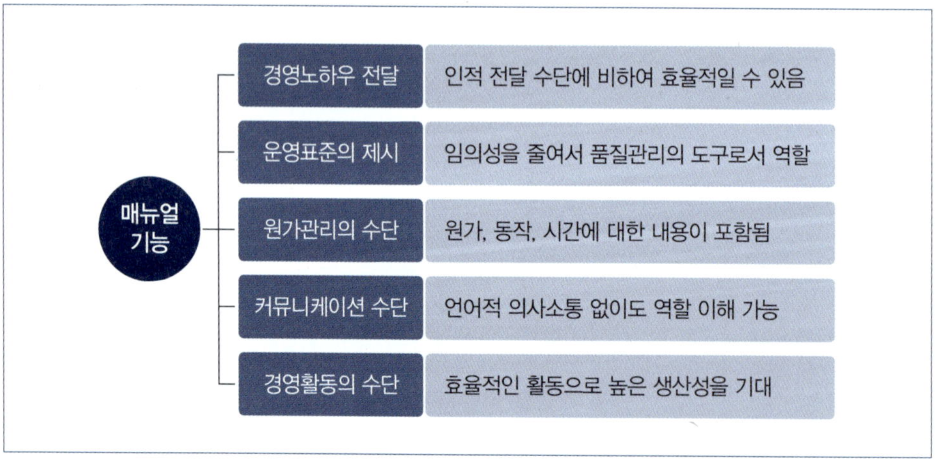

그림 10-44 매뉴얼의 기능

(2) 매뉴얼 작성 원칙

① 사용자 입장에서의 서술 : 매뉴얼은 사용자의 필요성에 맞게 작성하는 것을 원칙으로 한다. 즉 고객 입장에서 설계하고 작성되어야 한다.

② 우선순위의 제시 : 다양한 업무가 동시에 벌어지는 것이 점포의 상황이므로 그 중에서 어떤 것들을 먼저 처리해야 하는 지에 대한 기준은 고객의 만족과 직결된다. 따라서, 우선순위의 원칙을 정해야 한다.

③ 명확한 업무의 목적 제시 : 매뉴얼에서 제시되는 업무의 과정들은 가장 적은 비용으로 효율적인 결과를 달성할 수 있게 해 준다. 매뉴얼 사용자가 이런 점을 이해하고, 따를 수 있도록 명확한 목적을 제시해 주는 것이 중요하다.

④ 3S의 원칙 : 매뉴얼은 단순화(Simplification), 표준화(Standardization), 전문화(Specialization)의 기준에 따라 쉽게 습득하고 반복적으로 실행할 수 있도록 설계되어야 한다.

⑤ 매뉴얼 작성 내용 : 육하원칙에 따라 다음과 같이 기록되는 것이 좋다.

표 10-26 매뉴얼 작성의 육하원칙

구분	내용
무엇을(what)	구체적으로 명시가 가능한 업무, 메뉴, 서비스를 대상으로 함
왜(why)	'왜 그렇게 해야 하는지'와 같은 인과관계를 명확히 표시해야 함
언제(when)	시간과 기간을 명확히 표시해야 함
누가(who)	업무관련 담당자, 책임자, 대상 고객 등을 구체적으로 표기해야 함
어디서(where)	수행해야 하는 위치에 대하여 명확히 표기해야 함
어떻게(how)	순서, 준비 등을 어떻게 처리해야 하는지를 구체적으로 표기해야 함

⑥ 시각화 : 매뉴얼은 사용자가 가장 편리하게 인식할 수 있도록 제작되어야 하기 때문에 도표나 그림 등을 적극 활용하는 것이 좋다.

⑦ 정기적 개정 : 점포 운영의 내 외부 환경과 고객의 취향은 계속 달라지고 이에 따라 메뉴나 마케팅 방식 등도 달라지기 마련이다. 매뉴얼은 이런 내용을 반영해서

정기적으로 수정보완을 통해 자사의 노하우를 축적해야 한다.

3) 매뉴얼의 종류

외식프랜차이즈 매뉴얼은 가맹본부, 가맹점용으로 나눠 개발할 수 있으며 다양한 분류로 제작이 가능하다.

(1) 가맹본부용 매뉴얼

타미야 마사히로(2008)	서민교(2010)	장재남(2012)
	마케팅 매뉴얼	마케팅 매뉴얼
정보시스템 관리 매뉴얼		정보시스템 매뉴얼
	운영 매뉴얼	점포전략 매뉴얼
슈퍼바이저 매뉴얼		슈퍼바이징 매뉴얼
	구매/물류 매뉴얼	물류시스템 매뉴얼
본부사무처리 매뉴얼		경영관리 매뉴얼
	교육/훈련 매뉴얼	인재개발 및 교육 매뉴얼
	점포개발 매뉴얼	
개점지원 매뉴얼	가맹점 오픈·폐점 매뉴얼	
	계약 매뉴얼	가맹계약 매뉴얼
부진점포 대응 매뉴얼		

(2) 가맹점용 매뉴얼

타미야 마사히로(2008)	서민교(2010)	장재남(2012)
사무처리 매뉴얼	경영, 점주, 사무관리	가맹점 운영 매뉴얼
직원 및 아르바이트 매뉴얼(주방, 홀)	접객서비스	서비스 매뉴얼
마케팅 매뉴얼	머천다이징, 판매촉진	판매촉진 매뉴얼
인사, 근무 매뉴얼	교육훈련	교육훈련 매뉴얼
	POS 시스템	POS 매뉴얼
	점포유지관리, 기계장치관리	설비유지 매뉴얼
	위생관리	Cleanliness 매뉴얼
	창고관리	유통/취급 매뉴얼
점장업무 매뉴얼	결산관리	경영수치 관리 매뉴얼
	긴급처리	
	조리	

4) 매뉴얼 제작 순서

일반적인 매뉴얼 제작 순서는 다음과 같다.

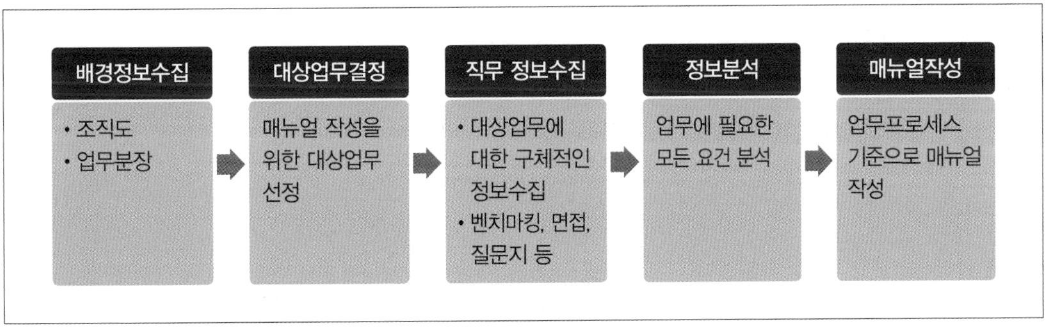

그림 10-45 매뉴얼 제작 순서

요약

1. 경영이념은 다양한 용어와 형식으로 개발되고 있는데 보편적으로 많이 사용되는 것은 기업경영활동의 목표를 궁극적으로 제시하는 미션과 중장기적 목표를 제시하는 비전이 많이 사용된다. 외식프랜차이즈는 하우스모델을 통해 본부와 하위 브랜드 나아가 가맹점별 경영이념과 목표 제시를 통해 공동의 경영목표와 개별 조직의 경영목표 두 가지 모두를 달성할 수 있다.

2. 물류관리시스템은 인건비와 임차료, 유가 등의 상승과 경쟁 심화로 인한 수익성 악화를 보완할 수 있는 시스템으로, 효율적 식부재료 관리와 재고관리, 나아가 수요 예측에 이르기까지 기업의 수익성 보완과 강화에 중요한 열쇠를 지니는 시스템이다.

3. 정보시스템은 정보를 수집, 처리, 가공, 저장, 공급하여 한 조직의 활동과 의사결정, 통제 활동을 지원하는 구성요소들의 집합으로, 가맹본부의 경쟁력을 좌우하는 가장 중요한 요소가 되고 있다. 정보시스템은 통합적이고 유기적으로 각각의 하부시스템과 연동되어 업무를 간소화하고 각 부서간에 정확한 정보가 전달되어 의사결정에 도움을 주어 효율적인 경영이 가능하게 도와준다.

4. 가맹본부의 정보시스템은 크게 두 가지 측면에서 살펴볼 수 있는데, 첫째, 계층구조에 따른 시스템이다. 최고경영자를 위한 전략계획 시스템부터 현장에서 일하는 직원을 위한 거래처리 시스템이 있다. 둘째, 가맹점을 위한 가맹점관리 시스템이 있다.

5. 상권분석 시스템은 고객의 행동 유형과 구매의사결정, 경쟁점의 장점과 단점까지 파악할 수 있어 자사의 모든 마케팅 믹스 요소의 활용수준을 결정하는데 유효하다. 이런 정보를 이용하여 외식프랜차이즈 기업은 가장 큰 성과를 올릴 수 있는 상권을 찾고, 해당 상권에 개점한 점포를 어떻게 전략적으로 운영해야 하는지 까지 가맹점을 지도하는 데 활용할 수 있다. 또한 지속적으로 경쟁력을 확보하기 위해 개발해야 하는 상품과 서비스의 유형과 수명주기도 제시할 수 있다.

6. 외식프랜차이즈 교육훈련프로그램은 단순 노동을 위한 점포 근무자를 교육하는 것이 아니라 외식프랜차이즈 시스템과 경영 스킬, 운영 노하우, 기업의 경영철학 등 외식프랜차이즈 경영의 모든 것에 대한 교육 체계를 수립하여 가맹점주를 비롯한 고객과의 접점에 있는 모든 직원에 이르기까지 이를 정확히 인지하고 업무를 수행하여 최상의 브랜드 경험이 이루어질 수 있게 해야 한다.

7 오픈지원시스템은 가맹계약을 마친 후 인테리어 시공과 점주교육, 개점준비를 거쳐 가맹점이 오픈되어 슈퍼바이징 부서가 점포를 담당하기 전까지의 프로세스를 의미한다. 가맹계약 이후 개점이 되기까지의 기간은 창업희망자가 가장 빈번하게 가맹본사와 접촉하며 MOT가 극대화되는 시기이다. 따라서 이 시점에 오픈지원시스템이 어떻게 제공되었느냐는 가맹점주가 최고의 충성도를 지닌 고객이 되느냐, 불만스러운 고객이 되느냐의 문제로 이어진다. 이 단계에서 충분한 점주 교육과 개점 준비를 통해 숙련된 점포 관리자의 이미지를 형성하여 소비자에게도 좋은 이미지를 전달하여야 한다.

8 치열한 경쟁에서 외식프랜차이즈 기업의 마케팅은 더욱 고도화해야 할 필요가 있다. IMC는 이러한 상황에서 외식프랜차이즈가 취하기 좋은 마케팅 전략이다. IMC의 목표는 일관성 있는 브랜드 메시지를 지속적으로 전달하여 소비자에게 명확한 브랜드 이미지를 제공하여 강력한 브랜드 자산을 구축하는 것이다. 따라서 콘셉트 개발 과정에서 설정된 타깃에서 절대적인 포지셔닝을 형성하겠다는 목표로 IMC전략을 구축해 나갈 필요가 있다.

9 슈퍼바이징이란 가맹본부가 가맹점을 지원할 목적으로 수행하는 가맹점관리, 지도, 상담, 정보전달, 문제점 파악 및 해결을 포함하여 가맹점과 가맹본부가 함께 만족할 수 있도록 상호업무를 통합적으로 조정 하는 일체의 활동을 의미한다. 슈퍼바이징은 가맹점의 품질 유지와 성공적 경영의 핵심 역할을 하기 때문에 본부의 지속적인 관리가 필요하다.

10 외식프랜차이즈에 있어서 매뉴얼은 시스템이 어떤 사람이 어떤 곳에서 운영하더라도 동일한 품질로 유지되도록 만드는 도구로, 외식프랜차이즈 사업은 매뉴얼 사업이라 할 수 있다. 매뉴얼은 단순화(Simplification), 표준화(Standardization), 전문화(Specialization) 등 3가지 기준에 따라 쉽게 습득하고 반복적으로 실행할 수 있도록 설계되어야 하며 이해하기 쉬운 용어로 사용자 입장에서 우선순위의 원칙과 함께 구축되어야 한다.

연습문제

1 국내외 외식프랜차이즈 기업의 경영이념(경영철학)을 조사하여 비교한 후 국내 외식프랜차이즈 기업의 경영철학에 대한 인식과 문제점을 지적하고 개선방안을 제시해 본다.

2 국내외 외식프랜차이즈 기업의 경영정보시스템 구축 사례를 조사하여 정리하고 경쟁력을 강화하기 위하여 정보시스템의 방향성을 제시해 본다.

3 국내외 외식프랜차이즈 기업의 상권정보시스템 구축 및 활용 사례를 조사하여 정리하고 향후 발전방향을 제시해 본다. 만약 외식프랜차이즈 기업의 상권분석시스템 구축 사례를 조사할 수 없었거나 있다 하더라도 시스템 수준이라 하기 어려운 상황이라면 그 이유를 제시해 본다.

4 국내외 외식프랜차이즈 기업의 슈퍼바이징시스템 사례를 조사하여 정리하고, 외식프랜차이즈 사업의 경쟁력 제고를 위한 개선 방안을 제시해 본다.

5 국내외 외식프랜차이즈 기업의 우수한 마케팅전략 사례를 조사하여 정리하고, 인터넷 마케팅 중심으로 향후 발전방향을 제시해 본다.

6 다음의 논문을 읽고 외식프랜차이즈 시스템 평가표를 정리하고 평가표에 따라 외식프랜차이즈 기업을 평가하고 문제점과 개선점을 제시해 본다.

- 신홍철, 이준재(2006), 프랜차이즈 시스템 평가지표 개발에 관한 연구 –국내 외식산업 본사를 중심으로–(제15권 제5호), pp.183~203.

11장

외식프랜차이즈 본부 구축 실제

1. 가맹본부 사업계획
2. 가맹본부의 기능과 조직
3. 가맹영업 시스템 구축
4. 프랜차이즈 기업 수준평가

학습목표

1. 가맹본부 사업계획서 작성 방법을 이해하고 작성한다.
2. 가맹본부의 기능과 조직을 이해하고 구축한다.
3. 가맹사업법의 항목을 이해하고 실무에 활용한다.
4. 가맹사업을 위한 정보공개서와 가맹계약서 작성을 이해하고 작성한다.
5. 외식프랜차이즈 수준평가 내용을 이해한다.

1 가맹본부 사업계획

가맹본부 창업이란 외식프랜차이즈 시스템을 지지하는 조직을 구성하는 작업과 같다. 가맹본부는 외식프랜차이즈 시스템을 탄탄하게 구축함과 동시에 이를 지원할 수 있는 견고한 본부조직을 구축해야 한다.

따라서, 본격적으로 가맹본부를 구축하기 위해서는 사전에 가맹본부 사업계획서를 작성해야 한다. 사업계획서는 사업의 타당성을 검토하고, 강점과 약점을 세부적으로 파악하여 강점은 경쟁력으로 활용하고 단점은 객관적으로 극복할 수 있는 전략 등으로 서술하여 투자유치나 가맹영업에 활용할 수 있도록 준비한다.

1) 사업계획서 작성

가맹사업을 위하여 작성하는 가맹본부 사업계획서는 〈그림 11-1〉과 같은 순서로 작성한다. 다만 가맹점사업자를 위한 사업계획이 아니라는 점에서 점포창업 및 경영에 대한 세부적인 내용은 포함되지 않는다. 가맹점의 창업 및 경영에 대한 사업계획이 필요한 경우 별도로 작성하여 부록에 첨부할 수 있다.

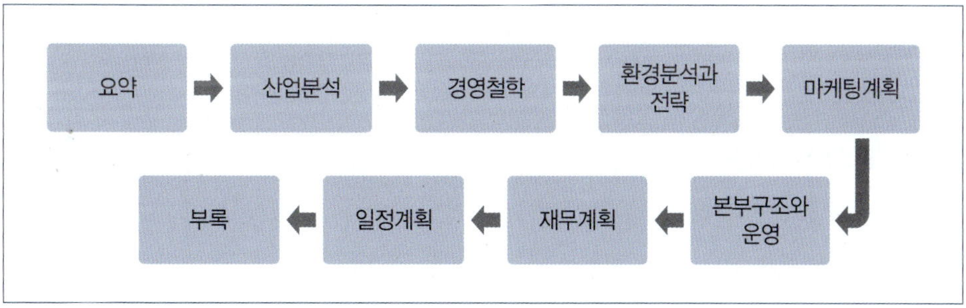

그림 11-1 가맹본부 사업계획서 작성절차

가맹본부의 사업계획서를 작성하면서 몇 가지 유의해야 할 점이 있다. 고객과 제품에 대한 개념을 명확하게 정의한 후 사업계획서 작성을 시작해야 한다. 가맹본부 입장에서 소비자는 가맹점사업자가 된다. 그리고 제품은 외식프랜차이즈 콘셉트와 시스템을 의미한다. 따라서 가맹본부가 개발하여 판매하는 제품(메뉴 또는 서비스) 및 그 제품을 구매할 최종 소비자는 〈표 11-1〉과 같이 명확히 구분하여 작성해야 한다.

표 11-1 관점에 따른 소비자와 제품의 차이

구분	소비자	제품
가맹본부 관점	가맹점사업자	외식프랜차이즈 콘셉트와 시스템
가맹점사업자 관점	최종 소비자	메뉴와 서비스

(1) 요약

사업계획서의 요약 부분에는 외식프랜차이즈 시스템, 제품, 서비스, 기회요소, 위협요소, 전략, 목표시장, 경쟁자, 경쟁우위요소, 투자와 재무회계 범위, 투자 대비 회수기간 등을 간략하게 기술한다. 이어서 가맹본부가 판매하게 될 주요 메뉴와 서비스를 포함한 외식프랜차이즈 시스템을 설명하는 것이 바람직하다. 산업통계나 타당성 있는 예측 자료를 포함하여 자료의 신뢰성을 높이고 가맹본부의 기본 사항 등을 제시한다. 투자 유치를 위한 사업계획서를 작성한다면 필요한 투자금액과 자금의 사용처, 상환계획 등을 기술한다.

(2) 산업분석 및 배경

산업분석 및 배경 부분에는 가맹본부가 진출하고자 하는 산업의 여러 가지 환경적 요소를 정리하고 그에 따른 대응전략과 대처방안을 제시한다. 세부적으로는 다음과 같은 내용으로 구성할 수 있다.

- 진출할 산업의 정의와 시장에서의 위치
- 산업의 규모와 전망

- 산업의 주요 참여자(경쟁자, 공급자, 소비자와 목표고객, 그 외 이해관계자)
- 산업의 주요 성공 요소

위의 항목 중에서 특히 소비자 중 목표고객의 선정과 경쟁자분석은 매우 중요하다. 자신이 하고자 하는 사업아이템이 현재 시장에 있는지 어떤 고객(창업 희망자)에게 소구해야 하는지 그리고 경쟁자는 누구이고 그들의 제품과 서비스는 어떤 것인지를 자세하게 분석해야 한다. 진출하고자 하는 시장에서의 기존 경쟁자와 잠재적 경쟁자에 대한 철저한 분석, 산업에 미칠 영향과 법률을 비롯한 기타 요소들도 서술해야 한다.

또한 경쟁자의 서비스에 대한 분석도 이루어져야 한다. 경쟁자의 제품과 판매방법은 어떠하고 가격은 얼마인지 경쟁자와 비교해서 우리의 경쟁우위는 무엇인지를 파악해야 한다. 그리고 산업분석을 하면서 유의해야 할 점은 제품에 대한 정의이다. 가맹본부 사업계획에서 제품이란 용어는 일반 소비자에게 판매되는 제품이 아니라 콘셉트와 외식 프랜차이즈 시스템이라는 점이다(소비자에게 판매되는 제품에 대한 STP전략은 이미 콘셉트 개발 부분에서 언급했기 때문에 여기서는 가맹영업의 전략 측면을 살펴본다).

따라서, 경쟁자는 같은 창업비용과 아이템으로 창업을 고려중인 대상을 공유하는 브랜드이다. 즉 떡볶이 전문점의 가맹영업 시 경쟁자는 주먹밥 전문점이나 스몰비어 전문점 등이 될 수도 있다. 이렇게 자사의 기준에 따라 경쟁자를 선정하고 비교 분석한 후 세분화한 시장에서 자사의 포지션을 명확하게 한다.

(3) 경영철학

가맹본부의 경영철학은 곧 가맹점사업자의 경영철학이다. 즉 가맹점사업자가 가맹본부를 선택할 때 가장 중점적으로 살펴보아야 할 내용이 가맹본부의 경영철학이 될 수 있다. 또한 경영철학은 가맹본부에 투자하려는 투자회사에게도 매우 중요한 투자의사결정 변수 중 하나이다. 따라서 가맹본부 사업계획서에서 경영철학은 체계적이고 구체적으로 작성되어야 한다. 다음과 같은 세부적인 내용이 포함되면 이상적이다.

- 회사설립의 목적과 활동범위

- 가맹본부의 미션과 비전(제품, 고객, 가맹점사업자, 지역사회, 기타 이해관계자)
- 가맹본부의 전략과 전술
- 규정과 지침, 예산과 프로젝트 등

(4) 환경분석 및 전략

앞서 살펴본 산업분석이 거시적 관점에서의 환경분석이라면 환경분석 및 전략은 미시적 관점에서 가맹본부가 속한 경쟁환경을 분석하고 전략을 수립하는 단계이다. 사업계획서의 용도에 따라서 차이가 있겠지만 가능한 가맹사업에 대한 환경분석 및 전략수립이 핵심내용이 되어야 한다. 다만 전국적으로 가맹사업을 확대하기 위한 가맹본부가 투자회사를 위하여 가맹사업의 사업타당성 입증을 위해 상권 특성에 따른 목표고객에 대한 정보를 이 영역에서 다루어야 할 수도 있다. 좀 더 구체적으로는 다음과 같은 내용을 포함하여 작성한다.

- 잠재 목표고객과 가맹점사업자에 대한 분석
- 시장규모와 가맹점 개설가능 상권
- 업종과 업태의 트렌드
- 현재와 미래의 경쟁요소

(5) 마케팅 계획

가맹본부가 가맹사업을 위한 사업계획서를 작성한다면, 마케팅 계획에서도 가맹사업자 모집을 위한 마케팅계획이 주를 이루게 된다. 다만 앞서 언급한 바와 같이 가맹점사업자 중심의 최종소비자를 위한 마케팅 계획이 포함될 수도 있다. 상황에 따라서는 오히려 후자의 내용이 주를 이루는 사업계획서가 만들어지는 경우도 가능하다. 사업계획서의 이용 목적에 따라서 방향성을 명확히 하고 작성 내용을 결정해야 하며, 주요 내용은 아래와 같은 항목을 포함하여 작성한다.

- 목표고객에 따른 마케팅전략
- 고객관계관리를 위한 데이터베이스 구축 및 활용 방안

- 가맹영업 계획과 그에 따른 마케팅 계획

마케팅 계획에서는 자사의 브랜드 콘셉트를 고객에게 어떻게 브랜딩할 것인가에 대한 전략을 기술한다. 또한 가맹점 모집은 어떤 방식으로 진행할 것인지에 대해 기록한다. 만일 가맹점사업자를 위한 전국적 광고를 해야 한다면 가맹본부와 가맹점이 부담해야 할 금액의 규모와 광고효과에 대한 측정방법과 기준을 수립하여 예상되는 결과를 기술해야 한다. 이 외에도 외식프랜차이즈사업을 전개하는데 필요한 프로모션 전략과 비용, 고객을 확보하기 위한 혁신적인 마케팅 아이디어도 제시해야 한다.

(6) 본부 구조와 운영 계획

가맹본부가 직영점이 아닌 가맹점사업자를 모집하여 사업을 확장하는 외식프랜차이즈 시스템을 목표로 한다면 본부의 구조와 운영 계획을 수립할 때, 독자적인 운영보다는 상호 보완적인 운영을 고려해야 한다. 즉 가맹점사업자와 상호 윈-윈할 수 있는 구조를 만들고 이를 안정적으로 운영할 수 있어야 한다.

- 사업 설립 계획
- 조직구성
- 대표자 프로필
- 최고경영자, 주요사업 매니저들의 경력과 사업경험
- 직원 채용, 급여, 교육 및 훈련 계획 등

(7) 재무계획

재무계획은 투자, 매출, 비용을 모두 포함하는 추정재무제표 작성으로 수립된다. 좀 더 구체적으로는 가맹본부의 경영환경에 따른 추정 대차대조표, 추정 손익계산서, 추정 현금흐름표, 손익분기점 분석 등이 필요하다.

- 초기 사업의 자본
- 5년 동안의 예상손익구조

- 손익분기점과 흑자경영에 필요한 판매 및 매출금액

(8) 사업이행 계획과 일정

모든 사업계획서의 마지막 부분에는 사업의 진행 과정과 실행 내용을 구체적으로 확인할 수 있도록 일정표가 포함된다. 일정표는 단순히 사업을 개시하기 위한 일정 중심으로 작성되기도 하지만 투자자를 위한 사업계획서는 사업계획 내용이 실현되는 일정을 포함시키는 것이 신뢰성을 높이는데 유리하다.

- 투자에 대한 정확한 정의
- 사업착수까지의 구체적 일정

(9) 부록

가맹본부 설립을 위한 사업계획서의 부록은 본문에서 다루지 못하였지만 사업계획을 이해하는데 필요한 자료를 모두 포함시킬 수 있다. 특히 가맹점의 개점부터 마케팅에 이르기까지 가맹사업을 위한 주요한 내용을 본문에서 다루지 못했거나 간략하게 언급한 경우 이를 보완하는 측면에서 부록에 포함시키도록 한다.

- 회사에 관한 자료
- 산업에 관한 자료
- 산업이나 사업 그리고 회사와 관련된 기타 자료
- 가맹점사업자에 관한 자료

사업계획서의 구성은 상황에 따라서 또는 이용목적에 따라 얼마든지 달라질 수 있다. 그리고 각각의 항목에서 다루는 내용도 작성자에 따라 많은 차이가 생길 수 있다. 사업계획서는 구성과 내용도 중요하지만 실제로 이와 같은 단계를 거치면서 외식프랜차이즈 사업에 대한 청사진이 명확하게 만들어진다는 점에 더 큰 의미가 있다. 그리고 향후 사업을 진행함에 있어서 목표가 명확해지고 방향성이 정해진다는 점도 사업계획서의 가치라 할 수 있다. 사업계획서는 가맹사업을 위한 하나의 형식에 그쳐서는 곤란하다. 실용적이고 성과를 높이는데 기여하는 사업계획서를 만들려면 한 번 작성하고 책상 서랍 어딘가에 묻혀 있는 계획서가 아니라 사업을 진행하며 지속적으로 수정하고 보완하며 사업을 위한 매뉴얼로 활용할 수 있는 문서로 만들어야 한다.

2 가맹본부의 기능과 조직

1) 가맹본부의 부서별 기능

인체가 유지되기 위하여는 다양한 장기와 뼈, 근육 등이 제 기능을 해야 하듯이 기업이 발전하면서 장기적으로 유지되기 위해서는 다음과 같은 기능이 만들어지고 적절하게 조화를 이루며 유지·발전되어야 한다.

외식프랜차이즈 가맹본부의 사업초기에는 조직의 기능을 복합적으로 운영하는 경우

인적자원관리	인력의 선발, 교육, 배치, 과업부여 및 평가
생산운영관리	제품이나 서비스의 생산관리
마케팅 관리	제품이나 서비스의 가격, 유통, 판촉 등의 관리
재무관리	자금의 조달 및 운영 관리
회계	이해관계자의 의사결정에 유용한 정보 제공
경영정보시스템	의사결정을 지원하기 위한 시스템 관리

각 기능 분야의 목표와 기업의 목표가 **조화**를 이루어야 함

그림 11-2 가맹본부를 위한 기능 예시

가 많다. 적은 인원으로 많은 일을 한다는 것은 경영자의 입장에서는 매우 효율적이라고 생각할 수 있다. 하지만 장기적이고 지속적 성장을 위한 회사의 시스템이 되기 위해서는 기능의 전문화는 필수적이다. 소수의 인원이 복합적인 기능을 수행하다 보면, 제대로 된 조직체계를 갖추지 못하기 때문에 기능을 분업화하지 못하고 전문성도 떨어지게 되므로 어느 정도 수준에 이르렀을 때 성장동력을 잃는 것이 일반적이다.

미국과 같은 외식프랜차이즈 선진국에서는 가맹본부의 초기 투자비 부담이 크다는 점을 가맹사업의 단점으로 들고 있다. 즉 가맹사업을 하려면 초기에 많은 투자가 필요하다는 의미인데, 여기서 말하는 투자란 시스템에 대한 투자뿐만 아니라 전문화된 기능을 수행하는 인적자원에 대한 투자를 포함한다. 그러나 국내에서는 초기 투자에 매우 인색한 편이다. 대부분의 가맹본부는 가맹점을 늘려가면서 조직과 기능을 확충하는 방법으로 사업을 확장하기 때문에 향후 기업이 크게 성장하더라도 조직과 기능적 시스템의 투자가 병행되지 않을 경우에는 인력만 늘리는 악순환을 겪을 수 있다. 인원은 많아도 경쟁력 있는 기능적 조직은 갖추어지지 않는 이유가 여기에 있다.

가맹본부는 사업의 초기부터 인적자원관리, 재무관리, 생산 및 운영관리, 회계, 마케팅, 경영정보시스템과 같은 기능적 구조를 갖추고 전문화와 분업화를 추구해야 한다. 그리고 이 부문들은 가맹본부뿐 아니라 가맹점 지원조직으로서의 역할을 해야 한다. 최종적으로는 기능, 가맹본부, 가맹점의 목표가 조화를 이루는 체계를 갖추는 것이 필요하다.

2) 가맹본부의 조직 구조와 부서별 역할

〈그림 11-3〉은 가맹점 50개 이상인 외식프랜차이즈 본부의 구조를 계층화한 것이다. 최근에는 점포개발이나 물류 등을 외주 처리하는 가맹본부가 많아지고 있기 때문에 본부의 규모는 〈그림 11-3〉에서 제시된 규모보다 작을 수 있다. 그러나 직접 고용이든지 외주든지 간에 관계 없이 각각의 요소는 모두 정확히 갖추는 것이 안정적 조직운영을 위해 필요하다.

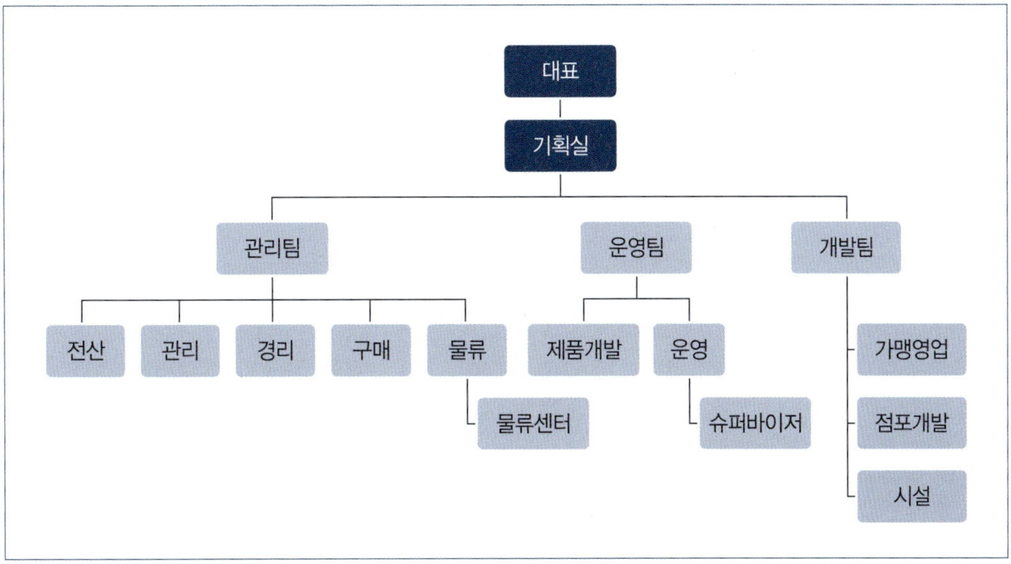

그림 11-3 외식프랜차이즈 본부의 조직 구조

〈표 11-2〉는 본부의 각 부서별 주요 업무를 기록한 것이다. 가맹본부의 조직이 어떻게 구성되고 각 기능별로 업무분장과 내용이 어떻게 이루어져야 하는지를 파악하는 데 도움이 될 수 있다.

표 11-2 외식프랜차이즈 가맹본부의 부서별 업무분장의 예

분류	세부업무	분류	세부업무
기획실	1) 기획 조사과 – 연간 경영계획 및 중장기 경영계획 수립 – 제 규정 조정관리 업무 – 조직 업무분담에 관한 업무 2) 경영관리 업무 3) 기업홍보 업무	운영과	1) 운영계획 관리 – 운영제도 및 정책 수립 – 연/월간 판매계획 수립 – 점포 인력 계획 수립 – 운영판매 목표 – 직영점 회의, 슈퍼바이저 회의 주관 – 시장조사 및 경제상황 변동조사 분석 2) 운영실적 분석 관리 – 판매실적 요인 분석 – 효율, 인건비, 경비 분석 및 Feed back 업무 – 점포별 목표관리(판매실적) – 점포 판매경비의 지급에 관한 업무, 점포인력 관리

(계속)

분류	세부업무	분류	세부업무
		운영과	– 인센티브 관련 업무 3) 채권관리 업무 – 가맹점사업자 원부자재 등 공급물품에 대한 대금 청구 및 입금관리 – 가맹점사업자의 가맹금, 교육비, 입금관리 4) 광고 및 판촉 – 광고계획 수립 및 집행계약 5) 운영기획 업무 – 점포 개점의 결정에 관한 업무 – 가맹점 운영규칙 작성 에 관한 업무 6) 점포관리 시스템 개발에 관한 사항
관리	1) 총무일반 업무 – 문서수발, 통제, 분류, 보관, 양식 제정업무 – 인감관리, 의전 및 행사 – 고정자산 관리 업무 – 인허가 사항 관리 – 사고 악성채권에 관한 소송 분쟁 조정 2) 인사 및 노무관리 업무 – 사원 채용, 퇴직, 보직에 관한 입사업무 – 급여 지급업무 – 인사관리 업무 – 사원 복지 후생업무 – 인사위원회 주관, 사원유니폼 등 관리	점포관리과 (슈퍼바이징)	1) 점포관리 업무 – 점포 방문 환경유지 및 개선사항 관리 2) 점포관리 지도 및 개선 관리 – 본부 지도사항 점포 직접 전달 임무 및 교육 – 점포의 제반 관리 상태 점검 및 지도의 수준 향상 3) 신규점 개점 업무, 기존점 사원 연수
전산	1) 각종 데이터 관리 시스템 개발 2) 기술개발(신기술 도입) 3) 전산 시스템 교육(POS, 데이터 분석 등)	가맹영업과	1) 가맹점주 모집 – 가맹사업 자료 제작 – 사업설명회, 가맹상담 2) 정보공개서 가맹계약서 관리
경리	1) 회계업무 – 연/월차 결산업무 총괄 – 매출원가 결산, 유·무형 고정자산 회계 업무 – 가맹점 계정 결산업무 – 점포별 관리 손익계산 2) 세무업무 – 법인세, 부가가치세, 원천세, 지방세 신고 등의 관계업무 – 세무상담 업무 3) 자금업무 – 연/월간 자금운영계획 수립 – 장/단기 차입금 조정 – 종업원 단체 퇴직보험 관계업무	메뉴개발과	1) 제품개발 업무 – 트렌드 조사 – 신제품 개발 업무 – 기존제품의 배합 및 제조공정 개선 업무 – 각종 원부재료의 품질, 규격 결정 2) 품질관리 업무 – 품질관리실의 관리 운영 – 원료의 입고, 검수 업무 – 점포 운영 개선 업무 3) 식품위생 관련 업무 – 위생행정업무 – 원부재료 관리 교육 –매장 위생관리 교육

(계속)

분류	세부업무	분류	세부업무
구매	1) 내외자재 구매 – 원료, 재료, 소모품 등의 구매 발주 관리 – 기기 구매, 집기 비품 구매 2) 시장조사 보고 관리 – 원료, 재료 등의 시장 가격 조사보고 – 시장동향 분석 관리 업무 3) 재고 및 원가 관리 지원업무 – 원활한 대 점포 원부자재 공급 위한 재고관리 지출 4) 기타 자재 구매에 관한 업무	점포개발과	1) 개발 정보 수집 업무 – 점포 후보지에 관한 정보 입수 및 지역별 자료 수집 2) 점포 개발 시장 조사 3) 점포 개발 확정 업무 4) 시장조사 업무 – 가맹점 개설 희망자 1차 면접, 예상매출액에 대한 개점자 비교분석 업무 5) 임대차 관련 업무 – 직영점 재계약 및 보증금과 월 임대료 조정 6) 점포 개발 실적 평가 관리 업무 – 개발의 정확성 평가 관리 – 개발 평가 시스템의 연구
물류	1) 자재 관리 – 창고의 상품 및 자재의 적정재고 및 보관 관리 – 장기 보관 상품 및 자재의 활용 계획 2) 물류 배송 – 배송품의 각 점포에 배송 관리 – 직송상품 입출고 집계 – 차량효율, 경비 등 관리 – 배송차량 규격변경, 부착물 및 내장물 관리 3) 창고 임대관리	시설	1) 신규점 건설 공사 관련 업무 – 현장 답사 및 실측 – 점포 Lay-Out 설계 확정 – 내장 공사 설계 및 시공 2) 자산관리에 관한 업무 – 점포별 자산 이력관리 3) 기술 개발에 관한 업무 – 인테리어 디자인 개발 및 기획 이미지 유지관리 4) 기존점 개보수 공사에 관한 업무 – 점포별 개보수 계획 수립 5) 시설물 유지 관리 업무 – 고장 접수 처리, 자산관리 업무(신규점)

자료 : 산업자원부, 한국프랜차이즈협회(2004), FC 본부 창업 및 운영실무

3) 국내 가맹본부 조직 구성 사례

국내 프랜차이즈 기업의 조직구조를 살펴보면 다음과 같다. 〈표 11-3〉은 SPC그룹의 직무 체계이다. SPC그룹은 크게 Sales, Marketing, Production, R&D, Support 직군을 대상으로 다양한 직무와 업무를 규정한 후, 인재를 채용하고 효율적인 조직운영을 추구하고 있다.

교촌치킨으로 유명한 교촌F&B는 홈페이지에서 조직구조 대신에 직무소개 내용을 제시하고 있다. '기획, 마케팅/홍보, 전산, 인사, 재무/회계/세무, 총무, 법무, 디자인, 인테리어, 연구개발, 가맹점교육, 해외지원, S/C, 구매, 물류, 생산' 등의 총 16개의 직무로 구

성된 교촌F&B는 전문화된 직무 구성을 통해 국내 최고의 외식프랜차이즈 기업으로 성장하고 있다.

표 11-3 SPC그룹 직무 소개

직군	직무	주요 업무
프랜차이즈 영업	가맹/직영 SV	점포운영 관리, 매출/손익관리, 시장조사, 프로모션, 품질 및 위생관리
	점포운영	점포운영 관리, 매출 및 손익분석, 제품 주문 및 재고관리, 점포인원 관리, 고객관리
	점포지원	신규점 오픈 행사지원, 오픈 관련 교육, 점포순회 점검
	SI(점포 인테리어)	점포 인테리어 상담, 실측 및 도면작성, 업체 선정, 공사진행, 사후관리
마케팅	마케팅지원	국내외 시장 조사, 온/오프라인 소비자 모니터링, 트렌드 현황파악/분석, 예산관리
	브랜드전략	브랜딩 전략기획, CI 개발 및 관리, 브랜드 효율화, 미디어 및 광고 관리
	광고/프로모션	광고 전략수립, 광고 제작/집행, 판촉물 행사 기획 및 제휴 프로모션 기획 및 실행
	상품기획	신제품 기획/출시/관리, 프로모션, 제품관리, 시장조사, 시즌 이벤트 상품 기획
디자인	디자인	패키지 디자인, 홍보물 디자인, 소모품 디자인, 신규업체 발굴
	인테리어	점포 인테리어 디자인, 컨세션 및 전시사업 디자인, 디자인 리서치
	VMD	집기 및 소모품 관리, 시즌 별 매장 연출, VM Manual 제작
생산관리	생산기획	생산계획, 원가계획, 생산혁신활동
	생산관리	생산실적관리, 공정관리, 생산인원 관리, 생산장비 관리, ERP 관리
품질	품질	생산계획, 원가계획, 생산혁신활동
물류	물류기획	통합물류 전략 수립/실행, 통합물류 IT시스템 구축, 3PL 운영, 표준화
	물류운영	물류기획, 출하관리, 반품관리, 수불관리, 수배송관리, 차량관리
	자재관리	입고관리, 재고관리, 출고관리, 창고관리, 실사관리
	주문관리	거래처 주문관리, 공장 간 및 OEM 주문관리, 실적 및 자료관리
공무	공무	신규 설비 투자관리, 전기/기계/설비/환경시설 관리, 기타 공무 활동
연구	소재연구	미생물 연구, 천연 소재 개발 연구, 성분분석 연구
	분석연구	성분분석 연구, 응용 연구, 건강기능 연구, 공정 연구
제품개발	제품개발	제품개발 관련 정보 수집, 신제품 개발, 현장 적용, 신제품 관련 기술교육, 품질점검 및 사후관리

(계속)

<table>
<tr><th>직군</th><th>직무</th><th>주요 업무</th></tr>
<tr><td rowspan="2">연구지원</td><td>연구지원</td><td>연구소 사업계획 수립, 제품실적관리, 예산관리, 원재료 관리 및 관련 정보 수집</td></tr>
<tr><td>관능평가연구</td><td>제품 표준화, 관능품질조사, 소비자 대상 맛 Survey, 관능검사실 관리, 매장별 제품차이 조사</td></tr>
<tr><td rowspan="3">PR</td><td>홍보</td><td>홍보기획, 홍보활동 및 지원, 사내홍보, 온라인 홍보</td></tr>
<tr><td>사회공헌</td><td>행복한 재단 운영, 프로젝트 사업, 사회공헌 활동 지원, 대외 홍보</td></tr>
<tr><td>대외협력</td><td>정책기획, 이해관계자 관계 구축, Risk Management</td></tr>
<tr><td rowspan="5">인사/총무</td><td>인사</td><td>HR제도 기획 및 전략수립, 평가/보상/인력 관리, 인사행정</td></tr>
<tr><td>노무</td><td>노무기획, 노무 인사행정, 노사협력체계 구축, 도급 및 파견근로자 관리</td></tr>
<tr><td>교육</td><td>교육기획, 교육체계 및 과정개발, 교육제도 운영</td></tr>
<tr><td>총무</td><td>복리후생제도 운영, 문서 관리, 행사기획 및 운영, 고정자산 관리, 기타 업무지원</td></tr>
<tr><td>비서</td><td>의전관리, 수명업무, 문서관리</td></tr>
<tr><td rowspan="3">구매</td><td>구매기획</td><td>구매계획 수립 및 실행, 시스템 운영, 구매프로세스 개선, 원가관리</td></tr>
<tr><td>구매</td><td>단가 관리, 계약 및 발주, 구매 실행</td></tr>
<tr><td>수출입통관</td><td>무역업무, 무역외 행정업무, 해외법인 수출업무</td></tr>
<tr><td rowspan="2">재경</td><td>재무</td><td>자금기획, 자금운용, 출납 및 정산 업무, 외환관리</td></tr>
<tr><td>회계</td><td>관리회계, 예산/결산업무, 세무업무, 회계시스템 개선, 채권/채무관리</td></tr>
<tr><td rowspan="2">IT</td><td>IT기획</td><td>IT 전략 수립, 정보화 기반 구축, IT 자산 관리, 정보보안</td></tr>
<tr><td>IT운영</td><td>시스템 운영, 데이터베이스 관리, 네트워크 관리</td></tr>
<tr><td rowspan="2">경영기획</td><td>전략기획</td><td>경영전략 수립, 비전 및 전략 공유, 기업정보 조사 및 분석</td></tr>
<tr><td>신사업</td><td>신사업 기획, 신사업 개발 및 세부 실행안 수립, 신사업 지원</td></tr>
<tr><td rowspan="2">경영관리</td><td>경영관리</td><td>원가관리, 손익관리, 예산관리, 투자관리, Consensus 회의운영</td></tr>
<tr><td>경영혁신</td><td>임직원 소통관리,경영실적 분석, 경영효율화, 조직현신</td></tr>
<tr><td rowspan="3">고객서비스</td><td>CS관리</td><td>CS 운영계획 수립 및 운영, VOC 연구, VOC 관리</td></tr>
<tr><td>고객지원</td><td>클레임 대응방안 수립, 고객클레임 방문 처리</td></tr>
<tr><td>고객상담</td><td>고객클레임 유선/Web 상담</td></tr>
<tr><td>법무</td><td>법무</td><td>법률 리스크 관리, 현업 법률 자문, 소송 관리, 계약 관리, 제도관리, 감독기관 대응</td></tr>
<tr><td>감사</td><td>감사</td><td>내/외부감사, 상시 감사체계 마련, 윤리경영 전파 및 교육</td></tr>
</table>

자료 : SPC그룹 홈페이지(https://spc.recruiter.co.kr)

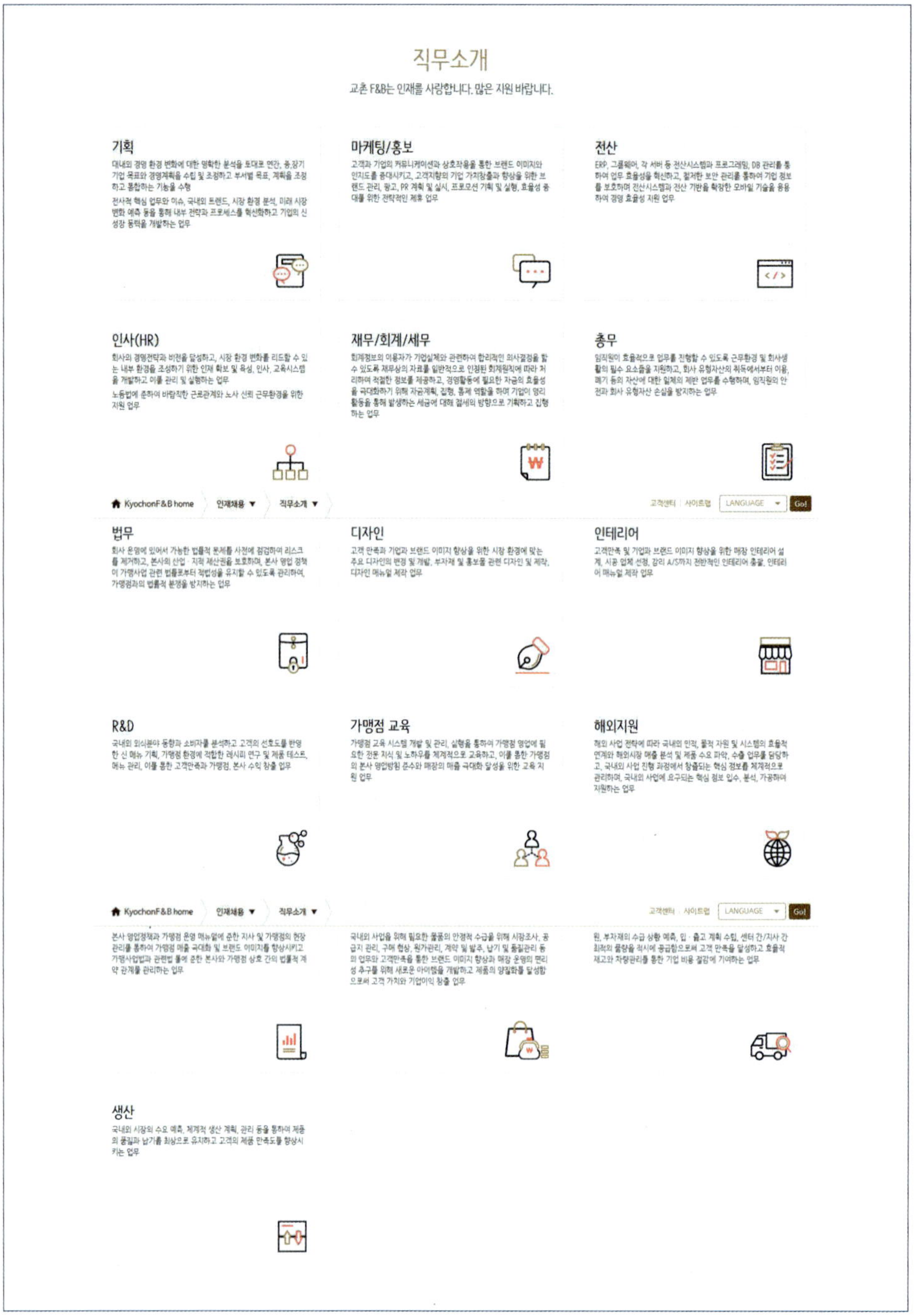

그림 11-4 교촌F&B의 직무 소개

자료 : 교촌F&B 홈페이지(www.kyochonfnb.com)

3 가맹영업 시스템 구축

1) 가맹사업법 이해

(1) 가맹사업법 이해

프랜차이즈 사업은 가맹본부와 가맹점 간 쌍방의 계약관계가 근간인 만큼 쌍방의 대등하고 공정한 계약 체결과 이행이 매우 중요하다. 따라서 쌍방의 권리와 의무에 기초한 계약 체결과 이행을 법으로 규정하는 것이 프랜차이즈 산업의 핵심이슈로 부각되고 있다.

이와 같은 사회적 요구에 부응하기 위하여 국가는 가맹사업공정화에 관한 법률(약칭 가맹사업법)을 제정하기에 이르렀으며, 이 법률은 가맹사업의 공정한 거래질서를 확립하고 가맹본부와 가맹점사업자가 대등한 지위에서 상호보완적으로 균형 있게 발전하도록 함으로써 소비자 복지의 증진과 국민경제의 건전한 발전에 이바지함을 목적으로 한다(가맹사업거래의 공정화에 관한 법률 1장 1조).

어느 나라를 막론하고 프랜차이즈 산업 발전의 과도기에는 일부 비윤리적 가맹본부로 인한 가맹점사업자 또는 예비 점주의 피해가 발생했고, 사회적 문제가 되는 경우가 있기 때문에 이를 견제하고 선의의 피해자 발생을 방지하는 방향으로 가맹사업법이 발전되어 왔다. 따라서 가맹본부는 가맹사업법에 대한 충분한 이해를 바탕으로 모범적 가맹본부의 표준을 만들어 산업 발전에 이바지해야 한다.

(2) 가맹사업의 개념

가맹사업법이 규정하는 가맹사업의 개념은 다음과 같다.

> 가맹본부가 가맹점사업자로 하여금 자기의 상표·서비스표·상호·간판, 그 밖의 영업표지(이하 "영업표지"라 한다)를 사용하여 일정한 품질기준이나 영업방식에 따라 상품(원재료 및 부재료를 포함한다. 이하 같다) 또는 용역을 판매하도록 함과 아울러 이에 따른 경영 및 영업활동 등에 대한 지원·교육과 통제를 하며, 가맹점사업자는 영업표지의 사용과 경영 및 영업활동 등에 대한 지원·교육의 대가로 가맹본부에 가맹금을 지급하는 계속적인 거래관계

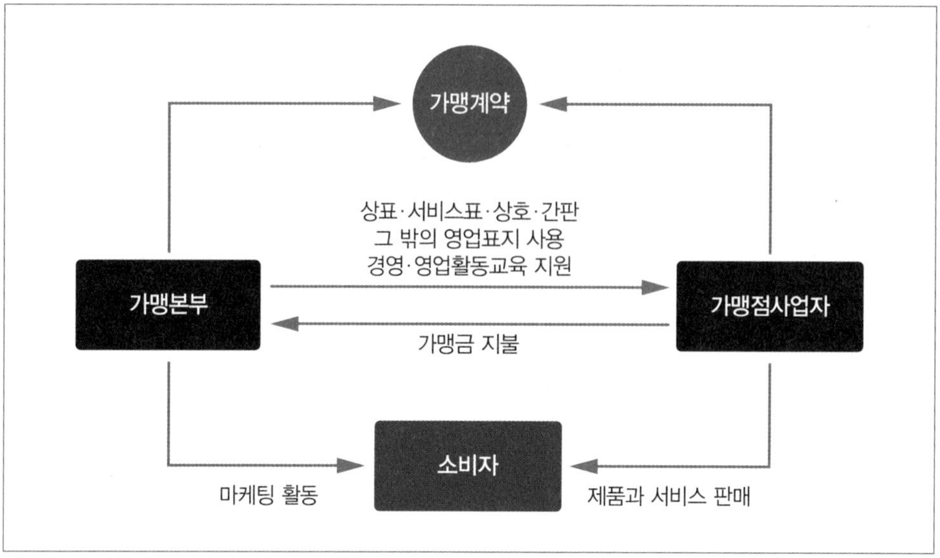

그림 11-5 가맹사업의 개념 이해도

(3) 가맹사업거래의 기본 원칙

가맹사업거래는 가맹본부와 가맹점사업자의 쌍무계약으로, 양자간의 준수 사항은 다음과 같으며, 이러한 기본 원칙은 신의성실의 원칙에 의해 수행되어야 한다.

(4) 가맹사업거래의 공정화에 관한 법률

가맹사업거래의 공정화 법률은 다음과 같은 내용을 통해 가맹사업거래의 불공정 관행을 바로잡고자 하며 아래의 내용들은 위반내역이 확인될 경우 공정거래위원회의 시정조치를 비롯하여 과징금 또는 형사처벌 등이 이루어질 수 있다.

- 정보공개서 등록 및 공개의 의무
- (예치금 입금 후 가맹점주의 반환 요청 시)예치금의 반환
- 허위 과장 광고 금지(근거 없는 예상매출액 등 장래의 예상수익에 관한 정보 제공 불허 등)
- 불공정거래행위 금지(영업지역 비보호, 부당한 리모델링, 영업시간 구속 등)

표 11-4 가맹사업거래의 원칙

가맹본부의 준수 사항(2장 5조)	가맹점사업자의 준수 사항(2장 5조)
1. 가맹사업의 성공을 위한 사업구상 2. 상품이나 용역의 품질관리와 판매기법의 개발을 위한 계속적인 노력 3. 합리적 가격과 비용에 의한 점포설비의 설치, 상품 또는 용역 등의 공급 4. 가맹점사업자와 그 직원에 대한 교육·훈련 5. 가맹점사업자의 경영·영업활동에 대한 지속적인 조언과 지원 6. 가맹계약기간 중 가맹점사업자의 영업지역 과 영업 권리 보호 7. 가맹점사업자와의 대화와 협상을 통한 분쟁해결 노력	1. 가맹사업의 통일성 및 가맹본부의 명성을 유지하기 위한 노력 2. 가맹본부의 공급계획과 소비자의 수요충족에 필요한 적정한 재고유지 및 상품진열 3. 가맹본부가 제시하는 품질기준의 준수와 지정된 상품 또는 용역 사용 4. 가맹본부가 사업장의 설비와 외관, 운송수단에 대하여 제시하는 적절한 기준의 준수 5. 취급하는 상품·용역이나 영업활동을 변경하는 경우 가맹본부와의 사전 협의 6. 가맹본부의 통일적 사업경영 및 판매전략의 수립에 필요한 자료의 유지와 제공 7. 매출 등 자료의 확인과 기록을 위한 가맹본부의 임직원 그 밖의 대리인의 사업장 출입허용 8. 가맹본부의 동의 없는 사업장 위치변경 또는 가맹점운영권 양도 금지 9. 가맹계약기간 중 동종업종의 운영 금지 10. 영업기술이나 영업비밀의 누설 금지 11. 영업표지에 대한 제3자의 침해사실을 인지하는 경우 가맹본부에 대한 영업표지침해사실의 통보와 금지조치에 필요한 적절한 협력
쌍방은 각자의 업무를 신의에 따라 성실하게 수행해야 함(2장 제4조 신의성실의 원칙)	

2) 정보공개서

(1) 정보공개서의 이해

정보공개서란 가맹본부의 사업현황, 임원의 경력, 가맹점사업자의 부담, 영업활동의 조건, 가맹점사업자에 대한 지원·교육·훈련·지도·통제, 가맹계약의 해지·갱신 그 밖에 해당 가맹사업에 관하여 대통령령이 정하는 사항을 수록한 문서를 말한다.

정보공개서는 가맹본부와 가맹점주 희망자 간의 정보 불균형을 해소하고 가맹본부의 건전성을 파악하는 기초자료로 활용되고 있다. 정보공개서는 2008년 가맹사업법 개정 이후 가맹사업을 하려는 모든 가맹본부는 지정된 기간에 공정거래위원회에 등록해야 한다.

정보공개서는 가맹희망자에게 제공되어 최소 7일(가맹거래사 또는 변호사 자문을 받는 경우)에서 14일의 숙려기간 동안 충분히 검토하게 되어 있으며, 만일 정보공개서의 내용을 숙지하지 못한 채 계약 후 발생하는 분쟁에 대해서는 가맹점사업자의 귀책사유가 될 가능성이 높다.

(2) 정보공개서 작성 원칙

① 형식

기재사항별로 나누어 순서대로 작성(가맹본부 임의로 기재사항을 변경하거나 순서를 바꾸는 행위 금지)

② 내용

- 일상용어를 사용하고 짧은 문장을 사용하여 이해를 쉽도록 하고, 추상적인 표현, 전문가 수준의 용어(법률, 세무, 기술적 용어)는 가급적 생략하고 불가피한 경우 주석을 달아 자세하게 설명
- 시각적 자료 활용 : 표, 그림, 그래프 등 시각적 효과를 높이는 도구 사용
- 강조가 필요한 부분은 별도의 색상, 글꼴 크기 적용
- 가맹본부의 의견과 사실은 반드시 분리 : 증명자료 등으로 확인이 가능한 부분과 가맹본부의 단순 전망, 예상, 추정은 분리하여 가맹희망자의 오인가능성을 낮춤
- 정보공개서는 그 자체로 완결된 문서가 되게 함 : 계약서나 첨부자료를 인용하는 것은 가능한 자제하고 정보공개서에 모든 내용을 담도록 함
- 가맹계약서의 내용과 빠짐없이 비교 : 가맹점사업자에게 부여하는 권리와 의무에 대한 내용(불공정거래행위 가능성이 높은 부분)이 계약서와 다를 경우 허위기재 가능성이 있음

③ 기타 참고사항

- 공정위가 제시하는 표준양식은 기본 법규를 벗어나지 않는 선에서의 정보공개서

의 작성 예시를 보여주는 것으로, 가맹사업의 형태에 맞게 내용을 변경하여야 하며, 법적 검토가 필수적임.

- 해당되는 기재사항이 없는 경우라도 반드시 "해당 없음", "그러한 사실이 없습니다." 등으로 표시하여야 함(표시하지 않은 경우 기재사항 누락으로 간주)

(3) 정보공개서의 구성

공정위가 제시하는 표준 정보공개서는 지속적으로 업데이트 된다. 따라서 작성해야 할 시점에 공정거래위원회 가맹사업거래 홈페이지에 접속하여 '알림마당-법령 및 서식자료-관련법령자료' 게시판에서 최신 '정보공개서 최신 양식'을 확인 후 작성한다.

그림 11-6 공정거래위원회 가맹사업거래 홈페이지 관련 법령 자료 게시판

(4) 정보공개서 등록

(1) 정보공개서 신규등록 신청서에 첨부할 서류
– 정보공개서
– 바로 전 3개 사업연도의 재무상태표 및 손익계산서
– 바로 전 사업연도 말 현재 운영 중인 직영점 및 가맹점 목록
– 가맹계약서 양식 사본
– 바로 전 사업연도 말 현재 근무 중인 임직원 수를 확인할 수 있는 서류
– 그 밖에 정보공개서 내용과 관련있는 서류로서 공정거래위원회가 제출하도록 요구하는 서류

(2) 정보공개서 등록증
공정거래위원회는 정보공개서 등록신청이 있으면 등록신청일부터 30일(법 제6조의4에 따라 등록이 취소된 가맹본부가 다시 등록을 신청한 경우에는 2개월) 이내에 가맹본부에 정보공개서 등록증을 내주어야 하며, 법 제6조의2제4항에 따른 가맹사업정보제공시스템(이하 "가맹정보시스템" 이라 한다)에 등록에 관한 사항을 관리하여야 한다.

(3) 정보공개서 등록의 거부
공정거래위원회는 '정보공개서의 기재사항이나 첨부서류에 거짓이 있는 경우, 변경 또는 보완 요구에 가맹본부가 따르지 아니한 경우' 에는 정보공개서 등록을 거부할 수 있다.

자료 : 공정거래위원회(2016)

(5) 기타 정보공개서 관련 내용

① 변경등록 및 변경신고

가맹본부는 변경등록사항이 변경된 경우에는 정보공개서 변경등록 신청서에 '변경된 정보공개서, 변경내용을 증명하는 서류, 등록증'을 첨부하여 공정거래위원회에 제출하여야 한다.

② 정보공개서 등록의 취소 사유

- 가맹본부가 휴업 또는 폐업 신고를 한 경우
- 가맹본부가 파산을 신청한 경우
- 가맹본부에 대하여 강제집행절차 또는 회생절차가 개시된 경우
- 가맹본부가 발행한 어음·수표가 부도 등으로 지급 거절된 경우
- 가맹본부의 대표자 사망·소재불명 등의 사유로 영업을 중단한 경우
- 그 밖에 가맹본부가 가맹사업을 정상적으로 경영하기 어렵다고 공정거래위원회가 판단하는 경우

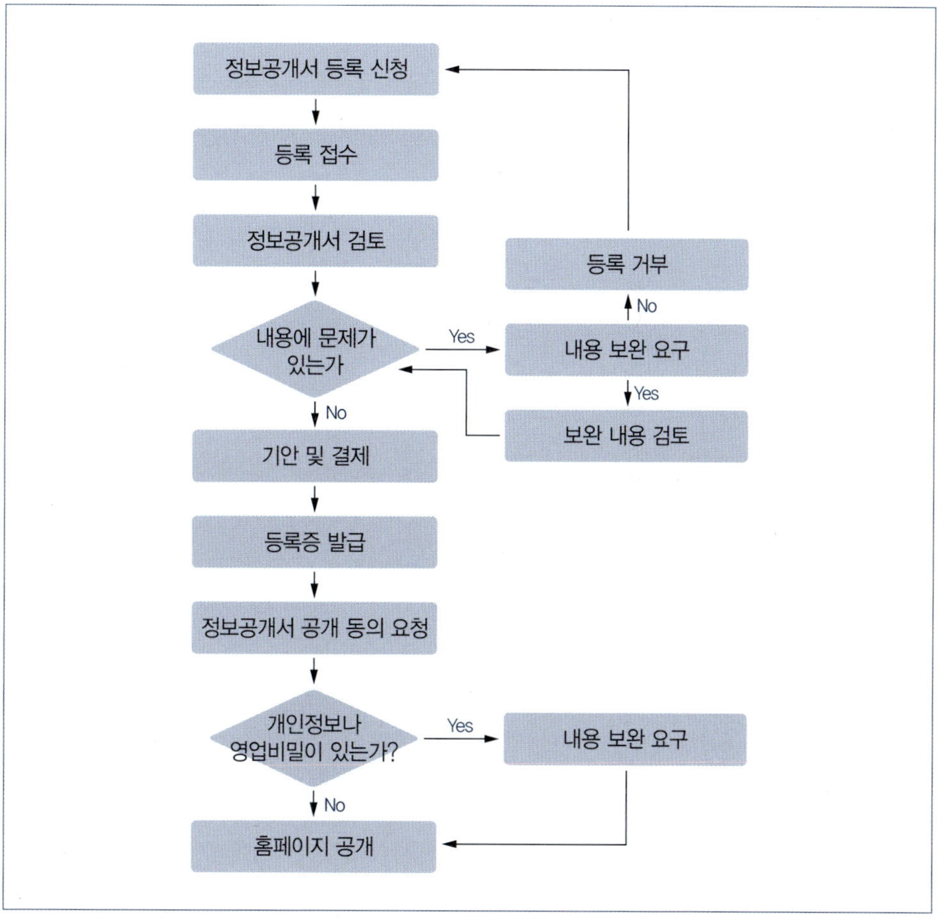

그림 11-7 정보공개서 등록 절차

자료 : 공정거래위원회(2022)

3) 가맹계약서

(1) 가맹계약 과정

가맹계약은 가맹본부가 가맹희망자에게 미리 정보공개서와 계약서를 교부하고 충분하게 고려할 수 있는 시간을 제공한 후 계약서와 정보공개서상의 내용에 동의할 경우에 가맹계약을 맺는 것을 골자로 한다.

미국의 연방거래위원회는 계약체결 5일 이전에 계약서를 교부하고, 10일 이전에 정보공개서를 교부할 것을 요청하고 있고, 일본의 중소소매상업진흥법도 계약체결에 앞서 우리나라의 정보공개서격인 개시서면(開示書面)을 교부할 것을 요청하고 있으며, 우리나라의 가맹사업법에서도 가맹본부는 가맹희망자에게 계약체결 전에 미리 정보공개서를 제시하도록 하는 정보공개의무 규정을 두고 있다. 이러한 규정은 일단 계약의 체결 이후에는 양자간의 책임을 준수하는 것이 법적 계약의 기본 원칙이기 때문이다.

(2) 가맹계약서 제공 의무

① 가맹본부는 아래 중 빠른 날 전에 가맹계약서를 가맹희망자에게 제공하여야 한다.

- 가맹계약의 체결일
- 가맹금의 최초 수령일(가맹희망자가 예치기관에 예치가맹금을 예치하는 경우에는 최초로 예치한 날로 한다. 다만, 가맹희망자가 최초로 가맹금을 예치하기로 가맹본부와 합의한 날이 있는 경우에는 그 날로 한다.)

② 가맹본부는 가맹계약서를 가맹사업의 거래가 종료된 날부터 3년간 보관하여야 한다.

③ 공정거래위원회는 가맹본부에게 건전한 가맹사업거래질서를 확립하고 불공정한 내용의 가맹계약이 통용되는 것을 방지하기 위하여 일정한 가맹사업거래에서 표준이 되는 가맹계약서의 작성 및 사용을 권장할 수 있다.

(3) 가맹계약서 작성 시 고려사항

가맹계약서 작성 시 고려사항들은 다음과 같다.

① 쉽고 명확하게 작성할 것

외식프랜차이즈 계약은 가맹본부와 가맹점사업자가 서로 대등한 입장에서 합의된 계약이라고 하지만, 사실 가맹점사업자는 법률지식이 없는 상태에서 계약을 하는 경우가 많기 때문에 계약서 내용은 누구나 알아볼 수 있도록 쉽게 작성해야 한다.

② 당사자간 권리·의무 내용의 명시

가맹본부는 외식프랜차이즈 계약을 통해 제공되는 모든 내용을 빠짐없이 계약서에 포함시켜 가맹점주가 이해할 수 있게 해야 하며 이와 동시에 가맹점의 의무조항도 상세히 기록해야 한다. 계약체결 후 계약서의 내용과 다르게 서비스가 제공되거나 다른 의무사항을 요구하는 것은 외식프랜차이즈 분쟁의 원인이 된다.

③ 공정한 계약 조항의 기록

외식프랜차이즈는 가맹본부와 가맹점이 서로 신뢰하고 지속적으로 영업을 유지·발전해 나가야만 성공할 수 있기 때문에 계약서 내용이 가맹본부에만 일방적으로 유리하게 규정되어서는 안 된다. 특히 가맹계약의 해지나 갱신, 리모델링 등의 조항은 가맹점에 불이익이 없도록 작성되어야 한다.

(4) 가맹계약서 구성 요소

가맹사업법은 가맹계약서에 포함될 필수 항목을 다음과 같이 지정하였다. 아래의 항목들은 필수 항목으로 만일 내용의 누락이 있을 경우 시정조치나 과징금 부과 대상이 되며, 나아가 정보공개서 상에 이러한 시정조치나 과징금 부과 이력을 기록해야 할 뿐만 아니라 위반사항으로 점주에게 가맹금을 반환할 수 있기 때문에 주의해야 한다.

공정거래위원회는 가맹본부에게 건전한 가맹사업거래질서를 확립하고 불공정한 내용의 가맹계약이 통용되는 것을 방지하기 위하여 표준 가맹계약서의 작성 및 사용을 권장하고 있다.

1. 영업표지의 사용권 부여에 관한 사항
2. 가맹점사업자의 영업활동 조건에 관한 사항
3. 가맹점사업자에 대한 교육·훈련, 경영지도에 관한 사항
4. 가맹금 등의 지급에 관한 사항
5. 영업지역의 설정에 관한 사항
6. 계약기간에 관한 사항
7. 영업의 양도에 관한 사항
8. 계약해지의 사유에 관한 사항
9. 예치 가맹금의 예치에 대한 사항
10. 가맹희망자가 정보공개서에 대하여 변호사 또는 제27조에 따른 가맹거래사의 자문을 받은 경우 이에 관한 사항
11. 그 밖에 가맹사업당사자의 권리·의무에 관한 사항으로서 대통령령이 정하는 사항
    1) 가맹금 등 금전의 반환조건에 관한 사항
    2) 가맹점사업자의 영업설비·집기 등의 설치와 유지·보수 및 그 비용의 부담에 관한 사항
    3) 가맹계약의 종료 및 해지에 따른 조치 사항
    4) 가맹본부가 가맹계약의 갱신을 거절할 수 있는 정당한 사유에 관한 사항
    5) 가맹본부의 영업비밀에 관한 사항
    6) 가맹계약 위반으로 인한 손해배상에 관한 사항
    7) 가맹본부와 가맹점사업자 사이의 분쟁 해결 절차에 관한 사항
    8) 가맹본부가 다른 사업자에게 가맹사업을 양도하는 경우에는 종전 가맹점사업자와의 계약에 관한 사항
    9) 가맹본부의 지식재산권 유효기간 만료 시 조치에 관한 사항

4) 문의와 응대에 대한 매뉴얼화

일반적으로 가맹희망자는 가맹본사와 초기 접촉을 통해 가맹계약서와 정보공개서를 전달받아도 개별 상담을 통해 더 상세한 내용을 확인하는 것을 선호한다. 가맹희망자는 다음과 같은 내용을 가장 많이 질문하는데 이것은 바꿔 말하면 가맹본부가 상담을 위해 준비해야 하는 기본적 내용들이라 할 수 있다. 가맹영업을 준비할 때는 다음과 같은 내용들과 답변에 대하여 상담자 별로 답변의 차이가 없도록 문서화하고 공개가 가능한 단계를 설정하여 필요에 따라 간단한 내용들은 전화상담에서도 응대하거나 홈페이지 등에서 바로 확인할 수 있도록 하는 것이 좋다.

- 출점 가능 지역과 영업지역 제한
- 점포 면적, 계약 기간
- 식부재료 원가와, 로열티 정책
- 투자비 : 가맹비, 보증금, 교육비, 기계/집기, 인테리어, 추가 투자비 발생 가능성
- 예상 투자 및 이익 : 근거자료 제시를 통해 향후 문제의 소지를 줄여야 함

- 본부 지원사항 : 판촉물, 개점 지도, 마케팅 프로모션 지원
- 개별 메뉴 또는 매장별 프로모션 진행 가능성
- 교육 훈련 내용과 난이도, 추가 교육 빈도와 교육비
- 점포 알선 및 상권입지 조사
- 신메뉴 출시 빈도
- 메뉴 이외의 MD(Merchandising)
- 광고 및 홍보에 대한 본사/가맹점 부담
- 유지보수, 채용, 교육, 점포 회계 등에 대한 본사 지원

5) 가맹점사업자 선정

외식프랜차이즈 사업의 경쟁이 치열해지면서 가맹본부의 콘셉트와 사업 모델을 충분히 이해하고, 동반 성장할 파트너 개념으로 가맹점사업자를 찾는 것보다는 가맹본부 입장에서 당장의 개설수익을 제공해줄 수 있는 가맹점을 한 사람이라도 더 유치하는 데 전략을 집중하는 경우가 생길 수 있다. 특히 이런 문제는 가맹점사업자 모집을 창업 컨설팅 업체 등을 통해 외주로 진행하는 경우 발생하기 쉽다. 가맹점사업자 유치 횟수에 따라 수수료를 제공하는 구조로 외주 계약이 이루어지면 자사 브랜드 콘셉트를 제대로 이해하지 못하는 가맹점과 계약이 될 가능성도 있다. 일부 비양심적인 컨설턴트는 점주 유치를 위해 본부의 운영 방침과 다른 내용들을 언급 후 가맹계약을 체결하여 점주가 추후 창업상담 시의 조항과 가맹본부의 조항이 다른 부분에 불만을 제기하는 문제를 야기하기도 한다.

따라서 가맹본부는 외식프랜차이즈 시스템을 운영하기에 적합한 가맹점사업자의 기준을 세우고, 그 기준에 따라 가맹희망자를 필터링하거나 외부 업체와 계약을 할 때에도 이 기준에 적합한 점주를 유치해 달라는 조건을 명시해야 한다. 만일 당장의 매장 개설 수익을 위하여 무분별하게 가맹점주를 유치할 경우 문제 가맹점사업자로 발전하여 고객의 불만을 야기하고 브랜드에 막대한 타격을 가져올 수 있다. 또한 지속적으로

본부의 관리 인력을 투입하거나 강제 폐점 등의 절차로 더 많은 비용이 소모될 수 있다.

가맹점사업자를 평가하는 기준은 기업의 인재상과 브랜드의 콘셉트 등에 따라 달라질 수 있는데, 다음과 같은 형식으로 자사의 기준에 맞는 점검 항목들을 개발하여 입력하고, 상담을 통해 해당 항목에 대하여 창업에 적합한 역량을 지녔는지를 파악한다. 이후 부족한 부분은 어떻게 보완할 지에 대한 제안 등을 기록한 후 최종적으로 가맹계약 진행 여부에 대하여 결정한다.

표 11-5 가맹점사업자 평가 기준의 예시

점검항목 예시(무순)	점수 (5점 만점)	부족한 경우 보완점	기타 의견
오픈 후 예비비를 포함한 창업자금은 충분한가?			
본 가맹점 사업은 main job인가, second job인가?			
우리 브랜드의 어떤 점에 가장 매력을 느끼고, 어떤 부분에는 공감하지 못하는가?			
친화력은 어떠한가?			
기존에 외식업이나 서비스업에서 근무해 본 경험이 있는가?			
가맹 희망자는 가맹점 운영의 구조를 잘 이해하는가?			
우리의 경영이념을 이해하고, 공감할 수 있는가?			
경영지도에 적극적으로 따를 수 있는 성향의 사람인가?			
기본적 성향은 낙천적인 편인가, 비관적인 편인가?			
가맹 희망자의 외모나 이미지는 우리 브랜드의 이미지와 잘 어울리는가?			
시간 약속은 잘 지키는가?			
솔선수범하는 편인가?			
점포 운영 시 매일 매장에 할애할 수 있는 시간은 어느 정도인가?			
합계			
결론(계약 여부 및 교육과 슈퍼바이징 시 보완점)			

4 프랜차이즈 기업 수준평가

1) 수준평가제도의 개요

중소벤처기업부와 소상공인시장진흥공단에서 가맹본부의 역량을 강화하고 가맹점의 성공창업을 지원하기 위해 프랜차이즈 기업 수준평가제도를 시행하고 있다. 프랜차이즈 기업 수준평가제도는 각 프랜차이즈 브랜드의 수준을 객관적으로 평가하여 그에 맞는 맞춤형 연계지원을 시행하는 제도이다.

중소벤처기업부와 소상공인시장진흥공단에서 실시하는 프랜차이즈 기업 수준평가는 먼저 프랜차이즈 가맹본부 평가와 가맹점 서베이 평가 후, 가맹본부 브랜드의 운영체계 등을 평가하여 평가등급을 I-IV등급으로 구분한다. 그리고 우수 프랜차이즈를 지정하고 수준평가 결과를 지도한다.

그림 11-8 소상공인포털 프랜차이즈 수준평가 홈페이지

자료 : 소상공인포털(www.sbiz.or.kr/fcs/main.do)

2) 수준평가제도의 목적

프랜차이즈 수준평가 제도는 가맹본부의 경쟁력을 제고하고 소상공인의 안정적인 가맹점 창업과 경영에 기여하기 위한 제도이다. 특히 현장실사 등을 통해 가맹본부의 상태를 진단하고 취약점을 분석하여 우수 프랜차이즈를 발굴함으로써 예비창업자에게 가맹본부 선택 기준을 제공하는데 목적이 있다.

3) 프랜차이즈 기업 수준평가 체계

프랜차이즈 수준평가 절차는 〈그림 11-9〉와 같이 정리할 수 있으며, 평가기관은 소상공인시장진흥공단이다.

(1) 평가 대상

직영점 1개 이상, 가맹점 10개 이상 운영 중이거나 가맹점 20개 이상인 프랜차이즈 기업 가맹본부로 공정거래위원회에 정보공개서를 등록한 후 가맹사업 업력 1년 이상이면 참여가 가능하다. 다만, 운영기간이 1년 미만이거나 완전 자본 잠식상태인 브랜드는 평가대상에서 제외한다. 대기업도 수준평가 신청이 가능하다.

(2) 프랜차이즈 기업 수준평가 항목

초기의 프랜차이즈 기업 수준평가의 항목은 관련 국내·외 논문 200여 편을 바탕으로 외식프랜차이즈 가맹본부를 평가할 수 있는 평가항목을 도출하였다. 구체적으로 보면 총 6개의 범주로 구분한 후 38개의 변수 146개의 평가문항으로 구성되었다.

이를 통해 도출된 수준평가 항목은 가맹본부의 특성, 가맹점사업자의 특성, 계약특성, 시스템 운영특성, 관계특성 및 성과 등 6개 범주 평가 요소를 도출하여 다음과 같은 내용을 평가하였다.

프랜차이즈 수준평가제도는 계속 보완되면서 2022년 현재 평가항목은 5개 범주(가맹본부, 계약,가맹점 지원, 관계, 시스템 성과)를 대상으로 소규모와 중규모로 나누어 다음

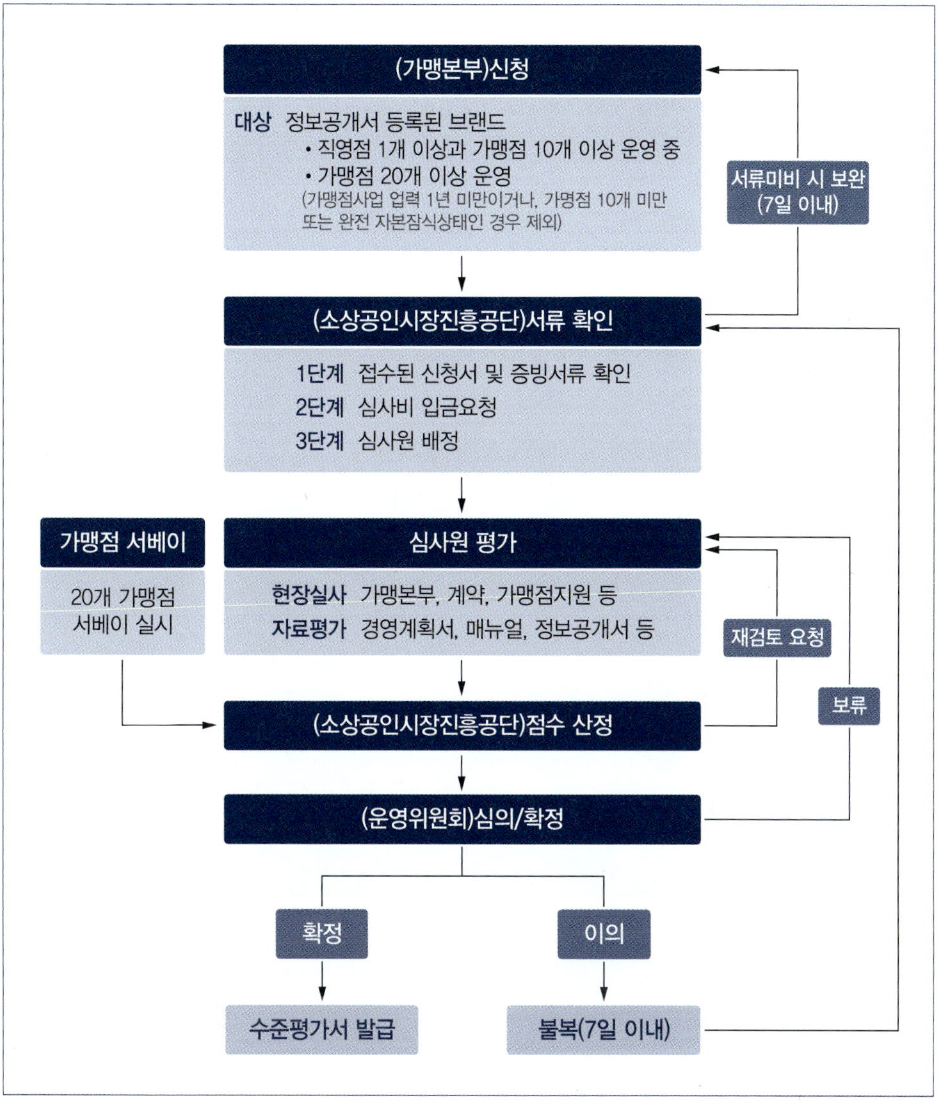

그림 11-9 프랜차이즈 수준평가 절차

자료 : 소상공인시장진흥공단 홈페이지(www.sbiz.or.kr)

과 같이 적용되고 있다.

가맹본부 특성, 계약 특성, 가맹점 지원, 관계 품질, 시스템 성과 등 5개 범주를 대상으로 소규모는 외식업 62개, 도소매업 63개, 서비스업 61개 항목으로 측정하고 중규모

표 11-6 프랜차이즈 기업 수준평가 항목(2010년 기준)

범주	요인	변수
1. 가맹본부 특성	경영자특성	경영자 자질, 경영전략, 경쟁우위
	기업특성	회사규모, 사업경력, 재무구조 건전성, 외부인증/수상, 일반특성
	자원	본부 매뉴얼, 지적자산, 브랜드 자산, 정보화 수준, 물류시스템
	계약절차	사업자모집광고, 사업자 선별, 계약과정, 계약체결
2. 가맹점사업자 특성	사업자 특성	사업경험, 사업운영의 적극성, 자본력
	계약 이행	계약이행의 성실성
3. 계약 특성	계약 조건	계약기간, 최초가맹금, 영업중 비용, 계약 종료 후 부담, 계약해지 및 종료실적
	가맹점 통제	영업통제, 디자인통제, 물품구입경로통제
4. 시스템운영 특성	초기지원	초기교육, 가맹점운영매뉴얼, 매장개설지원
	지속적 지원	정규교육프로그램, 본부 공급물품의 적절성
5. 관계 특성	관계의 질	양방향 의사소통, 가맹본부에 대한 신뢰, 가맹본부와의 갈등, 거래공정성 등
	만족	가맹점사업자의 만족
6. 시스템 성과	가맹본부성과	성장성, 수익성, 안전성
	가맹점성과	성장성, 수익성

표 11-7 소규모 프랜차이즈 평가 기준(2022년 기준)

범주	요인	변수
A. 가맹본부 특성	리더십	경영자의 지속가능 리더십
	기업특성	사업역량, 경영시스템
	자원	본부매뉴얼
B. 계약특성 [설문조사]	계약절차	모집광고 신뢰성, 계약과정 건전성, 계약에 대한 설명
	계약조건	부과비용 적절성
C. 가맹점 지원	초기지원	초기교육, 가맹점 매뉴얼, 매장개설 지원
	지속지원	슈퍼바이저 지도, 광고·판촉비, 보수교육
D. 관계품질 [설문조사]	관계의 질	양방향 의사소통, 가맹본부 신뢰, 가맹본부 갈등, 거래 공정성, 가맹사업자의 몰입
	가맹사업자의 만족	만족
E. 시스템 성과	가맹본부 성과	시스템 수익성, 시스템 성장성, 시스템 안정성
	가맹점 성과	수익성, 성장성

자료 : 소상공인시장진흥공단 홈페이지(www.sbiz.or.kr/fcs/main.do)

표 11-8 중규모 프랜차이즈 평가 기준(2022년 기준)

범주	요인	변수
A. 가맹본부 특성	리더십	경영자의 지속가능 리더십, 사회적 책임과 공헌
	기업특성	사업역량, 경영시스템
	자원	본부매뉴얼, 지적자산, 인정·수상
B. 계약특성 [설문조사]	계약절차	모집광고 신뢰성, 계약과정 건전성, 계약에 대한 설명
	계약조건	부과비용 적절성
C. 가맹점 지원	초기지원	초기교육, 가맹점 매뉴얼, 매장개설지원
	지속지원	슈퍼바이저 지도, 광고·판촉비, 보수교육
D. 관계품질 [설문조사]	관계의 질	양방향 의사소통, 가맹본부 신뢰, 가맹본부 갈등, 거래 공정성, 가맹사업자의 몰입
	가맹사업자의 만족	만족
E. 시스템 성과	가맹본부 성과	시스템 수익성, 시스템 성장성, 시스템 안정성
	가맹점 성과	수익성, 성장성

자료 : 소상공인시장진흥공단 홈페이지(www.sbiz.or.kr/fcs/main.do)

는 외식업 73개, 도소매업 74개, 서비스업 72개 항목으로 측정하여 평가한다.

(3) 평가 내용

심사원 2인 1조로 구성된 심사원이 가맹본부에서 제출한 서류를 서면심사 한 후 현장 실사, 가맹점 20개 이상 설문조사, 계약서 등 다양한 자료를 검토하여 평가결과를 운영위원회(5인 내외)에 제출한다. 그리고 운영위원회가 평가자료를 심사, 최종 승인한다. 평가는 5개 범주 61~74개 문항을 100점 만점으로 평가하여, 가맹본부 수준을 예비·정착·성장·성숙 등 총 4단계로 분류한다.

표 11-9 프랜차이즈 기업 수준평가 결과 분류

등급	분류
I	80점 이상
II	70점 이상
III	60점 이상
IV	60점 미만

4) 진행 경과

2010년 4월 시범사업으로 29개 가맹본부의 신청 브랜드를 평가하고 업계 및 전문가들의 의견을 반영하여 업종별로 평가지표의 개선 및 가중치 변경 등 평가체계를 보완한 후 2010년 하반기부터 본격적으로 시행하고 있으며 지속적으로 개정이 되고 있다. 현재 시점에서 평가를 받기 위하여 가맹본부가 납부해야 하는 평가비용은 160만 원이다.

5) 신청 방법

프랜차이즈 가맹본부 수준평가에 대한 자세한 내용 및 신청 안내는 소상공인마당 홈페이지를 참조하면 된다.

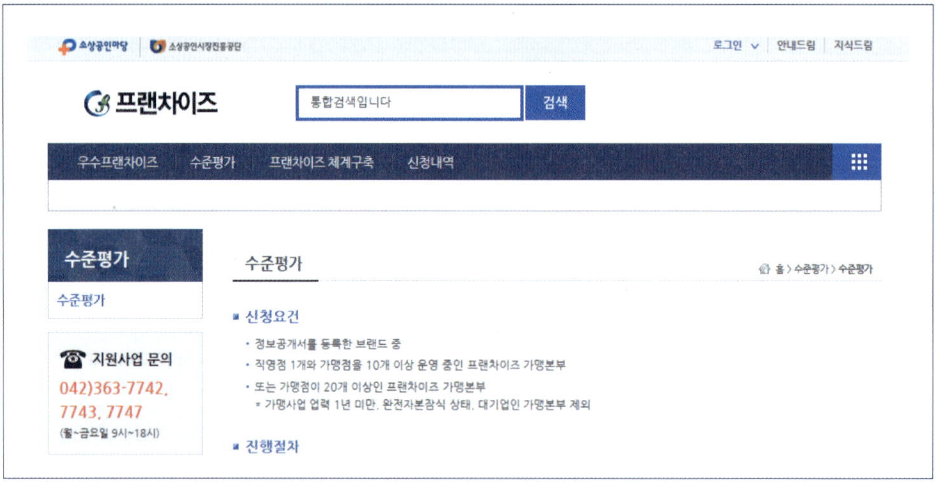

그림 11-10 프랜차이즈 가맹본부 수준평가 홈페이지(https://www.sbiz.or.kr/fcs/req/levelTest.do)

요약

❶ 가맹본부를 구축하기 전에 가맹본부 사업계획서 작성을 통해 사업의 타당성을 검토하고, 자사의 경쟁력과 약점, 극복 전략 등을 객관적으로 서술하여 가맹본부 구축 여부에 대해 의사결정을 할 수 있어야 한다. 가맹본부 구축을 위한 사업계획서에는 외식프랜차이즈시스템, 메뉴, 서비스, 기회와 위협요소, 이를 타개하고 경쟁우위를 차지할 수 있는 전략, 투자와 재무회계 범위, 투자 대비 회수기간 등을 기술한다.

❷ 가맹본부는 사업의 초기부터 인적자원관리, 재무관리, 생산 및 운영관리, 회계, 마케팅, 경영정보시스템과 같은 기능적 구조를 갖추고 전문화와 분업화를 추구해야만 가맹점 영업이 본격적으로 실행되는 시기에 성장동력을 유지할 수 있다.

❸ 가맹사업법은 가맹사업의 공정한 거래질서를 확립하고 가맹본부와 가맹점사업자가 대등한 지위에서 상호보완적으로 균형 있게 발전하도록 함으로써 소비자 복지의 증진과 국민경제의 건전한 발전에 이바지함을 목적으로 제정되었다. 가맹사업법에 따라 모든 가맹본부는 정보공개서와 가맹계약서를 공개할 의무가 있다.

❹ 가맹본부는 성공적인 외식프랜차이즈 기업 브랜드의 운영을 위하여 자사의 외식프랜차이즈 시스템을 운영하기에 적합한 가맹점사업자의 기준을 세우고 그 기준에 따라 가맹희망자를 선발하는 것이 바람직하다. 당장의 매장 개설 수익을 위하여 무분별하게 가맹점주를 유치할 경우 자격 미달의 문제 점주로 고객의 불만을 야기하고 브랜드에 부정적 영향을 받을 수 있다.

❺ 프랜차이즈 기업 수준평가제도란, 중소벤처기업부와 소상공인시장진흥원에서는 가맹본부의 역량을 강화하고 가맹점의 성공창업을 지원하기 위해 각 프랜차이즈 기업 브랜드의 수준을 평가하여 그에 맞는 맞춤형 연계지원을 시행하는 제도이다. 이 제도는 각 등급에 맞는 수준별 맞춤형 연계지원을 통해 성장성이 높은 프랜차이즈 가맹본부를 육성하는 데 목적이 있다.

연습문제

1 본 장에서 학습한 가맹본부를 위한 사업계획서 작성 내용 중 실무적으로 보완해야 할 부분을 제시해 본다.

2 국내외 외식프랜차이즈 기업의 가맹본부 조직을 조사한 후, 각 조직 구성의 특징과 장단점을 평가해 본다.

3 국내 가맹사업거래의 공정화에 관한 법률에서 향후 외식프랜차이즈 산업 발전을 위해 개선 또는 보완되어야 할 내용을 정리해 본다. 그리고 최근 가장 문제가 있는 내용을 가맹본부와 가맹점사업자 입장으로 분류하여 확인하고 해결책을 제시해 본다.

4 정보공개서 작성 원칙과 내용을 검토한 후, 가맹점사업자 입장에서 보완해야 할 부분을 지적하고 개선안을 제시한다.

5 외식프랜차이즈 산업과 기업의 발전하기 도모하기 위한 목적으로 매년 수준평가가 이루어지고 있다. 수준평가 항목과 내용 그리고 현재 평가결과 등을 평가하고 개선 방안을 제시한다.

참고문헌

국내

강소연, 플래그쉽 스토어의 브랜드 이미지 생성과 디자인 표현 경향에 관한 연구. 홍익대학교 대학원 박사논문, 2006, pp21-22.

강효웅(2005). 외식기업의 사회공헌활동이 소비자에게 미치는 영향에 관한 연구: 국내 외식프랜차이즈 기업을 중심으로. 경기대학교 대학원 석사학위논문.

고광명(2010). 일본기업의 경영이념 유형별에 따른 특성 연구. 경영경제연구, 29(2), pp.1-20.

김민선(2010). 외식산업프랜차이즈 사례를 통한 성공요인분석. 한국산학기술학회논문지, 11(6), pp.1991-1996.

김상덕·오세조(2007). 프랜차이즈 본부의 운영전략이 가맹점의 정서적 결속, 직무만족, 그리고 영역초월 행동에 미치는 영향. 마케팅연구, 22(2).

김성수(1999). 아산 정주영의 생애와 경영이념. 경영사학, 19, pp.5-45.

김영갑 외(2012). 외식창업론. 교문사.

김영갑(2015), 성공창업을 위한 음식점 마케팅. 교문사.

김영갑(2015). 외식사업창업론. 교문사.

김윤수(1997). 현대 한국기업의 경영이념에 관한 연구. 연성대학교 논문집, 20, pp.195-214.

김인화(2012), 레스토랑 디자인 구성요소가 디자인 수행도에 미치는 영향에 관한 연구.

김종훈(2015), '마케팅기본 및 마케팅전략 프로세스의 이해', KT&G 상상 univ. 강의자료.

김찬숙(2013). 자산관리서비스 브랜드아이덴티티에 관한 연구-국내 중대형 증권사를 중심으로. 브랜드디자인학연구, 11(3), 147-158.

김태희(2006), 미국의 외식산업관련 통계에 관한 연구. 외식경영연구, Vol.9 No.1.

김형중 외(2012). 프랜차이즈 창업경영실무. 한올출판사.

당지연·최윤수·김영훈(2013). 사례연구: 한국과 일본병원의 미션선언문 비교연구-한국의 상급종합병원과 일본의 특정기능병원을 중심으로. 한국병원경영학회지, 18(1), pp.70-87.

마쓰시타 고노스케 저, 김정환 역(2013). 경영에 불가능은 없다. 청림출판.

박경환(2007). 실전! 상권분석과 점포개발. 상상예찬.

박기용(2009). 외식산업경영학. 백산출판사.

박옥련·김은정(2007). Color 색 色. 형설출판사.

박인정(2015). 외식프랜차이즈 기업의 경영이념에 관한 연구-한국, 미국, 일본간의 비교를 중심으로-. 한양사이버대학교 대학원 석사학위논문.

박인정·김영갑(2015). 외식프랜차이즈 기업의 경영이념에 관한 연구-한국, 미국, 일본간의 비교를 중심으로. 외식경영연구, 18, 85-105.

산업자원부·한국프랜차이즈협회(2004). 프랜차이즈 인테리어, 디자인, 디스플레이 사례 연구.

산업통상자원부·2014년 기준 프랜차이즈 산업 실태조사.

산업통상자원부·프랜차이즈산업 실태조사 보도자료, 2016.01.14.

서경화·이수범(2011). 브랜드확장에 따른 기업이미지가 서비스 품질, 확장브랜드의 적합성, 태도에 미치는 영향 연구. 호텔경영학연구, 20(1), 69-92.

서민교(2007). 프랜차이즈사업 당신도 쉽게 할 수 있다. 중앙경제평론사.

서민교(2010). 프랜차이즈경영론. 벼리커뮤니케이션.

서진우(2012). 외식창업바이블. 대왕사.

설봉식(2008). 프랜차이즈성공학. 한국체인스토어협회 출판부.

송준성(2004). 프랜차이즈 물류 구축 실무. 한국물류혁신컨퍼런스 발표자료.

스콧 A. 셰인 저, 윤지환 외 역(2011). 프랜차이즈란 무엇인가. 이상미디어.

신재욱·구만재·송영은(2013). 죽 이야기 브랜드디자인 리뉴얼에 따른 소비자 구매의사 결정 분석. 조형미디어학, 16(1), 131-138.

신재욱·정보민·김성필(2012). 신규 브랜드 런칭을 위한 브랜드 아이덴티티 시스템 개발. 디자인지식저널, 21, 196-205.

신재욱(2014). 치킨 브랜드 재활성화를 통한 리포지셔닝 전략에 관한 연구-프랜차이즈 브랜드 '치킨매니아'개발 사례를 중심으로. 브랜드디자인학연구, 12(1), 95-110.

아주뉴스, 2015.04.09. [특집]맥도날드, 가맹점 사장에게 종합적인 교육 시스템 제공.

안세연·조동성(2011). 창업이념의 각인효과와 기업의 장기생존에 대한 탐색적 고찰. 기업가정신과 벤처연구, 14(2), pp.19-47.

오세조·이철우(2007). 실전 프랜차이즈 마케팅 전략. 중앙경제평론사.

이승주(2004). 프랜차이즈경영가이드 총서 5-외식프랜차이즈 인테리어, 디자인, 디스플레이 사례연구. 산업자원부, (사)한국프랜차이즈협회.

유니타스 브랜드 편집부. 유니타스 브랜드 Vol.29 컨셉(2013). 모라비안유니타스.

유용석·정유나. (2011). 커피전문점의 브랜드 아이덴티티와 실내디자인의 상관성 분석. 한국실내디자인학회 2011년도 춘계학술발표대회논문집, 13(1), 165-170.

이동호(2013). 국내 수산관련 기업의 주요 경영철학에 대한 내용분석-상장사의 미션과 비전을 중심으로. 수산경영론집, 44(3), p.90.

이재한·이용기·한규철(2010). 외식프랜차이즈 가맹본부의 사후지원 서비스가 가맹점의 관계품질과 경영성과에 미치는 영향. 유통연구, 15(3), 1-28.

이재호·정진수(2012). 식음공간의 브랜드 아이덴티티 계획요소에 따른 개선방향에 관한 연구-패밀리 레스토랑과 브랜드 커피전문점의 이용자 만족도 조사를 중심으로. 대한건축학회연합논문집, 14(2), 75-84.

이정실(2002). 외식 고객의 상황에 따른 레스토랑 업종 및 업태 선택 차이. 관광레저연구, Vol.14 No.1.

이티뉴스, 2014.03.03. 콘텐츠칼럼-매장음악, 성공을 위한 무형의 코디네이터.

일본 공정거래위원회, 2002.4.24. 프랜차이즈 시스템에 관한 독점금지법상의 지침.

장재남(2011). 가맹본부 창업과 경영전략. 두남.

장재남(2012). 프랜차이즈 가맹본부창업. 두남.

전성철(2013). 가치관경영. 쌤앤파커스.

제17차 국가경쟁력강화위원회, 2009. 9. 29. 자영업자 경쟁력 강화를 위한 프랜차이즈 산업 활성화 방안.

조미희·이경희(2009). 레스토랑 수익 관리를 위한 적정 식사 시간 측정에 관한 연구.

조선일보, 2013.07.20. 酒店 와라와라, '27세오피스여성'만 공략했더니 남성고객도 몰려오더라.

중소기업청소상공인지원중앙센터(2000). 창업·경영관련법률실무지식. 중소기업청소상공인지원중앙센터.

중소기업청소상공인지원중앙센터(1999). 프랜차이즈시스템. 중소기업청소상공인지원중앙센터.

지식경제부·대한상공회의소(2010). 2010년 전국 프랜차이즈 브랜드 실태조사.

최영옥·송영은(2013). 브랜드 포지셔닝 전략에 의한 로고 리뉴얼 개발에 관한 연구. 한국상품문화디자인학회 논문집, 35, 49-61.

타미야 마사히로(2008). 성공프랜차이즈전략 밀라노 프로젝트. 백산출판사.

한국경제, 2007.03.08. Marketing Benchmark…스타벅스의 '커피 케이터링'.

한국사업정보개발원(2004). 프랜차이즈 정보 및 물류관리시스템 구축 및 운영사례 연구.

한규철·이성훈(2010). 프랜차이즈 계약과 창업. 두남.

호이스 A. 저, 정우석 역(2012). 살아있는 기업 100년의 기업. 서울: 김앤김북스(원서출판 1997).

Horovitz · J. Corboz, A. 저, 김시경 역(2008). 기적의 비전 워크숍. 서울: 쌤앤파커스(원서출판 2007).

Jones, P. · Kahaner, L. 저, 이진우 역(2004). 세계 최고 기업들의 미션. 서울: 거름(원서출판 1995).

KB금융지주 경영연구소. KB Daily 지식 비타민 프랜차이즈 업계 현황 및 특성(2012-20호).

Kotler, Philip · Armstrong, Gary 저, 안광호· 유창조· 전승우 역(2008). Kotler의 마케팅 원리. 서울, 시그마프레스.

Shane, S. A. 저, 윤지환 · 이상규 역(2011). 프랜차이즈란 무엇인가. 서울: 이상미디어(원서출판2005).

국외

Altiok, P. (2011). Applicable vision, mission and the effects of strategic management on crisis resolve. Procedia-Social and Behavioral Sciences, 24, pp.61-71.

Benjamin, Kim & Smart, Brian (2012). The Franchising Bible 2nd Edition. Crimson Publishing.

Genç, K. Y. (2012). The Relation between the Quality of the Mission Statements and the Performances of the State Universities in Turkey. Procedia-Social and Behavioral Sciences, 58, pp.19-28.

Kahn, Mahmood A. (1999). Restaurant Franchising. Wiley & Sons, Inc.

Kemp, S., & Dwyer, L. (2003). Mission statements of international airlines: a content analysis. Tourism management, 24(6), pp.635-653.

Kevin Lane Keller (2007). Strategic Brand Management(3rd edition). Prentice Hall, pp.140-165.

Kim Benjamin & Brian Smart (2012). The Franchising Bible. Crimson Publiching.

Mahmood A. Kahn (1999). Restaurant Franchising. Wiley & Sons, Inc., pp.63~80.

McNamara, C. (2007). Field guide to nonprofit strategic planning and facilitation. Minneapolis: Authenticity Consulting.

Mirvis, P., Googins, B., & Kinnicutt, S. (2010). Vision, mission, values: Guideposts to sustainability. Organizational Dynamics, 39(4), pp.316-324.

Pearce, J. A. (1982). The company mission as a strategic tool. Sloan management review, 23(3), pp.15-24.

Pearce, J. A., & David, F. (1987). Corporate mission statements: The bottom line. The Academy of Management Executive, 1(2), pp.109-115.

Seid, Michael & Thomas, Dave (2006). Franchising For Dummies. For Dummies.

Siebert, Mark (2016). Franchise Your Business: The Guide to Employing the Greatest Growth Strategy Ever. Entrepreneur Press.

Wang. Y., & Lin. J. (2011). Empirical Research on Influence of Mission Statements on the Performance of Nonprofit Organization. Procedia-Environmental Sciences, 11, pp.328-333.

웹사이트

가지공장 www.eggplantfactory.co.kr

공정거래위원회 ftc.go.kr

공정거래위원회 가맹사업거래 franchise.ftc.go.kr

교촌F&B www.kyochonfnb.com

교촌치킨 www.kyochon.com

구글 플레이스토어 play.google.com/apps

국가법령정보센터 www.law.go.kr

김영갑 교수의 상권분석, 외식마케팅, 프랜차이즈경영 webkim.blog.me

나이스비즈맵 www.nicebizmap.co.kr

다스킨 www.duskin.co.jp

달콤커피 www.dalkomm.com

담덕의 경영학 노트 mbanote2.tistory.com/62

더본코리아 www.theborn.co.kr

도미노피자 www.dominos.co.kr

맥도날드 www.mcdonalds.com

맥도날드 인디아 www.mcdonaldsindia.net

메조미디어 타겟 인사이트 www.slideshare.net/MezzoMedia/presentations

본아이에프 www.bonif.co.kr

본죽 www.bonjuk.co.kr

부엉이돈까스 www.owlscutlet.co.kr

블룸버그 www.bloomberg.com

블림피 www.blimpie.com

빽다방 www.paikdabang.com

상권정보시스템 sg.sbiz.or.krmain.sg

세븐스프링스 www.sevensprings.co.kr

소비자불만닷컴 www.bulmanzero.com

소상공인시장진흥공단 www.sbiz.or.kr

스와치 www.swatch.com

스타벅스코리아 www.istarbucks.co.kr

식품외식경제 www.foodbank.co.kr

신선설농탕 www.kood.co.kr

CU cu.bgfretail.com

아우디 www.audi.com

아웃백스테이크하우스 www.outback.co.kr

얌!브랜드 www.yum.com

SSG 블로그 ssgblog.com

엠브레인 트렌드 모니터 www.trendmonitor.co.kr

오늘한점 블로그 wyfnb.tistory.com

오스템 임플란트 경영이념 자료 punmedia.tistory.com/1834

온누리약국 체인 www.onnuri.co.kr

와라와라 www.wara-wara.co.kr

와바 wabar.co.kr

위키미디아 www.Wikimedia.com

위키피디아 www.wikipedia.org

유튜브 Wind Britpop 채널 www.youtube.com

유튜브 맥도날드 코리아 채널 www.youtube.com/mcdonaldkorea

육수당 www.yuksudang.com

일본 프랜차이즈 협회 www.jfa-fc.or.jp

조동민의 프랜차이즈 이야기 ceo-cho-story.kr?p=504

조지아텍 전략경영 sbof.gatech.edu

중소기업청 www.smba.go.kr

진진바라 www.jinjinbara.com

찰리 브라운의 스테이크 charliebrowns.com

치폴레 www.chipotle.com

커피빈코리아 www.coffeebeankorea.com

콤웨어 www.comware.co.kr

투썸플레이스 www.twosome.co.kr

팔도 블로그 paldofoodblog.com

패션전문자료사전 terms.naver.com/list.nhn?cid=42822&categoryId=42822

페이스북 광고쟁이 페이지 www.facebook.com/admansocial

포스코 www.posco.co.kr

포잉 www.poing.co.kr

플리커 www.Flickr.com

피자헛 브랜드 스탠다드 매뉴얼 www.scribd.com/doc/47339523/PIZZA-HUT-Brand-Standards-Manual-Final

픽사베이 pixabay.com

하드락 카페 www.hardrock.com

한국 맥도날드 www.mcdonalds.co.kr

한국 코카콜라 www.coca-cola.kr

한국디자인진흥원 designdb.com

한국방송광고진흥공사(KOBACO) 소비자행태조사보고서 goo.gl/UpnanZ

한국아이지에이 www.igakorea.com

한국프랜차이즈산업협회 www.ikfa.or.kr

About Mcdonalds www.aboutmcdonalds.com

DMC 리포트 www.dmcreport.co.kr

IFA(International Franchising Association) www.franchise.org

Mcdonald's Around the world www.travellingmcds.com

Ronaldmcdonald on Instagram www.instagram.com/ronaldmcdonald

USA Today www.usatoday.com

찾 아 보 기

ㄱ

ㄴ

ㄷ

ㄹ

ㅁ

ㅂ